U0520894

# 星河辽阔

老俞对谈录

## vol. 3

俞敏洪 著

# 前 言
## 我为什么做直播对谈？

2020年到2022年这3年，也许会永远铭刻在中国人民心里。一场疫情，改变了很多人的生活，甚至改变了不少人的命运。就像我们无意中走进了一场沙尘暴，等到从里面走出来，已经满身烟尘。

这3年，我也经历了从事业到生活的剧烈改变，现在回顾起来，有恍如隔世之感，一切都如一场电影一样，只不过我不是旁观者，而是成了电影的主角。回头看，在种种千变万化的情景下，我还算是一个合格的演员，尽自己的努力，扮演一个正面形象的角色。

自2020年开始，由于疫情的影响，地面教学全面停止，在线教育轰轰烈烈地发展起来了。各种培训机构如八仙过海，各显神通，最终演变成了一场为了争夺学生，各种招生手段无所不用其极的武林争霸。紧接着，2021年国家实施"双减"政策，让培训领域的硝烟戛然而止，几乎所有培训机构都只剩下了一地鸡毛。不少家长当初预交的不菲学费，如打了水漂一样，有去无回，他们哭天喊地，只能自认倒霉。

新东方算是做到了体面退场，把该退给家长的学费都退了，给该辞退的老师、员工结算了"N+1"的薪酬，把全国各地上千个教学区清退了，把不会再用的课桌、椅子全部捐献给了农村中小学。我和战友们一边在办公室里喝着酒，一边唉声叹气，不知道余生还能做些什么。回到家，整夜整夜睡不着，在星空下散步，一圈又一圈的，如丧家之犬一般。几十年一直和学生打交道，突然间人去楼空，好像自己的身体和灵魂都被抽空了。好在新东方人有一种无所谓、不放弃的精神，都能够背诵弗罗斯特的诗句"我的前面有两条路，我选择了人迹更少的道路，因此生命迥然不同"。几十天的酒喝下来，大家灵光一现，决定用直播的方式做农产品带货。选择农产品，是因为觉得国家政策会一直支持；选择直播，不仅因为有很多先行者在前面做了示范，更因为我在新东方已经成为一个直播专家。后面的故事，大家都知道了，东方甄选在2022年突然爆火，成为中国一个现象级的事情。

我参与直播这件事情，部分意义上也是被疫情逼出来的。我的重要工作之一，就是对员工和学生演讲。原来是地面演讲，面对面，可以互动，热闹、开心。疫情的来临，让绝大部分人只能居家，公开的、聚集性的活动几乎完全不可能。坐以待毙不是我的个性，于是通过在线直播的方式和大家进行交流就成了我工作的一部分。最初，我同时用三个平台进行直播——抖音、快手、微博的一直播。和面对面讲座相比，我发现直播有很多好处：随时都可以开讲，没有什么成本，观众进出不影响情绪（地面讲座要是总有人进出，我就会很不爽），观众可以随时提问，和我交流，表达心情，而且每次直播还能够拿到赏钱。

本来以为疫情能够很快结束，新东方的教学和我的工作都会很快重新回到地面。结果，1年过去了没有结束，2年过去了没有结束，第三年，防控措施反而变得更加严格了。于是，直播就变成了我的常态，玩得越来越熟练。直播平台也从几家变成了抖音一家，没有别的原因，只是因为抖音上粉丝更多，而且给我打赏的人更多，看来我也是一个"见钱眼开"的人。其实，背后的原因很简单，就是抖音直播带货的系统更加完善。随着直播的深入，我开始推荐各种我喜欢的书籍，而大部分书籍在抖音上都有售卖链接。

最初的直播，我就是自说自话，自己定一个主题，自己打开设备就讲，但讲多了，思路就枯竭了。人的知识就像一口井，不断汲水而没有别的水源补充进来，最终就没有水了。这让我想起了刘润的故事。在上海封控期间，刘润也被封在了上海，于是，他和我一样开起了直播。他准备了30讲内容，觉得最多 30 天，上海就解封了，所以他还把自己的直播叫作"开封菜"。结果，30 天后，上海完全没有解封的迹象，他抓耳挠腮，才思枯竭，因为已经给观众许了愿，不解封不停播。情急之下，他突然想起来有那么多朋友可以利用，于是就到处发求救信，拉着朋友一起进行连麦直播，终于熬过了封控期，并且还有了很多意外的收获。我就是被他抓差的人之一，也成了他的一根救命稻草。

我的直播不是 3 个月，而是 3 年。我比刘润聪明一点，从来不承诺网友我会直播多长时间，会直播多少次。我这个人的本性充满了随意，说得好听点是喜欢自由，说得难听点是做事懒散，没有规划。我把自己的内容讲完了，半年过去了，疫情还没有结束，于是只能继续往下直播，开始介绍我读过的一些书籍，结果有些书籍就开始大卖，这让我喜出望外，因为卖书有佣金，算是物质刺激。更加有意思的是，有些出版社就找上门来，问我想不想和作者对谈。我想，和作者聊天是我求之不得的事情，一是可以增加直播的吸引力，二是可以交到新朋友，何乐而不为呢。

这样，我的直播对谈就开始了。一开始，我几乎不做任何准备，聊到哪里算哪里。聊天也不是为了卖书，书挂在小黄车里，有粉丝想买就买，不买拉倒。再后来，我开始用了一点心，既然是对谈，为什么直播完了什么都没留下呢？如果我认真准备一下，对谈的内容可以更加精彩，对谈完可以整理成文字，在我的公众号上再次传播。再继续想下去，文字多了还能够出版成书籍，这是一件多好的事情啊。许知远就把他《十三邀》的内容出版成了好几本书，充满成就感地送给了我；董卿也把《朗读者》的内容出版成了书，也郑重其事地送给了我。我也可以把"老俞闲话"的内容整理成书啊，也可以趾高气扬地送给他们，然后哼着鼻子说："看，你们做的，我也能做。"

有了这样的想法，我开始认真做起直播对谈的策划来。每次对谈嘉宾，都认真地准备案头工作——阅读作者的所有书籍，寻找有关作者的所有文字和视频资料，提前约作者一起共进午餐或者晚餐，一丝不苟地准备对谈提纲。于是，在短短的 1 年半时间里，我对谈了 60 多位知名人士和作者，和他们进行了愉快而有一定深度的交流，每期对谈都有几百万粉丝参与互动，前前后后参与的粉丝总数超过1亿。

在对谈的过程中，我自己也有巨大的收获。不仅是因为卖了作者的书，有佣金上的回报，更多的是一种思想上和发展上的收获。因为对谈，我翻阅了几百本书，也因此结交了很多珍贵的朋友，打开了自己的眼界，提升了自己的认知，真心理解了新时代新的传播方式，并且因为这一理解，带动了东方甄选的发展。

人很容易成为习惯性动物，以至于到去年12月底，封控解除后，疫情戛然而止，我居然有一丝惆怅，觉得回到地面，一旦忙碌起来，我肯定再也没有时间做这样深度的直播对谈了。事实也果真如此。进入2023年，所有被延误的工作如巨浪一般扑面而至，把我淹没其中，几乎喘不过气来，到现在我还没有做过一场认真准备的直播。好在现在至少有了阶段性的成果，这就是放在大家面前的四大本的"老俞对谈录"。

3年疫情已经过去，现在又到了春天，我在小区散步的时候，看着碧桃花、丁香花、迎春花、海棠花等争相斗艳，回想着过去3年既恍恍惚惚又清晰可见的时光，内心充满了一种说不出的感觉：低沉、迷离、叹息、悲壮、激昂、悲喜交集。我还记得有一个春天，只能在屋子周围徘徊，我看到一株野雏菊，哆哆嗦嗦地从屋角的水泥缝里钻出来，慢慢长大，最后终于在初夏的风里，开出了一簇美丽的黄色小花，如星星般照亮了周围的一切，也照亮了我的心灵，抚慰了我已然黯淡的心魂。

我们该如何对待自己的事业和生命？面对大环境，我们大部分情况下是没有能力去改变的。面对今天的国际局势，我们又能做些什么呢？很多人觉得自己好像只有随波逐流的宿命，于是心安理得地做一天和尚撞一天钟，过到哪儿算哪儿。似乎我们是一棵小草，只能随风飘荡。

我当然也明白，对于很多事情我们确实是无能为力的。但我始终认为，人是具备自由意志的，我们在很大程度上还是能够掌控自己的命运和生命轨迹的。我说过一句话："我听从命运的安排，但不服从命运的霸道！"我的人生态度是："在力所能及的范围内，宁战而死，不躺而生。"战，就是主动寻找出路，主动让自己的生命用更有尊严、更自主的方式努力绽放；躺，就是逆来顺受，习惯被笼子围困，放弃自己本来还有的希望。我坚信，即使身处无边的沙漠中，寻找方向，也比坐而等死让生命更有尊严和希望。因为在黑暗的夜空中，也会有北斗星闪耀，也许，那就是我们人生的方向。

回想起来，疫情这3年里，尽管我也有气馁的时候、有灰心丧气的时候、有绝望恸哭的时候，但更多的时候，我像一个勇者，挥舞着双臂，迈开脚步，或者独自一人，或者带领新东方的伙伴，一起为了未来披荆斩棘，勇往直前，逢山开道，遇河架桥，即使遍体鳞伤，也没有想过自暴自弃。"自助者，天助之。"3年时光，不少人白白度过，新东方却在低谷奋起，有了东方甄选，更有了走向未来的信心；我个人阅读了几百本书，留下了百万字的各种笔记，出版了3本新书，直播了百场讲座，对谈了近百位各界优秀人士，留下了120多万条对谈实录。在这3年中，我度过了60岁的生日，和过去60年进行了一场充满仪式感的告别。但告别是为了更好地出发，不管我能够活多久，我相信，只要我的精气神还在，未来的岁月一定会更加精彩。

"宁移白首之心，不坠青云之志！"这就是我对自己的期许！在平凡的日子里，我不想让自己过得太平凡！

俞敏洪

2023年4月6日　星期四

目 录
Contents

## 第一部分 · 文化血脉

对话 **岳　南**　　一代中国知识分子的不屈风骨 - 003

对话 **郭建龙**　　且谈血肉盛唐 - 020

对话 **许倬云**　　往里走，安顿自己 - 045

对话 **易中天**　　说不尽的人生，看不尽的风景 - 066

对话 **马伯庸**　　虚构故事里的历史真实 - 093

对话 **苏沧桑**　　遇见岁月，留住文明！- 128

对话 **余世存**　　在时光中思考人生 - 157

## 第二部分 · 成长陪伴

对话 **赵洪云**     陪伴孩子是人生最好的"投资" - 195

对话 **周成刚**     经过岁月考验和沉淀的友情！- 221

对话 **吴 军**     心有多远，就能够走多远 - 247

对话 **王立铭**     探索浩瀚的生命奥秘 - 281

对话 **许知远**     阅读对于生命的意义 - 322

## 第三部分 · 商业思维

**对话 任泽平**　　时代的方向和企业家精神 - 341

**对话 薛兆丰**　　有人的地方，就有经济学 - 366

**对话 王志纲**　　且话改革开放 40 年 - 396

后记　- 427

镜头内外的老俞

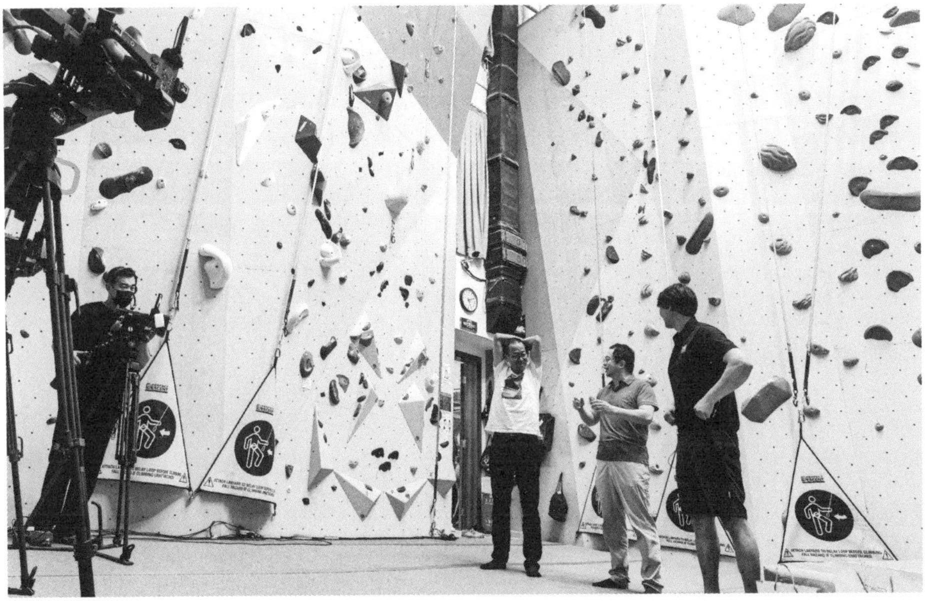

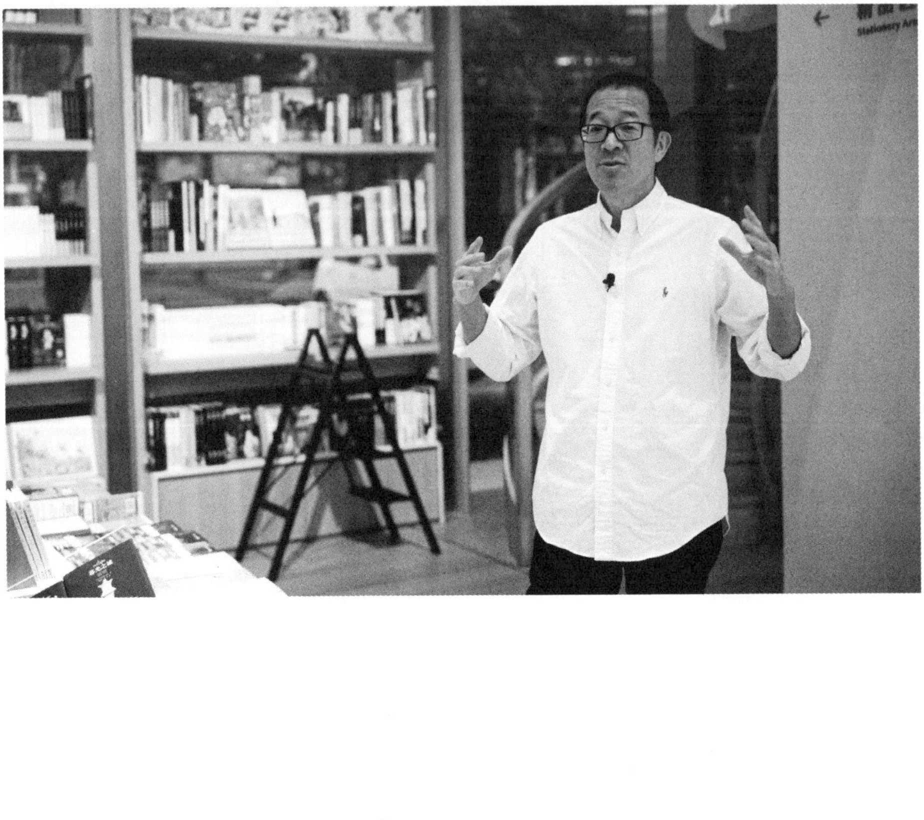

第一部分

文化
血脉

老俞对谈录

# 对话 岳南
## 一代中国知识分子的不屈风骨

中华民族的未来依然要靠一代知识分子的精气神，靠这种刚毅坚卓让中国不断走向更加繁荣的未来。

岳南 /
1962年出生于山东诸城，中华考古文学协会副会长、前台湾清华大学驻校作家。其耗费8年心血创作的《南渡北归》三部曲出版后深受读者好评，畅销不衰。著作还包括《考古中国》《岳南大中华史》《大学与大师：清华校长梅贻琦传》等。

**俞敏洪：** 各位好！今天我邀请对谈的是岳南老师。岳南老师和我都是1962年出生，我是9月的"老虎屁股"，岳南老师是12月的"老虎尾巴"。

今天岳南老师带着他的作品《南渡北归》三部曲来和大家见面。这本书主要讲了从抗日战争开始，中国知识分子一路向西南前进的故事，他们经历了抗日战争的艰苦过程，依然不放弃对学问的追求、对知识的追求、对精神的追求。**他们在艰苦条件下不仅成就了自己真正有脊梁、有灵魂的生命，还实现了对中国历史的考古以及对科学的研究，**培养出了一大批从西南联大走出去后又走向世界，甚至最终影响中国和世界发展的学生，包括李政道、杨振宁、"两弹一星"元勋钱三强和钱伟长等。我的老师许渊冲、北大英文系前主任李赋宁，也是从西南联大出来的，我的老师许渊冲还曾经和杨振宁坐过同一条板凳。

## ——对谈环节——

**俞敏洪：** 岳南老师好，感觉按照正经的说法应该叫您先生，在民国时期，都是叫先生。

**岳南：** 俞老师好，那时候的先生还是比较有含金量的。

**俞敏洪：** 现在的先生也有含金量，一般没人敢承认自己是先生，承认自己是先生的人已经越来越少了。但岳南老师是我们学习的榜样，岳南老师没有真正上过大学吧？

**岳南：** 考县里的师范我都没考上，考中专也没考上，我就没考过大学。

**俞敏洪：** 后来岳南老师当了兵，开始写作，先写诗歌，后来就到解放军艺术学院学习。和莫言一样，莫言也是当了兵以后到解放军艺术学院学习。

**岳南：** 他还不如我，我是高中毕业当的兵，他是小学毕业。

**俞敏洪：** 现在看来是学历越低，写得越好，难怪我北大毕业，写的东西狗屁不通（笑）。

**俞敏洪：** 大家说岳南老师的口音怎么这么熟悉，岳南老师是山东诸城人。

**岳南：** 我说话，你翻译一下就好了。

**俞敏洪：** 我哪敢翻译啊！我也听不懂。

**岳南：** 我之前在台湾清华大学当驻校作家讲课，后来讲着讲着都没有人了，就剩最后一个学生，我说你不能走，你要走了，我没法讲了。

**俞敏洪：** 我觉得你是在坚持民国风范，因为民国的教授讲课，下面有一半学生是听不懂的，当时还没有标准的普通话。

**岳南：** 鲁迅先生有一次讲课，底下也一个人都没有。

**俞敏洪：** 对啊，所以今天越听不懂，越表明你有学问，表明你有民国大师的风范。

## 1. 从考古看中国文明

**俞敏洪：** 我读过你的《风雪定陵》，主要是写考古的内容，但你自己并不是研究考古的，为什么会想写这类书呢？

**岳南：** 1990年，我在解放军艺术学院读书，刚好有五一假期，我就到十三陵去旅游。当时感觉十三陵非常壮观，环境非常好，后来又到了定陵的地宫，觉得这个地方应该写一写。我打听到是北京大学考古系带头发掘的，我就骑自行车到北大来了。

当时有两个选题：一是十三陵水库，我的老师王愿坚写过一篇《普通劳动者》，就是写十三陵水库是怎么修建的，当时很多将军，包括毛泽东同志等，都在那里修；二是定陵发掘。我最终就选择了定陵的发掘。

**俞敏洪：** 在写《风雪定陵》之前，你对考古有过研究吗？

**岳南：** 没有。

**俞敏洪：** 所以你是去了定陵之后，突然对考古、中国历史感兴趣？因为你后面又专门研究了中国重大的考古发现，比如兵马俑、马王堆等，然后以非常生动、故事化的文笔把考古发现以及考古发现给中国历史研究带来的影响写了出来。你几乎把每个事件都写了一本书，后来又把这些书做成了合集《岳南大中华史：从北京猿人、三星堆到清东陵》。这套书差不多有100万字吧？

**岳南：** 有七八十万字。这本书里第一个介绍的是北京人头盖骨，这是我们小学课本上的内容。第一个发现北京人头盖骨的是裴文中先生，但他是怎么发现的，中间又有什么神奇的故事？我们的课本里并没有写，所以我就想把它们写出来。比如，后来这个北京人头盖骨丢失了，到现在都没有找到，我就找到了最后见到头盖骨的人，问他怎么回事，他把这件事的来龙去脉都跟我说清楚了。为这个事我还响应贾兰坡先生的号召，亲身参与寻找头盖骨，找了10年没找到，但我找到了好几条线索。

**俞敏洪：** 你也参与了？是不是恨不得把自己的头盖骨给弄下来（笑）。

**岳南：** 哎。

**俞敏洪：** 《岳南大中华史》把从民国时期到现在最重大的考古事件都做了非常生动的描述。自周口店北京猿人开始，一路讲述了亚细亚文明、红山文化、仰韶文化、夏商周早期的都城、三星堆等。还有从山东临沂银雀山同一个墓葬里挖出来的《孙子兵法》和《孙膑兵法》，终于证明了孙子和孙膑是两个人。然后借曾侯乙墓讲述了被湮没的"曾随之谜"，曾侯乙墓之所以那么壮观，是因为在春秋战国时期有一个曾国，它是后来才被贬成了随国的。紧接着又讲了兵马俑、马王堆、南越国的赵佗。

**岳南：** 对。这套书是按照时间线索来写的，从猴子变成人，从7000年前产生人类文明开始，一直讲到民国。

**俞敏洪：** 最近三星堆又发现了很多新东西，你有计划去三星堆看一看吗？

**岳南：** 那当然了，三星堆太神秘了，有人说是外星人，但我觉得不是。

**俞敏洪：** 三星堆出土的青铜器、物件，跟中原的完全是两种不同的文化，你觉得它跟中原文化有联系吗？

**岳南：** 有联系。三星堆有两个点：第一，不是外星人；第二，它受到了印度、巴基斯坦、阿富汗、中亚国家的影响——当然不是我们现在所说的国家，而是由它们古老的前身，比如美索不达米亚、底格里斯河、幼发拉底河，是受它们的影响。

**俞敏洪：** 但在四川那么一个"蜀道之难，难于上青天！蚕丛及鱼凫，开国何茫然！尔来四万八千岁，不与秦塞通人烟"的地方，怎么可能受到两河流域（美索不达米亚文明及苏美尔文明）、阿富汗的影响呢？

**岳南：** 蜀国往印度有一条路。张骞到西域的时候发现了"身毒"，就是现在的印度，发现那个地方有蜀国的竹杖、拐杖。

**俞敏洪：** 三星堆金杖是不是也受到了那边的影响？因为中原地区好像从来没有发现过金杖。

**岳南：** 对。三星堆金杖确实看起来有很强的古埃及、印度文化色彩。

**俞敏洪：** 尽管你不是考古学家，但你写了那么多考古文字，你觉得中国大地上，还有没被发掘出来的古文明吗？如果有，最有可能在哪个地区？

**岳南：** 我觉得有。现在有两个流派：**第一个是以夏鼐先生为主，** 他们认为黄河流域是中华古文明的中心；**第二个是以北京大学的苏秉琦先生为主，** 他觉得中华文明是满天星斗，没有中心，黄河不是中心。比如，在东北发现了辽河文明，就是象征着红山文化的玉龙，它被称为中华第一龙，这足以证明黄河流域文明兴起的时候，在东北也兴起了文明。后来又在四川广汉挖出了三星堆，所以还是满天星斗。

**俞敏洪：** 其实中国文化在不同的历史阶段已经遍布了中华大地。在发掘仰韶文化之前，我们一直认为中国的彩陶是从西方过来的，后来通过仰韶文化、龙山文化，证明了中国自己本身的文明是一个独立发展的进程，但我们也确实受到了世界各个地方文明的影响。比如，三星堆应该是 3500 年前，就已经受到了中华文明和世界其他文明也就是两河流域文明的影响，因此如果只用中华文明来解释三星堆，某些不同形状的青铜器就没有办法去理解。**你觉得未来在祖国大地上，我们可能还会发掘出改变中国历史看法的考古发现吗？**

**岳南：**一定有可能。黄河流域和长江流域确实是中华民族的发源地，但这并不能说除了黄河流域和长江流域，其他地方都是野蛮的、落后的，其他地方也有文明，并且各地的文明是相互碰撞、相互联系的。前面提到在东北发现的玉龙有将近 7000 年的历史，这种文明的高度一点也不逊色于黄河流域和长江流域。

## 2. 那时李庄的那时故事

**俞敏洪：**最初你研究考古，把历史写成让人愿意读的书，比如《风雪定陵》《复活的军团》，这些书名特别吸引人，我当时就是看了书名去买的。但后来我发现你围绕民国知识分子也写了很多书，比如《那时的先生》《陈寅恪与傅斯年》，为什么会选择转型？

**岳南：**《风雪定陵》是我写考古的第一本书，接着写了《西汉孤魂》《万世法门》《复活的军团》……大概写到几十本的时候，合成了一套《考古中国》。之所以转型，是缘于我去四川考古研究所采访三星堆文物发掘的事情，采访完之后我就一个人在博物馆门前喝茶，然后突然感觉上天在叩击我的额头，跟我说你赶紧去李庄看看。我知道傅斯年、李济、董作宾、李方桂、吴定良、陶孟和、向达、吴金鼎、曾昭燏、夏鼐等大家曾在李庄待了六年，于是我第二天就出发去了李庄。

我原以为李庄是个小村子，但其实不是那样，李庄九宫十八庙，抗日战争时期容纳过 12000 人。到了之后，我就和正在考古的老教授聊天，才知道他的老师就是傅斯年、李济、梁思成、董作宾。当时先是同济大学搬过去了，接着是梁思成领导的中国营造学社、傅斯年领导的中央研究院历史语言研究所、陶孟和领导的社会学研究所，以及国立中央博物院，也就是现在的南京博物院，还有一个新闻通讯社都迁到了李庄。

**俞敏洪：** 李庄还保留着抗日战争时期的那些研究院吗？同济大学还是原来的样子吗？

**岳南：** 我去的时候都在，没拆，保持了原来的样子。但我去的时候只有一个游客，就是我自己。后来《那时的先生》《梁思成、林徽因与他们那个时代》《陈寅恪与傅斯年》出版以后，现在一年到李庄旅游的游客已接近200万人。

**俞敏洪：** 大家对陈寅恪、傅斯年、北大校长蒋梦麟和清华校长梅贻琦这代人的了解，很多都是从你书中知道的，实际上你起到了文化传承的作用。你让大家看到了民国知识分子在抗日战争年代以及后面的岁月中，是以怎样的精神奋斗，或者是以怎样的骨气支撑着自我以及这个国家的风貌。

大家都特别熟悉西南联大，很多人还看过纪录片，但很多人其实并不知道李庄的故事。抗日战争以后，西南联大主要由清华、北大、南开三所大学组成，但有很多其他大学比如同济大学也转移到了内地。最初大家走到了长沙，但长沙很快变成了前线，为了保存知识实力，大家决定去昆明。到昆明以后，因为昆明也被轰炸得厉害，一部分人就跑到了号称地图上找不到的地方，这个地方就是四川宜宾的李庄镇。梁思成、林徽因、傅斯年、董作宾、李济这些人就在这个地方待了六年，岳南老师的《那时的先生》就写了这段老故事。你在李庄待了多长时间？

**岳南：** 我开始去的时候待了半个月，很感慨，因为当年梁思成的孩子梁从诫、梁再冰的很多同学都在那儿，他们就给我讲梁从诫、梁再冰的故事。梁从诫冬天上学的时候因为没有钱就只能穿草鞋，脚后跟都冻烂了；抗日战争最艰苦的时候，林徽因得了肺结核。

**俞敏洪：** 那个年代是治不了肺结核的。我得过肺结核，但我的年代能治，大概是1943年有了青霉素、链霉素，还有两个特效药异烟肼和利福平，结合起来就能治好肺结核，但林徽因那个年代是治不好的。

**岳南：** 对。当时林徽因得了肺结核，最后没钱了，也没药了，只有一个温度表，结果梁从诫不小心打碎了温度表，梁思成一看就火了，"咣咣"打了他俩耳光。林徽因说你打他干什么？但其实温度表碎了以后就再也没钱买了，林徽因发烧也只能摸摸额头，吃点药。就这样，为了一个温度表，打完两个耳光，大家又抱着哭，就那么艰苦。**后来特别艰苦的时候，林徽因说："如果日本人来了，我后面就是长江，我就跳江。"** 梁从诫和梁再冰说："妈妈你跳江了我们怎么办？"她说："那个时候我就管不了你们了。"这体现了一种中国人民的矢志不屈。

费慰梅跟林徽因是朋友，在抗日战争末期，她想给林徽因联系去美国治肺结核，**林徽因说我不去，我与我的人民一块儿受难**，坚持要在李庄。终于坚持到抗战胜利，梁思成和林徽因用英文写完了《中国建筑史》这部巨著，一下就在世界上打响了，梁思成被美国邀请到联合国大厦，也是因为这个。

**俞敏洪：** 在《梁思成、林徽因与他们那个时代》中，他们去山西五台山艰难地考察唐朝留下来的建筑，认真描述、手绘建筑结构图，不断为中国建筑做传承，他们俩对中国建筑的研究真的非常用心，做出了重大贡献。我问你一个问题，你觉得梁思成和林徽因是真心相爱吗？林徽因和徐志摩、金岳霖也是真的吗？

**岳南：** 梁思成和林徽因是真心相爱的，但林徽因对金岳霖也确实是真的。林徽因住在北总布胡同3号，老金搬到了她的后院，当时梁思成外出考察，她就对梁思成说，她很痛苦。梁思成问为什么痛苦，她说她爱上了两个男人。梁思成问除了我还有谁？她说我也爱上了老金。梁思成就说，我觉得老金还不错，你和老金过吧，你跟他说说。林徽因就去后院找到金岳霖，说梁思成说了，让我跟你过。但最后林徽因一辈子也没嫁给他，老金也一辈子没娶。

林徽因的儿子梁从诫说过，林徽因对老金是真的，但她从来没把心交给过徐志摩。徐志摩爱林徽因，但林徽因不爱徐志摩，她只是偶尔动心一下，这是要明确的。后来1931年，徐志摩乘坐的飞机撞到济南的白马山，林徽因得知消息当时就晕倒了，后来是梁思成去白马山收的尸，然后带了一块飞机残片回来给林徽因。

很多人说林徽因把飞机残片挂在床头是对梁思成的侮辱，让梁思成感觉我爱徐志摩，我不爱你，但其实不是。我写《那时的先生》和《梁思成、林徽因与他们那个时代》的时候考证过，林徽因有一个弟弟叫林恒，后来当了飞行员，他在成都阵亡了，林徽因也是派梁思成去收尸，说你拿一块飞机残片回来，我要做纪念。梁思成就到成都空军机场，专门带回一块飞机残片，林徽因把这块飞机残片也挂在李庄的床头上。所以，如果挂徐志摩的飞机残片是对梁思成的羞辱，那挂她弟弟的飞机残片又是对谁的羞辱呢？这就证明她没有羞辱谁，她就是单纯地怀念而已。

## 3.《南渡北归》：一代知识分子的刚毅坚卓

**俞敏洪：**《南渡北归》三部曲写了从抗日战争开始，中华民国一代知识分子在抗战中的奋斗史以及抗战之后的生命史，分成三本：《南渡》《北归》和《离别》。这套书真的非常了不起，是一本翔实的，既带有故事色彩，又把民国知识分子的性格和命运描述得特别到位的非常悲壮的知识分子历史。我读过两遍，这次为了和你对谈，我又翻阅了第三遍。这三本书加起来有 150 万字？

**岳南：**谢谢。原来是 150 万字，现在有 200 万字。

**俞敏洪：**我就说怎么越读越厚，岳南老师是不断想办法加厚书来赚稿费啊（笑）。我看你补充了很多鲜活的故事。

**岳南：**对。台湾清华大学有一个写作中心，2011 年我去那里做驻校作家，刚好台湾资料馆有很多资料可以参考，所以我又补充了一些故事。

**俞敏洪：**岳南老师的文笔非常流畅，他凭借自己对历史执着的研究、对史学真实的忠诚，写下了《南渡北归》三部曲，没有读过的朋友一定要读一读，这是我近十年来读过的写民国知识分子的大部头著作中最好的一本。

**岳南：**这本比较全面，其他人可能没有把这么多人物放在一个作品里，这本写的人物比较多。

**俞敏洪：**是民国知识分子的群像。我最喜欢读的就是刘文典跟蒋介石打架的故事。这本书涉及**蔡元培、梁启超、王国维、蒋梦麟、梅贻琦、胡适、董作**

宾、傅斯年、李济、徐志摩、李约瑟、吴金鼎、陶孟和、陈寅恪、吴宓、金岳霖、闻一多、梁思成、童第周、林徽因、梁思永、吴晗、夏鼐、陈梦家等一大批耳熟能详的知识分子。可以讲一下当初这些知识分子是怎么南渡北归的吗？

**岳南：**"七七事变"之后，日本把北京和天津控制住了，所有北京的知识分子，北大、清华、南开的人离开北京抵达天津，然后渡海到青岛，再从青岛坐火车到济南，再坐火车到郑州，然后到长沙。因为武汉当时马上就不行了，长沙又离武汉太近，所以他们必须走。后来他们计划去云南昆明，分三路，**一路走海路**，从广州到香港以后坐船到越南河内，再到云南蒙自，这也是后来蒙自也变成一个中心的原因；**另一路是坐车**，经过南宁，到海防再到蒙自，最后抵达昆明；**还有一路是步行**，从长沙徒步前往昆明，那些学生走了两个月。后来昆明被轰炸，他们又开始往重庆和宜宾之间迁移，也就是李庄，金沙江、岷江、长江三江汇合的地方。

**俞敏洪：**"七七事变"对中国人民来说，无论如何都是一个巨大的灾难，但为什么当时日本人攻占天津，首先炸的是南开大学？为什么日本人到了北京，首先占领的是北大、清华？

**岳南：**1928年北伐成功，国民政府搬到南京，所有国家机关几乎全部搬到了南京，**在北方，华北地区能够和日本人抗衡的只有北大、清华、南开**。那时候华北已经很紧张了，没有人敢说话，就是北大、清华、南开的学生上街游行鼓动抗日的热情，就是我不服气，我喊口号要打倒日本帝国主义，要让他们滚出去，要收复河山。日本人恨死这些学校了，但当时由于战争还没有正式爆发，日本人也不好出手，所以"七七事变"爆发以后，第一炮就把南开给炸了。日本人非常恨南开，因为南开非常能鼓动抗日热情，同时日本人也知道，**要想灭亡一个民族，你灭亡几栋楼、灭亡其他的东西不行，必须灭亡它的文化和教育，教育太重要了。**

**俞敏洪：**从《那时的先生》到现在的《南渡北归》，从李庄这么一个点最终扩展到了一个面，这个变化是怎么来的？

**岳南：**我到了李庄以后，写梁思成、林徽因、傅斯年，觉得还没有写完，一想还有更大的一部分是西南联大时期的故事，很多老师和他们都有关系，所以必须把这部分加上去，才觉得完成了。写着写着又觉得那些人不写可惜了，他们是一个群体，相互之间都有联系。

**俞敏洪：**你从只写李庄的故事，到写抗日战争开始后整个中国知识分子群像的《南渡北归》，我认为完全升了一个维度。原来是写一个点，后来变成一个面；原来是写一小段历史，后来变成了一个宏大的历史叙事。这种宏大的历史叙事对你来说也是一个挑战，因为宏大的历史叙事不可能由一本书来完成，所以你最后写成了《南渡》《北归》和《离别》，写成了一代中国知识分子的命运史。而知识分子的命运史和国家、民族的命运史紧密地联系在一起，和中国当时天翻地覆的大时代历史联系在一起，内忧外患之后，这些中国知识分子是如何体现他们作为民族脊梁的一面，我觉得这个东西的落脚点就变得无比宏大。你有没有想过这本书一写就要写好多年？

**岳南：**我当然想过。刚开始觉得简单一点，后来这么多人物，要调查、采访，需要花很多时间，中间一度写不下去，后来我参考《水浒传》的写法。《水浒传》写的梁山一百单八将，开始是史进，后来林冲出来，被别人暗害之后，他上了梁山，我写的也是一百单八将，我就受了启发，按照这个方式写。

**俞敏洪：**所以你对人物的布局，哪个人物先出现、哪个人物后出现，人物之间的关系其实有很好地关联？

**岳南：**《水浒传》的写法就是用一个人闹事，带着好几个人上去，宋江、晁盖这些人物就出来了。我也想用这样的方式来写，所以第一个人是谁就很关键，找来找去，就找到梁思成、林徽因。纵观晚清到民国这些年，没有一个家族能够超过梁启超，他只要一出来，他儿子、儿媳妇一下子就把几十年抓过去了，其他人不行。所以，无论是《南渡北归》还是《那时的先生》，都是让梁思成、林徽因作为主线，他们两个先走，老金跟着，他们三个到天津，从天津到长沙，到了长沙以后这些人就一块儿出现了。

**俞敏洪：**"刚毅坚卓"是西南联大的校训。从你的角度来说，你觉得哪位民国时期的西南联大知识分子，能够对当时知识分子的气节、"刚毅坚卓"这四个字起到真正的代表作用？

**岳南：**我最喜欢陈寅恪和傅斯年。

**俞敏洪：**陈寅恪的"恪"应该读 què 还是 kè ？

**岳南：**读 què。《新华字典》上这个字读 kè，但陈寅恪先生是客家人，在客家人的发音里，这个字读 què。所以这个字在别的地方都读 kè，只有是陈寅恪的时候，读 què。之所以喜欢傅斯年，我觉得可能因为他是山东人，性格比较暴躁，我也是山东人，我们的性格比较像，所以比较喜欢他。但陈寅恪先生就很理智、理性、有学问，确实学问做得好。

**俞敏洪：**大家都知道，**陈寅恪先生有一个"三不"，别人讲过的我不讲，书本上有的我不讲，我讲过的已经成书公开出版的我不讲**。他作为一个教授、作为一个讲课的人，对自己有这么高的要求，日益精进，真的非常厉害。现在已经没有这样的老师了，现在的老师都是自己讲完一堂课以后，一辈子都讲那些话，从讲师讲到教授，五十年不变。

**岳南：**是的，而且他身上的气骨非常值得人钦佩。他在为王国维投水自沉两周年的纪念碑铭上提出"**独立之精神，自由之思想**"这种传世经典，我非常喜欢。

## 4. 新一代的使命与责任

**俞敏洪：**你觉得现在的大学教授、学生或者知识分子，需要从西南联大的这批老先生、教授身上学到什么东西？

**岳南：学到他们爱国的情怀。**爱国不是空洞的，不是喊喊口号就行，留学之后要回来的。李济先生说，那时候他们留学没有一个人是留学结束了，还要在美国找工作不回国的，没有这样的想法，大家读完本科、硕士、博士就回来报效国家。

**俞敏洪：**好像在 20 世纪初出去留学的那些青年，基本上没太多人留在国外，学完就回来了，而且学位还很高，回来就当教授报效祖国。而且他们这些人在国外留学的时候，生活条件都很好，凡是能出国留学的，家庭条件都非常不错。

但在西南联大那么艰苦的日子里，他们依然意气风发地和学生一起精进，即使天天都在拉空袭警报，也始终让人感到他们没有失去精气神。你觉得这是中华民族精气神最核心的一部分吗？

**岳南：** 费正清当年在李庄考察的时候就看到了傅斯年、林徽因、梁思成他们艰苦的情况，他曾经说过一段特别著名的话，大体意思就是：这么艰苦的情况下，国外的知识分子早就跑了，只有中国的知识分子在战火连绵中能在山沟里、在村庄里、在寂寞的地方，一直忍耐着，能耐得住寂寞，牺牲了自己的身体，去做学问、做研究，中国一定会兴盛的。他就从知识分子身上看到了这种坚忍不拔的精神，这是费正清说的，我在书里也写到了。

**俞敏洪：** 我觉得**中华民族的未来依然要靠一代知识分子的精气神，靠这种刚毅坚卓让中国不断走向更加繁荣的未来。**

**岳南：** 我原来下了一个定义：大师之后再无大师。后来有次吃饭，有个老师就说，这话我不同意，一个时代有一个时代的大师，过去的大师已经远去了，陈寅恪先生、傅斯年先生、梁思成先生已经走了，新的时代将会产生新的大师，至少产生新的责任，会产生新的对时代负责任的人。我想是会产生新的大师，所以我说的**"大师之后再无大师"，是对一个时代的惋惜，是对一个时代的一种悲凉之后的感叹。**历史长河是流动的，都是往下发展的，但有时候一些历史阶段是往后退的，200年前能达到的高度，你200年后就是达不到，像陈寅恪这些大师能达到的高度，很多是我们目前的人达不到的。

**俞敏洪：** 到今天，我们也达不到李白、杜甫写诗歌的高度，这很正常，但应该是"人生代代无穷已"，人才辈出的状态。

**岳南：** 有一种新的使命，新的责任。

**俞敏洪：** 你对现在的大学生有什么建议吗？在他们学习的路上，在他们追求的路上，在今天中国经济状况比抗日战争时期已经好出了不知多少的情况之下。

**岳南：** 他们现在承载的历史使命不一样了，但总体上历史是发展的。我相信现在的大学生都很聪明，一点也不比老一辈差，只要好好读书，努力工作，一定也能取得惊天动地的成就。

**俞敏洪：** 我觉得最关键的不光是读书，还**要让孩子们内心产生一种志向**，这种志向不管发生什么事情都不可剥夺。我认为《南渡北归》中的老一代知识分子，面对抗日战争这么艰苦的局面，他们依然天天坚持做研究，依然相信知识的发展是救国救亡最重要的环节，他们内心有对自己的期许、有笃定的志向、有刚毅坚卓的气节。不管这个国家当时争不争气，他们相信他们坚守的这些东西对于这个民族和民族的未来是有重大影响的。

**现在的孩子缺的不是知识、设备、学习条件，缺的恰恰就是内心的志向。**所谓精致的利己主义者，学了就是为了自己好，这个世界怎样，这个国家怎样，人民怎样，跟他们没有关系，或者关系不大，这样就变成了一盘散沙。董宇辉在直播间说，所有的大学生都应该为老百姓、为人民做事情，因为你上大学时候花的钱，远远不止你交的那点学费。比如北大、清华，一年花几百个亿，平均到每个学生身上一年就是几十万，这个钱是老百姓的纳税钱，国家的钱用到你身上，你内心如果再不产生毕业以后或者有能力以后去回报社会的思想，不愿意为祖国的繁荣建设做贡献，你就是愧对自己，也愧对这个国家。

现在的孩子，缺的恰恰是西南联大那些学生身上刚毅坚卓的气。比如，我的老师许渊冲也是西南联大毕业的，你书中也提到了他，**他们能坚持一生这样勤勤恳恳去做一件事情，就是因为他们身上有这种气。**我读《南渡北归》的时候几次热泪盈眶，尽管你已经用了非常客观的笔调在写，但我觉得你有时候也在努力压抑自己的感情。

**岳南：** 这个书让我哭的时候大概有五个泪点，其中一个是北平沦陷时，他们撤退，学生说老师不要走，老师们说，我们还会回北平的。那时候其实并不知道能不能回来，但是他们说他们会回来，一定要打回来，我的眼泪就流下来了，这种类型的故事有很多。无论如何，让我们的孩子看看这些大师，确实有好处。

**俞敏洪：** 我觉得学生们，不管是初中生、高中生还是大学生，如果没太多时间读书，那就读这套《南渡北归》三部曲就够了，这套书是永远不会过时的一套书。我觉得你一辈子写这一套书就够了，因为《那时的先生》和《梁思成、林徽因与他们那个时代》是与这套书相连的，这套书是集大成的，所以真的值得一读。读最后一本的时候，一代知识分子不管在什么地方，谈到陨落以及年纪大了以后的状态，总是令我涕泪涟涟。

**岳南：** 1984 年，金岳霖先生去世，他是这些大师中最后一个去世的。**我从晚清一直写到 1984 年金岳霖先生去世，书的最后我写下了一句"一个时代结束了"，随之眼泪流了下来。**

**俞敏洪：** 作为他们这些大师，的确是一个时代结束了，但他们留下的刚毅坚卓的精神的火种，到今天依然在熊熊燃烧。

## 5. 尾声

**俞敏洪：** 你后续还有什么写作计划吗？

**岳南：** 有。我现在在做一个国立学校的系列，大概也要写三本。还有一个考古的，写西域三十六国，大概也是三本。

**俞敏洪：** 写三十六国，你都得跑新疆那边去写了。你到了 60 岁，还不休息一下？

**岳南：** 我余生就做这两件事，我死之前要把它们写出来的。

**俞敏洪：** 有人生目标其实会让我们活得更长。

**岳南：** 大约可能得 70 岁吧，我能把它们写完，过了 70 岁就比较麻烦，精力就上不去了。

**俞敏洪：** 还有十年。我是没啥人生目标了，你写的时候我可以帮你整理书稿。

**岳南：** 我们喝个酒，聊个天，你给我鼓励，我本来没劲头了，一喝酒、一鼓励，我就又来劲了。

**俞敏洪：那当然，一定陪你喝酒。** 今天时间差不多了，最后再推荐一下岳南老师的书籍。岳南老师跟我同龄，1962 年出生，虽然岳南老师只上到高中毕业，我上到了北大毕业，但岳南老师写出来的书比我写的要深刻得多，思想要丰富得多。岳南老师的《南渡北归》三部曲写了中国一代知识分子的命运，从抗日战争开始，西南联大以及和西南联大相关的这些大师的奋斗、命运和坚守，还有他们与国家共存亡的精神和决心。这很值得大家每天在床头翻阅一下，每个大师的故事，可能都能让你重启人生中的某种信心。

同时，再次推荐一下《岳南大中华史》。岳南老师最初写书的内容都是考古，他不是考古学家，但他从文学的角度、故事的角度来讲述考古的发现对中华民族文化、历史所产生的影响，所以《岳南大中华史》不是写的历史，是写了中国十几次有重大意义的考古，比如周口店的北京猿人考古，仰韶文化、龙山文化的考古，三星堆、兵马俑、马王堆、法门寺、南越国的考古，还有十三陵、清西陵等。

《梁思成、林徽因与他们那个时代》是以梁思成、林徽因为主线，从梁思成的父亲梁启超写起，那一代知识分子的抗争、命运、经历以及他们个人的成就。今天就推荐到这儿，岳南老师还有什么想和大家说的吗？

**岳南：** 谢谢俞老师的推荐，尽管这些书没有写好，但我也尽力了。同时，我想买了这个书至少不会后悔，我相信一个人只要读了《南渡北归》三部曲，就绝对不会变得松松垮垮、抽烟喝酒，他会按照西南联大的校训"刚毅坚卓"，引领自己走好人生路。

**俞敏洪：** 我觉得对一个人来说，没有什么比让内心产生自强、产生刚毅坚卓的骨气更加重要，而《南渡北归》三部曲就是在给一个人的灵魂注入这种东西。之前很火的一部电影《无问西东》，里面表达的精气神是凝练的，而在《南渡北归》三部曲中，你可以无数次读到这种精气神。一个人为了自身的荣耀、为了人的尊严、为了民族的荣耀、为了民族的存亡，可以产生何等的力量，以及他们为民族不顾生死去努力的闪光的精神状态。**表面上现在和平繁荣，似乎不需要这种精神，但恰恰是在这种时代，更需要这种精神。**

**岳南：** 谢谢俞老师。

**俞敏洪：** 今天就先到这里了，各位朋友再见！

（对谈于2022年7月10日）

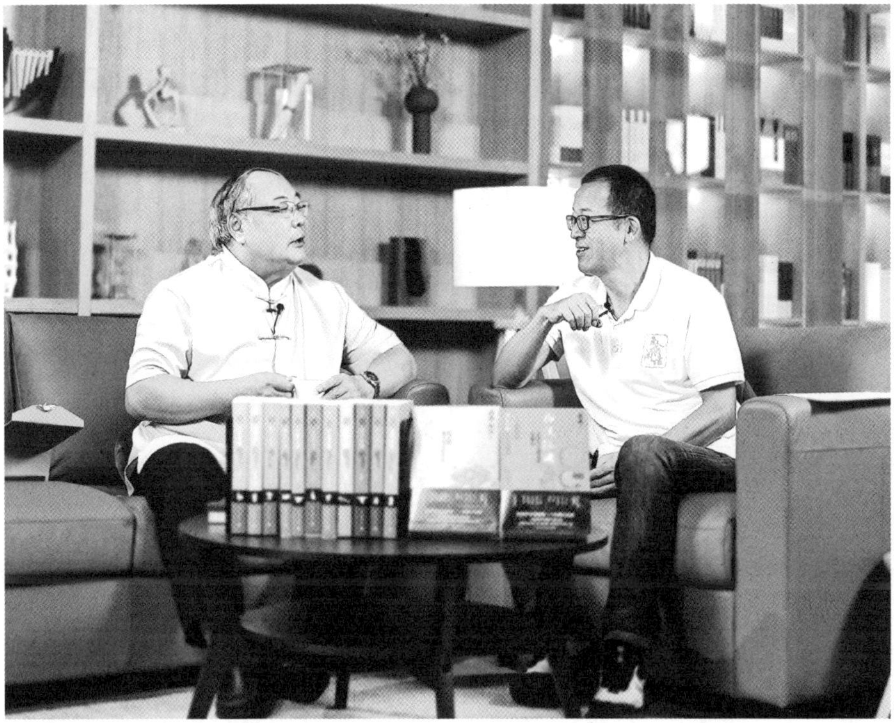

## 对话 **郭建龙**
且谈血肉盛唐

我们总说，人是随着历史走的，历史的形势到了，人顺势就知道怎么做了，但在某些节点上，其实人起到的作用还是非常大的。

郭建龙 /
自由作家、社会观察家。主要研究方向为中国古代史、世界近代史。已出版历史畅销书《丝绸之路大历史》《汴京之围》，历史游记《穿越非洲两百年》《穿越百年中东》等。

郭建龙老师一直是我非常喜欢的作者之一，他从 2010 年开始写书，到现在几乎每年都在出书，而且他的书不少是大部头著作，历史记录翔实，还亲自考察沉淀内容。

　　今年上半年，我们对谈过一次，文字版已经发布在"老俞闲话"公众号上（文章标题：用热爱行走在世界大地）。在那次对谈中，我感觉到，郭建龙老师虽然有着平凡的面孔，但在他平凡的面孔之下，充满了无穷的智慧与知识，充满了生命的张力，充满了探险精神和求知精神。最近他又出版了新书《盛世的崩塌》，我们便相约再次对谈。

## ——对谈环节——

　　**俞敏洪：**建龙你好，我们又见面了，你出书的速度太快了，你到现在为止出了多少本书？

　　**郭建龙：**12 本。我从 2010 年开始写书，第一本是 2012 年年初写完的。

　　**俞敏洪：**十年的时间，差不多每年一本书，而且基本都是大部头著作，每本都值得一读。像讲东南亚的《三千佛塔烟云下》，讲印度的《印度，漂浮的次大陆》，后来你还骑着自行车穿越了内蒙古地区和蒙古，写出了《骑车去元朝》，再后来是《穿越百年中东》，这是我读完印象比较深刻的一本书，然后是"帝国密码三部曲"——《中央帝国的财政密码》《中央帝国的哲学密码》《中央帝国的军事密码》，再到后来是《丝绸之路大历史》《穿越非洲两百年》《汴京之围》，接着今年又出了《盛世的崩塌》。书名我都能记住，说明我每一本都读了。

你前面几本书都是实地考察以后写出来的，比如《三千佛塔烟云下》《印度，漂浮的次大陆》《穿越百年中东》，包括你骑自行车穿越蒙古历史的旅程等。但据我所知，那时候你的经济条件不是太好，甚至是没有经济来源的状态。

**郭建龙：**是的。虽然我在10年的时间里大概出了12本书，但前几年默默无闻的时候其实非常难熬，那时候我的收入非常少。

我出的第一本书是《印度，漂浮的次大陆》，这本书也是俞老师一直在推荐的。写这本书耗费了我很大精力，当时总共印了8000册，但花了好几年时间才卖掉。而且8000册，每册8%的版税，比如定价是40块钱，一本书的版税就是3.2元，8000册也就是2万多块钱，但我还要另交税，那时候扣税扣得还比较厉害，所以整体收入比较低。

当时能够坚持实地考察和写作，主要也是靠一些朋友的帮助。我以前做过记者，所以当时网易科技的负责人会让我每个星期给他写一篇稿子，那时候因为移动互联网还没有起来，稿酬比较便宜，发在网易上，他给其他人的稿酬是500，但给我的稿酬是1000，他不让我告诉别人，现在我可以说了（笑）。所以我一个月写4篇稿子就有4000块钱的收入，就一直靠这样的方式维持。

实际上我一直比较"坚强"，因为写了一本是这个状况，第二本还是这个状况，第三本也一样，等到第四本就只能发6000册了。

**俞敏洪：**你写书的时候，有对自己的认知吗？比如觉得这些书早晚会火。还是说，就是单纯地喜欢写这个东西，至于它火不火其实并不关注？

**郭建龙：**当时我就跟我的编辑说，我的书会是长销书。因为如果你对自己写的内容有一定的自信，当你一本接一本往下写的时候，你自己就会有感觉，你就知道它很可能会变成长销书，这也是我当时的判断。即便从现在来看，那几本书的内容依旧不过时。

**俞敏洪：**到现在为止，如果大家想到东南亚、印度、蒙古或者中东旅行，依然可以从你的书中了解到当地的风土人情和历史渊源。

**郭建龙：**是的，当时我有这个判断，但即便我有这个判断，也还是很惨。一年里忙忙碌碌，又是行走，又是写作，这种日子反复持续了好几年，到最后换到手也就是2万块钱。但我不是想说我多能坚持，而是想说，在这样的状况中，我当时不仅受到了编辑的帮助，还获得了俞老师的帮助，因为俞老师的推荐，才有更多人认识了我的书籍。

当时我老婆在洱海边开了一个小餐馆，有一天我在洱海边帮她刷碗，她突然说，俞敏洪老师写了一篇关于你的文章，她就把链接发给我看。那是一篇非常深情的文章，当时我非常纳闷，因为我以前也做过记者，算是比较了解企业家的，一个企业家在到达某种程度后，他每天的工作是非常繁忙的，所以很多企业家都没有时间读书。而且当时那只是一本非常无名的作者的书，竟然会被俞老师第一时间发现，我就觉得非常神奇。

**俞敏洪：**我没帮什么忙，就是在你的书还没有大量人购买的时候，我就先发现了你写书的天分和你优秀的思想表达能力，所以推荐了一下。

我看书不会管这个作者有没有名气，只要我翻几页以后觉得这本书可以读，我就会读，而不会因为这个作者有名我才读，有名的作者也有很多烂书，没有名的作者也有很多好书。别人我不太知道，但我本身是很喜欢读书的，如果必须在新东方和读书之间选，我毫不犹豫会关了新东方选择读书。但现在它俩不矛盾，我刚好把新东方和读书相对有机地结合起来了，而且还能让很多作者愿意来这里分享他们写作和读书的体会，这刚好也符合我的心愿。

## 1. 读历史而知未来

**俞敏洪：**我对你比较钦佩的一点是，尽管你出书的速度比较快，但你每本书的水准都在我的预料之上，尤其是你写比较深厚的中国历史时。要知道对于历史的分析、人物的分析都需要大量历史史实和文献来做基础论证，而你写的正是这样的历史分析书。从这个意义上来说，我就会很关注你分析的人物背后的历史史实，看和我之前读过的相关历史书籍里写到的是不是一致，以及你收集的我原来没有读过的历史史实，是不是符合我个人对于历史的逻辑推理。而且我还会分析，你的书写得这么快，有没有胡编乱造的成分，或者有没有用一种不严肃的态度来写书。可是我发现你身上有两个特点：第一，虽然你现在已经变成了知名作家，但你依然用一个非常平和的心态来对待自己现在的生活。比如10年前你就住在大理，现在你依然住在大理；10年前你帮老婆洗碗，到今天为止你还在为老婆洗碗。第二，我发现你并没有太在意获得的世俗名声或者财富收入，尽管你现在应该不怎么缺钱了，因为你的版税相对比原来要好得多，但你仍然在认真写每一本书，而且耐得住寂寞，这件事是不容易做到的。

**郭建龙：** 谢谢俞老师。

**俞敏洪：** 新出版的《盛世的崩塌》写了唐朝，《汴京之围》写了宋朝，这两个朝代其实也是中国人民最熟悉、最向往，同时也是文化繁盛、物产丰富的两个朝代。这两本书我都读过，觉得非常值得一读，因为这两本书可以帮助我们从更细节的角度来重新审视唐、宋两大盛世所发生的事情，对我们今天的思考有很多借鉴作用。你怎么会想写这么一个历史阶段？

**郭建龙：** 我本人非常向往这两个朝代，即便我在书中写了很多不好的话。其实最早的时候，我写了另一本书《丝绸之路大历史》，在这本书里我提到了一个故事，唐朝的建立实际上比阿拉伯帝国还要早，但在唐朝刚建立没多久的时候，阿拉伯帝国就迅速发展到了兴盛阶段。唐太宗是唐朝最著名的皇帝，但唐太宗治理完毕的时候，阿拉伯早已变成了横跨亚非的大帝国，他们已经开始向中亚扩张了。

**俞敏洪：** 中国每一个历史时期在西方都是有所对应的，比如汉朝对应的是罗马帝国，盛唐对应的是阿拉伯帝国，而宋朝对应的不仅仅是一个帝国，光是它周边就有好几个国，而清朝迎来的则是西方的崛起。

**郭建龙：** 我想提醒的是，我们千万不要骄傲自满，一定要珍惜这来之不易的环境。即便是唐代这样一个我们认为最开放、最繁荣的朝代，与世界上其他同期迅速扩张的帝国相比，也还是有一定差距的，它的速度还是比别人慢。所以在某些时候，历史上发生的事情还是有一定参考意义的。

**俞敏洪：读历史而知未来。** 如果一个人忘掉了自己的过去，就没办法从过去的失败中借鉴到经验。我们生活在这个历史阶段下，如果不能了解过去，尤其是那些基于我们民族和疆域所发生的历史以及它出现问题的原因，我们就没办法设计走向未来的步伐。

但实际上，我们想要读到真实的历史并不容易，更别说想要读到一些能够深刻分析历史是如何发生的书，所以我们很容易会被带到一个所谓的历史事实中去，而这些事实背后发生的原因究竟是什么，其实并没有太多分析，抑或是分析了原因，但这种分析陷入了某种套路，让人感觉好像中国历史上发生的事情来来回回都是这一个原因，比如农民起义的背后是因为什么？叛乱的背后又是因为什么？大家是读不到的。最后的结局，表面上看起来可能差不多，但实际上引发这件事情的原因是不一样的，所谓历史的真实性往往隐藏在某种细节之中。我甚至认为，有些历史事件的发生并不一定是我们常说的历史的必然性，有时候就是因为突然出现了一个人，或者突然发生了一件事，作为一个偶然性的事件，最后就撬动了整个历史的车轮，推动历史往另一个方向走。

**郭建龙：** 我对北宋和南宋的崩溃一直心怀不忍，因为北宋和南宋的这两次崩溃很可能是促使东西方分裂的一个关键点，为什么？南宋结束之后，蒙古人就上台了。**蒙古人的上台对于西方的好奇心有着非常巨大的鼓励作用**，因为在当时，无论是罗马还是法国，都派了很多传教士来观察蒙古人，他们来到了中国，知道了东方的繁华。以前他们不知道，现在突然知道了。后来蒙古帝国也崩溃了，这样一条从西方通往东方的路也就断掉了，但西方人永远记住了这么一个地方，他们一定要找到这个地方，因为这种繁华对西方人来说吸引力非常大。

第一次是金国灭北宋，第二次是蒙古灭南宋，这两次太惨痛了，惨痛的结果使中华民族开始了反思，但反思的结果却是我们一定要抵御外辱，一定要变成封闭的帝国。明代又恰好把反对蒙古人作为自己的使命，这个使命本身就带着闭关的倾向，所以此后东方一下就变成了一只刺猬，但西方却彻底打开了一个万花筒，这样的结果非常让人心痛。

**俞敏洪**：我解释一下，因为当时蒙古横跨东西方，所以我们和西方之间才能实现畅通无阻的交流。当时的西方人对于东方其实带有某种幻想，尤其马可·波罗还写了那么一本《马可·波罗游记》，引发了部分西方人强烈的兴趣，再加上我们输送过去的丝绸、香料、茶叶，更加强了西方对于东方浪漫的遐想。刚好那个时候奥斯曼帝国开始出现，阻挡了西方人直接从大陆走向东方的道路，这才引发了西方的航海之路。

**郭建龙**：无论如何他们是一定要找到东方的，不管是印度还是中国，因为对他们来说，整个东方都充满了神秘色彩。

**俞敏洪**：西方的航海冒险精神是来自东方强大魅力的引诱？

**郭建龙**：对，可以这么说。东方确实有强大的魅力，也恰恰因为这个魅力太大了，反而让我们觉得无论如何都要守住这个魅力，但是这种守的方法错了。

## 2.《盛世的崩塌》：看血肉盛唐

### （a）历史是有血有肉的

**俞敏洪**：我认真读了《盛世的崩塌》，因为里面涉及了我特别关注的问题：第一，盛唐是怎么来的？第二，盛唐为什么会产生那么多文人？盛唐时期的文学作品可以说光芒照千年。在你的书里我还读到了关于"安史之乱"的详细解答，为什么在那样一个大唐盛世会出现"安史之乱"？到底这件事情是怎么发生的？原来讲的是因为安禄山、史思明是胡人，跟大唐不是一条心，所以他们最后造反了，但实际上从你的书中我发现并不是那么简单的事。

我发现你写的书都是从某一个历史关键点展开，比如你写唐朝写的是"安史之乱"前后的唐朝，你写宋朝写的是"汴京之围"前后的宋朝，这两个朝代都是中国特别兴盛的朝代，你抓住了这两个朝代盛衰的关键点来写作。但我们在大学读的历史书是中规中矩、按照一定价值观和价值体系，甚至按照阶级分类来写的历史书。即使是外国人写的历史书，虽然他们很少写详细的中国历史，但也是按照历史分类，从政治因素、经济因素、文化因素按部就班地往后写，很少能让人感受到历史背后那些有血有肉的故事、人物个性，以及人物的某种行为对历史转向所带来的生动或者残酷的影响。所以像你这样从某一个历史节点展开来写历史，对中国传统写历史的角度来说，算不算是一种背叛或是一种纠正？

**郭建龙：** 更多的还是一种与世界的接轨。从中国历史来看，给皇帝提建议上奏的表记都是编年体，描写人物的都是传记式，是一个个小故事串起来的，但这样的纪传体非常不利于了解一件事情的始末。

我有一个观点，唐宋的人大部分时间内和我们现在的人一样幸福，比如在今天谈话之前，我们会先一起去吃个饭，那个时候也是如此，他们也有很多这样的饭局，《汴京之围》中就有提到宋朝的饭局，一个大饭店有五六层楼高。**我为什么要这么写？其实就是要把当时钩心斗角、异化的历史尽量还原成我们现代人可以理解的历史。** 唐朝的公务员也要吃喝拉撒，他们每天也像我们这样上班，也像我们这样做决策，所以得把它还原成一种现代人可以看的、可以理解的、有逻辑性的历史。

**俞敏洪：** 还要增加阅读历史的趣味性，当你深入到历史的细节中去看历史，其实历史带有很强的故事性。这个故事不像传统历史那样只讲英雄人物或者小丑的故事，而是还有普通老百姓的故事，因为这些故事也都是有血有肉的，**历史就是活生生的人书写出来的。**

**郭建龙：** 这些故事还有很多戏剧性的变化，写起来非常有意思。比如，在写唐朝"开元盛世"的时候，起步的那个阶段就是一场政变——"安史之乱"。那场政变，唐玄宗每分钟都在掰着手指头算，这6个宰相里只有1个是我的，剩下5个里有1个还相对中立，另外4个都是我的对手。当然他的对手也在算，我们现在手里有4个宰相，但唐玄宗无论如何都要抢走1个，现在我们控制了北衙军的一些部分，我们之后也要控制南衙军等一系列问题。能把这样的实力对比转换成互相斗争来写，并写出里面的细节，其实会非常好看。

### （b）唐朝崩盘的主要原因

**俞敏洪：**我读完这本书以后最大的感受是，原来我们读历史会把人物脸谱化，比如唐玄宗，很多人都认为他前半生非常英明神武，因为他粉碎了当时的宫变，粉碎了女人主政所带来的危难局面，并且迅速掌权，重用了很多的贤相，带领唐朝实现了"开元盛世"。盛世中还出现了无数诗人，李白、杜甫、孟浩然、王维，都是那个朝代出来的，到这儿为止，这个人已经完美得不行了。但后来他娶了杨贵妃，跟杨贵妃一起后突然就变糊涂了，用了李林甫、杨国忠这样的奸臣，而后整个唐朝就衰退了，最后引发了"安史之乱"。

但在读你的书的时候，我会发现，这个人物即使是在他做得最好的时期也有他的缺点，而且这种缺点在某种意义上带来了后面的潜在问题。举个例子，你描写的唐玄宗，他的个性比较喜欢对外扩张和战争，要想对外扩张就要耗费大量财力，这些巨大的花费，既导致了国内的财政困境，又培养了军事人员的武力集团，而这些军事人员又由于某种机缘巧合，比如像李林甫、杨国忠喜欢用胡人，所以慢慢又创造出了节度使这样一种集军政大权于一体的模式，最后导致了胡人权力的不断膨胀，这个时候只要有一个小火星就很容易出问题。

我一直认为安禄山、史思明，尤其是安禄山，是因为自己权力膨胀想当皇帝了，所以才造反的。虽然我不知道历史事实，但我觉得你写的更接近于历史事实，你认为他们之所以造反，实际上是因为那些边疆的胡人拥有了军政大权，给皇帝造成了巨大的不安，导致皇帝周围的人和皇帝都想反制这些胡人，而这又给胡人带来了巨大的不安，当这种不安达到一个极点，造反是死，不造反也是死，那还不如造反。这是我读完这本书的感觉，我觉得你还原了历史的复杂性，部分意义上也还原了历史的真实性。

**郭建龙：**唐代有一个非常大的问题，就是君臣之间、宗室之间缺乏互信。那个时候皇帝必须让大臣知道，我不会杀你，大臣也必须相信这一点。

**俞敏洪**：这点宋朝做得就比较好，他们一开始就有互信。比如宋朝时期，虽然那么多知识分子抱怨皇帝，但皇帝最多会把他们贬出去。到北宋末期为止，基本没杀过大臣，也没杀过文人、学者。

**郭建龙**：在罗马时期，有一次有几个人造反，最著名的那个人叫喀提林，他造反之后，以西塞罗为首的文人就要把喀提林杀掉，这个时候是恺撒替喀提林辩护。恺撒说，现在你们可以用法的手段把喀提林杀掉，因为喀提林罪大恶极，但一旦你破坏了规则，你自己的安全感也就丧失了。最后杀死西塞罗的偏偏就是恺撒的养子屋大维。所以**当这样一种政治体系的均衡被打破，如果一方缺乏安全感，另一方最终也不可能得意，实际上是一个双输的局面。**

**俞敏洪**：这和企业管理是一样的。当企业创始人，比如我和新东方这些管理者开始出现互相猜忌和不信任的时候，其实企业崩溃的危机就要到了。很多企业到最后不是因为管理者无能，也不是因为创始人无能，而是管理者和创始人之间互掐，把企业氛围搞得乌烟瘴气，到最后只能崩盘。企业崩盘有两个可能性：一个是企业老总说一不二，下面的人根本就不敢提意见，即使老总做出了错误的决策，下面的人也只能服从；另一个就是下面的管理者、职业经理人和企业创始人、股东之间的不信任。

**郭建龙**：这两个也恰恰是唐朝崩盘的主要原因，其实就是董事长和职业经理人之间没办法达成互信。董事长就是唐玄宗，当没人敢向董事长提意见，下面人的建议最高只能到李林甫这个层级时，唐玄宗慢慢就被架空了，这样一种制度刚性没办法再让他接触到实情了。

### (c) 唐朝对文人的尊重

**俞敏洪**：唐宋时期是中国文化最繁荣的时代，到今天回头看，中国也依然是以唐宋文化为最大的文化核心之一，但明清时期也有过几百年很稳定的社会局面，为什么就没有这么多优秀的文人出现，而唐宋却能产生一大批，背后的原因是什么？

**郭建龙**：其实很大程度上是教育的问题。唐朝诗人最初的开端就是因为唐朝有了科举制度。一般提到科举，人们总是想到明清时期，但明清时期的科举最大的特点是背书，已经变得非常狭隘化了。但唐朝的科举非常灵活，设了非常多科目，比如明经科就是背书，但这个科目最不受重视，因它的前途比较小，而进士科考的是文采，大家都愿意进士及第。除了进士科，唐朝还设了其他科目。那时皇帝想设什么科目就设什么科目，但最重要的一点，也是我非常喜欢唐代的一点，是**不管唐代的斗争怎么血雨腥风，唐代皇帝一直都非常注重文人和文采。**

**俞敏洪：**而且在唐朝的时候，文人只要不过分介入政治，其实非常安全。

**郭建龙：**对，我非常喜欢这一点。举个例子，如果仅仅从政治治理上来讲，武则天并不高明，但武则天也有一个优点，她非常善待文人。所以，实际上唐玄宗早期用的将近十个贤能宰相中，一多半是武则天时期考试考出来的，他们也是慢慢才受到了重用。一般来说，武则天那个时期有一个政治上的波动或者低潮，正好是酷吏时代，但即便是在那样的时代，唐朝对文人还是非常尊重的。

其实任何一个时代都是功利的，比如现在大家学英语，大部分是为了应付考试，但你只看到功利的一面也不行，因为你考出去之后是为了美好的生活，所以不要光认为唐代的考试功利，实际上这种功利促进了更多人学文化。

**俞敏洪：**对。当时唐朝对于诗赋的考核十分重视，如果有人写了一首特别好的诗就会受到王公贵族的欢迎和尊重，当然在民间百姓中也是如此。

**郭建龙：**对，甚至他都可以跳过考试。比如杜甫，他当时考试一直考不过，但最后他仍然被提拔为官员，为什么？他靠的是三篇赋，其实就是溜须拍马的三篇文章，皇帝一高兴就把他给提拔了。虽然皇帝对文采的评判标准在我们现在看来可能有点鄙视，但就那会儿来说毕竟是一种尊重，更主要的是他们愿意提拔文人。写诗之后，才会有人开始讨论我觉得科举的诗不好，我的诗更好，就有人另立标准了。慢慢地，他的标准也会影响其他人的口味，这样唐朝的诗歌就慢慢独立出来了。

### (d) 家国不幸诗家幸?

**俞敏洪:** 其实盛唐时期的诗人或多或少都经历过"安史之乱",要么是人生的后期带了一点,要么刚开始成名就进入了从盛世到乱世的状态。所谓"悲伤出诗人"或者"家国不幸诗家幸",你觉得这些诗人的成熟,一方面是跟国家当时的鼓励有关,但另一方面是不是也跟他们多舛的命运有关?

**郭建龙:** 其实分人,像李白、王维本身就天赋满满,什么样的环境都挡不住他们,这种人不需要乱世。

**俞敏洪:** 是不是和诗人的个性有关?比如李白很豪爽。

**郭建龙:** 李白就是一个狂人,大家都觉得他很喜欢当官。

**俞敏洪:** 这来自这个朝代对文人的宽容,还是说盛世的时候老百姓整体的心气都是这样?

**郭建龙:** 都有。我们都觉得李白想当官,但从本质上来讲,他并不在乎自己当不当官。皇帝来召我,我就写一些非常狂的诗;皇帝不想要我,我就立刻再写一些狂诗骂他。至于他当不当官,他都有他的活法,其实他并不在乎。

李白、王维这些人并不靠乱世成名,而**杜甫这样的人正好例外,乱世反而成就了他的伟大**。我书里也写到了,如果没有"安史之乱",杜甫可能只是一个小人物。为什么?因为他之前的诗都比较晦涩,非常中规中矩,这样做的目的之一其实就是为了考试当官。杜甫只有对这个时代完全幻灭之后,才能真的恍然大悟。所以政变过后,他完全不再把自己定位成一个历史记录者。虽然杜甫最初非常想当官,但后来他到成都之后,皇帝召他他也不去了,反而在这个时候,他写出了很多自然的诗篇,比如"两个黄鹂鸣翠柳",写的就是成都的景观。而像岑参那些人,虽然经历了乱世,但只要皇帝召他们,他们还是会去当官,这些人在官场和民间之间的切换非常顺利。

**俞敏洪:** 到成都的时候,杜甫已经开悟了,他已经不再把功名利禄当作自己追求的目标了,那时的他反而是在记录一个时代,记录自己生命中值得记录的点点滴滴。

**郭建龙:** 对,他的"三吏三别"写出了战乱时期的民间疾苦,让人一看就痛哭流涕。在战乱期间他和家人分开了，又被长期困在一个城市里，所以才会写出离乱的感觉，才会有对成都的眷恋，才会写出那么有趣的作品。成都的作品也不是他最后的结局，虽然"安史之乱"并没有打到成都，但"安史之乱"之后造成的藩镇割据对南方的影响也非常大，所以杜甫在成都也经历了叛乱，迫使他不得不往东走，通过长江往湖北、湖南走，最后死在了流浪途中。

**俞敏洪：** 杜甫在"安史之乱"往后的人生，都很悲苦。

**郭建龙：** 我倒不这么认为，因为他后来也有很多让人看了以后能够感受到快乐的作品。

### (e) 第一个大旅行时代

**郭建龙：** 我非常喜欢唐朝的一点是，**唐朝是中国历史上第一个大旅行时代**，不光是文人侠客可以到处跑，唐朝的官员，只要是稍微大一点的官，就不可能一辈子只待在一个地方。在唐朝，我不可能从大理的科员提到大理的科长，最后提到大理的市委书记就退休了。他们是全国性的，比如你今天任职于漠河，明天可能就会任职于瑞丽，后天可能就跑拉萨去了，因为那会儿的中央官员是全国性的轮调制，所以唐朝的交通也非常发达。我觉得最神奇的一点是，那个时期的人们并不把死在异乡当回事，官员也好，文人也好，包括杜甫、李白都是死在异乡，但这对他们来说无所谓。

**俞敏洪：** 他们心中已经不再是以故乡或者是自己的出生地、为官地那么一点点小小的地理环境作为自己的世界了，盛唐把社会精英人士养成了愿意把整个国家地域当作自己人生疆域来对待的心态。

**郭建龙：** 对，我认为这种心态是最吸引我的地方。

**俞敏洪：** 我们现在跟盛唐那时候差不多了，你现在也可以到处跑，我们的交通工具也更先进了，而且你还可以安心写书，衣食无忧。

**郭建龙：** 我一直认为现在是一个盛世，至少从物质生活上来讲，现代人的生活条件绝对比杜甫他们要好得多，但现代人是赶不上杜甫的。

**俞敏洪：** 那时候没有药，只要生个病基本上人就不行了。我看了一下唐朝诗人和官员的平均寿命，也就三四十岁，这还算是生活环境比较好的。当然也有寿命长的，只要不得病就可以活得久一点，那就是人生七十古来稀，像贺知章就活得比较长。

你写这样一本历史书，原则上应该以历史和重要的政治事件为主，怎么会花了大概 1/3 的篇幅来写唐朝文人的命运和他们的成果？

**郭建龙：**因为唐朝正好是一个转折期，史料流传得比较少，不像宋代那会儿印刷术非常发达，每个人写了笔记都可以印刷，所以留下来了很多材料。

**俞敏洪：**有人说，如果唐朝有印刷术，唐朝的诗歌就不是 49000 首左右了，而是 490000 首左右。

**郭建龙：**唐代大旅行盛行，所以每个人都见多识广，因此也容易产生另一个现象，就是它的故事传奇性色彩很强烈。唐人记载的这些资料并不像宋人，宋人记录的关于他们见过、听过的什么事往往都是真的，但唐朝记录的往往都是假的。他们可能会往一些名人身上安一些什么事，比如某某宰相或者某某宰相的儿子去了哪个地方碰见了龙女，和她有过一段交往等。这些记录虚虚实实，你没办法用。唐朝有一个非常重要而且非常真实的史料——唐代的文人有一个特点，他们喜欢互相写诗应答，比如我们俩的对谈不是以白话文的形式，而是你非常高雅地来一首诗，我再回一首诗，这些诗反而就传唱下来了。

**俞敏洪：**反而是对当事人的感情、交往、历史的记录。

**郭建龙：**通过这些诗可以还原很大一部分历史，特别是杜甫和白居易的诗。比如写"安史之乱"的时候，如果仅仅从《资治通鉴》或者已有的材料上扒，有的地方是比较干枯的，但有了这些诗，这段历史就会鲜活起来。

### (f) 忠奸只是应时而生

**俞敏洪：**为什么在历史上，所谓的贤臣一出现就会有好几个，奸臣一出现也会连续有好几个？比如贤臣，盛唐的前半段有宋璟、张说，宋朝的前半段有范仲淹、苏轼和欧阳修。而奸臣，北宋末期，当然首先是宋徽宗本身当皇帝就不合格，但同时他身边也出现了像蔡京这样的人，而盛唐的后半期也出现了像李林甫、杨国忠这样的奸臣，你觉得这是什么原因造成的？

**郭建龙：**我觉得可能和时代有关，每个时代的需要是不同的。以唐朝为例，为什么唐玄宗早期会出现贤相集团？很大程度上是因为皇帝政变上台之后需要一个相对稳定的局面，在这个时候，第一大任务是稳定政治，这时候就会任命一些有利于稳定政治的人。稳定政治很简单，就是放松民间、休养生息，以不变应万变，所以这些贤臣就会上台。比如唐代的第三、第四大名相，姚崇和宋璟，他们帮助皇帝稳定了局面，利用休养生息的政策让民间经济逐渐恢复，之后慢慢达到高峰。但实际上这些人并没有完全满足唐玄宗的需要，所以各自只担任了三年半的宰相就下台了。**皇帝真正的需求是什么？唐代最大的问题就在于财政收入，它的收入赶不上支出。**

**俞敏洪：**对。因为古代的财政收入全靠田赋聚集，不可能像现代社会一样通过高科技增加财富。

**郭建龙：**对。偏偏唐代在刚开始就没有建立起很好的系统，田赋和人力根本查不清楚，也就不好收上来。一般这种情况下，这些贤相就会劝皇帝省钱，但唐玄宗不想省钱，他真正的需求是多收税。他还很喜欢打仗，打仗就要花钱，但国库里的钱不够，所以这些人总是告诉他不要打仗，要通过和平的手段维持，这样一方面可以得到稳定的发展，另一方面突厥人也可以发展，这样两边都受益，这些贤相是这样想的，但皇帝认为，英明伟大的皇帝必须要打仗。这是他们之间非常明显的一个矛盾。

**俞敏洪：**为什么中国历史上的一些皇帝，比如汉武帝、唐玄宗，总是把对外征战当成是自己英明神武的标志？这是不是和男人的雄激素有关？

**郭建龙：**也许和男人的雄激素有关。总之，如果让唐玄宗选，他肯定认为姚崇和宋璟不是好宰相，他觉得好宰相是李林甫那样的。

**俞敏洪：**最好既贤能又能帮我弄钱，但实际上这是不太能做到的。

**郭建龙：**对，因为一弄钱自然就会对民间造成压力。其实李林甫也是个非常有能力的人，我们认为唐朝最重要的法典《唐六典》，就是在他手里编纂而成的，他是一个非常想帮助皇帝把制度正规化的能臣，只有这样的人才能帮皇帝完成财政正规化，增加收入。

**俞敏洪**：有时候不是这个人物本身的品行、秉性有问题，而是当时国家的财政发展有这方面的需求，所以这些人其实也是应时而生的。

**郭建龙**：以前我也讲过，我最不赞成的就是把一个人的一生二分化，比如大家总说玄宗前期非常英明，后期非常昏庸，其实并不是这样，他的一生或者说他的统治其实是有连续性的。

## （g）女人真的误国吗？

**俞敏洪**：很多历史故事或者民间传说都提到"女人误国"，比如唐玄宗和杨贵妃的故事，他们说唐玄宗最后之所以会变得昏庸，把盛唐带到乱世，其实是因为背后有一个杨贵妃在耽误他，而这种故事从春秋战国时期的"烽火戏诸侯"开始就有了。**从你研究历史的角度来看，到底存不存在所谓的"女人误国"？**

**郭建龙**：我用《汴京之围》里的一个故事来回答这个问题。当时金人攻打下汴京之后，想逼皇帝交出金银钱财，只要你交了赎城费，我就走。但金人要的赎城费太高，即使皇帝搜刮了全城的金银，也只能满足10%。这时候金人就想，钱不够我怎么能走？最后就拿女人来抵赎城费。皇帝的一个女儿值多少钱、皇帝的一个妃子值多少钱、皇后值多少钱、民间漂亮的女人又值多少钱……用女性来抵价，最后金人就把这些女人掳到北方去了。其中有一个女人，她甚至都没有名字，她在出城的时候正好碰见了皇帝的一些大臣，她朝着这些人喊了一句话："你们误国，最后让我们来顶罪。"所以我认为，**明明误国的是皇帝，最后顶罪的却是女人。**

**俞敏洪**：这是一种对女性的严重不公。

**郭建龙**：具体说回杨贵妃，我们可以看到，真正需要杨贵妃的并不是杨玉环自己，而是玄宗，况且杨玉环的作为其实并没有非常过分。比如唐代前期，外戚集团很容易控制朝政，像武氏集团、韦氏集团，这两个集团的实力和他们的所作所为远远超过杨氏集团。杨氏集团除了能说出来的杨国忠之外，就剩三个女孩子，而这三个女孩子，皇帝宠你，你自然就要顺从皇帝，所以虽然可以看到她们享受生活的一面，但其实她们对政治并没有太多干涉。

**俞敏洪：**不管是在正史还是在民间史料中，甚至在白居易写的《长恨歌》中，也只是提到了杨玉环这样一个美丽的女人被唐玄宗宠爱，查不出来太多她对政治的干涉，后来是因为杨国忠是她的堂兄，大家才觉得好像跟她有点关系。

**郭建龙：**但杨国忠更多还是皇帝的一种需要。李林甫马上就要死了，自然要有另一个聚敛之臣占据他的位置，这个时候谁有能力谁就上。其实在前面已经经过了好几轮血腥斗争，像王洪、韦坚这种人也都很愿意通过帮皇帝搞钱然后上台，都眼巴巴地等着继承李林甫的位置，但慢慢地，他们因为内部斗争都被搞掉了，这个时候总要有一个人当二把手，所以刚好就轮到了杨国忠。

### (h) 国家制度的重要性

**俞敏洪：**在你的书中我还读到一个原来完全不知道的事实。虽然我知道唐太宗之所以能当上皇帝是因为他干掉了自己的哥哥和弟弟，但我以为这是唐朝历史上发生的唯一一件手足相残的事情。但读了《盛世的崩塌》后我才发现，原来唐朝皇帝家族里互相残杀的例子比比皆是，好像只有通过互相残杀才能巩固自己的政权，这也直接导致了下一代为了争夺政权而互相残杀。相对来说，宋朝好像就比较少有这样的情况，除了"烛光斧影"？

**郭建龙：**对，宋朝几乎没有，而且"烛光斧影"也只是一个传说而已。

**俞敏洪：**两个王朝在制度上有所不同，宋朝比唐朝时期的交替制度更成熟，因此权力更迭也变得更加规矩。而且宋朝本身就更偏向于文治而不是武治，但唐朝的人却都带有崇尚武力的色彩，所以是不是两种不同的体制导致了两个朝代不同的结果？

**郭建龙：**君臣、宗室之间能够存在的最高互信就是在创始人那段时期，一旦创始人阶段过去了，互信就很难了。比如美国的制度，华盛顿为什么这么伟大？就是因为他是这个国家的创始人。

我们总说，**人是随着历史走的，历史的形势到了，人顺势就知道怎么做了，但在某些节点上，其实人起到的作用还是非常大的。**比如，宋太祖做的一件事，其实就是通过限制军权来形成一种规矩，这时候只要有规矩，就能产生一种彼此之间的互信。又如，唐太宗是唐朝最英明的皇帝，而宋仁宗是宋朝最好的皇帝，如果他俩同时起心想杀一个大臣，其实唐太宗能做到，但宋仁宗完全做不到，为什么？因为哪怕他下了这个命令，他下面的大臣也不会去执行这个命令，而且还会有谏官不停进谏，所以他知道这个命令是不能下的，下了也不会有人执行。这主要原因在于，宋朝有谏官群体，有制衡系统，让宋仁宗不会有这样的念头做这个事情，所以双方只能在另一个框架里博弈，这个框架就是互相贬斥。他们也有党派之争，比如新党起来了，把旧党的人全部贬到边疆去；旧党的人起来了，又从边疆回来，把新党的人贬到边疆去。这样一种方式减轻了官场上的残酷性，大家最后都按照规矩来，就形成了一种互信制度。

## 3.《穿越非洲两百年》：务必走向世界

**俞敏洪：**你为了写书走了中东，走了非洲，走了丝绸之路等很多地方，中国写历史的作者中，是不是专门有这样一批人会把历史史实和实地考察相结合起来写？

**郭建龙：**对，有这样一批人。但这批人相对来说比较散，他们更多是把这种实地考察当作一种爱好，能完全和历史作品结合起来的人不多。

其实十年前我对学术界有一点鄙视心态，为什么？因为我觉得那是一座象牙塔，尤其出国以后，更觉如此。比如，一个社科院的人要是想去非洲考察，那是非常困难的，因为需要各种审批、报备等，把这些折腾完后，其实就没精力再去接触当地具体的人了，所以当时我有一点点看不起他们的心态。但现在好像慢慢地也在迭代，像我最近帮助到的一个作者，北大历史学教授罗新，虽然我没见过他，但我有一些判断力，**一个人在爆发之前必须要有非常深厚的积累，然后他会在某一天突然爆发。**

**俞敏洪：**我读过罗新的书，《从大都到上都》，应该是去年出的，读完以后我也推荐过。后来我还沿着他徒步的路走了一段，因为从上都到大都这条路本身也是我去草原的必经之路。

**郭建龙：** 为什么说这个人？因为我觉得他的学术功底非常好。比如，五年前他还没出过很畅销的书，当时只出版过一些学术性质的书，但《从大都到上都》出版后，他突然就开始爆发了。他今年有一本写北魏宫女的书，接下来还要出一本书，他现在正处于超新星爆发的时期。他也很愿意行走，最近他在陪一个老外行走。那个老外从非洲出发，现在已经走到了中国，到中国之后罗新陪着他走了一段时间。

**俞敏洪：** 说到非洲，你的《穿越非洲两百年》给我留下了深刻的印象。对大部分人来说，非洲是一个非常神秘的地方，大家一想到非洲就是大象、狮子、大草原、乞力马扎罗。要么把它想得特别浪漫，要么就想到各种灾难，比如饥荒、战争等。大家对于非洲其实并没有一个客观的了解，但你敢直接背着包跑到非洲去，而且深入到非洲腹地，还差点在尼日尔河上把命给丢了。你是抱着一种什么样的心态去非洲的？完全出于自我爱好，还是觉得这件事情背后有点意义？

**郭建龙：** 第一是自我爱好，第二我想引用一下罗胖曾经说过的一句话：**任何一个国家的黄金时代都一定对应着很多探险爱好者。**

**俞敏洪：** 我们现在也在一个黄金时代，会不会出现一批探险爱好者和通过探险来了解世界的人？你算不算其中一位？

**郭建龙：** 先说一个判断，我还是比较乐观地相信，**不管历史如何拐弯，最后总会有一个方向性的上升**。另外，检验一个时代到底是"黄金时代"还是"镀金时代"，我们要冷静地去观察那些探险爱好者最后出没出来，如果看到了像大英帝国的奥雷尔·斯坦因或者像考察非洲的利文斯敦等这样的人出来，那它就是一个黄金时代，否则它就是一个镀金时代。

我对于越来越多的人会走出去了解这个世界这件事情还是很有信心的，在这里举一个华为的例子。我无论走到哪个国家，基本都能见到华为的团队，它是一个世界性企业，绝对是不封闭的，是开眼看世界的，它派出自己的团队去到每一个国家，了解当地的文化，简直就是一个走向全世界的黄埔军校。我们都知道华为已经算是中国最好的企业了，它做的这个事情就很有方向性，证明你要想做好就必须走向全世界，我到现在仍然这么认为。

**俞敏洪：** 你从心里觉得，中国人民应该真正了解世界上各个地方正在发生什么以及它们在历史上发生过什么，只有这样我们才能去界定未来的中国和世界的关系，包括中国"一带一路"的倡议，这样的战略发展方向需要我们走出去。

**郭建龙：** 需要有更多人把真实的情况带回来，我们才能更有力地去执行、去实现我们的目标。

**俞敏洪：** 你能给大家讲一讲《穿越非洲两百年》的写作过程吗？我觉得这是一个特别艰难的过程，不是写作本身艰难，而是写成这本书的经历很艰难。

**郭建龙：** 我在埃塞俄比亚的时候，埃塞俄比亚的饥荒刚结束没多少年，我从那儿过境肯尼亚时碰到了一个小伙子，那个小伙子在自己的国家找不到工作，没办法生存，他看见我是一个中国人，就说我跟你一块儿走。他想干什么？他想去肯尼亚，为什么要去肯尼亚？因为只有那边才有生存条件，他可以在那边打工。他就跟着我一直走到边境，我还把他带过了国境，但就在他认为自己已经没事了的时候，肯尼亚的军警上来查护照了。他没有护照，想拿纸片混过去，我就亲眼看见肯尼亚的军警用枪直接砸他的脑袋，把他给轰出去了，至于他后来的命运到底如何我就不知道了。那一刻我在想，作为一个中国人，我们也经历了很多年的苦难，但到现在为止，我们至少能在自己的国家活得非常好，会产生一种自豪感，同时也更想去了解、帮助他们。这是我非常感慨的一件事情，所以我把它写在了这本书的最开头。也许在三四十年前，我们的国家也发生过这样的事情，但我们现在已经摆脱了。

另外，我印象更深的是，当我第二次去非洲，在那儿转机的时候，我发现埃塞俄比亚的变化已经非常大了，他们借鉴了中国改革开放的经验：第一，做不了复杂的制造业就做简单的制造业，加工凳子、鞋子、衣服等；第二，放开民间，让他们自己去做投资，尽量引进外国资本。这也证明我们改革开放的经验是非常伟大的，我们可以看到改革开放在海外开花结果的现象。但去年我们又看到了不好的迹象，埃塞俄比亚又发生了一场小型内战，因为其国内的政治体制还没有稳定到所有方面都能达到妥协均衡的态势，北部和南部因为有裂痕的存在，所以又发动了战争。

**俞敏洪：**这种不稳定往往是人民苦难的根源。

**郭建龙：**我在写这本书的时候有一种非常强烈的感觉，**很多非洲国家已经走到了发展的大门口，有的已经进去了，但还有很多没有进去。**非洲很大，比中国、美国加起来都大，但我们不能把它看作一个整体，它实际上是50多个国家的分体，每个国家的发展情况都不一样，很多国家已经具备了发展条件，但有的国家还站在门口，而埃塞俄比亚就是站在门口。虽然近来发生了内战，但我认为它能熬过去，因为人民已经尝到了稳定的甜头，并且不愿意再继续这样乱下去。所以我想揭开非洲那种神秘、落后的面纱，让大家看到更真实的非洲，去讲述它的苦难与希望，讲述中国在和非洲打交道的过程中能提供什么样的帮助。

在这个过程中，我们也要注意避免一些事情的发生，比如中非民间的交往和互惠的贸易实际上是非常促进非洲本地发展的一项举措，但在这个过程中一定要避免浪费。非洲很多政府都希望能建立大项目，但实际上这些大项目并不能创造利润，也就更不可能惠及民生。所以这是一本能够让你真正了解非洲的书，我当初给自己的定位就是这个。

## 4. 保持好奇，坚持兴趣

**俞敏洪：**从中东的历史到非洲的历史，再到丝绸之路大历史，现在又开始写唐朝的历史和宋朝的历史，**你一直坚持从事历史梳理方面的工作，是因为背后有某种信念在支撑吗？**

**郭建龙：**我其实是理工科出身，一开始我是做编程的，但我一直比较喜欢写作，我从小就对历史感兴趣。

**俞敏洪：**我很好奇的是，你写了那么多书，横跨了非常宽的领域，但你对于史实的整理非常完备，而且看问题的视角也非常清晰，你怎么会有那么多时间来研究这些历史？在我脑海中，要写这么多本大部头著作，至少对我来说是完全做不到的。

**郭建龙：**第一，是要有分工；第二，这是我的兴趣；第三，这也是我为什么要感谢俞老师和其他人的原因——你们帮我节省了很多精力。

**俞敏洪：**我们怎么会帮你节省精力？无非是看到了这本书，觉得不错就推荐了一下而已。

**郭建龙：**因为我可以完全沉浸在我的世界里，对什么东西感兴趣就去了解什么东西，不用在乎人际关系，不用在乎书籍推广，包括我的出版人董曦阳，他给我唯一的任务就是写，写完了之后交给他，就这么简单。

**俞敏洪：**剩下的你就不用操心了。

**郭建龙：**中国市场化的文化圈不会随意地埋没一个人，只要你有自己的理想色彩，是一个理想主义者，当大家都理解你就是想做这个事情并有这个理想的时候，你就会遇到很多帮助你的人。我在每本书的最后都会写一个后记，里面就会提到一些人对我的帮助。

**俞敏洪：**他愿意支持你完成这样一个理想，因为这个理想对帮助者，甚至对整个社会来说都是有利的。比如，在大家的支持之下你写出了一本优秀的书，这本书能让大家更多地了解中国历史的发展阶段，这对于中国老百姓知识结构的优化，对于中国从历史中吸取经验教训都会起到很好的作用，这是一个以善换善的问题。比如，我愿意推荐这本书，第一是因为我觉得读了这本书很受教育，第二是因为我觉得别人读了也会跟我一样受到教育。

**郭建龙：**所以你推荐我的时候，完全就是让一个无名作者一点点见识到社会善意的过程。

**俞敏洪：**我觉得写作是一个很寂寞的过程，因为写作的时候边上不可能有人天天跟你聊天。当然你现在有一个美好的家庭，可能相对不那么寂寞，但你的爱人也不可能帮你写作，所以你在写作过程中到底是寂寞的还是享受的？

**郭建龙：**也寂寞，也享受。其实有一点您说得不对，我比较感谢我爱人，特别是写《丝绸之路大历史》的时候,当时她正在养病,她作为我的第一个读者,给我提了很多意见,甚至帮我批阅了很多,虽然提了意见之后还是要我自己修改,但我已经非常感动了。

没有进入这个行业的时候,我其实比较苦闷,总觉得我就是想写一辈子。那时候我父亲说,你这样整天漂着,等你60岁的时候,别人都退休了,都在那儿悠闲了,你还得为生计奔波。我就说,**如果我的生计就是写作,我愿意上午还在写,下午就死了,这是最好的一种状态**。所以我不会去想你问的这些问题。

**俞敏洪:** 也就是说,其实你的内心并没有这样的苦闷,因为写作本身已经变成了你生命的一部分,即使有时候需要有一定寂寞或者独处的时光,但这对你来说实际上也是在沿着自己的生命和思考往前走。

**郭建龙:** 对。**我建议大家一定要找到自己的爱好,当你真正为爱好做事情的时候,是不会计较所谓成败得失的,你就会看得比较淡**。就像俞老师一样,不管是在困顿期还是在高潮期,其实对你的影响并不大。

**俞敏洪:** 我倒不是因为爱好,在某种意义上是因为责任,因为新东方是某种外在于我的一个事业,这个事业当然可以放弃,但我内心更多会产生一种责任感,不管我喜欢还是不喜欢,都必须把它做好。但读书这件事对我来说是一个爱好,读完书进行分享或者自己写点东西、做做记录是我的爱好。不过,新东方毕竟是一家教育公司,某种意义上是一个可以打通我跟其他人沟通交流的桥梁,也就把我的爱好给联系起来了。

由于时间关系,我们的对话就要结束了,建龙还有什么要对大家说的?

**郭建龙:** 一定要保持自己的好奇心,一定要坚持自己的兴趣。你只有在做自己感兴趣的事的时候才会真正地投入,而且不要管后面的事情,只要你是在做自己感兴趣的事情,最后一定会做出点什么来,而且这些东西对你肯定有一定的物质保障,只是时间早晚的问题。如果你患得患失,在一开始就考虑太多,总想找一个壳子缩进去,机会可能就没有了,特别是在现在这种时代,是一个相对收缩的时代,只有坚持自己才能度过"秋天",重新迎来"春天",而且你一定要相信"春天"早晚都会到来。

**俞敏洪：**谢谢建龙，今天我们的直播就到此为止，谢谢各位网友！

（对谈于 2022 年 8 月 16 日）

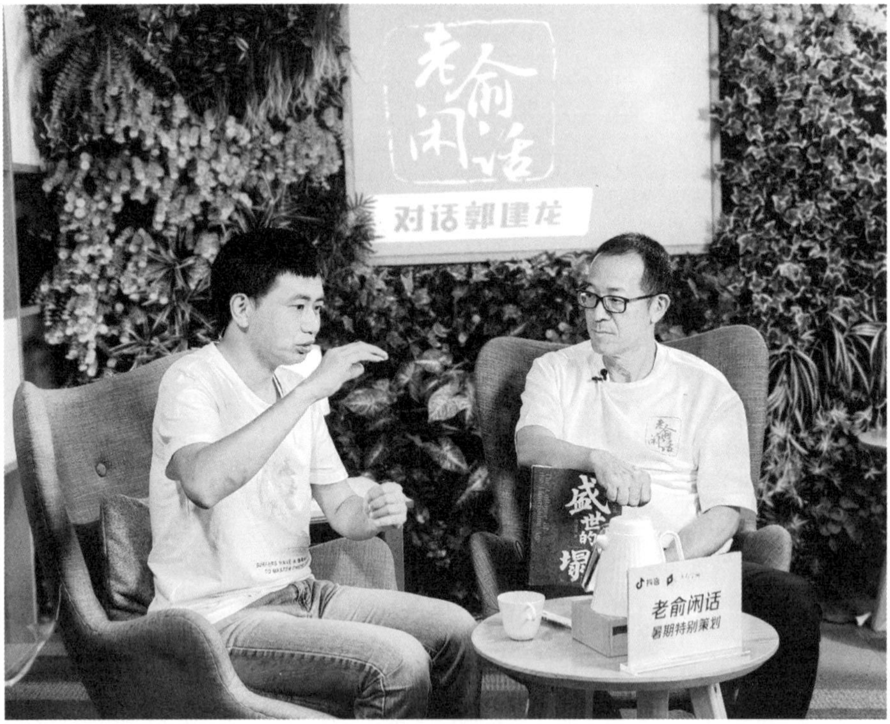
老俞闲话
对话郭建龙
盛世的
老俞闲话
暑期特别策划

# 对话 **许倬云**
## 往里走，安顿自己

> 我寄语有困难的朋友们，上天让你亏九分，他在别处补还你一些，可能补得不够，但够不够要由你自己去补足。

许倬云 /

1930 年生，江苏无锡人。匹兹堡大学历史系荣休讲座教授，中国台湾"中央研究院"院士。1962 年获芝加哥大学博士学位，先后执教于台湾大学、匹兹堡大学，受聘为香港中文大学、夏威夷大学、杜克大学、香港科技大学、南京大学讲座教授，被香港中文大学、香港科技大学、台湾政治大学授予荣誉博士学位。1986 年当选美国人文学社荣誉会士，2004 年获美国亚洲学会杰出贡献奖，2017 年获台湾大学人文艺术类杰出校友奖，2020 年获全球华人国学大典终身成就奖，2023 年获影响世界华人终身成就奖。

许先生学贯中西，善于运用社会科学的理论和方法治史，研究领域集中于中国上古史、中国文化史、社会经济史及中西文化比较。学术代表作有"古代中国三部曲"（《西周史》《古代中国的转型期》《汉代农业》），另有大众史学"中国文化三部曲"（《万古江河》《说中国》《中国文化的精神》）及《经纬华夏》等数十种著作行世。

2022年9月8日，我与许倬云先生进行了一场有着12小时时差的对谈。许老师出生于1930年，如今已是92岁高龄。许先生出生即残疾，手脚萎缩不便，在日本侵略中国时期，经历了近10年的逃亡生活，中学毕业后，1948年迁移到中国台湾。许先生总是直接指出现在全球性的现状和问题，对于中国历史他是这样说的："中国尊敬过去，注重延续，这是中国的好处，也是中国的缺陷。"让人醍醐灌顶。许先生是难得的历史大家，虽然身体不便，但凭着自己的毅力与顽强，在思想上、精神上引领了我们的方向。今天的这场对谈，他也一定会给我们带来一场思想的盛宴。

## ——对谈环节——

**俞敏洪：** 许先生好，睡觉休息得怎么样？

**许倬云：** 还好，马马虎虎。

**俞敏洪：** 特别开心，您这两年身体还很健康。您现在在哪儿？

**许倬云：** 我在匹兹堡，从我1970年过来教书开始就住在这里了，到现在50多年了。

**俞敏洪：**许先生，在中国马上就要到教师节和中秋节了，在这里我代表我自己，向您致以教师节最诚挚的问候。您是全中国很多人的老师，很多人读过您的书。

**许倬云：**哪里，我也借这个机会，向俞先生以及其他的同行们致以问候。第一，中秋节大家千里共婵娟，大家都好。第二，教师节是我们大家共有的节日，我对这个节日看得很重，因为我觉得你我这个行业是任重而道远，不敢疏忽一分的。我们给予年轻人信心、鼓励，提供一些帮助给他们，使年轻人可塑造成才，这个任务任重而道远，差池不得。所以我这一辈子做教书这一行，小心翼翼，不敢有一点疏忽。在这里，我也借这个机会与同行们共勉，我们大家彼此有这样一个节日，对我们来说既是奖励，也是鞭策，我们大家共同守护好这个行业。

**俞敏洪：**特别感谢许先生。马上也是中秋节，我代表我自己，也代表我的团队，向许先生致以中秋节的节日问候，祝您身体健康，开心如意！愿您继续用您的学问、思想引领中国的知识分子，引领中国的年轻人继续不断探索这个世界的真相，并努力争取创造一个更加美好的世界。也祝师母和您家人中秋节愉快！

**许倬云：**谢谢，我们共同努力，但同时抓得一天好日子就庆贺一天。

**俞敏洪：**非常感谢许先生，以90多岁的高龄，还抽出时间来和我们讲述您的人生故事以及您对世界和社会的看法。我想邀请您先和大家说几句。

**许倬云：**各位朋友们，今天很高兴在这跨洋谈话里和大家交换一下意见。很快就是中秋节，这一天是全世界的中国人举头望明月的时刻，我希望人月俱圆，大家都过一个好节日。秋高气爽的时候，多多享受天然的气候，保持身体健康，好好过日子。

还有教书的同人们，我也祝大家有个愉快的教师节。自从孔子留下这个行业以后，几千年来很多人走上这条路，我觉得我走这条路，无怨无悔，而且其乐融融。此外，我自己非常小心，这是个任重而道远的工作。我们面对的群体是一群年轻人，他们一辈子的生活、想法、看法，一辈子做人的道理，一辈子学习的习惯，都由我们这个行业的同行帮助他们塑造。这个工作是世界上最伟大的工作之一，也是最有意义的工作之一。我向各位老师表示敬意。

我今年92岁。但是，1956年拿到硕士学位后，1957年开始我就担任讲师了。从那时算起，到现在已经很长一段时间了。我鼓励大家，也支持大家，好好地拥护这个行业，做我们能做到的事情。我向大家保证：从1957年到现在，我没有懊悔过我的所作所为，我觉得这个行业我选对了。希望大家也一样，都可以一辈子觉得选这个行业选得很对！谢谢各位！

## 1. 用精神战胜身体

**俞敏洪：** 谢谢许先生。不光是您的学问、学术成就令人敬佩，而且您用亲身实践证明了，一个人即使身体不那么健全，依然可以战胜自己身体上的不便，并且用思想的强大来给社会的进步提供帮助和学识。可以说，您一生的思考和行动，为中国无数人，包括年轻人，也包括我（已经进入了60岁之后的人），提供了特别好的榜样。有时候当我感觉自己已经不再有毅力或者耐力做想做的事情时，我就会想起您来。

您因为从小就身体不便，在这个过程中，我相信您也一定有过很多绝望或者痛苦，但后来您确实战胜了自己身体上的不便，走向了一个心灵、精神、思想的自由之路，并且用内心的光明点亮了很多人的内心。在中国，现在很多年轻人尽管身体非常健全，脑袋也很灵活，但他们却不是那么努力，或者说他们并没有给自己赋予一种人生使命。我想请问先生，您是怎样战胜自己身体的不便，并且能够坚持学习、坚持创造，最后能够为中国人民，甚至是世界人民提供那么多伟大的思想和伟大的著作的？

**许倬云：** 你过奖了。我这是兵法上讲的打背水战，仅此一步，别无退路。我生下来就受如此限制，我自己家的兄弟、堂兄弟、表兄弟，大多数学习、研究的都是实验室或者开刀这类的事情，不是工程师就是医生，这两个事情我都不能做，只剩下两只眼睛能看，手都不大能写，所以这让我感到没有其他路可走。到现在为止，我记得，周遭人除了若干人对我有意见，大家都对我非常好。

家人对我视同其他兄弟姐妹，当我面临困境时他们一定会伸以援手。

先父是一位博雅君子，读书读得好，知识广博，能教导人。他带领我读书，看报纸、听新闻的时候，总是很有耐心地解释给我听——哪个事情的地理背景、历史背景，哪个事情的重要性等，即使我才五六岁，他也觉得我可以听懂。他看书，看宋代名臣奏议，往往朗诵古文。我听不懂古文，他就用白话念一遍给我听，然后给我解释是什么意思。他不拿我当个小孩子，一开头他就觉得我虽然是从零开始，但是他一直把我往上拎，拎着拎着拎习惯了，也就上去了。我父亲是中国传统的读书人，又接受了英国绅士式的通识教育，他的中外知识都很广博。

从知道人事开始，母亲总是静静等在旁，看着我挣扎，随时准备施以援手。只是她总盼望我能自己尽力，做到多少算多少——在我实在有困难时，她再拉一把，推一把；如果我摔跤，她马上扶我起来。我晓得她含着眼泪做这些事，她觉得生的孩子如此残废，觉得很遗憾，也觉得歉疚。

家人如此，兄弟姐妹如此，到现在内人对我也是如此。她不辞辛劳，她做我的太太比别人家里的太太困难多了，里里外外都要她来做。我碰到的老师教我分外努力，我常常提出问题，他们回答得很详细。我碰到的几位在中学和大学的老师，都特别培植我，他们常常感觉到我就是一个"无底洞"，东西往里丢不会满出来，他们就不断往里"丢东西"，如此"赶着鸭子上架"，大概我总是比同学们超前了一点，这就补偿了我的手脚不便。

这让我一辈子有了信心：只要去做，没有做不到的，除非天生做不到。所以我就尽量维持这个想法。我有着人间的痛苦，想走走不动，想站站不起来，想拿拿不下来——明明有一块饼干在桌上，我不能拿过来放在嘴巴里；明明那边有一只狗在跑，我不能走过去看。这些让我同情弱者，了解苦痛，所以背水一战反而是我的福气。

**我寄语有困难的朋友们，上天让你亏九分，他在别处补还你一些，可能补得不够，但够不够要由你自己去补足。这是我的信念，成不成功我不知道，尽其力而为之。**

我对你也坦白，你问我了，我就把我的经验分享一下。我确实是对世人都有感恩之念。人生一辈子，我的道路也并不顺畅，虽然有无缘无故嫉妒我的人，他们一上来就说：你是个残废，居然跑到我前面去了。这种遭遇我也认命了——天生赶上了"顺风船"，该受些风波就受吧。有人当面讥讽我，我就听听，无所谓；有人背后骂我，反正我听不见，跟我不相干。但我对弱者确实深知其苦。抗战时期，人人受苦，我也因此知道什么叫离散、什么叫艰困、什么叫饥饿、什么叫死难。所以我对人生苦厄相当敏感，这也是驱赶我不要停脚的原因之一。

**俞敏洪：** 谢谢，先生胸怀高洁、同情弱者，而且传播知识。我想问您一个问题，因为我觉得您出于身体不方便，所以花很多时间和精力在阅读和学习上，某种意义上有点像中国成语"失之东隅，收之桑榆"，即在某种意义上是失去了一边，又得到了另一边。现在由于很多人要做的事情太多，注意力、精力被不断分散掉了，反而没法集中于对自己人生比较重要的事情上。我想问问，**对您来说，或者对其他人来说，阅读和学习这件事情对人的一生到底有多重要？**

**许倬云：** 对我来说，除了吃喝睡觉以外，阅读和学习就是唯一的工作，因此我的阅读速度非常快。我从来不一个字一个字看书，我都是半页半页去看的。这个看法我想不是谁教我的，也不是练出来的——我肯定丢掉了许多东西，但也许"郢书燕说"、糊里糊涂、粗枝大叶地看，就把人家没讲的话看出来了。例如，我看一本理论著作，所关注的并不仅是细节，更主要是注意到大纲——做学术研究，见其大、见其微都有其重要性；只是我感觉，凡事抓大纲，大纲不离，细节差一点慢慢再学。所以，如此"粗枝大叶"地"吞咽"，使我不知不觉学会了注意"大刀阔斧"的方向。如此习惯，其实人人都可以悟到。

**俞敏洪：** 现在先生每天还看书吗？

**许倬云：** 我每天在电脑上看，因为手指不能翻书，也不能握书。在电脑上，我用两个手指点点就可以看了。

**俞敏洪：** 太值得人学习了。许先生您知道吗？我跟您是老乡，您是无锡的，我也是无锡的，我是在无锡江阴长大的。我想问，您在无锡一直待到中学毕业，无锡这个地方给您的人生带来过什么影响吗？

**许倬云**：影响非常大。首先，我读书的辅仁中学是一个规模较小的中学，辅仁的校风中，总是脱不开"东林"两个字。因为这里的学生，几乎一半是东林人物的子孙。我们过了小河再跨过去一条河、过去一条街就是东林书院，所以"东林"这两个字对我们意义甚大。其次，我的同学感觉都是东南城二三十家人的子弟。辅仁中学，大概最初是几个家族的私塾，后合而为一，扩大为中学。创校人物：李家、杨家、裘家、沈家的子弟，他们也是学校的老师。所以，他们的文化水平远远超过一般所谓的中学老师；因为教的是自己的子弟，他们特别用心。我感觉无锡人家家攀亲带眷，横算直算，几乎都有长期的亲族关系。于我而言，无锡不只是家乡，无锡是"真正的家"。这个"家"，教育我们、培养我们，我们也把当地的事务，当作自己的家务。

**俞敏洪**：对，我觉得家乡不光是一个家的概念，还是一个文化的概念，因为或多或少家乡的山水、江湖都能给我们带来一些性格上或者思想上的浸润，我后来发现您是从江南的水乡走向了世界。

## 2. 百年未有之大变局

**俞敏洪**：我从《万古江河》中读到了大历史观的新意，先生也是在大历史观中开了历史研究的某种先河。读《万古江河》的时候，我有一个特别深的感觉，您很少谈到帝王将相，谈得更多的是一种文明的进步、文化的融合、族群之间的互相交融。而且您不专门去强调族群或者不同地域的文明冲突，更多是强调随着时间的推移，各种各样的融合，这让我读出一种感觉，就是整个历史的进步，其实不是由帝王将相创造的，而是由老百姓在生存和谋生，在追求文化、追求心灵充实、追求精神发展的过程中不断融合而写成或者创造的历史。

现在这个世界似乎又开始变成了撕裂状态，让人感觉内心非常焦虑，我想请先生站在您历史价值观的角度，来讲一讲世界历史发展的流变和方向，以及您看待当今的世界，内心是乐观的还是悲观的？

**许倬云：**简而言之，我的历史研究，为什么注重一般平头百姓的生活？这与我学习的过程有密切关系。我从台大念书开始，到"中研院"史语所工作，蒙受很多老师的教诲与提携。所以，我是台大的学生，也是史语所的子弟。对我教诲最多的老师包括考古学家李济之先生、高去寻先生，古文字学家董作宾先生，民族学家芮逸夫先生和凌纯声先生。后来去美国读博士，因此仍旧最注意考古学、人类学。我读的是芝加哥大学东方研究所，主要研究中东两河流域和埃及，那都是古代的考古。考古很难考出具体个人，考古学的资料都是石刀、铜斧这一类实存的器物，由这些古物及遗址，逐渐推论古人的生活和他们的文化渊源——凡此，躲不开社会、经济这些学科。因此，在芝大时代，我学习的科目也就不外乎社会经济学、考古学、人类学等。而且我寄住于神学院的宿舍，近水楼台，对于几个宗教的起源及发展，从日常来往的朋友和同学中，又学到了宗教学方面的知识。那时候，我们晚上九点以后去浴室盥洗，这一生活过程中常常彼此辩论，有时甚至要过了午夜才能回到寝室。这种密集的讨论，无意之中给了我宗教学方面的学习机会。也正是在此期间，我接触到法国年鉴学派，以及德国学者们对于新教的解释。**从法国"大历史"的角度，我才理解了他们的主张：变动最多的首先是自然，其次是人群，最后才是社会上的大人、先生。人（尤其个人）在历史研究潮流中，实在不过是大潮流中的泡沫。**

此外，抗战前我在长江头长江尾上上下下每年都跑一趟。因为从父亲工作的地方回无锡过年过节，先是厦门，后是沙市。如此经历，给我感觉：历史如同江流不断，变化无穷。所以，我以《万古江河》为我一本著作的书名。我常常用流水为比喻，这也使得我注重"大潮流"，忽视"小细节"。历史上的个人，其实不一定能牵动历史，而是在历史中被带着逐波而去。杨贵妃的悲剧，确实可怜；可是，杨贵妃是历史造成的悲剧，她并没有力量拉动这一段历史大悲剧。

**俞敏洪：**对的，杨贵妃对历史的进程并不起到决定性的作用。这本书最后的结尾让我心潮澎湃，您说世界所有的大河，比如长江、黄河、尼罗河、亚马孙河、密西西比河等，这些河流最后终会奔向大海，而大海中的水互相汇流，这就是人类文明互相汇流的一种方式，你中有我、我中有你，最后融为一体。我想我们每个人都希望有这样一个大同世界，每个人可以有不同的文化背景、民族背景，甚至宗教背景，但人与人之间的相处总希望是自由的、豁达的，没有真正国家边界的，尤其是没有冲突的世界是每个人心目中期待的世界，但现实世界中确实越来越割裂，我想问一下，**在您看来，这种割裂，是大势所趋中一个逆流的小浪花，还是人类文明走到今天就是会走向文明的冲突，最后又回到原来互相不理解甚至互相战争的状态中去？**

**许倬云：**我的感觉是这样：世界到20世纪80年代，走的方向都是从散而聚、从分而合。那时有一个大的口号"世界是平的"，第二个口号"世界贸易"。美国花了很大力气促成了世界贸易组织，世界经济共同体的观念突破了边界，许多的关税协定都是彼此免税，我在欧洲旅行最大的感受，就是我走进欧洲的那一天买的东西，要出欧洲的时候才缴关税，中间不用管，所以这使我感觉是慢慢走向这个方向的，但为什么忽然来了一个逆转呢？那个逆转也是有原因的。

美国扯的是"顺风旗"，"二战"后至今已经近80年了。到现在，美国忽然反对全球化，只是因为对它不利。相对地，弱的国家：中国、印度以及过去的日本、德国，大家曾经互相合作，在交流中经济成长；富而未必强，美国却感到了霸权受到威胁——不是军事霸权，而是经济霸权受到威胁，经济霸权由美元来掌握。

美国如此现实地"只占便宜不赔本"，其实不够大国风度。如今的美国，觉得自己提拔了其他国家；其实，美国长期享受低物价、高产量的顺境。现在发现本来自己赚的钱，被更勤劳、更努力的竞争者赚取。这一国家，用四川江湖话，就是"输不起！"。美国强盛将近300年，忽然发现旁人赶上来了，而自己居然掉了队。欧洲传统的民族主义是嫉妒的，传统欧洲各国之间的交流也是争霸，也是相互掠夺和彼此伤害。所以，美国忽然发现自己回到了"欧洲心态"，实在不能习惯。

美国的现况，颇类似当年中国的春秋战国时代。春秋时代是交流的，"春秋五霸"彼此竞争，合下一盘棋，输输赢赢都在棋盘上；及至战国时代，七雄之间就是你死我活的长期征伐。第一个回合，赵国承三晋之首的地位，曾经横行一时；在七雄的时代，赵国败于长平，被秦人坑杀降卒40多万。如此情况继续发展，秦、楚、齐、燕、赵、魏、韩之间，每次较劲都是生死相拼，非要"灭此朝食"不可。

现在的世界，很类似那一阶段的战火"火并"。"二战"后的苏联曾经强盛一时，然后自己垮了。中国在改革开放以后兴起，一路迅速发展，美国见而生畏。还有一点，过去欧洲列强欺压亚非，夺取美洲，都是白人占了大便宜；在今天，各处过去的殖民地，有兴有衰，但总体而论，所谓"南方"起来了——"南方"乃是针对在北方的欧洲而言，其中包括非洲、印度洋以及东南亚。这一大群过去仰白人鼻息的国家，今天干劲十足，生产量不小。对白人集团的首领美国而言，环顾四周，白人集团只有我这一家还可以站得住，英、法都垮掉了，德国撑不住，俄罗斯说不上来。于是，现在白人世界的心理是："南方"上来了，我们四面受敌，因此必须团结，压制"南方"。这是今天美国真正的心态。它打算以霸主的身份，劫持其他白人国家，共同努力，压制"南方"力量。天下事，哪能全如人意？这种如意算盘，其实都是当年一代一代霸主倒下来的覆辙。**前车之覆，后车之鉴，中国自己应该警惕：要走全球化，必须按照公平原则，彼此和气地竞争，才是共存共荣的基本道理。**

**俞敏洪：** 从现状来看，您认为美国霸权在全世界还能持续下去吗？紧接着就是美国的经济问题，还有国内两极分化的问题，它未来还有解决的希望吗？我觉得特朗普肯定是开了一个特别坏的头，但开了这个坏头好像就收不住了。

**许倬云：** 美国的问题一大把，我也担心，而且积弊甚深，不是一两天能解决的。如果只是一个狂妄的总统，想要集权甚至于独裁，那还可以止得住：内有国会，外有五十州，只要彼此结合，抵制一个总统，应该可以挡得住。

但是，美国内部的问题，更令人担心。美国扯"顺风旗"扯久了，总觉得天下事就该让我称心如意。当政者如此，觉得可以为所欲为；民间亦复如此，觉得应该享有自己的权利，只想到利己，不想到共存。这个国家当年建国时，教会的力量强大，在政权之外，有对于个人行为和欲望的节制。自从"二战"以后，美国的教会力量居于两个极端：知识分子、北方的市民阶层，觉得理性和民权，都应当节制我们的行为。然而，在实际的执行上，大多数老百姓都希望自己能够得到所有应得之利益，不能得到，就是民权被藐视。这一想法，使得美国的个人主义高涨，人与人之间，社群的约束力都已经衰退，只剩了"孤独的个人"。愈是自由分子，愈是觉得自己的权利不能放弃，但是很少想到别人的权利在哪里？是不是因为我的权利，而相对地减少了他人的权利？南方偏僻的各州，福音教派的力量极大。过去广场讲道和大篷车的聚会，现在转移成为在运动场上的聚会和直达家庭的电视播送。煽情的言辞取代了教义的阐释，那里的牧师就可以呼风唤雨，利用教众图谋私利；而教众还以为，自己是在侍奉上帝，所以应该给予上帝的仆人应有的好处。这种大众教会，在偏僻各州影响选票的能力极大。在这种情况下，偏僻各州没有自决的人权，也没有自决的自由，而是将其拱手让给教会。以上这些问题，最令人担忧处是美国没有向心力，人人为己，不为别人，也不为公众。一个庞大的国家，在这种不正常的情况下，"民主"二字，往往成为受人操纵、利用的工具。

## 3. 中西方的融合与发展

**俞敏洪：** 您最近出了一本书叫《许倬云十日谈》，这也是中国一些好学、好问的人，专门组织起来请您做了十次讲座的内容。在这个讲座中，您谈了不少疫情之下中美关系的问题、美国的发展问题还有世界经济问题。我想专门问一个问题，当今世界经济或多或少遇到了困难，而经济遇到困难的原因之一就是国家与国家之间交流出现了障碍，当然也涉及大家对于经济发展转型的不同看法，同时现在由经济所带来的世界问题也越来越严重，您觉得面向未来，世界的经济整体来说会不断向好的方面发展，还是会面临一个巨大的考验，甚至会发展成一个世界性的经济危机或者贸易危机？此外，人类互相之间的相处之所以很难，不仅是因为政治制度不一样，也因为大家的经济利益和工作机会有时候被认为是互相剥夺了，所以带来了互相之间的不理解，甚至有时候会有仇恨，您认为人类未来在经济方面该怎么解决这个问题呢？

**许倬云：** 你问的问题非常重要，很少有人能问到这么重要的两个方向。我个人感觉，经济方面要分成两个层面看：一个是生产；一个是消费。生产方面，300年来世界生产的产品日益多样，也一天比一天精美。相对而言，原材料和能源也因为产品越多，而消耗越大。现在最令人担心的，是人类自己的欲望无穷，希望手上拥有的一切不断改善，也希望能源不断增加。现在最大的困难，在于大家都在这个地球之上，剥削这么一个我们自己的"小行星"。天然资源就这么一些，用得愈快，消耗愈多。不说别的，单以用水而言，美国的河流从上游到入海，一路闸水供给消耗。河流入海处，本应该是最宽、最大的一条流水处，而在美国，几乎大多数河流的下游，都不见了。这种流水，用于灌溉，用于清洗，用于生产之中的各种用途。20世纪30年代，美国人以能够开发水利为傲；今天，那些水利系统大多已然作废。在没有水的情况之下，挖深井汲水，其后果则是人的需求与自然植被的需求进行争夺。等到世界处处都是干旱时，我们的日子怎么过？美国连年森林大火，几十万顷的森林，一个秋季烧得精光。加州一个小一点的湖，都已经干涸见底。这种天然资源的毁损，是由于人的贪心——无穷的贪念，消耗了有限的资源。此处，我只谈水源的问题，同样严重的问题是土壤。大田广种，以巨大的耕耘机械深耕挖土；等到了收成时日，又是大型的收割机割下果实——两次大机器滚一遍，没有考虑土壤的飞散。因此，在美国最内陆，有些地方曾经是几十尺深的肥沃土壤，如今却年年表土随风而去，现在这些肥沃的土壤已经所剩无几。于是，美国只好向别处购买粮食。这些浪费，都是因为"好大喜功"、贪得无厌造成的。

消费方面，除了刚刚讲的浪费以外，在社会结构方面，美国人总以为富有是上帝对自己的恩赐。而且，也是因为自己能够赚钱，是自己的本领，别人不能批评。人人追逐财富，不惜利己而损人。

贫富不均造成的阶级差别，造成了不公，这是自由经济应该矫正的事情，但现在几乎已经成为难以矫正的弊病。社会立法——经过自由主义或者社会公益的理想，往往设法以国家的法律济贫救穷。然而，这种法律做得更彻底时，也有其反效果。例如，昨天有一位民主党中最着重社会公平理想的老议员，他提出议案——每周工作三天,待遇如旧,使得穷人有休闲的日子。这一构想,其用心良苦;只是,这位桑德斯议员,平常我对他相当佩服,不过,他在提出如此议案时,多多少少有点愤怒于富人的穷奢极欲;而穷人劳苦终日,勉强糊口。这一"义愤",其后果则是生产者愈少,消费者愈多,国家经济不会顺畅。到了政府收不着税的时候,穷人也不能得到足够的社会救济了。

社会救济,是罗斯福总统"新政"以后,美国政治的主流理想。今天,确实美国的穷人也有饭吃,医药有人管,老人、婴儿都有国家津贴。然而,福利制度可以养一批闲人,但不能补偿穷困所致的一切。而且,政客们为了争取选票,不断在社会福利上增加支出,因此国家的收入,永远不够。现在也到了恶性循环的阶段。

以一个相当特殊的例子,说明上述对于社会福利的"误用"。美国主张每个婴儿都应该有国家津贴,尤其单亲妈妈。假如以十五六岁可以生育计算,她到二十多岁,就有可能已经生了四五个小孩——这位无知少女,又带领了一批无知少女,到三十多岁就可以做祖母了。对于如此家庭,国家基于人道已经保护了儿童的人权,可以长期提供津贴维持他们的生活。如此众多的无知少女,长期维持同样的生活状态,不妨计算一下:国家和社会,凭空多了多少负担?这究竟是人道呢,还是滥用"人权",或者是政客哗众?

今日美国要找到正确的道路,有很多方向需要去检讨、思考。**今天的世界,不是只有市场经济及计划经济两途。"计划经济"如何"计划"、如何"经济",值得各处人类共同讨论和思考。**

**俞敏洪:**最近世界的各种冲突,尤其是大国博弈,让我感觉到西方做事的风格和方式,包括他们的世界观和东方其实有很多不一样的地方。比如,中国的文化通常是以人和群体为核心,西方好像更多是以上帝或者人与人之间的独立为中心。我想问一下,在过去的100年中,由于西方的科技和社会发展速度比较快,所以东方包括中国、日本还有其他国家向西方学习和模仿的热情是非常非常高的,但回过头来看,发现西方对东方文化和东方文明中优秀的东西,似乎并不是那么愿意去学习和接纳,可能是因为他们处在居高临下的地位看东方。您觉得东西方在文化和对于世界的态度方面，主要的不同点在什么地方？未来东西方文化还有进一步融合和发展的可能吗？

**许倬云：** 诚如先生刚才所说，这个差别我完全同意。东方是以群体作为起点，西方是以个人作为起点。西方个人主义从希腊到英国、美国，很清楚的脉络，他们的悲剧、喜剧、文学、宗教，都是在这一条路上走。所以今天美国才会强调个人的自由。最近，大选将至，提出最为严重的问题之一，就是人类自己改变性别的自由——如此题目，居然成为大选中必定要讨论的重要项目之一。

我们身处的世界，是由大大小小各种网络组成的。这种网络，就是中国传统所谓的"人伦之常"。在网络之中，彼此相扶相助，互相合作。"老有所终，壮有所用，幼有所长，矜寡孤独废疾者皆有所养。"——这是中国《礼记·礼运》中的理想，也是人类社会希望实现的共同目标。

人人相助，人人得益的社群文化，一方面在我们自己，千万不要丢弃如此理想；另一方面，我们何不也提醒世界其他地区的人类社会：中国历史上有过如此理想，而且历来的主政者都多多少少会努力做到若干地步，冀得社群安定。

**俞敏洪：** 谢谢，许先生在过去几十年间，把中国文化和中国文化的内涵，甚至东方文化的内涵引介到西方去，做出了巨大的贡献，教过千百万学生，您的著述无数的西方学者、精英也在阅读，您刚才提到的《中国文化的精神》就是其中的一本，这本书我也读过。其实中国人自己也不太理解中国文化的精神到底有哪些，有哪些主要特点。好像到今天，依然有一些文化特点和精神对中国人民的凝聚和中华民族的发展起到了比较大的作用。其实我从先生身上能看到中国文化精神内核、内涵的凝聚点，您实际是一个活着的中国文化精神和内涵的代表。我想问一下，您认为中华民族优秀的精神特质或者品德到底是什么？未来中国人应该怎样保持这些品德和特质？并且用这样的品德和特质起到和世界联结的作用，让世界更加能够和中国相融并且共同发展？

**许倬云：** 我们要界划"民族"和"文化"两个不同的观念。"民族"这两个字，牵扯到一种体质特征的生理反应；"文化"是建构而得的价值观念、生活形态等——文化可以是普世性的，是可以彼此学习的，也可以不断建构自己的理想。

但是，我不赞成人种优秀论。每种族群都有人会生病，甚至有人会发疯，劳累时同样会感觉疲倦。只是，中国人的想法，如上所说，是希望人人都过一个起码有保障的日子。**这种"保障"不仅是政府的法律和社会救助体系，也应该是民间自动自发的互助精神，以济法律之不足；而且一国之内，应当对所有穷而无告者，都有救济。因此，善人的好事，远远不如国家的良法对人有益。**

**俞敏洪：**当今的中国还能从西方世界中学到什么？

**许倬云：**第一，西方人"动手"的功夫比中国人强。中国的士大夫以用脑为主，大多数不知道怎么"动手"。第二，西方的知识分子喜欢盘问到底，不习惯马马虎虎。第三，由于他们信仰一神教，信仰是要对神学有相当清楚的认识，并不只是磕头了事，他们要懂得某一件事情为何在教条里可以做，又为什么不可以做。以上这些情况，多少与西方知识分子是田庄主人、部落战士或海商有关——他们要吃"人间烟火食"，而中国的士大夫是"两耳不闻窗外事，一心只读圣贤书"。因此，西方的社会中坚分子，一般言之，很关心实际事物，不是死读书、写"八股文"就行的。

也是由于他们信仰的一神教，西方人对于什么事情都希望寻根究底。我们可以指责他们：西方最后的根是"上帝存在"这一假设，它是"众因之因"。而中国的士大夫在一切都可以变成科举功名为主的时候，前面"打破砂锅问到底"的一部分就没有了，只剩下按照规矩颂圣颂贤。

当前的中国，面对升学压力，普遍认为：学历、学位是最靠得住的上升途径。于是，他们并不追究学问是"为什么"，而只是习惯一路背诵到底、追求准确答案。我讲一件事，不知道你们会不会笑话：台湾一些中学老师，在升学压力下，甚至要求学生背诵数学难题的解答。这种读书以背诵、背诵为考试、考试为"上进"、"上进"为前途的状况，海峡两岸都存在。中国传统士大夫的如此坏习惯，大概明清以来的科举就是背诵，如此积弊延续至今。明末清初的个别大学问家，乃是反叛者。

此外，中国人重人情，亲戚、故旧、朋友都有互相帮忙的义务。这种小圈子互相帮忙的习气，就将读书上进的本体抛在一边，只想着找关系、走门路。

这种习惯,自清朝以来愈到晚期愈是显著。像湖湘学派、江南文风注重淑世应用、注重思考的学风,并非全国都能见到。因此,现在的一些风气,是积累了300多年的陋习。若你问我要如何改革如此陋习,我还真说不出办法来,因为社会大环境是个"大染缸"。我们要改革陋习,就从自己开始,从自己家庭的子女开始,从自己门墙的学生开始。

## 4. 往里走,安顿自己

**俞敏洪:** 您在另外一本书《往里走,安顿自己》里专门讲到,其实不是每个人都有无穷无尽的经济财富或者社会地位,但是人在生活中总要安顿自己,让自己有一个心灵的安宁、精神的富足,并且您还专门说了"全世界人类曾经走过的路,都算是我走过的路",我大概的理解是,全世界人类犯过的错误,原则上到我这儿不应该再犯,因为已经有了前车之鉴;全世界走过的优秀道路,我们都可以借鉴,让我们不管是社会还是个人都能走得更好。我想请先生说一下,**面对现在这样一个焦虑、浮躁的社会,尤其是在中国年轻人中,这种焦虑、浮躁或者说迷茫非常严重,一个人如何才能往里走,安顿自己?**

**许倬云:** 这是一个很重要的问题。每个地方的人都有迷茫之处,只是目前多少年来累积的迷茫习气,自古已然,于今为甚。我说的"往里走",因为中国上百年来,即使国家的大环境逐渐改好,但是旧日大环境造成的习气,仍旧压在一般老百姓的肩头。如何培养一个人坚定的信念,不要以为世俗的荣华富贵就是"上进"。我们要学习,是学习"不迷糊",是学习撑得住自己的骨气。有了这两项坚持,我想大家就可以比较不会陷入同流合污的习性。

其实这个时代,不但年轻人迷茫,长者们也在教导他们的孩子顺着潮流同流合污。负责的社会,一切变动非常迅速。而在一个金钱挂帅的社会,近利短利,常常是大家真正注意之处。我们要记得:教会一个孩子一辈子干干净净,并不是容易的事。但请想想:如果一个孩子真正能做到,挺得住背脊梁,抵抗得住虚名浮利,有如此的孩子,是值得安慰的事。孩子如果有你这种父母,是他们一辈子的幸福。

我常讲的"往里看",就是往自己心里看,心里应该有杆秤,有一把尺。什么是对错,什么是是非,你心里都应有一个照镜子的反省,看看自己一辈子做得对不对?比如某个强烈的欲望催着我去赚钱,或推着我去追求升迁,这就是急功近利。但是,如此的欲望是必需的吗?此外,有时候你会觉得委屈,是否能回头想想:你干净的身心,比起你在世俗中的成功,哪个重要?

如果心里有委屈,我们能不能在文学、艺术、历史等之中,在那里找到一些值得欣赏之处?哪两句诗句,你觉得能够帮你扩大心胸?能够引导你因欣赏日落日出,而懂得潮生潮退。这就是一种天然的心理治疗方法。在此中,你可以有一番自己安顿身份的天地。如果靠赌博、酗酒或者狂欢,作为你逃避的天地,那只是火上浇油,解决不了问题,反而更增加问题。

**俞敏洪:** 有道理的。西方人自我中心意识还是非常强烈的,倒是中国人谦虚、往后退、无我状态反而是更多的。当然也有很多中国人对于名利的追求到了一种狂妄的地步,但整体上中国老百姓还是比较谦卑地看待自己的生活,这是我的感觉。

**许倬云:** 对,我同意你,我们写信叫"鄙人"。

**俞敏洪:** 国王或者皇帝还要称"寡人"。

**许倬云:** 我想你问的问题很"到点"。这就是我们中国文化中,希望人人心有所归属。我一直鼓励大家注意生活之中,有一个自己所归属的群体网络。但每一个人的归属并不只限于一个网络,网络有层次、有大小,我们自己也应该量力而行。而且,在众多交错网络之中,我常常发现有一个被忽略的网络:其中有彼此之间的友谊,相互之间的帮助,群体内部的成员互相协助、共同砥砺前行。

**俞敏洪:** 这种变化主要来自人心的变化,自我愿意去转换,尤其是对于一个人,想要往里走,要安顿自己,如果他自己迷途不返或者不愿意转化,那这个转化实际是不可能完成的,对不对?

**许倬云:** 所以,教育工作是非常重要的大事业。每门学科里面,都可以将上述一些观念，融合于教学和带领子弟。对年轻人而言，父兄是有义务要时时刻刻帮助他们的，解除他们的困惑，分担他们的忧虑。这种态度，不是职业，是生活。谁无子弟？谁都愿意看见自己的子弟在外面，也有其他的长者愿意分担他们的困惑、忧虑和寂寞。

## 5. 尾声

**俞敏洪：**许先生近几年出版的书籍越来越面向大众阅读。您是一个学者，本来应该是写充满了学术味道的学术著作，但现在我读您的文字，您越来越面向大众，语言也越来越透明简单，而且越来越关注人类面向未来的共同命运。我觉得您作为一个学者，对于这样一种转变一定有思考，因为您最初写的《西周史》还是专门的史学著作，到《万古江河》的时候，我觉得就是一本大历史的通俗读物，您是基于什么样的思考，在最近十几年的过程中转变成了现在这样的写作态度？是基于一种什么样的责任感或者使命感？

**许倬云：**我觉得世界的变化，尤其今日美国正在经历内部的衰退和异化，使我警觉整个世界似乎都在走向危机——"盲人瞎马，夜半深池"，这是多么令人忧虑、担心的现状。美国在今日世界上终究是一个重要的国家，如果分崩离析，海面上一艘大船沉没，带动的漩涡，会将附近其他小船拉入自己也无法超越的困境。所以从10多年前开始，我已经感觉整个世界正在经历危机。可是大多数的人，并不注意这种困境。大家还在恓恓惶惶，自己不知谨慎，也不注意其他地方正在经历的困难。所以我在80岁前后，决定将自己所见所闻，交代给大众，尤其注意提醒中国同胞：美国不是"理想乐土"，美国也有盛衰，也有兴亡。将近300年的美国，已经走入日薄西山的时候，许多痼疾正在恶化或显现成灾。

所以我系统的反省，呈现于拙著"许倬云说历史"系列，最近出了新版，名为"文明三书"。此外，我还写了《许倬云说美国》一书，对当前美国的问题做了全盘而系统的解析。我的目的只是提醒大家：不要只见"他山之好"，其实"他山"本身已经在溃败。

至于《万古江河》,是我希望为大众写的中国历史。一方面,大学中的教科书,常常只是专业论文的合集,对于一般读者,不见得合适;另一方面,我的这种通俗式写法,却是将历史变化的大纲大节,介绍给读者。**读中国历史,是为了真正懂得自己,第一步就是懂得自己生长环境的过去,然后我们才能够从"知己"再延伸为"知彼"。**

**俞敏洪:** 有很多学者一辈子圈在自己的学问里面。我觉得学问要起到的是教化民众、教化社会、推动社会进步的作用,但很多学者圈在自己的小圈子里,并没有做到这一点。您不光做到了,而且确实对推动人类的互相理解、社会进步起到了巨大的作用。我一直觉得您是一个特别有良知的优秀学者和知识分子。先生今年已经高寿 92 了,但思维非常敏捷、充满活力,请问先生后续还有什么样的写作打算吗?

**许倬云:** 那就要看我还能有多少岁月。说老实话,我的身体外表看着不错,其实是"老牛破车",平日度日都有许多困难,随时需要帮助。这个"破架子"能撑多久,很难预知。"做一天和尚撞一天钟",只要我能自己撑几天,就做几天活儿。到了实在做不动的时候,我不恋战。

**俞敏洪:** 这也是您个人的格局,超前的眼光、思想的活跃,才使您即使到了这么高龄的时候,依然能够用创新的眼光或者一种变化的眼光来看待这个世界,同时看待自己。我想问先生,一般人从小身体就这样不好,早就放弃了,但先生到今天为止依然心情愉快、思维活跃,即使您在如此情况下,依然愿意花一个多小时跟我分享您的观点、思想。我想问先生,一个人怎么才能保持这样面对困境的乐观,并且超越自己的态度或者性格?

**许倬云:** 因为我在探索的东西、探索的途径,并不因身体缺陷而有限制,我用的是脑细胞。同时今天能有机会跟先生你交换意见,我也从你那儿学过来很多东西了。

**俞敏洪:** 我是没有什么有价值的东西可以跟先生分享,但很愿意为先生提供服务。您的书我全有,《现代文明的成坏》《说中国》《中国文化的精神》都在这儿，这些书我全读过，所以今天能跟您对谈，让我感觉无比荣幸，也非常忐忑不安，因为我觉得我是一个没有什么学问的人，能跟您这样的大家对谈让我感觉内心很紧张，但今天谈完以后，真的从先生身上学到太多东西。我原来在北大，一些教授跟先生差不多，也算是高风亮节的学者，比如去年刚刚去世的许渊冲老师，就是我在大学时候的翻译老师，还有我原来的系主任、我的论文导师李赋宁老师，也都是像您这样高风亮节的先生。我觉得您在您的文字中提到的在台大读书时的一些大学者，当时他们都是在西南联大或者抗战时候的著名学者，从您身上我也能看到这些学者风范的传承，您可以说完美传承了这些中国优秀学者的风范，并且真的为人类思想的丰富和发展起到了巨大的作用。

**许倬云：** 今天很荣幸跟您交换意见，我将来即使不一定能飞来飞去，但这种线上谈话还是可以安排的。

**俞敏洪：** 好的，特别谢谢。也感谢当今世界有互联网，让我们远隔万里，还能看到先生的这种风范和气度。今天对谈了一个半小时，我也不敢再叨扰许先生了，祝先生身体健康、万事如意、心情愉快！

**许倬云：** 谢谢，我很高兴这次谈话，谢谢。

**俞敏洪：** 我也非常高兴，感谢感谢！

（许倬云改订于 2024 年 3 月 21 日）

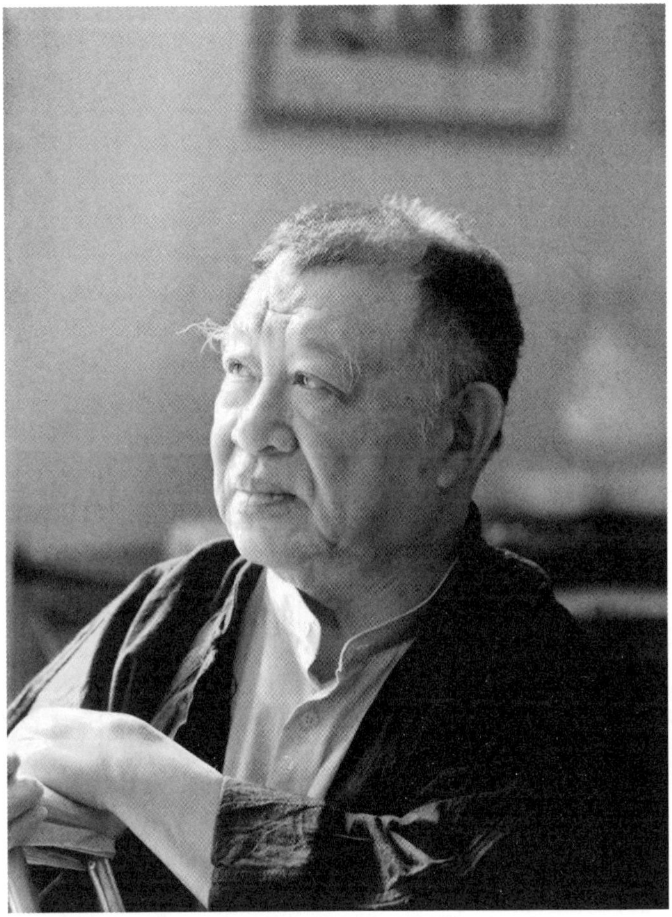

## 对话 **易中天**
说不尽的人生，看不尽的风景

**与有肝胆人共事，于无字句处读书。这是古人的一副对联。在没有字句的地方读书，社会是一本大书，这本书比我们架子上的书重要得多。**

易中天/

1947年出生于湖南长沙，学者、作家、教育家。先后任教于武汉大学、厦门大学，长期从事文学、艺术、美学、心理学、人类学、历史学等研究。代表作品有《易中天品三国》、"易中天品读中国系列"等。

**俞敏洪：**各位朋友大家好，《曹操》是易老师最新的长篇小说，一共有三本，昨天易老师带着《曹操》来东方甄选做了首发直播。在昨天的直播里，易老师聊了很多曹操的故事，今天我和他相约聊一聊他的成长历程、生活经历以及学术兴趣，虽然我们现在都是老头，但我们也年轻过，有自己童年、少年、青年的奋斗历程。

**易中天：**对啊，谁都有过尿床的时候。

**俞敏洪：**关于尿床给我带来的尴尬，我记得很清楚，都不敢让父母知道。

**易中天：**每个人都会有尴尬、狼狈、不愿意让人家知道，甚至不愿意让自己父母知道的事情，每个人都有。我想请教俞老师，你有没有什么事是不能告诉父母，也不能告诉老师，但可以告诉某些人的？那些最隐秘的事，不光是小时候，也包括长大以后。

**俞敏洪：**长大以后就是青春期的那些事情，你肯定不会告诉老师，不会告诉父母，但是你会告诉自己的小伙伴、狐朋狗友，比如你高中的时候喜欢上某个女孩，还会撞车，因为某个男孩也喜欢她，从此他就处处和你作对，这样的事情也有。

**易中天：**这个事情我倒是没有遇到过，我特别傻，高中毕业以后很多年，我发现高中同学有结婚的，他们读高中的时候就好上了，我浑然不知。最可笑的是，我高中毕业以后就到新疆生产建设兵团参加工作，在新疆生产建设兵团农八师 150 团当一个军垦战士，就是农业工人，那是 1965 年。1966 年"文化大革命"开始，我就投身于"文化大革命"了。又几年过去，突然发现旁边的成双成对，我说你们怎么可以这样呢？毛主席亲自发动和领导的伟大革命还没结束，你们就谈起恋爱了？"匈奴未灭，何以家为？"

**俞敏洪：**你属于后知后觉。

## ——对谈环节——

### 1. 性格养成：湖南的霸蛮与湖北的唰喇

**俞敏洪：**易老师，你出生在长沙，在长沙待到了 6 岁是吧？

**易中天：**我出生在长沙湘雅医院。

**俞敏洪：**湘雅医院最初好像是教会办的？

**易中天：**好像是。作为在湘雅医院出生的孩子，我并不知道，但我小时候生病也在湘雅医院住过院，我清楚地记得床上有按键，有什么情况可以按铃，护士就来了。我生病的时候大概 3 岁，也就是 1950 年，那时候就相当高级了。

**俞敏洪：**你 6 岁就离开长沙了，对长沙还有什么记忆？

**易中天：**印象最深刻的就是长沙的牛肉粉好吃，我觉得吃粉就要在长沙吃牛肉粉，它有很多浇头，有猪肝粉、腰花粉，但我只吃牛肉粉，我认为粉就要吃牛肉的。

**俞敏洪：**到长沙吃粉，再往南到贵州、云南也都吃粉，到了湖北就吃面了，湖北跟湖南的文化特征存在典型的不同，还是说一样？

**易中天：**湖北也有粉，是牛肉粉，而且湖北的牛肉粉也是我爱吃的宽粉；湖北的牛肉粉就是宽粉，长沙的牛肉粉你得跟老板说要哪种粉。

长沙和武汉或者湖南和湖北的文化性格差异，我觉得主要是湖南人爱笑，湖北人爱哭。你看湖北楚剧最有名的剧目叫《哭祖庙》，楚剧就是带有哭腔的，可能继承了当年屈原的那个感觉。但长沙人很欢乐，长沙有个很奇怪的现象，办丧事不奏哀乐，放的是流行歌曲。

**俞敏洪**：现在还是？

**易中天**：现在我不知道了，很多年前是这样的，办丧事他放《路边的野花你不要采》，长沙的夜生活极其丰富。

**俞敏洪**：今天的长沙，夜生活还是比武汉要丰富的。你6岁在长沙，6岁以后到武汉，在武汉一直到中学毕业后再到新疆。你觉得湖南人和湖北人的性格有些什么差异？

**易中天**：湖南有个说法是"霸蛮"，霸气的"霸"，野蛮的"蛮"。长沙人有两句话"霸得蛮，耐得烦"，就是他知其不可为而为之，就是硬要做，最后把这事情做成。

**俞敏洪**：湖北人的个性是什么呢？武汉属于三江通衢、八方来客的码头文化？

**易中天**：武汉人很直，带有码头文化的感觉。武汉人有话不藏着，直截了当给你说出去，你不同意，他直截了当撑你，没什么客气的。他们有一个词叫"啫（zě）"，"你怎么啫个么事呢？"是什么意思呢？比如，像我们两个大男人还要娇滴滴的就叫"啫"，指做事情不爽利。与"啫"相反的一个词叫"唰喇（suǎ là）"。

**俞敏洪**：像武汉人这种直截了当的性格，是不是跟中国革命发生在那边也有关系？辛亥革命、武昌起义之类的，有一定关系，受不了委屈？

**易中天**：对，因为"啫"的反面词叫"唰喇"，什么意思呢？简单的翻译就是快。

**俞敏洪**：快人快语，直来直去。

**易中天**：但它不完全是物理意义上的快，而是心理意义上的快。如果我们俩今天要谈一个生意或者什么事情，你如果在那儿跟我磨合同，武汉人就会说老俞，你这么事搞唰喇一点。

**俞敏洪：** 你在长沙和武汉加起来待了接近18年，这对你一生的个性和为人处世有什么影响吗？

**易中天：** 不装。

**俞敏洪：** 你的直言快语，大家有目共睹。

**易中天：** 青少年是一个成长过程，我在湖南长沙、湖北武汉生活了十几年，所以到现在都不会装。

**俞敏洪：** 儿童和青少年时候的成长环境对人起到某种决定性的作用，比如在上海长大的人相对比较细腻，湖北长大的就比较豪爽、直爽。

**易中天：** 但我也很欣赏上海人的细腻，比如我出书，刚开始出书的时候是有合同的，一般出版社的合同都很简单，但你和上海出版社签合同得好几页，他把所有的可能性都规范在里面。但他有一个优点，一旦签了，他一定兑现，不耍赖。

**俞敏洪：** 这跟上海源自商业文化有一定关系。

**易中天：** 是的，我觉得上海人还是有很多值得我们学习的地方。

## 2. 抗战之下的书香家庭

**俞敏洪：** 实际上你还算出生在知识分子家庭，你爸爸是大学教授？

**易中天：** 对，我们家应该还算书香门第，我的曾祖父是郭嵩焘的忘年交。

**俞敏洪：** 郭嵩焘是中国著名外交家之一。

**易中天：** 中国第一个驻外公使，第一个住在外国的公使。

**俞敏洪：** 而且第一个打开眼界看世界，后来还受到了上层的排斥。

**易中天：** 主要是知识分子骂他，那些知识分子不能接受现代思想、现代文明的观念，所以骂他。他出使英国的时候，把他的孩子托付给我的曾祖父照顾。我曾祖父也没有做到多大的官，一辈子是个读书人，后来郭嵩焘从英国回国后，把曾祖父推荐到张之洞的两湖书院读书，读书出来以后也没做官。我祖父最早考上的是湖南法政学堂，那时候是新兴学堂，按照现在的翻译应该就叫湖南法政大学。

**俞敏洪：** 现在这个学校归属湖南大学吗？

**易中天：**不知道，搞不清楚后面的故事了，可能并到湖南大学了[1]。我祖父毕业后在湖南道县当县长，当了一段时间也干不下去了，官场太腐败了。

**俞敏洪：**那是在民国时期？

**易中天：**民国时期。官场太腐败，他拂袖而去，从此再没有任何职业，后来他自学中医，悬壶济世。我父亲是在抗战时候考的大学，而且非常巧，他考上的是厦门大学。

**俞敏洪：**所以你父亲是厦门大学毕业的？

**易中天：**不是，他考上了厦门大学，但没钱去。那时候从湖南到厦门，没有火车，也没有飞机，有飞机也坐不起，路费筹不起。

**俞敏洪：**但你家不是书香门第吗，怎么会没钱？

**易中天：**我们家原来确实很有钱，但那时候是抗战期间，日本人把我们家炸平了。当时我们家在湖南湘阴营田镇，有145间房。

**俞敏洪：**有点豪门大族的感觉了。

**易中天：**所以就被国军征用了，做抗战指挥部，日本人当然要轰炸。而且指挥这场战争的人是谁你知道吗？冈村宁次。冈村宁次亲自坐在飞机上指挥炸我们家，把我们家夷为平地，逃难的时候房契都没带出来。

**俞敏洪：**带出来也没用了，都被炸平了。

**易中天：**对啊，所以后来抗战逃难的时候实际上已经很贫穷了，我父亲考上了厦门大学，他也上不起，后来就上了湖南商学院。

**俞敏洪：**这和你后来去厦门大学是不是有点关系？

**易中天：**我是去了厦门大学后才知道这些事情的，才知道我父亲原来考上过厦门大学，那还真是有缘。而且我父亲考上的就是厦门大学中文系，我后来也是在厦门大学中文系。

**俞敏洪：**百度上写，你父亲是中国著名的财政税务专家。

**易中天：**不是，是会计学家。

---

1 确实并入了，现今是湖南大学法学院。

**俞敏洪**：所以你父亲本身就很好学。

**易中天**：但他不读文学书，也不读历史书，就读他专业的书。

**俞敏洪**：你母亲呢？

**易中天**：我母亲家世比我父亲牛。我母亲周家跟左宗棠是姻亲，左宗棠是她们家女婿。我母亲是在民国第一任民选总理熊希龄的府上长大的。

**俞敏洪**：你母亲也是一位知识女性？

**易中天**：我外祖父是当时北京有名的大律师，而且周家和熊家是世交，所以熊家把我母亲接到他们家克勤郡王府，也就在现在北京的实验小学去读书。后来熊希龄又送她到他办的北平幼稚师范学校读书，在西山，那个学校现在还在。她从那儿毕业，接着就是"卢沟桥事变"，逃出北京，先逃到香港，再逃到湘西现在的吉首。当时正好国共两党的妇女界领袖宋美龄和邓颖超联合办了一个基金会，基此办了保育院专门收留抗战烈士的遗孤，湘西就有一个保育院，我母亲就到保育院工作了。

**俞敏洪**：他们俩是自由恋爱？

**易中天**：自由恋爱，我父亲在湖南商学院，抗战的时候也逃难逃到了吉首。

**俞敏洪**：新中国成立以后，家庭有没有被定为革命家属？

**易中天**：没有。

**俞敏洪**：后来变化的时候受到冲击了吗？

**易中天**：还好。因为大运动起来的时候，我父亲的职称只是一个讲师，他只是工资级别高，享受高知待遇，受到的冲击比级别比他高的还是少一点。

**俞敏洪**：在成长过程中，父亲和母亲，谁对你的影响大？

**易中天**：母亲。我个人认为，一个孩子的成长，母亲最重要，尤其是男孩子，绝对母亲重要，而且男孩子也像母亲。你可以不同意，也可以反驳。

**俞敏洪**：母亲在哪些方面能对孩子产生重要影响？

**易中天**：言传身教，我们家尤其如此。我父亲一门心思就做学问和教学，他课上得非常好，我们其实都是当老师的，都是教师行业，但我不知道你有没有感觉，像他们老一代的老师，包括我后来读研的老师，都有一个共同的特点，对学生比对儿子好。

**俞敏洪**：有这种感觉，我们上本科的时候，那几个西南联大毕业的老先生，对我们真的像对孩子一样，刚刚去世的许渊冲老师对我们也特别好。

**易中天**：对，我父亲到去世的时候都留着他教过的学生的点名册和学生的成绩单。他学生后来已经当了校长、当了党委书记，来看当年的成绩单，老人家拿出来就说"你看你当年考多少分"。他对学生比对儿子好，也不管儿子。那儿子谁管？母亲管。

**俞敏洪**：老一代老师真正可以叫作教育者或者教育家，他们真的把岗位看得非常神圣。

**易中天**：所以我们三兄弟有什么事都跟妈妈说。

## 3. 新疆 13 年

**俞敏洪**：你高中毕业后就去了新疆建设兵团，待了 10 年，又在新疆当了 3 年老师，总共在新疆待了 13 年。当时是报名就能去，还是被选过去的？

**易中天**：报名以后人家也要选。

**俞敏洪**：当时去兵团工作是青年时期意气风发的行为？

**易中天**：当时 18 岁，可意气风发了。我觉得 18 岁可能还有一种离家出走的冲动。

**俞敏洪**：这 13 年你是怎么成长的？是打算一辈子就在建设兵团吗？

**易中天**：是打算一辈子就在那儿了，那时候也没什么轮休制。

**俞敏洪**：听你描述了你的成长背景后，我释然了，我甘愿接受我平庸的一生，因为我一直觉得自己人生经历不够丰富、不够优秀。

**易中天**：你还不够优秀？你要算平庸，人家还活不活了？

**俞敏洪**：真的，我学问功底很差，没有经过系统教育，自己弄了半天东拉西扯的。有时候我看你的书，觉得你人文功底非常深厚，什么东西都信手拈来，我只能羡慕。

**易中天：** 你过分了，你遇到一个转型，这么精彩的华丽转身，有几个人做得到？

**俞敏洪：** 我那是精明的商人意识，跟学问没关系。

**易中天：** 这个社会并不是只由学问组成，这个社会要有各行各业。

**俞敏洪：** 这是我典型的求生欲望。我在前两天的直播中还在说，能把事情做成功，跟读书可能有关，但并不必然有关，不要把你做事情的成功和你读书多少连在一起。

**易中天：** 我特别喜欢的一副对联是这样写的：**与有肝胆人共事，于无字句处读书**。这是古人的一副对联。在没有字句的地方读书，社会是一本大书，这本书比我们架子上的书重要得多。

**俞敏洪：** 那当然。

**易中天：** 读社会书你肯定有天赋，你给我们传授一下。

**俞敏洪：** 如果是天赋，那就没法传授。我觉得更多的是对社会的理解。我从小生活在农村，农村的生活就像你《闲话中国人》里写的一样，是一个集体主义的生活，你对每个人的人心、行为都比较关注，如果你不关注就无法融入集体中去。我小时候母亲又是妇女队长，我们家就变成了整个生产队的聚集地，我就慢慢地很喜欢热闹，喜欢一帮人一起做事。从小我就发现，尽管生产队效率很低，但生产队的男男女女在一起劳动的场合是非常欢乐的，互相说着各种各样的笑话，晚上在一起抽个烟、喝个酒。但每个人、每个家庭都有自己完全不可侵犯的利益，很多人都会小肚鸡肠，我发现在表面上所谓的田园生活背后，每个人都在争权夺利。

在成长的过程中，坦率地说，我对农民优秀的一面和不优秀的一面都深有感悟，因为18年泡在里面。后来进北大，有了北大的学术氛围，大学毕业以后，我进入工作又发现，不管人的学问有多大，在面对自己利益的时候，很多人依然会回到本能去争取的状态中。我开始做新东方的时候就意识到，天下熙熙，皆为利来；天下攘攘，皆为利往。我也知道人有两种挣钱的状态：一种是用坑蒙拐骗的手段去挣钱；另一种是用诚恳、诚实的态度去挣钱，用尽可能做出有价值的事情的方式来交换、挣钱。我觉得新东方做到今天，我尽可能在做第二件事情，所以它也不是一种天赋，而是一种慢慢的领悟。

在那个时代，你在去新疆之前，会读书吗？

**易中天：**读，如果说我父亲对我有什么影响，就是读书。父亲也不能说以身作则，他本来就是要读书的，我母亲刚好在学校，曾经有一段时间在资料室工作，她下班的时候就会借书给我看。我父亲就给我讲故事、讲书、讲连环画，很小的时候父亲就给我讲，后来他也没那么多时间给我讲故事，母亲就想干脆你自己读吧。她每次从学校图书馆带一本书回来，第二天再换一本回来，我到高中毕业前，实际上把当时已经翻译出版的世界名著全部读完了，《鲁迅全集》和《郭沫若全集》也读完了。我当时记得非常清楚，上高二的时候，我的语文老师跟我说，我的课你不用上了，你把我们师范大学中文系大四学生才读完的书都读完了，你不用上我的课了，所以我语文课做数学作业。

我语文老师真的好，他布置作文题目，写一个难忘的人。我说吴老师，能写古人吗？他愣了一下，可以。我说能不写成记叙文，写成别的文字体裁吗？他心想你能写什么体裁？就说可以。我说能带回家写吗？他又愣了一下，说可以。作文课两节课，我就做数学作业了，回家以后写作文，我第二天交给他，是一个独幕话剧《苏武牧羊》。这是我高中时候干的事情，已经写剧本了。还是要感谢老师，至少给了一个宽容。我觉得要问我上一代对下一代什么最重要？我就两个字：宽容。

**俞敏洪：**作为老师，对学生的宽容是无比重要的。

**易中天：**父母对孩子的宽容也是无比重要的。

**俞敏洪：**父母或者老师面对学生的时候如何做到宽容？有的老师看到调皮捣蛋的学生，就怒从心中来，恨不得把学生从窗户里扔出去。最极端的老师，有学生在上课的时候读课外书籍，就把学生骂得半死，学生下课后就投湖自杀了。

**易中天：**上课的时候读课外书籍有什么关系呢？

**俞敏洪：**那个老师受不了，觉得是对他的侮辱，不听我的课，居然看课外书籍。

**易中天：** 你的课讲得好，人家怎么不听呢？

**俞敏洪：** 我觉得中国有一些老师，尽管不是很多，对学生并不知道怎么宽容，有时候老师的行为实际上严重损害了学生的自尊。听说你在新疆当中学老师的时候，你的学生在教室里跟放羊似的？

**易中天：** 那是受到批判的。

**俞敏洪：** 但我相信你那时候教的学生到今天还能记得你，还能感谢你。

**易中天：** 对啊，让我当班主任，就很简单，我说你们守住底线，我是底线主义者，有些事情是不能做的，比如抽烟、偷东西那些违法犯罪的事是不能做的。其他的，比如你在课堂上打个瞌睡、睡个觉，或者老师上课你在下面玩手指头、做小动作、看课外书，我都不管，但你不能干坏事，要有底线。结果我当了不到半个学期，其他课的老师就不断到学校领导那里投诉，让撤我的职，我就不当班主任了，不当班主任多好。但我那个班有什么特点？两件事情是全校第一：第一是劳动，那时候有劳动课，劳动课表现可好了；第二就是体育比赛，我就只说一句，平时我都不管你们，这次要比赛了，你们得给我长点面子，学生大喊：保证！

**俞敏洪：** 你现在要再这么教，估计连老师都当不成。现在学生压力太大了，满脑子就是上课上课、考试考试。

**易中天：** 我外孙女要考所学校，考题拿过来，她考了45分，我考了15分。

**俞敏洪：** 那还算高的，要我考估计就5分。你是在兵团的时候找到的美好爱情吗？

**易中天：** 在兵团没有，是离开兵团后，到了乌鲁木齐，那时候我刚好也算有一技之长，会写点诗，我大概是1973年、1974年就开始发表了，那时候兵团也有自己的报纸《军垦战报》，新疆也有自己的文学刊物《新疆文艺》，《解放军文艺》《诗刊》也都慢慢恢复了，我就不停地发表作品。当时就被自治区文联看中，办培训班，刚好我太太是石油工人，她工资也比我高，地位也比我高，新疆的石油工人很牛的。

**俞敏洪：** 是不是那时候女孩子都比较喜欢有才华的男生？

**易中天：** 不是，她是石油工人，她也写散文和剧本，她也是被自治区看中了，就分头通知我们去参加培训班，我们俩就在培训班认识了。但我们俩的地位相差太远，所以我也没有什么想法，后来我离开兵团到了乌鲁木齐，当乌鲁木齐钢铁厂子弟学校的老师，就是国企的人了，她也调到了乌鲁木齐的石油化工厂，也是国企。后来乌鲁木齐文联要编一套书，就把我们两个调去做编辑，就慢慢熟悉了。

**俞敏洪**：据说师母特别喜欢摄影？

**易中天**：对，所以我和她合作出版了一本《读唐诗》，她负责摄影。

**俞敏洪**：赶快推荐一下，我看过这本书，因为我不知道师母的名字，我在想谁拍照片拍得这么好，原来是师母跟你合作的。大家一定要买一买，这个拍得太美了！

**易中天**：我要找一幅我特别喜欢的照片，你看。

**俞敏洪**：这是在伊犁吗？

**易中天**：在伊犁，这张我觉得拍出了好莱坞大片的感觉。她拍这个片子也是因为她的坚持，这个叫"转场"。新疆牧民每年有两个牧场，一个叫冬窝子，一个叫夏窝子，春、秋两季要转场，春天从冬窝子转到夏窝子，秋天从夏窝子转到冬窝子，这个转场他是不会告诉你的，我太太想拍转场，她路过的时候听说了，就坚持在那儿等，抢拍到了。

**俞敏洪**：难怪你们俩在一起这么久，互相之间这么理解，我上次见到师母还是差不多 10 年前在温哥华。

## 4. 武大往事

**俞敏洪**：当时 1978 年恢复高考，你原则上应该直接考本科，为什么却考了研究生？

**易中天**：考不上啊，本科考不上的，你说本科考什么？

**俞敏洪**：考数学、语文、英语、地理、历史、政治。

**易中天**：对啊，你看多少门，政治、语文、数学、英语。我那时候当高三语文老师，我的学生也要去考，如果最后他考上了，我没考上，我这书还教不教？

所以我干脆不去考。

**俞敏洪：**这样的很多，我中学老师就是这样，1978年我们一起考，他没考上，我也没考上，但我1980年考上了，而且考上了北大。而他一直在中学老师的位置上做到了退休。1979年他就不敢去考了，因为他觉得再考，学生都不听他的课了。

**易中天：**对啊，这个险不敢冒。

**俞敏洪：**所以你就没参加高考？

**易中天：**对。

**俞敏洪：**你怎么觉得自己一定能考上研究生？

**易中天：**1978年才恢复研究生招生制度，我也不知道我是不是考得上，但这考不上也不丢人，我本来就是一高中生，考不上很正常。而且我当时研究生考试是初试、复试，我定的目标很低，只要初试过关，收到复试通知就可以了，至少证明我同等学历，毕竟大学本科毕业的人初试还不一定能过关，结果我一下就过关了。

**俞敏洪：**中国当时的考试政策还是蛮宽松的，考研究生不需要本科文凭，哪怕你是小学毕业都可以。

**易中天：**这还不是最重要的，最重要的是一句话：本单位不得阻挠。

**俞敏洪：**那是邓公加上去的。

**易中天：**邓公，我们这一代人就是感谢邓公。

**俞敏洪：**解除了政治审查。

**易中天：**政治审查我倒不怕，但我怕单位阻挠。如果一定要单位开介绍信，他就不给我开，我有什么办法？但是明确规定单位不得阻挠。

**俞敏洪：**你怎么会选武大？为什么不选北大？你要是来北大当研究生，不是更好吗？

**易中天：**北大？我说老实话，都是一些私心杂念，当时我父母在武汉，我想如果我能考过初试，接到复试通知书，就可以以正当理由到武汉去；即便我复试没通过，也能顺便探望父母。我跟你说，不要想象我这里面有什么高大上的想法，我这都是很现实的想法。

**俞敏洪：** 不过武大的文史功底、人文功底一点都不比北大差。

**易中天：** 对，尤其我考古典文学。

**俞敏洪：** 武大是我当时填了北大以后的第二志愿，如果我到了武大，就成你师弟了。

**易中天：** 我转告我们武大校友，你是我们的准校友，下次建议武大授予你武汉大学准杰出校友。

**俞敏洪：** 现在我跟武大毕业的一些人还挺熟的，其中有不少是企业家，像雷军、陈东升等。我在北大当老师的时候，就听说了武大的著名校长刘道玉。

**易中天：** 他就是我的校长。刘校长现在住在泰康养老院的楚园，去年刚过88岁生日。这几年疫情原因我没去武汉，但凡去武汉，我都要去看他老人家。

**俞敏洪：** 讲讲你跟老人家的故事。

**易中天：** 我研究生毕业以后，那时候是毕业分配，分配就是国家让你上哪儿你就上哪儿。

**俞敏洪：** 但你可以从几个单位中间选。

**易中天：** 我们那时候不可以，当然，你毕业的时候会填一个表，问你想到哪儿，但最后文件下来是哪儿就是哪儿。当时还有四项基本原则：**第一，就是带薪学习者，原则上回原地区。**我就是带薪学习的，因为我在新疆工作，工资还高，那时候有边疆津贴，我记得我那时候月工资50多块，我导师组里面好几个都没有我工资高。我读研究生的时候还有3块钱的书报补贴。我在食堂每餐都可以吃肉菜。**第二，边疆地区来的，原则上回原地区。第三，少数民族地区来的，原则上回原地区。第四，已婚的，原则上回配偶所在地区。**

**俞敏洪：** 当时你跟师母结婚了吗？

**易中天：** 结婚了，我们都有小孩了，她还在新疆，所以按照这四条，我都得回新疆。后来我的导师胡国瑞先生就去找刘道玉校长，给刘校长打了一个报告，说有个学生我要留下来，校长看看什么时间方便，我去办公室汇报。刘校长说，自古只有官员拜学者，没有学者拜官员的道理，我去见胡先生。

**俞敏洪**：太了不起了。

**易中天**：校长亲自到胡先生家，听了这个事情以后，他也知道很难，但他说好，我来想办法。接下来就到了毕业典礼，毕业典礼后我导师就跟我说，待会儿我们在门口等一下校长，让你见一下校长。导师真是对学生比对儿子好，老师就牵着我的手，到教三楼的大教室门口等着。校长是被人簇拥着出来的，一眼看到胡先生，马上过来打招呼，胡先生就介绍我。我那时候不知道怎么就突然说了一句："校长，我是易中天。"可能这一个自我介绍，给校长留下了很好的印象，校长就过来同我握手："你就是中天。"

**俞敏洪**：这么亲切。

**易中天**：就这么亲切。"好，你不要走，我来想办法。"他转身对学生处处长说："他的档案不要动。"

**俞敏洪**：真是好校长，他怎么能一眼看出你是有前途的学者呢？

**易中天**：冥冥之中。后来他怎么办的，因为他也有一个便利之处，他来当武汉大学校长之前是教育部高等教育司司长，他就给教育部部长蒋南翔打电话。

**俞敏洪**：蒋南翔当过北大校长。

**易中天**：蒋南翔是教育家，是懂行的教育领导。蒋南翔给新疆维吾尔自治区第一书记王恩茂打电话，说我们武汉大学愿意用六个本科生换这一个研究生。

**俞敏洪**：为了你动用了那么多高层资源，你要不为国家的文化做贡献，就对不起他们了。

**易中天**：是的，感谢刘校长。

**俞敏洪**：你1984年就当了系副主任，那时候你30多岁？

**易中天**：30多岁，毕业才三年，刘校长就让我当中文系副系主任，分管科研、研究生、外事留学生。

## 5. 不学古代文学的美学老师不是好历史学者

**俞敏洪**：你在大学的时候学的是古代文学。

**易中天：**魏晋南北朝隋唐文学。

**俞敏洪：**所以你从魏晋南北朝隋唐文学研究转向了对历史的兴趣？

**易中天：**没那么快，我学的是魏晋南北朝隋唐这一段，魏晋南北朝是转型期，唐宋是鼎盛期。

**俞敏洪：**但魏晋风骨后来变成了中国讨论最多的一个话题。

**易中天：**对，公元369年是一个巨大的转型期，很长的一个转型期。在南朝出现了一本很重要的文艺理论，叫《文心雕龙》，我的硕士论文选的就是《文心雕龙》，题目叫《文心雕龙美学思想论稿》，后来这本书出版了，上海文艺出版社出版的。应该说硕士论文出版的不多，但因为写的是美学，我留校以后，系里说我们古典文学老师多得很，不少你一个，但正好没有美学老师，当时胡先生跟刘校长说非留我不可，也是看跨学科的小学科没有人，于是我就变成教美学的了。

教美学我发现了几个问题：第一，美是什么？这个问题是回答不了的，而且方向错了。康德告诉我们，要回答的问题是审美是什么。你与其问美是什么，不如问审美是什么。为什么这个东西你看着美，我看着不美？不如研究这个，这就与心理有关系，所以我就自学心理学，我在武大教的是审美心理学。

**俞敏洪：**那完全是边学边教了？

**易中天：**对，边学边教。后来我又发现一个问题，审美是什么？也很难回答，还不如回答艺术是什么？艺术就更具体了。

**俞敏洪：**寻根究源去了。

**易中天：**对，但我想要弄清楚艺术是什么，就要弄清楚艺术的起源，要弄清楚艺术的起源就要自学人类学，我又自学了人类学，写了一本《艺术人类学》。《艺术人类学》是获奖作品，获得第一届全国高校人文社会科学研究优秀成果奖。

**俞敏洪：**现在还在卖？

**易中天：**对。我认为那是我的代表作。我又发现，要把美学问题搞清楚，必须搞清楚历史，美学即美学史。

**俞敏洪：**不断追问下去。

**易中天：**就像哲学是什么？哲学就是哲学史，你必须搞清楚最早的哲学家提出一个什么问题，后来的人为什么反对他，产生了什么学派，又反对他，再反对他，像剥洋葱一样，一层一层的，才能找到最终的答案。**哲学就是哲学史，美学就是美学史，而美学史就是文明史、文化史，所以才转到历史。**

**俞敏洪：**你在武大和厦大的时候，讲的主课到最后变成了历史课吗？

**易中天：**没有，在武大也好，厦大也好，都没讲过历史课，我也没在历史系待过，我讲西方美学史、中国美学史。我们读研的时候，老先生对我们有几个要求，第一句话是"先过先秦关"。

**俞敏洪：**这是必须要学的？

**易中天：**必须的。你先秦关没过，不要跟我谈什么魏晋南北朝隋唐。第二句话，必须读原著，你知道我做《文心雕龙》的硕士论文，我导师吴林伯先生怎么要求的？让我用毛笔在宣纸上把《文心雕龙》五十篇抄一遍。

**俞敏洪：**五十篇加起来有10万字了？

**易中天：**我现在统计不出来了。他让我抄一遍，然后拿到他家里。他老人家给我一支红笔，让我当着他的面点断，因为原文是没有标点的，就要当着他的面打标点。

**俞敏洪：**这是真正的功底训练。你当时毛笔字好吗？

**易中天：**不好，但他不要求，写正楷，认识就行。

**俞敏洪：**但你真的抄了一遍？然后当着他的面断句？

**易中天：**"文之为德也大矣，与天地并生者。何哉？"他就必须这样，这就等于童子功。第三个要求是不得发表论文。你才多少岁？才读了几本书？你有什么资格写论文？这是我们武大老先生的要求。

**俞敏洪：**但你实际上后来还是发表论文了。

**易中天：**后来我硕士论文中的一个章节被学报拿去发表了，因为后来考核要求发论文，老先生也不管了，他退了，也管不了了。

**俞敏洪：**你的科班是魏晋南北朝隋唐文学，但大家却认为你是一个历史学家，这完全是因为你讲的那几门课？

**易中天：** 对，因为我讲《品三国》，三国就在魏晋南北朝中，要研究南北朝文学，你不知道东汉末年三国这一段是搞不成的。

**俞敏洪：** 但你扩展得很好，讲了汉代风云人物，紧接着又把诸子百家给讲了。今天中国年轻人包括我们这些人，读诸子百家还有什么现实意义吗？

**易中天：** 中国的前秦诸子产生的年代是世界文明或者人类文明思想家涌现的一个时代，雅斯贝尔斯称其为轴心时代，从东到西一条线，北纬30度左右。

**俞敏洪：** 包含了古希腊、以色列、罗马、印度到中国这条线。

**易中天：** 从古希腊毕达哥拉斯开始，柏拉图、苏格拉底、亚里士多德这帮人，然后是犹太先知，因为希伯来文明对世界文明的影响是巨大的，然后是佛教，释迦牟尼，然后是中国的老子、孔子。我是这么说的，儒、墨、道、法，他们居然在同一个时期出现。公元前800年至前200年，尤其是公元前600年至前300年这段时期，有个300年左右，是一个轴心时代，是整个人类文明的起点之一。前秦诸子确实是中国文明智慧的结晶，是一个高峰。从古代来看，先秦诸子以后再没有超越他们的思想家。

**俞敏洪：** 今天我们再去读还是有很多现实意义，从他们的文字中能读出来处理当今问题的一些智慧。

**易中天：** 对，但这个得靠自己去领悟。

**俞敏洪：** 为什么在那么一个阶段，世界会出现这么多文明成就？在中国特定的环境下，春秋战国时期对人才的互相争夺，是否也给人才爆发带来了催化作用？

**易中天：** 有这个原因，但不是全部。当时主要诸子是在战国，春秋只有孔子一个人。那时候战国七雄都面临一个问题：兼并。但当时的形势就是我不吃了你，你就会吃了我，强国就要考虑我怎么吃了他，弱国就要考虑我怎么不被吃掉。所以大家都知道人才很重要，要吸引人才、保护人才、网罗人才，这样先秦诸子才可以周游列国，朝秦暮楚。

**俞敏洪：** 那时候朝秦暮楚是不受谴责的，只要找到愿意用你的地方就行。

**易中天：** 对，朝秦暮楚不受谴责，是光明正大的，非常光明正大，因为他们是天下主义者，不是爱国主义者。

**俞敏洪**：天下就是整个中华大文明圈？

**易中天**：中华大文明圈，叫华夏文明，我只要在华夏文明当中，我是为华夏文明做贡献，哪个国就不重要了。

**俞敏洪**：所以他们有挥洒的余地。

**易中天**：而且当时的国君们即便不用你的建议，也客客气气的。

**俞敏洪**：除了韩非以外，没有被干掉过的？

**易中天**：韩非被干掉，一个是因为碰上了秦王，当时秦马上要一统天下了。

**俞敏洪**：春秋时候的彬彬有礼，在战国时期已经消弭了？

**易中天**：应该说在秦消弭了。

**俞敏洪**：而且还碰上了李斯害他。

**易中天**：同学也不可不防。

**俞敏洪**：新东方就是我大学和中学同学帮我做出来的，只要把利益关系处理好就好办。

## 6."我在厦大野蛮生长"

**俞敏洪**：为什么后来从武大到厦大去，你离开武大的时候，刘道玉校长是不是已经退休了？

**易中天**：他不能叫退休，是不再担任校长，他 1997 年就不担任校长了。之所以去厦大，是因为我那时候想给自己谋划一个适合养老的地方，厦门确实是一个宜居城市，非常宜居。我 1992 年去厦门的时候，夏天都不热，现在热了。

**俞敏洪**：你在厦大待了差不多 20 年，现在又到了上海附近？

**易中天**：对。

**俞敏洪**：厦大对你来说意味着什么？在厦门大学的 20 年，你觉得你的学术自由也好、个人面对学生的教学也好，得到了充分发挥吗？

**易中天**：我有一篇公众号文章《我在厦门大学的野蛮生长》。我觉得厦大有一点是相当好的，不干涉。我到了厦大以后，主管文科的郑学檬副校长很谦虚地跟我说，你看你从武汉大学来支援我们，我们不能亏待你，但是你的学科变成艺术学了。这样，你去当艺术研究所的所长，学校也不要求什么任务，想干什么就干什么。后来我就把厦门大学的艺术学建成了硕士点，而且是国务院批的第一批。

**俞敏洪：** 原来是没有的？等于填补了厦大的空白。

**易中天：** 博士点我也报了，但我知道评不上了，批了硕士点就很不错了。反正就是挺宽松的，我为什么说宽容重要，**我最感恩厦门大学的，就两个字：宽容。**我"胡作非为"到什么程度？先是写了《艺术人类学》，调到厦大后，我就将其申报了首届全国高校人文社会科学研究奖，结果我得奖了二等奖——优秀成果奖。那是国家教委专家组评的，而且那个专家组里没有厦大的委员，完全是外校的委员把我评上去的。

**俞敏洪：** 还是因为你的才华。

**易中天：** 不是我的才华，那个书确实好，真是好书。他们说这本书必须得奖。当时申报的作品中，厦大14项获奖，13项都是博导、正教授获得的，就我一个副教授，我当时还是副教授。所以，校长们说，这个人得当教授啊。

**俞敏洪：** 就给你提成教授了？

**易中天：** 对，职称评审委员会的那些教授也说这个应该。

**俞敏洪：** 看来还是挺注重才华的。

**易中天：** 我得了这个奖，当了教授以后，再也不评奖了。

**俞敏洪：** 大家心服口服？

**易中天：** 所有人都支持，而且外院系支持的力度比本院系的力度还高，他们知道不管你是不是同行，其实看一篇论文、一部著作有没有水平，是有一些指标可以看出来的，比如你的引文，一看下面的引文，就知道你读了多少书。

**俞敏洪：** 还是以才服人。

**易中天：** 后来我就再不报奖了。我不申请的结果是什么呢？那你去当评委吧。因为申请人不能当评委，这是规矩，要回避，你自己又报奖又评奖，哪有这样的？当然以前有过，某某自己是评委，给自己评个奖，无耻至极。

**俞敏洪**：在中国不少见。

**易中天**：福建规定是不可以的，我就到福建省去当评委，一看厦门大学来的，当组长。开会你知道我说什么？都是兄弟院校来的，一个兄弟院校出一个评委，组成一个评审组，我是组长。厦门大学是龙头老大，我说我知道你们都是带着任务来的，学校一定讲你要帮我们多争取几个，我理解，我提出"三个优先"，因为有一个初审，我们是二审，初审专家已经打出分数了，有一个分数线，你上线以后才能进入复审。我说在初审成绩相当的前提下，要二选一、三选一的时候有三项原则：第一项，第一次参加评奖的优先，他没得过奖，你的水平跟他一样，你已经得过好几次奖了，他从来没得过，要给新人机会；第二项，需要评职称的优先，你已经是正教授了，他还是一个讲师，你跟他争什么奖？你不让给他吗？让他升个副教授；第三项，兄弟院校优先，厦门大学放后。我有这三项基本原则。

**俞敏洪**：你这三项就服人了。

**易中天**：全体热烈鼓掌。回去以后我就向学校汇报，我是这么干的，以后不要让我当评委了，我可是不搞本位主义的。然后校领导说你去当政协委员吧（笑）。

**俞敏洪**：你能够在厦大当教授的时候去《百家讲坛》，是不是也跟这种宽容相关？《百家讲坛》又怎么会找到你，让你去讲三国、讲汉代风云人物呢？

**易中天**：我之前上过凤凰卫视，凤凰卫视有一个节目《纵横中国》，我在里面讲武汉人的性格，我是怎么讲的？我讲武汉人吃热干面，他必须迅速搅拌，呼啦啦吃下去，这就是武汉人的性格"唰唰"。《百家讲坛》的总策划谢如光老师看到这个视频以后，说这就是我们要找的人。

## 7. 荐书环节

### (a)《曹操》

**俞敏洪**：今天时间差不多了，我们来推荐一下易中天老师的书籍。易中天老师专门把他喜欢的人物之一曹操挑出来写了一部长篇小说《曹操》，也是易中天老师的第一部长篇小说，昨天刚在东方甄选首发，是基于历史事实之上的演绎，既有武侠小说的跌宕起伏，也有推理小说的曲径通幽，加上易老师丰富的历史知识、文字表达能力，读一下《曹操》三卷本，大家应该能感受到易老师的文学魅力，同时会对曹操这个历史人物带有更多历史场景、带有人性、带有人物命运跌宕起伏的了解。这是易老师用了3年时间写的，大家都知道易老师是研究三国历史、魏晋南北朝历史的专家，尽管他说他是业余的，但我们能通过他的架构和文笔知道更多这段历史和历史中的故事。感觉大部分人都不知道你在写小说，这是你的第一部小说吗？

**易中天：**是第一部长篇小说，我还写过两部中篇小说，在武汉大学工作的时候写的，当时也发表了，而且发表后立即被《中篇小说选刊》选中了。《曹操》这本书，其实15年前就起了念头想写。

**俞敏洪：**我觉得写中国历史人物的小说，你这套书应该会变成传世之作。《曹操》最后两页那首诗写得非常好，我读了很感动，相当于给他的一生做的总结——

本不是你的江山，为何要一肩挑起，
本不是你的责任，为何要一担到底。
离散了骨肉兄弟，辜负了红颜知己。
抛却那诗酒年华，换回这骂声不已，
是何道理，是何道理？！

后面还有，挺长的，写得特别好。

**易中天：**是我写的《曹操之歌》，我小说里重要的人物都有一首他的歌。

**俞敏洪：**我还想问一下，中国的楚文化具体地应该是在湖北，而不是在湖南？

**易中天：**发源地在湖北，而且楚最后定都郢都，就是今天的荆州，我写《曹操》老说江陵。

**俞敏洪：** 江陵其实也是荆州？

**易中天：** 东汉包括西汉汉武帝以后，已经分天下十三州、部，两汉的州比现在的省还大，十三州后来还被曹操改成了九州。

**俞敏洪：** 九州就是曹操改的？

**易中天：** 对，曹操最早提出要改九州，荀彧反对，荀彧去世以后曹操还是改了九州。

**俞敏洪：** 目的是扩大自己的地盘？

**易中天：** 对，冀州就大了。

**俞敏洪：** 在三国以前，中国是十三州？

**易中天：** 十三州、部，它们中有一块叫司隶校尉部，不叫州，叫部。长安、洛阳都在司隶校尉部，等于是京畿地区。那时候荆州包括河南的一部分、湖北。

**俞敏洪：** 所以，南阳在荆州里面？这跟今天的荆州完全不是一个概念，而是一个巨大的范围，比今天中国某个省的范围还大，所以作为战略要地才会那么重要。

## (b)"易中天品读中国系列"

**俞敏洪：** "易中天品读中国系列"有六本，《闲话中国人》《中国的男人和女人》《读城记》《大话方言》《中国人的智慧》和《品人录》。我发现你对中国人的了解入木三分、刻骨铭心，你把中国人的行为特征和文化理解融合在一起，包括为什么中国人对饮食、服装、面子那么重视，为什么人情世故是这样，为什么中国人离不开单位、离不开家庭，婚恋又是怎样的状态……你做了非常好的、幽默风趣的解读，彰显了你充分的知识结构。

《读城记》尽管只写了六个城市——北京、上海、广州、厦门、成都、武汉，但这六个城市的特点、特征、区域性文化和老百姓的生活也写得淋漓尽致。《大话方言》则是你通过方言解读中国。还有一本《品人录》，解读了中国历史上的五个人物：项羽、曹操、武则天、海瑞、雍正。为什么在清朝不挑乾隆或者康熙，而是挑了雍正？

**易中天：** 从人物的角度讲，雍正的性格特征非常突出，比较好写。他实际也是在一个转折期，前面是康熙，后面是乾隆，但乾隆和康熙的差别是很大的，他刚好是处在中间的那一个。我当时读黄仁宇先生的《万历十五年》，他就讲到明代时期，书中牵涉到的人物，或者身败，或者名裂，或者既身败也名裂，没有一个有好下场。我觉得雍正也挺符合这个特点，不仅雍正手下做事的人，连雍正自己后来也背负骂名。康、雍、乾，骂名最多的是雍正。

**俞敏洪：** 但实际上乾隆60年的平安岁月是雍正打下的财政基础。

**易中天：** 那当然。

**俞敏洪：** 但也有人说正是雍正的事必躬亲，加上对于官员的过分苛刻，导致了后面清朝的衰退。

**易中天：** 只能说有没有雍正，清朝最后也是要衰退的。

**俞敏洪：** 历史大势所趋。

**易中天：清朝有一个特点，它把秦汉创立的帝国制度完善到了极致，什么叫完善到极致？历朝历代都有的问题——制度性问题，它都解决了。** 比如清代康熙以后，不夺嫡、不争储，争夺储位的斗争历朝历代都有，康熙以后没有了，用秘密立储解决了。也没有外戚乱政、宦官乱政，唐代有、东汉有、明代有，清朝没有。藩王造反也没有，吴三桂被打下去以后，藩王不造反了，明代还有一个宁王造反。民族问题清朝解决得最好，是历朝历代解决得最好的。

**俞敏洪：** 尤其是中国大疆域各个民族之间的关系。

**易中天：** 民生问题也解决得最好，它GDP很高，而且康熙是"新生人丁，永不加赋"，只有他做到了。前提是在这个制度下，所有存在的弊端和问题都解决了，只有一个问题没解决：腐败。

**俞敏洪：** 这是中国历朝历代都没有解决的问题。

**易中天：** 是这个制度注定解决不了的，这不怪他。所以，他既然没问题了，就是一个很麻烦的事情，没问题就安享太平。

**俞敏洪：** 就放松警惕、放松心情，不思进取了？

**易中天：** 至少是不思进取了。清朝是一个农业帝国，农业文明有一个共同的特点，它不像工业社会，需要不断竞争、不断做新产品，它没有什么新产品可做。而且大航海时代以后，有一个很重要的变化，三种粮食作物：红薯、玉米、土豆传进来以后，吃饭问题解决了，所以到中华民国的时候，号称有四万万人民。这样一个王朝，确实没有改的动力。

**俞敏洪**：不管是康熙在上面，还是乾隆在上面，马嘎尔尼来的时候都会是这种态度。

**易中天**：对，有一个纪录片叫《中国》，拍马嘎尔尼访华的段落拍得非常好。李雪健老师演的乾隆，我专门发了一篇文章《李雪健的乾隆和我们的反思》，李雪健老师把那个年龄的乾隆的心态完全表现出来了，他号称十全武功，天下事情怎么能十全呢？一点缺憾都没有？

**俞敏洪**：但在他看来天下真的永远太平了。

**易中天**：他就觉得你这个洋鬼子来进贡，你就是年三十的一道凉菜，我有你过年，我没你也过年。而且站在乾隆的立场上，他确实是雍容大度，按照规矩，所有的外藩来了以后要三跪九叩，马嘎尔尼说不跪，乾隆说我理解，你打绑腿，你弯不下，跪不下来，那你见朕的时候把绑腿布解开，你跪完以后朕准你再绑上不就行了吗？你现在觉得可笑，但站在他当时的立场上，他很宽容了，他就设身处地地想你绑腿不方便，他细致入微。

**俞敏洪**：即使是宽容，也要有见识的宽容才是真正的宽容，如果是没有见识的宽容，有时候会变成放纵或者错误。

**易中天**：对，你这是金句，有见识的宽容才是真正的宽容，俞敏洪金句。

**俞敏洪**：你说一百句，我说一句总还是可以的。继续推荐易中天老师的书，"品读中国系列"算比较早的书籍。

**易中天**：对，90年代出版的。

**俞敏洪**：但这几本书也是不会过时的著作，任何时候读都觉得写得很好。中国人有自己的文化魅力，读你这几本书能读出中国特有的、充满烟火气的文化魅力。

**易中天**：中华文明有一个很重要的特点，就是食人间烟火。

**俞敏洪：**我一直觉得中国是世界上所有民族中最食人间烟火的民族，我们所有的一举一动，包括去拜访求仙都是为了人间烟火更加旺盛。

**易中天：**对的，世俗社会比什么都重要。

**俞敏洪：**即使在中国的隐士，也讲究人间烟火，讲究"晚来天欲雪，能饮一杯无"。

### (c)《读唐诗》

**俞敏洪：**这本充满人间烟火、充满空灵之气的《读唐诗》是易老师和他的夫人联合完成的，易老师的夫人是著名摄影师，跟易老师一生琴瑟和谐，易老师写文字，师母拍图片，构成了最美好的《读唐诗》。未来我觉得你还可以写一本《读宋词》，宋词中的大自然场景也很了不得。

**易中天：**对，应该说配宋词更容易一点，因为宋词和唐诗我认为有一个很重要的区别，唐诗大气，宋词雅致。

**俞敏洪：**我个人感觉唐诗对外，宋词对内，宋词更回到自己内心的感受。

**易中天：**对，你说得完全正确，我完全同意。唐诗大，"无边落木萧萧下，不尽长江滚滚来"，它是大景，而且是两个景色，但宋词不会这么写，宋词会写得很细、很具体，"知否知否，应是绿肥红瘦"的感觉。

**俞敏洪：**好的，谢谢易老师，由于易老师后面还要去参加一个活动，今天跟易老师的对谈只能到这里为止了，谢谢易老师。

**易中天：**谢谢，再见！

**俞敏洪：**谢谢大家！

（对谈于 2022 年 11 月 9 日）

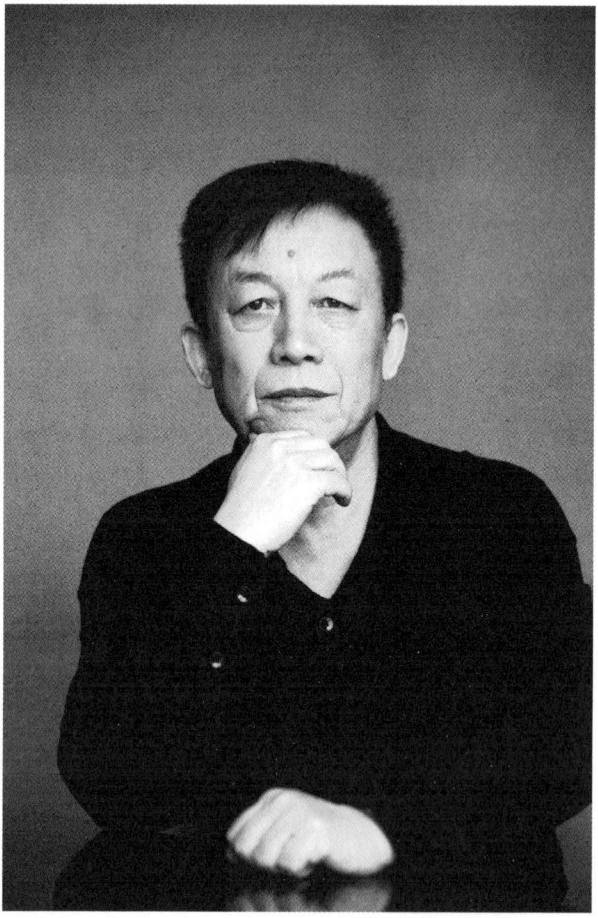

# 对话 马伯庸
## 虚构故事里的历史真实

**阅读于我而言，不只增加了知识面，还给我提供了一个支撑，不管遭遇什么困难，我都能支撑起来，都能扛得住，熬得过去。**

马伯庸 /

1980年出生于内蒙古赤峰，中国作家协会会员。代表作品有《大医》《长安的荔枝》《太白金星有点烦》《两京十五日》《显微镜下的大明》《长安十二时辰》《古董局中局》等。曾荣获人民文学奖、朱自清散文奖、茅盾文学新人奖。

**俞敏洪：** 各位朋友好，今天与我对谈的是马伯庸老师，不少人都读过他的书，或者看过由他的书改编的影视剧，估计在我访谈过的嘉宾中，他算是知名度非常靠前的嘉宾。今天我们来和他聊一聊有关成长、写作的话题。

**马伯庸：** 俞老师好，大家好。

── **对谈环节** ──

## 1. 漂泊四海的童年

**俞敏洪：** 你父母对你的教育是怎样的？

**马伯庸：** 我爸妈对我完全是散养，几乎不管，我想看什么书他们会帮我买回来。我爸教我一句话让我印象很深，他说，**我们不会限制你做决定，但你做完决定的后果，要自己承担，你要有责任感。**比如，初中的时候我想养只小猫，我爸爸说，你买吧，这个猫所有的事情都得你管，不管是清猫砂、洗澡，还是去兽医那儿看病，都要你来处理，是你决定要买的，你就要承担所有责任。我一初中生没什么耐心，觉得每天清猫砂好麻烦，想了想还是算了。我现在还记得这件事儿，觉得特别遗憾。那时候年少无知，我本来还想扔给我妈，我爸就说，别弄，让他自己弄。

**俞敏洪**：这就让你学会了，以后再想做什么事情，做决策的时候要想一想。

**马伯庸**：从经济学的角度最好理解，所有成本是我自己承担，我能不能承受这个成本？小孩子是没有预知的，就只看眼前，不会预测到接下来会发生什么事，但这是一个很重要的社会技能。

**俞敏洪**：这算是家庭教育中非常重要的一个环节，很多父母在跟孩子打交道的时候，要么纵容孩子做某件事情，帮孩子承担责任，要么这也不让做，那也不让做。这两种方法都是错的，最好的方法是在理性的前提下，允许孩子提出来事情，如果家长预期到不会有严重后果，可以允许孩子去尝试，但要让孩子承担这件事情带来的全部责任，这样孩子既学会选择和抉择，又学会了承担责任，慢慢就会在自己提出需求的时候更加理性，孩子的成长速度也就会更快。从你身上可以看出来，你的成长速度跟你父母对你的态度是有关系的，但你小时候，父母要求你阅读、要求你学习好吗？

**马伯庸**：我学习成绩很差，语文勉勉强强能到七八十。百度百科说我数学从来没及格过，但我及格过。我小时候数学确实很差，包括其他理科，除了物理好一点，其他的都不行，反正天天被老师叫过去训，因为转学多，没办法认真学。我父母一直挺好的，他们会着急，但也不会拼命施压；他们也会找家教，但教不会也没辙，资质有限。

**俞敏洪**：看来父母文理科的基因并不一定遗传到后代。

**马伯庸**：不会遗传到后代。我爸数学很好，我爸很厉害，比如给他看一张图纸，他可以在脑子里把这张图纸上的机器装配出来，然后运转，发现哪儿有问题，然后再把这个问题还原到图纸上，说这个图纸这个地方有问题。但他教不了我，让他教我数学，他经常会引用一些我完全不知道的数学知识，一不留神就用了微积分。我说，这我没学过，这是大学才学的，你必须用我知道的初中知识教我，他就说这个东西还得要琢磨一下。

**俞敏洪**：他想不出来初中应该怎么教。我通常不建议父母教自己的孩子，一是父母没耐心；二是父母教自己的孩子，孩子心里害怕，也不敢跟你争论你教的对还是不对。

**马伯庸：**我现在就教不了我儿子。

**俞敏洪：**我看了一些报道，说你小时候搬了十几次家，出生在赤峰，在桂林长大，跑到上海读书。为什么要过这样漂泊的生活？

**马伯庸：**因为父母工作的关系。我爸原来在电力系统，后来去了民航，负责候机楼建设，像三亚凤凰机场、北京T2、桂林两江、广州新白云机场，他都参与其中。我妈也是工程师，他们在一个单位工作，所以他们去哪儿我肯定得跟着，就会不停地转学。

**俞敏洪：**至少没有经历过父母分开的日子。

**马伯庸：**没有。我从小转学13次，转学多了就有一个问题，没有朋友。到现在为止，我跟当年的同学联系都不多，很少参加同学会。

**俞敏洪：**没有真正留下有同谋性的行为，没有一起做过坏事儿，或者共同追一个女孩子。

**马伯庸：**对，短的一个学期我就转走了。但有一个好处，因为没有朋友，所以在那种漫长的转学和颠沛流离的过程中，我只能自己陪自己玩，怎么玩？要么就看书，要么就想象。我坐在火车上，那时候火车慢，绿皮车一坐就是二三十个小时，我就在火车上看远处的风景，看到一个人走过之后，我就在想，这个人是什么人，他会有什么故事，我跟他这辈子可能只有这一瞬间的相遇，持续两三秒钟，然后再过各自的人生。

**俞敏洪：**你小时候因为没有朋友，就开始编故事。你没有兄弟姐妹？

**马伯庸：**独生子女。

**俞敏洪：**你居然没有性格变异！

**马伯庸：**没有。因为转学多了，我反而越来越开朗。转学的时候，不管对方什么性格，头三天都不说话，左右看，慢慢熟了，慢慢去试探，跟这个今天借块橡皮，跟那个明天借支笔。我开始也这样，转学多了之后，就皮了。老师给我带进教室，说你坐这儿。我坐在那儿，说同桌你好，我是新来的转学生，给人家吓一跳。后来我就变成特别 open 的性格。

**俞敏洪：**我小时候也转过学。我的方法特别简单，我观察这个班内哪个人是真正的头儿，不是班长，也不是学习委员，而是有号召力的头儿，我就跟他变成好朋友，然后我就变成第二个头儿。

**马伯庸：**我的转学经验有两点，到一所学校先搞清楚两件事儿：第一，厕所在哪儿；第二，教务处在哪儿。有这两件事儿就保底了，你的生活不会受影响，最后再看看谁是这个班里的话事人。

**俞敏洪：**现在转学生还挺多的，有的是从农村转到城里，有的是从这个城转到那个城，有不少孩子因为转学，转来转去就会有心理问题，你给他们的父母提个建议吧。

**马伯庸：**作为资深转学专家，这个问题很简单。转学，你教他技巧是没用的，比如我跟同桌握手、俞老师找话事人搞好关系……这对很多人来说是屠龙之术，因为如果他本身就不爱说话，你让他用交朋友的方式解决这个问题是解决不了的。我觉得主要还是要有自己的爱好，有问题的时候就可以内求，或者有一个逃遁空间，如果我在班里挨了欺负，回家以后我有一件事儿可以做。像我就会愿意看书，看书的时候内心非常充实，所以**阅读于我而言，不只增加了知识面，还给我提供了一个支撑，不管遭遇什么困难，我都能支撑起来，都能扛得住，熬得过去**。我转学期间很多时候都会被欺负，回家不敢跟爹妈说，怎么办？我又打不过别人，告老师又丢人，我就哭着拿起书来看。阅读给我带来了逃遁的空间。当时我买了一整套"凡尔纳全集"，每次被欺负，我就拿出来看。

**俞敏洪：**难怪你最开始写的是科幻小说。

**马伯庸：**书实在是好看，所以后来我有点盼着被欺负，每次被欺负我就可以看凡尔纳了，这就给了我一个正反馈。

**俞敏洪：**每个人的逃遁都不一样。我看过一个对动物的心理实验，看面对困难的时候，勇气会带来什么样的结果。我们很多时候因为缺乏勇气，就会带来某种更加严重的后果。心理学家挑了一只老鼠群里最胆小的、老缩在角落里的小老鼠，给它打了一针增加勇气的药，这个老鼠就变得特别有勇气，结果过了一段时间，这只小老鼠就变成了整个老鼠群的头儿。

**马伯庸：**是的。其实大家体格不会差很多，往往你越自信，获得的东西就越多，就会变成正循环。

**俞敏洪：**你小时候成绩不太好，怎么考上的大学？

**马伯庸：**我中学的时候转学到了桂林的临桂中学。当时中考我考得不好，我爸就把我送到了农村学校，这个学校的校风特别好。我高二的时候，有一天晚自习，我们校长突然说，所有高二学生到礼堂集合。我一想，完了，出大事儿了，肯定谁犯事儿了把我们叫过去批判。结果到了之后，校长站上台，说最近有一部片子叫《泰坦尼克号》，我从电影局借到了拷贝，高三学生要高考，高一学生都回家了，就给你们高二学生放。当天晚上所有人都没上晚自习，坐在那儿把《泰坦尼克号》看完了，出来的时候满天星斗。我记忆里，这个校长是一个很古板的人，对学生要求非常严格，但他突然在晚自习的时候把学生叫到礼堂偷偷放《泰坦尼克号》，这个经历让我印象非常深刻。

**俞敏洪：**古板的外表下有一颗自由的心。

**马伯庸：**有一颗文艺的心。那个学校的校风很正，学校里有很多农村孩子，对他们来说只有一次高考机会，高考过了上大学，过不去就回家务农，所以他们都非常拼。我成绩不好，他们每个星期都要排名，班级排，年级排，分科还要排。当时我去的时候，在全年级倒数20名，后来受学风影响，慢慢冲到差不多前50名。

**俞敏洪：**居然没给你排疯掉？

**马伯庸：**为什么没有呢？这个校长看似古板，但他会用很多细节来调节。很多中学的图书馆形同虚设，就是一个门面，但我们学校的图书馆是真的对学生开放。我在那儿读的第一本书是卢梭的《社会契约论》，那个时候居然有那本书在学校里，我是高二的学生，还认真记笔记，记完以后发现自己不是第一个借这本书的人，很多人都借过，所以我觉得那个学校很好。

**俞敏洪：**你后来上的大学还不错，上海外国语大学，怎么考上的？

**马伯庸：** 后来又转了一次才去了上外，我参加了他们一个合作项目，和新西兰大学的合作，可以在上外读两年，再在国外读两年，算四年学分。

**俞敏洪：** 在上海上大学和在新西兰上大学，对你的人生产生过什么样的影响？

**马伯庸：** 我真正对中国历史感兴趣恰好就是在新西兰。

**俞敏洪：** 为什么？那个地方书都借不到。

**马伯庸：** 因为那个地方中国书很少，而且离中国非常远，那种物理距离真的会对人心产生反应，我站在新西兰就想，我得走多远才能回家，新西兰太远了，机票太贵了，想回都回不去，所以那时候对家乡的眷恋就会非常强烈。我纾解的办法就是找中文书，把我们大学所有图书馆的中文书都看了一遍，印象最深的是里面有一套《毛泽东评点二十四史》，就是在那个时候，我把它看完了。

**俞敏洪：** 在那儿反而时间更多了？

**马伯庸：** 大学时代的时间非常充裕，你都不知道该干吗好，在那边又不像在国内有那么多诱惑，我要在国内估计就奔着聊天室天天打游戏去了，我在那边没别的事儿干，就读书呗。

**俞敏洪：** 你的整个少年时代充满了漂泊，辗转过好多城市，十几次搬家，而你的写作又很天马行空，你觉得你漂泊的童年和你的写作风格有很大关系吗？

**马伯庸：** 关系非常大。20世纪80年代末开始，我那时候还小，但我的旅行经历就比中国绝大部分人多了，全国东南西北、天南海北的东西我都见过。最影响我的是口味，原来我在老家内蒙古的时候，老家吃西红柿炒鸡蛋会放酱油，鸡蛋炒得发黄、发黑，我觉得这就是西红柿炒鸡蛋，是天经地义的。结果到了上海，他们放糖，我当时气得都快哭了，我说怎么能放糖？后来吃多了，发现也很好吃。再后来，到了海南三亚，西红柿炒鸡蛋变成了炒鸭蛋，我又不能接受，到了桂林又是放辣椒……每个地方都有微调，但经历多了之后，我的口味也变了。以前互联网上都能因为豆腐脑是甜是咸而打起来，每个人对事物的执念是很强烈的，但我没有这种执念，我很open，这些东西我都见过了，见怪不怪，我们家是这样，你们家是那样，求同存异。

**俞敏洪**：在不接受中慢慢学会接受，在不断执念于"自己认为这个是对的"过程中接受别人的状态。

**马伯庸**：因为没有见过这些东西。眼界开了，自然就不会觉得天下只有我们这个是最好的，这个破除之后，就放开了。我在三亚待过，小时候就看到天涯海角是什么样子，大海是什么样子，当时我在读《老人与海》，那就跟我在内蒙古草原上读是不一样的。我到桂林的时候，正好中学课本里讲桂林山水甲天下，我的中学正好就能看到那座山，低头读着文章，读完之后我又去象山下面转悠，感觉又不一样了。所以，读万卷书，行万里路，是非常有道理的。

**俞敏洪**：部分意义上是场景教学，比如我带着孩子在大海边上看着月亮升起，然后背《春江花月夜》，那个感觉是不一样的，孩子终生都会记住那个场景。

有一些作家写作的时候是完全基于故乡的，包括年青一代的蔡崇达，他写泉州、晋江老家的文化，他小时候的故事。我读了你这么多书，你的书中读不出太多故乡的概念，是不是跟你小时候的成长有关系？

**马伯庸**：是的，因为去的地方多了，对各个地方都没有特别深的家乡情结。人不可能没有家乡情结，人一定要找到自己的根儿，从写作的角度来说，人就是走回自己熟悉的地方。没有特定的家乡，唯一的办法就是扩展得更宽。我去了这么多地方，差不多中国的东南西北我都去过，自然而然就会以中国作为大家，以历史作为大的传统。我看到《史记》《资治通鉴》里的很多事儿，我都会觉得我去过，我在那个地方读过书。大家对海瑞的第一反应是，他是清官，一个耿直的人；我对他的第一印象是，他是三亚的，海南人，因为对海瑞的感情会连接到海南，从海南连接到中国历史，这是大家乡的概念。

**俞敏洪**：你的大家乡是放在整个中华民族的大版图上来考虑的，所以你并没有有些作家谈到故乡时的那种沉重，没有被中国传统文化所羁绊的对于家乡的魂牵梦萦，比如莫言、陈忠实，你没有那种感觉。

**马伯庸**：要相对淡很多。

**俞敏洪**：这是你文字比较空灵和飘逸的原因之一。尽管你对中国的传统文化、传统故事研究得很透，但你并不背负这样的重担。

**马伯庸：** 我对中国传统文化的感情很深，但对中国传统文化的包袱没有那么重。中国传统文化有很多方面，有些方面我们不停地说，比如道德、仁义礼智信，但其他方面说得很少，我写历史就想把中国传统文化中不为人知，但又同样重要的一面给大家表现出来。

## 2. 互联网背景下的网络文学

**俞敏洪：** 你什么时候开始写作的？

**马伯庸：** 正式写作是在大一、大二期间。那时候第一次接触了互联网，很多人冲到了"碧海银沙"那些聊天室聊天，我当时去了一个文学论坛，最开始是看别人写。以前我看的，都是文学杂志上正襟危坐的文章，很严肃，忽然发现网上这些文章真好看，虽然好像很不成体统、很残缺不全，但很有意思，很放得开。当时上网很贵，1个小时12块钱，我要攒一个星期的早餐钱才能上1个小时，那1个小时光读文章就太浪费了，我就带了一个3寸盘，把文章拷回到学校的机器上放，1块钱1小时。这个盘特别容易坏，有一次盘坏了，显示的文档就只有一半，后面全是乱码，我就很难受，因为我想再看后半截就得等到下个星期，我就不小心打了几个字，忽然发现能接得上，我就想，是不是我也能写？后来我的整个人生就反过来了，先在学校机房自己写，1块钱1小时。当时还不会打字，用单指打，然后星期六到网吧，把3寸盘放到网吧的电脑里，把文章贴到网上去，下一个星期再看回帖。那时候真是慢生活，写一半就往上贴，过得特别开心，因为没想到网上有这么多志同道合的人，跟我的趣味又相近，写完之后大家都觉得写得好，我就越来越来劲，形成了正反馈，慢慢就走上了这条路。

**俞敏洪：** 所以你的写作并不是正统出身，你的写作风格更多受到了网络文学的影响，你是网络文学的创始人之一？

**马伯庸：** 应该是广义的网络上的文学。当年文学青年很难出头，你要先投到市里的文学刊物，再投到省级的，如果你的实力非常强，能投到国家级刊物，全国也就十几万人能看到，但在网上，一瞬间所有人都看得到。

**俞敏洪：** 如果只有投稿这一条路，估计就出不来了。

**马伯庸：** 对。而且还有即时反馈。

**俞敏洪：** 提供了发表和反馈的空间，又自我加强，不断愿意去完善。

**马伯庸：** 它是一个零门槛，这个零门槛良莠不齐，什么人都可以写，写的东西都那样，但泥沙俱下的同时也鱼龙混杂，只要你坚持下去就能出来。

**俞敏洪：** 那时候你会读网上其他人写的东西吗？

**马伯庸：** 读，现在我也读。

**俞敏洪：** 有些人对网络文学不那么感冒，你觉得现在的孩子们读网络文学是好事吗？

**马伯庸：** 网络文学是经历过发展的，网络文学的根儿跟现在的正统文学不太一样，网络文学的源头，也就是明清时代的瓦子内说书，是写给引车卖浆之流，写给底层劳动人民的，所以你会在里面看到很多正统文学里不太会写的东西，比如血腥、暴力。

其实网络文学的发展初期也是这样，但经过这么多年的发展，网络文学已经变成非常专业、非常精准、知识结构非常强大的体系了，因为现代人的知识结构已经变得很强大了。比如有一本书叫《宰执天下》，主人公穿越到宋朝，书里对于宋代官职的研究非常精深，很多人都搞不清楚，但那里面写得清清楚楚，分门别类。很多网络文学让主人公穿越回古代做炸药、玻璃、蒸汽机，里面涉及的技术情节都非常精确。网络上有两本小说，一本《大医凌然》，一本《手术直播间》，里面涉及的医学知识令人叹为观止，真的是专业人士写出来的。现在网络文学已经完全是顶级专业的东西，专业知识和细节描摹已经超越了所谓的正统文学。

**俞敏洪：** 确实给大家打开了另一种获取知识和增加想象力的窗口。

**马伯庸：** 里面甚至连数学题材都有，你都想象不到，一个小孩儿获得了数学超能力，能解决各种各样的数学难题，里面经常一半是情节，一半是数学公式。

**俞敏洪：** 我读你的书，发现你想象力和原创能力非常强，是不是跟你在网络上的流连忘返有一定关系？

**马伯庸：** 很早接触网络的好处是，你不会给自己设限。很多人问我，你是不是历史小说作家？我说不是，我什么都写过，科幻写过、历史写过，甚至我的第一篇作品还是个鬼故事，灵异作品。我不会把自己限定在某一个门类，甚至不会限定成为某一种作家。我写完《长安的荔枝》以后直接就发微博上了，你要说它是网络文学，也算是广义上的网络文学，但它走实体出版也没问题。我对自己没有什么特别强烈的限定，说你是正统作家还是网络作家，写的是网络文学还是正统文学，这些都不重要，重要的还是内容本身。

**俞敏洪：** 你孩子对你写的东西感兴趣吗？

**马伯庸：** 这个话题很深刻。我给他写了很多童话故事，给他讲，他也爱听，但他更喜欢那些童话作家的作品，有一个还是我朋友，叫两色风景。我有一次问他，你觉得爸爸写的书好还是两色风景叔叔的书好？他的回答是，一样好。我说，也可以。后来我媳妇儿提醒我说，他怕你，不怕你的话就会说是两色风景，因为如果他觉得你写得好就会直接说了。后来我看了一下，原来我觉得儿童文学好像很简单，我也写了很多，也发在网上了，大家也觉得好，但我发现那是一种成人的好。成年人有了阅历，知道里面玩的哏，知道里面的背景，但小孩子的判断跟成人完全不一样，他看了这个东西并不觉得里面有什么特别的地方，反而儿童文学是专门的创作领域，这个领域如果我要介入还得重新研究。前天，我儿子终于跟我说："爸爸，你写的《龙与地下铁》，我喜欢看。"这是一本奇幻小说，他说他喜欢看这本书，因为他到这个年纪了，他看得懂这些东西，就忽然觉得，老父亲有点安慰了。

**俞敏洪：** 你的不少书，都需要有一些社会阅历后读才能理解。你是 1980 年生人，我比你整整大了 18 岁，说得亲切一点，我是你的老大哥，但读了你那么多书，发现你的知识结构和你对知识的吸收能力、扩展能力真的是一流水平。我最近越来越发现，比我们年轻 20 岁左右的青年才俊很奇怪。像我已经 60 多岁了，我读书也不少，也在天天努力学习，原则上我的知识结构、创新性思维应该比你们更厉害，因为日积月累，但像你们这代人好像在迅速超过我们，并且在思路的扩展、突破性方面，尤其你们的写作，跟60年代甚至50年代的作家相比，他们更多是基于自己的身世、故乡和自己所经历的那段历史写作，而你们就扩展得比较宽。

**马伯庸：**我觉得这也是获取知识的手段问题。我和一些老作家聊过，他们的问题在于，他们那时候很难获得外面的信息，比如他想查长城有多长，历代长城的结构和变化，他没地方查，他可能会去县图书馆、市图书馆查，那就到头了。现在很简单，打开搜索引擎，随便搜长城的长度就可以了。这种获取知识的容易，自然会引发你对知识结构的更新，其实这在历史上一直发生，**在发明纸之前，知识是完全垄断在世家手里的，**因为书很贵，只有他们才买得起书。有了纸，尤其印刷术发展之后，普通人也买得起书了，所以中国后来变成了科举制，穷孩子只要在家苦读书，就有机会当宰相。

**俞敏洪：**而且限定了考哪几本书。

**马伯庸：**再到清末又是一次知识结构大转型，因为有了报纸、国外的电报，国外的消息传进来，看到的东西更多了，知识结构又不一样了。所以，我们这代人主要得益于互联网的发展。

**俞敏洪：**西方在谷登堡印刷机发明之前，知识垄断在神职人员手里，后来每个人都可以读《圣经》，再后来形成了知识爆炸，老百姓也开始读亚里士多德什么的，就形成了文艺复兴，后来又爆发资本主义革命。中国的印刷术在某种意义上比西方要早，尽管我们的印刷术比较土，最后没有发明出谷登堡那样的印刷机，但我们能够成册传播的知识从宋朝时期就已经比较广泛了，唐朝都已经开始印东西了。现在假设一下，**如果我们一直保持中国思想百家争鸣的状态，没有从汉代开始的独尊儒术，再加上印刷术的加持，你认为中国的知识现在会是一个怎样的状态？**

**马伯庸：**这个话题特别有意思，懂历史的人一定都会假设一下。我之前专门为这个事情深入了解了诸子百家，包括中国思想的发展脉络，我发现一个问题，独尊儒术或者百家争鸣并不在同一个赛道上。举个例子，儒家是操作系统，它告诉你在这个社会中的位置，每个人按照这个位置待着，彼此之间要以什么样的规则来互动。法家是从帝王术的角度出发，和现在的法治是不一样的。所以历代君王都讲外儒内法，法家像一个 App，而且只有管理员才有权限，你没有。其他像墨家、阴阳家、农家等其实都是侧重于某一方面，而不是和儒家一样能够覆盖整个社会的操作系统。**如果知识大爆炸爆发得很早，诸子百家没有被打压，大家都有长足的发展，我觉得发展下来，也会被儒家所吸收，变成一个新儒家框架下的东西。**

**俞敏洪：** 它是一个必然发生的过程，作为一个大的国家、大的民族进行统一管理和发展，在思想上的统一就会变成一种必然。

**马伯庸：** 像墨家和道家的思想会被儒家吸收进来，包括法家是从儒家出来的，韩非子拜的师父是荀子，也是儒家大师，所以我觉得诸子百家彼此之间分得其实没那么清楚。

**俞敏洪：** 有没有打算用小说的方式写一部中国思想发展史？

**马伯庸：** 我一直想写。我一直有一个想法，目前就写了个开头，但今天给大家剧透一下，我写《桃花源》。

**俞敏洪：** 和陶渊明有关吗？

**马伯庸：** 没有，陶渊明想的是先秦时候有人避乱去了桃花源，我讲的避乱则是焚书坑儒之后，诸子百家在各个流派领袖的带领之下逃进了桃花源，与外界没有联系。等陶渊明进去的时候，桃花源在诸子百家的思想下已经发展了几百年，那么，一个只由哲学家管理的国度会是什么样？

**俞敏洪：** 真正的桃花源里实际不会出现鸡犬之声相闻，老死不相往来的局面，一定也会有思想和生活的交锋，对吧？

**马伯庸：** 其实就是一个试管，把墨家、道家、儒家放在一起，看有什么化学反应。谁管理这个国家？墨家可以负责机械制造，道家负责休闲，你思想不通达了给你开解一下，最后儒家来管理。

**俞敏洪：** 几派争执不下，最后会形成互相妥协的管理方式。

**马伯庸：** 最后会变成各司其职。

## 3.《大医》：社会责任之精神

**俞敏洪：** 最近你出了一本《大医》，读了以后我还是挺感动的。这本书分上、下两部，上部主要写了1904年（日俄战争）到1911年辛亥革命这段时期内中国老百姓所受的苦难；下部的故事从北洋军阀、抗日战争，一直写到了解放战争，这个时间段中国人民遭了更大、更多的苦难。

**马伯庸：** 历经军阀、抗战、解放战争。这本书对我来说是一个突破，第一，这本书是我写的最厚的一本书，有80万字；第二，这本书的时代背景是1904年至1950年，以前我写《长安十二时辰》的时间跨度都很短，但这本书跨越了整个中国近现代史；最后的关键是，它写的是医生，不是现在的医生，而是当年中国第一代慈善医生——红十字会的医生，他们干了什么事儿。

**俞敏洪：** 接受了西方医学的训练，但又从慈善切入中国医学。

**马伯庸：** 这本书的背景是华山医院，华山医院最早叫红十字会总医院，是中国红十字会在中国建的第一座现代化医院，而且这座医院不做疑难杂症的治疗，而是做慈善救援。什么叫慈善救援？哪儿打仗他们就去哪儿，帮着救治伤员，两边的伤员都救，因为他们是中立立场。哪儿有疫情，他们就冲到哪儿帮着那些地方治疫；哪儿有公共灾难，比如水灾、旱灾，他们就去那些地方拯救灾民。听着好像很无聊，但当你深入了解里面的故事之后，会非常震撼，比如辛亥革命的时候、武昌起义的时候，北洋军和革命党两边互相打，中国红十字会的第一批慈善医生当时也在战场上，花了大量时间去救治两边的伤员。

武汉的朋友都知道，武汉有一个辛亥革命烈士公墓，这个地方埋的是当时武昌起义牺牲的很多革命军战士，这个地方在当年叫"六大堆"，因为有六个大坟堆，这六个坟堆就是当年红十字会的医生把革命党的尸体收集在一起，集体给他们埋的六个坟，所以叫六大堆。当时红会还有一个医生，把黎元洪的信，冒着枪林弹雨转交给了当时的北洋提督萨镇冰，导致整个北洋水师集体反政，让整个武昌起义的局势发生了逆转。

**俞敏洪：** 这个场景也设计在了书中，这几个医生参与了武昌起义前线的救援工作。

**马伯庸：**中国所有大事背后都有这些医生的身影，但很多人不知道，这些人做了很多特别让人感动的事情，而且在那个时代，不像现在医疗体系这么完备，那时候军阀混战，大家各自为政，没有什么人帮你，但这些医生毁家纾难，拼死拼活守护当年国民的公共卫生健康。所以这个事儿特别值得写。

**俞敏洪：**写这么一本书的缘起是什么？

**马伯庸：**缘起是 2017 年。当时我去华山医院做一个文化讲座，我进了那个楼之后，第一个文物就吸引了我，是一张草稿纸，长沙马王堆出土的那具女尸的皮肤检验报告。因为华山医院的皮肤病科是全国最好的，当时女尸出土之后由他们来进行检验，检验报告就放在那儿了。我一看，这就和我熟悉的历史连上了。我再往前看，他们在抗美援朝时期的贡献，抗战的时候、辛亥革命的时候……越往前越多，和名人之间的联系也越多。我忽然觉得这是一个好题材，通过医生这个角度去讲生死，讲大时代的变化。

那时候我水平不够，就决定再积累一阵，一直到 2019 年年底，刚写完《两京十五日》，12 月就开始写《大医》。2020 年疫情起来了，当时我不太想写了，我说再写下去，别人都会觉得我在蹭热点，大家都在防疫，我就故意写一个疫情题材蹭热度。但我调研下来，这些医生做了这么多事儿，有一种责任感，你会感觉到他们的精神一直传承到了现在，所以我还是要写，让大家知道有这么一批伟大的人做过这些事儿，而且这些人的精神传到了现在。

2020 年武汉发生了疫情，当时我在写《大医》，对医生的状况就格外关注。当时让朋友介绍一个情况比较严重的医院，我就在那个医院旁边包了一家酒店，所有医护人员凭着工牌可以进去休息一会儿，睡一觉，或者洗个澡，疫情结束、解除封禁为止。后来疫情结束，这个医院有一个肛肠科医生就说，你来武汉，我们好好请你吃顿饭，你想做检查，我来给你做（笑）。

**俞敏洪：**你的书中涉及大量医学知识，包括医学名称、用的药、治疗过程等，如果写错了会被医学专家或者研究医学史的专家认为你在胡编乱造，所以你写的东西一定是经过了反复研究的。你作为一个对医学完全没有常识的人，如何保证精彩故事中所镶嵌的医学知识是经得起考验的？

**马伯庸：** 这问到点儿上了，这是我写这本书最难的一个点。我是一个对细节要求很高的人，要足够严谨，我当时差点儿去报班了，想去一所学校上一学期的课，但因为疫情没法上了。我找了很多医生给我当顾问，最后发现他们帮不了我，这些医生都是好医生，他们接受的是现代的、正确的医学知识的训练。但在那个时代，尤其小说的背景是 1904 年至 1950 年，这段时间医学飞速发展，每几年就出现一个新发明、新观念，我要争取在故事发生的时候写出错误的医学常识。比如血型，1900 年才有血型的概念，可到了 1912 年才真正开始有输血和血型配型的概念，如果写输血，医生就会说，你得先配血型。但其实那时候没有输血，就是直接打进去。他说，那怎么行？我说，那个时代就是这么打的。这些医生帮不了我，他们接受的都是正确的训练，所以我只能查书，找当时的报纸，找当时的医学书来看，我还买了很多民国时期的医学书籍，或者一些与常识性的医学史相关的资料、文物。

千万不要回到那个时代，那个时代治病比现在可怕多了，完全是撞大运。比如给您动手术，那时候打麻药不像现在，现在打麻药要把你的呼吸、心脏、体重带入公式计算，那时候没有，就是一瓶麻药直接把你打晕，开始手术。怎么知道你的麻药够不够？那时候就先把你麻晕了，把你的腿打开，拿一根竹扦子刮大腿内侧。男性大腿内侧有一个提睾肌，一碰这个地方睾丸就会弹，是一个类似膝跳反应一样的无法控制的反应，什么时候刮那儿发现睾丸不弹了，麻醉就到位了，当时就只能靠这种办法来判断。

打点滴也是如此，现在打点滴好像很简单，但在 1913 年之前，打点滴没有调速的概念，往往一个瓶子拿过来就开始打。那时候很多病人死于肺水肿和热原反应（临床上在进行静脉滴注大量输液时，由于药液中含有热原，病人在 0.5～1h 内出现冷战、高热、出汗、昏晕、呕吐等症状，高热时体温可达 40℃，严重者甚至会休克，这种现象被称为"热原反应"），后来慢慢发现死人太多，才知道需要调速。那个时候调速就是用笨办法，旁边接一个橡皮球，靠捏的气压来输液，所以那时候打点滴都会有一个护士捏着橡皮球控制速度，到了 1931 年才有了茂菲氏滴管，才把速度调下来了。我们现在熟知的每一项医疗技术都有一个发展过程，要准确地找到发展过程中的那个点。

**俞敏洪：** 这些过去的医学知识是靠你自己翻资料翻出来的？

**马伯庸：** 对，很多国内都没有，需要去国外找相关资料。

**俞敏洪：** 边写边翻，还是整个故事架构已经在心中了才开始写？

**马伯庸：** 一开始我会写一个大概的故事雏形，发展到这儿了，我会有一个需求，这个地方主要解决一件事情，这个事情该怎么解决？最好通过一个医学手段。因为写这本书的时候，我对自己有一个要求——书里所有的医疗技术都不能是单纯地显摆一下，而是说这个技术一定要跟主角的命运、跟发展过程有直接的关系。开篇主角就因为一个病人的大动脉被砍开了，需要缝合，缝合的过程中忽然发现血管痉挛，怎么处理？我查到当时是用鸦片碱，身边没有鸦片碱怎么办？抢了一个大烟枪。这个细节就是当时的战地急救里出现过的。

**俞敏洪：** 现实中是用过的，不是你编出来的。

**马伯庸：** 这个细节又能体现主角是一个战场上救伤的老手，同时体现另一个主角是学院派，实践经验不够，但他能立刻知道这个原理是鸦片碱产生的作用。里面每一个细节都要影响到整个故事的走向。

**俞敏洪：** 你的书一般时间跨度比较短，比如《长安十二时辰》就是 24 小时；《两京十五日》就是 15 天；《长安的荔枝》是在 10 天之内必须把荔枝从岭南运送到长安。但《大医》跨度 40 多年，是因为整段历史大背景的时代变迁和人物的关系需要你放到这么大的时代背景来写，还是有别的原因？

**马伯庸：** 就是因为这里面可写的故事实在太多了，奇葩的、可歌可泣的、感人的、可恨的故事非常多，你们觉得 80 万字很多，其实我是收着写的，真正写开，80 万字根本不够。

**俞敏洪：** 再写多了大家也读不动了，但你的书大家读了以后都不太愿意放下，上卷《破晓篇》我是一口气读完的。

**马伯庸：** 这是对作者最高的褒奖。

## 4.《长安的荔枝》：历史中的细节

**俞敏洪：**《长安的荔枝》是你写的书中我读得最轻松的，充满了故事性，也对民间疾苦表达了充分的同情，你为什么会写这个话题？

**马伯庸：** 写完《大医》的时候，我觉得很累，因为既要查资料，又要创作，心力交瘁，我说要休息一下，但我的休息不是躺平不动，我还是喜欢写东西。这时候我忽然读到杜牧那首诗，"一骑红尘妃子笑，无人知是荔枝来"，脑子里"咔嚓"一下就闪过一道亮光，大家永远关注的是妃子笑，有谁想过一骑红尘？这一骑红尘是怎么来的？这是我一直以来在考虑的事情——我们看到的都是历史大事，但历史大事的背后是无数的小事，领导决策是一回事儿，落地执行是另一回事儿。

**俞敏洪：** 怎么就"一骑红尘"跑到这儿来了？

**马伯庸：** 对。一个完成的决策怎样被一点点分解成可执行的步骤，怎样考察它的KPI，这是最难的事儿。当时我就灵感勃发，花了11天时间，不眠不休，整个人处于一种写不过来的状态，我脑子里的想法拼命往外涌，打字都打不过来，一口气写完了。这本书你读得最轻松，我写得也最轻松、最爽快，这在心理学上叫心流。

这本书有两个理念，一是关注具体做事的人是什么样的感受；二是关注技术，中国史书上记载的大都是政治方面的互动，具体到技术细节上怎么运荔枝是一件很小的事情。比如朱棣，当时决定把都城从南京迁到北京，历史书上讲了这么一段，迁都大概花了多少钱，花了多少时间。你想想咱们搬个家需要花多少时间？而迁都涉及的工程又是什么量级，还要把大运河修通，要新建北京三大殿，这种情况下具体做事儿的人做了什么事情，史书上其实记载得很少。我希望能讲一些中国传统文化里关于技术、关于细节的东西，于是就有了这本书。

**俞敏洪：** 大家都知道，荔枝的新鲜度最多保持两到三天。今天普通老百姓所享受的生活，在当时是完全出乎想象的。当时皇帝和贵妃使了九牛二虎之力，也只能得到半新鲜的荔枝。但我读这本书的感受，不仅在于它还原了当时新鲜的荔枝如何从岭南运到长安，还在于它更像小说性的散文，结构简单、明了，叙事更加专注、集中，悬疑、推理少了很多。主人公作为一个普通官员，要完成这样一件事情，并且完成这件事情的过程，部分意义上改变了他的人生观，最后归隐到了岭南，让我感觉到，你的写作风格跟你其他大书的写作风格完全不同。

**马伯庸：** 这本书写的就是一个"社畜"的一生，我也当了十年上班族，对"社畜"生活感同身受，深有体会。这里面融入了一些我的想法和经历，讲一下在职场是如何拼搏的，在职场怎么被人抢活儿、抢功的，怎么挣扎着往上爬的，又怎么拍马屁的。

**俞敏洪：** 这本书出版不久，已经开始准备拍电影了？

**马伯庸：** 这本书最开始登在 2021 年 1 月《收获》的春季号上，最近才正式出版。写这本书的时候，完全没考虑过要出版，当时我就想，一共七八万字，出一本书也不够，我写完之后直接发网上，大家看个乐就得了。后来反响很好，登上了杂志，再后来就出版了。最近刚刚说要把这本书拍成剧和电影，电影海报都设计好了，这个海报设计师非常有名，叫黄海，是中国最好的海报设计师，很多经典海报都是他出的。这个的设计我就特别喜欢，他把荔枝和主角经历的过程呈现了出来，同时包裹的叶子又像一只巨大的手把他捏住，荔枝的纹路又像崎岖坎坷的这条路，"一骑红尘"——连红尘的红色也扣上了。这个海报设计得特别有意思。

**俞敏洪：** 你大学毕业以后在职场工作了十年，这十年你是怎样度过的？这十年职场工作，给你带来了什么？比如《长安的荔枝》，如果没有职场这十年，说不定就写不出来了。在职场中你是怎么生存的？

**马伯庸：** 我运气特别好，我入职的是一家法国企业，这家企业没那么卷，相对比较宽松，我又碰到了一些好领导和好同事。那会儿我就开始出书，每次都会给我们领导送几本，我们领导都知道我喜欢写东西，他们每次就会说，我们要做一个 speech，你来帮我们准备一下稿子。我就帮他们写，后来给我们部门领导写，再后来给我们大领导写。

**俞敏洪：** 给领导写稿子不仅要文笔好，思想凝练能力也要非常强才行。

**马伯庸：** 我在公司最后几年一直在给大领导做这方面的工作，他对我也特别照顾，很多次领导跟我说，你要不要升职？我说不升，你要涨工资我不拦着，谁嫌钱多呢？但是升职就算了，升职之后要管人，我不想管人，我宁可让给其他同事。而且我自己有稿费。

**俞敏洪：** 这个姿态很有意思，你想把更多时间空出来继续写作。

**马伯庸：** 工作十年后，我发现我的写作收入已经超过了工资收入，好了，那就辞职吧。

**俞敏洪：** 你说写作不是一种职业，而是一种状态。

**马伯庸：** 如果你是新入职或者正在入职的朋友，你得有一个关键点，你一定要找到一个独一无二的技能，"只有你有，公司需要"，这样才能成为公司无可替代的人。后几年我在公司的职位是没有上升空间的，这是我自己的选择，但这个位子又没有人能威胁到我，你没我写得好，包括离开以后我前领导的很多稿子还是会征求我的意见。我也不挡别人的路，你走你的行政线，我走我的技术线，跟我没关系。我有写作这个技能，我把自己卡在很舒服的位子上，在确保有足够收入的情况之下，我才能潜心写作，不用担心我今天写不出来明天就饿死。

**俞敏洪：** 你写了很多历史小说，但又不是大历史小说，不像《三国演义》那样写英雄人物，而是写中间的一些人物。从《风起陇西》到现在的《大医》，或多或少都跟历史相关，你怎样把握在历史中的真实性，一旦涉及历史，真实性是不可避开的，你不能对历史大势胡编乱造。此外，你曾经说过，如果在《长安十二时辰》里写大家在吃西红柿是不对的，你怎么把握这种历史细节的真实性？

**马伯庸：** 我写作有一个原则，历史小说叫大事不虚，小事不拘。大事不能虚，真的事情一定是这么发生的；小事不拘其实不是小事。这个书有点像三明治，最上面一层是历史大事，这个不能改，底层是历史细节，这也不能改，唐代不能出现西红柿，明代之前不能出现辣椒，到宋代的时候可以出现炒菜，胡椒可以出现了，在汉代要看什么时候，如果是张骞去西域之前，连核桃、芝麻都不能出现，那是不对的。但中间这层故事，我们可以去虚构，这种虚构不是胡编乱造，虚构遵循的是历史的逻辑，可能这件事没发生，但它有可能发生，这种揣测就要考虑到当时的社会制度。

**俞敏洪：**实际从大逻辑上看，《长安十二时辰》中的主角在长安城里的文化和边远地区少数民族文化的关系是对的，只不过这个关系中发生的每件事情都可以虚构。

**马伯庸：**对。更深层次的是人物，这个人是历史真实人物，但他在这个节点做了一个决定，背后是什么原因，我们可以猜，不一定真是这个原因，我们又不是他肚子里的蛔虫，但我们可以猜是不是别的原因。比如鸿门宴，项羽做了一件非常傻的事儿——把刘邦给放了。我们是后世的人，知道刘邦后来得了天下，当然觉得这个决策错了，但如果你是项羽，你接收的是他所接收到的信息——项羽当时才25岁出头，已经是全国的霸主，刘邦那会儿50多了，比秦始皇还大，一个20多岁就已经做到全国第一的人，看到一个50多岁的老头儿在自己面前瑟瑟发抖的时候，他会拿正眼看他吗？他把他杀了都会觉得丢人，真杀了，大家都会说他滥杀老人。他把刘邦当个屁放了，对他有什么影响？所以如果从项羽的角度考虑，他没杀刘邦是有原因的。这个猜测不一定正确，但有它的合理性。写历史小说就是揣测人性本身，把人性放到历史逻辑中去理解。

**俞敏洪：**从这个意义上来说，司马迁写《史记》尽管遵从了历史，但实际上在写鸿门宴的时候，他也在揣测人物个性。

**马伯庸：**他写的很多桥段有鼻子有眼，把人物动作都惟妙惟肖地写出来了，如果严格按照历史记录，这是不对的，但写出来之后那股气质在，而且能够感觉到确实就应该如此。

**俞敏洪：**他其实也是根据人物的个性去推断当时的场景。

**马伯庸：**亚里士多德说过一句话，诗人的责任不是去还原历史，而是把历史中可能发生的事情讲出来。他当时说的诗人是指荷马，荷马写的《荷马史诗》。

历史和诗歌，其实源头是一样的。

**俞敏洪：**《荷马史诗》是在诗人吟唱的过程中不断被丰富的。《三国演义》和《水浒传》，可能最初就是一个小故事，最后都发展成了大故事。

**马伯庸：**四大名著中，除了《红楼梦》，其他几个故事都是从一些小故事、以评书为基础不断发展、丰富出来的。

## 5. 从文学创作到影视表达

**俞敏洪：**你笔下不少人物超越了皇天后土的感觉，最终回归到了朴素的人性。拿《长安十二时辰》中的张小敬为例，这个人物的形象、个性、内心，包括他的道德体现、侠义体现等，虽不能说他是济世救民，但也有对普通老百姓受灾受难的同情心，最后甚至带有一种超越性。**你是一开始就设定了这样的人物特点，还是在写的过程中不断丰富？**

**马伯庸：**后者。创作过程是很有趣的，很多人会想象，作者肯定把什么东西都想好了，脑子里的图纸都画完了，但其实不是。作者很像登山，远远一座山在那儿，这座山多高我大概知道，路上会碰到什么样的气候我也知道，但具体哪条路怎么走，走到哪儿有坎儿，我不知道，我只能提前把装备装好，慢慢探索过去。

**俞敏洪：**突然发现路边有一朵花，有一棵美丽的树。

**马伯庸：**甚至可能这个山都不爬了，我去干别的了。写作是一个探索的过程，而且在写作过程中，所有的计划、大纲最后都会无效，你的人物如果写得足够好，他自己就会出来讲话，你会控制不住，像《大医》《长安的荔枝》里的很多角色，最早我就是想把他当作一个功能性人物，交代一下就行了，没想到他自己跳出来了，摁都摁不住，一定要讲话，一定要表现出来，反而表现得特别精彩，这就是人物活了。

**俞敏洪：**甚至写的过程中会增加人物、减少人物。

**马伯庸：**对，就跟演员抢戏一样，就是一个戏霸，直接说，你得写我，我的经历有趣多了。我没办法，我摁不住他。

**俞敏洪：** 你写的时候脑子里有电影场景吗？各种人物的场景、动作、个性、表情？

**马伯庸：** 会有互动表情，会有蒙太奇镜头。为什么我失眠很严重？就是因为我每天睡觉的时候会想我第二天要写的东西，要像脚本一样过一遍。

**俞敏洪：** 有时候写到兴奋处，有没有通宵达旦一直写下去？

**马伯庸：**《长安的荔枝》就是这样，连查资料加写作的时间，11天，是非常紧张的，我相当于不眠不休地写，就是因为我觉得这个东西特别好，本来我就想写一个技术型的故事，最后这个主角李善德自己跳出来了，拼命挣扎，我想让他办不成这个事儿，但他竟然办成了。办成之后，我想让他顺顺当当做官，他不干，这个人的性格当不了官，立不了大功，一定要把自己的话讲出来，我拉不住他，最后只能救他一命，把他发配到岭南去了。

**俞敏洪：** 李善德不是英雄形象，而是个很温暖的形象，一个在边缘线挣扎，最后回归自己人生的形象，整部小说打打杀杀也没那么多。

**马伯庸：** 来不及，就为了讲运荔枝的事儿，没时间干别的。

**俞敏洪：** 你刚开始写作肯定是为了写给大家看，《风起陇西》应该就是这样，成不成熟无所谓，有没有历史漏洞无所谓，甚至有没有情节漏洞也无所谓，大家喜欢看，有即时反馈就行，我觉得你当时也没有立刻要出版的想法。后来你每本书都变成了畅销书，而且每本书几乎都被影视化了，既然你形象思维这么丰富，你现在写书的时候，比如你写《大医》的时候，脑袋里是不是会有这本书中情节如何影视化的想法在里面？

**马伯庸：** 很多人觉得我会有，其实没有。有两个层面，第一，从技术层面讲，你是做不到的，你写的书画面感再好，节奏再好，变成影视脚本也一定会有一个大的改变。很多人会说你这个书不用改，现成的分镜头都写好了，按这个拍就得了。根本不是那么回事儿，编剧和作者之间有巨大的鸿沟，是两种不同的专业。第二，我擅长的是写小说，影视怎么拍跟我没关系，我只要把小说写好就行。我出的上一本书叫《两京十五日》，其实那本书最不适合拍影视，为什么？

因为它的场景变化非常多,从南京到北京,中间场景不断变化,这对拍摄来说是很大的挑战,它是沿着大运河走,都是水戏,有影视常识的人都知道火戏好拍,水戏最难拍,但书中的故事都不停地发生在船上,我要存心觉得这本书要拍影视剧,我就不写这么多水场景,换一个别的写法了。我的目的是写出一个好故事,影视有它的改编方式和改编思路,可以交给专业人士去做。

**俞敏洪:** 你的作品写出来后改编成影视,你会在里面做编剧吗?

**马伯庸:** 作家和编剧是差距非常大的专业,所以交给专业团队去做,我写完小说任务就完成了,只有一个例外,最近有个戏叫《显微镜下的大明之丝绢案》,是我的另一本书,那本书不是小说,是一个历史科普类写作,是我从明代故纸堆里翻出来的6个基层案子,我一个字都不敢编。里面包含了老百姓的喜怒哀乐——他们的焦虑是什么?他们最担心的是什么?最开心的是什么?这些事跟我们现代人是有共鸣的。

**俞敏洪:** 它不是一本小说,是历史纪实。我对这本书产生了深刻印象,没想到你能把历史细节写得这么好,因为历史细节是不能编的,说明你做了非常多的资料查阅工作。过去我们读帝王将相的历史,不管读哪个朝代,尤其是大一统以后,一直到近代,帝王将相的历史很多都是不断重复的。但读细节的故事就给人一种原来历史有血有肉的感觉,在大明和今天,我们老百姓过的生活,在生存的挣扎和努力上并没有什么不同。

**马伯庸:** 是的,当时也有人买了这本书,想改编成电视剧,就问我怎么改。比如第一个故事"丝绢案",里面都是算账、开会、政策讨论,这怎么改?没有编剧做得出来。我说,既然你买了改编权,那我把"丝绢案"的故事结构和人物关系改一下。因为这里面没有故事结构,也没有人物关系,我把这个东西搭出来了,帮写了一版剧本,让他们在这个基础上来拍。这还挺有挑战的,里面增加了大量的台词和动作。

**俞敏洪:** 拍了那么多影视剧,当影视剧中的情节和结局跟你的书不一样的时候,你会去干预吗?

**马伯庸:** 不干预,因为影视表达和书的表达是完全不同的两种逻辑。举个例子，您今天走进来了，我写成小说，会写"俞敏洪气宇轩昂地走进直播间，他是新东方的创始人，闻名遐迩的一位教育家"，我可以用旁白的方式写出来。如果要拍电视剧，拍《俞敏洪传》，你走进来了，一个浑厚的画外音——"俞敏洪是一个著名的教育家"，这是不是特别傻？所以就必须在旁边安排一个不懂的人问这个人是谁，看着相貌平平无奇，旁边有一个人懂，说他是俞敏洪，著名的教育家，闻名遐迩。所以剧本逻辑、电视剧逻辑、书的逻辑是不一样的。书的逻辑是诗化的表达，前后可以插叙，可以旁白，但影视剧一定要通过视觉和听觉，和有逻辑联系的东西联系到一块儿，不能像书一样表达，所以从书到电视剧的改编一定是有变化的。

**俞敏洪：**《长安十二时辰》选择了雷佳音和易烊千玺，这些主角是你挑选还是导演挑选？

**马伯庸：** 从商业逻辑来讲，谁给钱听谁的，我不光不给钱，还从他们手里拿钱（笑），他们会问我意见，但决定是有各方面的原因的。

**俞敏洪：** 你觉得雷佳音表现出张小敬的形象了吗？

**马伯庸：** 当时刚选他的时候我吃了一惊，因为我对他的印象还停留在《我的前半生》的前夫哥，觉得这么一个有点儿软软懦懦的人演张小敬合适吗？后来演出来，感觉是对的，这就是好演员。好演员和他本人形象不一样，他演的时候你看不到他本人，看到的就是这个形象本身。包括易烊千玺，那时候他已经很有名了，而他演的角色李必就是年少成名，出身高贵，同时内心有一些傲气和怜悯之心，所以他和角色设定本身就特别贴合。

**俞敏洪：** 这些电影、电视剧的首播式或者首映式你都会参加吗？

**马伯庸：** 有时候我会去，只要能赶得上，因为我也想见名人。

## 6. 做忠于自己的写作

**俞敏洪：** 这么有名以后，你走在路上有不少人能把你认出来，你在写作上的心态会有什么改变吗？

**马伯庸：**实话实说，肯定会有，名声所累是必然，但我一直也在调整，比如刚写完《长安十二时辰》那会儿，很火，我就意识到，如果我再写一个类似的作品，会很容易陷入一种被市场绑架的状态。所以写完《长安十二时辰》之后，我立刻写了《显微镜下的大明》，这本书偏学术，我也没指望它在市场上有多好的销量，只觉得这本书很牛，我得把它写出来，就借着这本书让自己冷却了一年。之后又写了《两京十五日》，再之后我又想沉淀一下，当时虽然已经开始《大医》的创作了，中间又写了一本我觉得不能出版的《长安的荔枝》。大家如果看我的创作，会发现我是一长一短、一长一短，常常是一个在市场上很好，另一个我都没考虑出版，通过这样的方式让自己做个调整，不断告诉自己你没那么牛。

**俞敏洪：**我原来一直把你当作畅销小说家，甚至是专门为电视剧写作的作家，直到我读了《显微镜下的大明》，我才知道你的学术功底其实非常好。你现在写《大医》也并不在意能卖多少本？

**马伯庸：**是的。**一是责任感的问题；二是写作首先得让自己满意**，文字是没办法作假的，这个东西我愿意写还是不愿意写，读者一眼就看得出来，你装不出来的。而且你自己不认同的写作，读者也不会喜欢。写作和市场的关系不是市场上流行什么我就迎合什么，因为市场流行的东西永远在变，但一个人的长板和短板是固定的，市场上流行写言情，我写不了，唯一的逻辑是反过来，**我写一个我觉得满意的东西，我会把市场上和我三观一样的人吸引过来，就像是一个找朋友的过程，我要把跟我气味相投的人吸引过来，怎么做？就通过我的文字、我的小说把你吸引过来。**

**俞敏洪：**写作对你来说是一种作家的社会责任感的表达，还是一种纯粹的自我表达愿望的呈现？比如，我从《大医》读到了你想传递的社会责任感，以及某种更宏大的东西，超出了《风起陇西》，甚至超出了《长安十二时辰》《两京十五日》，你是有意让自己的作品变得更加深厚，还是你觉得到了这个年龄之后的一种自然而然的自我表达。

**马伯庸：**人过中年"爹"味儿就变得很重，特别喜欢教育别人这个世界是怎么样的，这个社会的规则是怎么样的，我也不例外。写《大医》的时候确实有了40年的经历、思考和沉淀，所以会有一些想表达的东西，但我会努力让这种"爹"味儿淡一点，不会直接去教育你。

**俞敏洪：** 这种"爹"味儿会不会慢慢把你毁了？

**马伯庸：** 肯定会，几乎所有的作家，年龄越大越絮叨，年龄越大说出来的道理越多。

**俞敏洪：** 曹雪芹写《红楼梦》的时候据说也快60岁了。

**马伯庸：** 他一辈子只写这一本书，而且有多少个"曹雪芹"？所以"爹"味儿一定是不可避免的。

**俞敏洪：** 我特别不希望一个作家写东西的时候那么沉重，当然《大医》并不沉重，你未来写的时候是不是还能抱着轻松的心情，为了年轻孩子们读了以后的喜悦去写？

**马伯庸：** 我写完《大医》之后还是没有抛弃我的逻辑，接着非常轻松地写完了中篇小说《长安的荔枝》。我特意在《长安的荔枝》书脊处写了一个小标签叫"见微"，我想出一系列小短篇，"见微"的意思是说我会写一些小细节的东西。

**俞敏洪：** 对你来说是驾轻就熟了，你写过那么多宏大场面后，写一个相对来说比较纯粹的故事应该是得心应手的。

**马伯庸：** 对。写完一件大事儿了，我也很累，我也不是一直端着架子，我要把"爹"味儿散一散，就要写几个短的、好玩的东西，我也没有任何包袱，不去想在市场上卖得好不好，大家接不接受，我就觉得这个东西好玩，我把它写出来，让自己痛快一些。

**俞敏洪：** 你未来是不是还会去寻找带有故事性的历史细节，并把它们真实地反映出来，不仅仅是写小说。这本写明朝的书，在我看来对于研究中国古代的价值不亚于任何一本写宏观历史的书。

**马伯庸：** 我现在有一个计划，这个计划还没开始实现，我会写一本中国历史上做事儿的人的书。我之前看到宋代曾巩，他写了一篇文章《越州赵公救灾记》，讲的是赵忭的官员在绍兴救灾的过程，这篇文章不是歌功颂德的文章，里面也没有华丽的辞藻，完全是一个救灾基层工作手册。里面有大量的细节，怎么发粮食，怎么编组，怎么提前准备医药，怎么预知灾难，灾难的时候人力资源怎么组织，财政怎样调配等，是非常实际的内容。我给大家翻译讲解过这篇文章，反响非常好，很多基层公务员看过之后说，没想到宋代人能做到这一点。赵忭发粮食的时候特意提到，单双日发，单日男的来拿，双日女的来拿，为什么这么分？可以想到一个很简单的理由——分流——不让人群聚集，但其实还有个深层次的原因，因为在宋代，女性地位很低，一旦发生灾情，女性可能首先被抛弃，甚至可能被吃掉，赵忭让男女分日来领，女性就有价值了，就不会被夫家轻易抛弃或者杀掉了。通过这个细节保护更多人的利益，如果不去深入研究这份救灾方案，你根本发现不了这么多细节。

又如，我们老觉得海瑞是一个性格古怪的耿介官员，其实不是。上海的诞生和海瑞有直接关系。海瑞在南京的时候力主开了吴淞江，治理好了太湖的水患。因为开了吴淞江冲击出了一大片地方，后来才有了上海。所以是先有海龙王，海龙王开了吴淞江，才有了上海滩。我一直想写海瑞怎么治理吴淞江的。他花了两个月时间，而且干完之后做结算时，发现这个项目的结算费用比预算费用低，预算居然没花完，以前治水的官员都要成倍增加预算，他没有。这是明朝历史上绝无仅有的一次结算比预算还低的项目。所以像赵忭、海瑞这些人具体做的事儿和风格非常值得被写出来，名字还没定，本来想叫《做事》，后来想想不对，做事不能体现出这些人的苦逼程度。

**俞敏洪**：我发现你之前的书中，推理和悬疑的主题比较多，后来读《大医》和《长安的荔枝》推理和悬疑的成分就下降了。当初推理和悬疑的内容比较多是为了增加故事的吸引力，还是当时网络小说都是这样统一的风格？

**马伯庸**：原来我就喜欢看这类小说，包括日本的悬疑小说《大戏》，从柯南·道尔到阿加莎·克里斯蒂，这一系列作品对我影响很深，我自然而然初期会模仿这些人的作品写。后来，尤其是到现在这个年纪，你讲社会的事儿比你讲悬疑的事儿更有意思。如果按日本小说分类，我就是从本格派向社会派的演进。

**俞敏洪：**你觉得自己算是一个社会派了吗？

**马伯庸：**我觉得应该算是了，尤其像《长安的荔枝》《大医》，里面没什么悬疑成分，而且我会刻意把悬疑的成分往下降。

**俞敏洪：**以后的创作基本会往社会派这个方向走？

**马伯庸：**也不一定，看兴致，写悬疑类的小说还是很好玩的，可能后面碰到合适的素材也会接着写。

**俞敏洪：**挺有意思，你的脑袋中推理和悬疑很自然就形成了，不需要进行反复的思考。

**马伯庸：**这是一个雏鸟效应，你年轻的时候读什么书，决定了你走什么样的写作道路。我年轻的时候要是读琼瑶多，就走向了言情创作。

**俞敏洪：**你对年轻人现在的阅读有什么样的建议？

**马伯庸：**首先是不要给自己设限，很多人说这个喧嚣、浮躁的社会大家都不读书了，但我的观察是大家还是在读，只是读的方式不一样，有些人读实体书，有些人读电子书，有些人听书。我一直有一个理论，每个年代读书的人就那一小撮，你说现在很多人不读书，你搁到80年代他们也不读，他们也去泡舞厅，去录像厅。喜欢读书的人80年代、90年代，一直到现在都还是会读，只是读书的方式不同，因为现在方便了，你打开手机有电子书，你想听书开着车也能听，反而读书的人多了，所以现代人不要给自己设限，觉得必须要怎么样，读什么书都可以，怎么读书也都可以，只要你关心的是内容而不是形式就可以。

**俞敏洪：**你的《长安十二时辰》我就是听完的。

**马伯庸：**另一个建议是，读书要带一点目的性，这不是我说的，是苏轼说的。苏轼有一个八面受敌读书法，简单用我童年的一个经历来解释就是，比如你是一个学生，得罪了当地的小混混，小混混跟你说，你放学以后别走，你战战兢兢出了校门后，四五个比你膀大腰圆的学生把你围住要打你，你怎么办？跑也跑不了，告老师也来不及了，光挨打不行，怎么办？你就盯着一个人打，不管谁打你，你就打他，打到后面这个人会站起来帮你挡住别人，说你别打他了，你打他他就打我。敌人四面八方来了,你就盯着一个人打。苏轼八面受敌读书法的原理就是,书很多,来不及读怎么办?"但得其所欲求者尔",先给自己设定一个目标,读这本书要解决什么问题。我读《汉书》,要了解汉代的官制,我就读里面官制的部分,其他可以一概不读;下一遍读里面关于军事的东西,我就读卫青、霍去病,别的不看;再一遍我读经营,我就读盐铁论。每次读书之前给自己设定一个目标,解决自己关注的问题,把这些问题解决了,这本书也就读完了,反复读几遍这本书就读得很精深了。

**俞敏洪:** 苏轼是天赋不二的人物,他把《汉书》抄了三遍。

**马伯庸:** 不止三遍,他抄了十几年。他之前有过一个事,他有个朋友叫朱宰尚,有一次来找他玩,苏轼当时在黄州,他说你等会儿,我在抄书,抄了一个时辰出来了。朱宰尚问他抄什么?他说,我抄《汉书》。他说,你《汉书》都快背下来了吧?他说,对,我从小就在抄《汉书》,抄完一遍又抄一遍,抄了很多遍,说现在熟悉到什么程度呢?你随便说四个字,我直接能把后面的话接下来,朱宰尚试了一下,接完了。朱宰尚问,三个字行吗?苏轼说你可以试一试,三个字也都接下来了,两个字也能接下来。所以对苏轼来说,抄《汉书》已经变成习惯了,后来朱宰尚回来跟他儿子说,苏轼这种天才都这么努力,咱们这种"中人之姿"还敢玩吗?所以对年轻人来说,你是天才不重要,**天才决定你的上限,你的努力决定你的下限,如果你都不努力,你再是天才也没用。**我当时上网的时候,文学论坛上有很多人一起写,后来他们毕业找工作了,谈恋爱了,结婚生孩子了,每一个关口都有一批人被淘汰掉,不写了,忙别的了,我坚持到现在,就在这条路上比他们走得更远。

**俞敏洪:** 对于经典文字,现在的孩子背诵和抄写还有用吗?

**马伯庸:** 我觉得是有用的。从另一个角度说,天下没有必读之书,从书的种类上,不要去限制他们,但不一定是抄书,很重要的一点是,反复精读一本书很重要。我今天上午还跟我媳妇打电话讨论这个问题,因为我儿子现在的作文和阅读理解不太好,我就很惭愧,老师直接跟我说,别人家作文不好可能是资质,你们家绝对是你没用心。我就说,我要给他做阅读理解,怎么做?不能浮光掠影地做。我回想小时候,没有那么多书,我就反复看,一本书看很多遍,看得很熟了,也就能理解了。现在的孩子接触的东西太多了,一本书要精读,要反复读,不一定要抄写背诵,做到这样还挺难的。不过,要想提高阅读理解能力,起码要读透一本书。

## 7. 尾声

**俞敏洪:** 你的文笔为什么那么流畅,口才那么好?写作的时候有痛不欲生以及完全写不出来的时候吗?

**马伯庸:** 有,经常,痛不欲生的时候就不写了,出去跑步、旅游,或者看片。写作最头疼的就是这一点,写作不是搬砖,搬砖是今天搬 100 块,明天搬 100 块,可以定量,我再痛苦咬着牙搬完就得了,但写作不能咬牙切齿,这样的状态根本写不出来,勉强写出来的东西没法看。**灵感这个东西跟猫一样,你越去抓它,它越跑;你不理它的时候,它就趴到你的键盘上来了,你去做别的事,灵感自然会回来,有时候反而越做别的事灵感越强。**

**俞敏洪:** 传说你喜欢在特别嘈杂热闹的地方写东西?

**马伯庸:** 我工作室就在一所学校旁边,而且那个工作室还是一个共享空间,旁边都是一些海关和报关公司,还有一些新媒体公司,常年有电话和会议。我必须在特别吵的地方才能写。

**俞敏洪:** 一般作家都喜欢清静、安静的环境,一杯香茶,还要点一支香。

**马伯庸:** 说到点香,有次有人请我去杭州,在西溪给我找了一个别墅,风景非常好,里面放着音乐,点着香,住了三天,一个字儿没写,玩了三天手机。回北京的时候,在萧山机场延误了,我坐下,在登机前,噼里啪啦把这三天的量写完了,灵感勃发。

**俞敏洪:** 我小时候读毛泽东的故事,毛泽东看书要跑到大街上、跑到桥头,或者是城墙边热闹的地方去看。你是故意训练自己的专注力吗?

**马伯庸:** 主席是伟人,他做这个事儿是为了训练专注力,我不是。这是源于我中学时代的经历，中学时代我数学不好，数学课听不懂，我就偷着写东西，有时候写着写着就入神了，非常专注，如果这时候周围特别吵的话就很安全，因为老师在上课，同学们在讨论，如果我写着写着忽然发现两边很安静，那就死定了，老师一定在瞪着我，同学一定在同情地看着我，这就养成了一个"心理阴影"，一旦周围很安静我就很惶恐，不知道接下来会发生什么事，一旦周围很吵我就很踏实，大家都各忙各的，没人来管我，我就自己写自己的。

**俞敏洪：**如果边上有两个老太太吵架，你不会听她们吵架吗？

**马伯庸：**我以前特别喜欢在中关村的咖啡厅写，因为周边全在聊创业。

**俞敏洪：**你怎么会有一段时间在中关村？

**马伯庸：**我特意跑来的，整个北京的咖啡厅我都跑过，我要挑一个特别完美的地方，中关村这边天天聊创业，特别好，有时候写着写着就不写了，就在那儿听。工作室为什么在学校旁边，因为学校每天有上课铃、下课铃，下课铃一打我就起来了，开始活动腰，活动颈椎，10分钟；上课铃一响，学生们进教室了，我也坐下来开始写，给自己一个外部的规束，让它来规定我的作息。

**俞敏洪：**你觉得自己是什么个性？40岁是一个关口，往后是成熟人生，你后面的人生除了写作还打算做点什么别的事情？

**马伯庸：**我的座右铭是四个字——"随遇而安"，这跟我的童年经历有关系，同时我觉得自己运气很好，虽然我随遇而安，但每次随下来的安，确实能够赶上一个好机遇，赶上一个好时代，能让我有所发挥。

对于未来的发展，我没有特别多的规划。我连算命都不算，很多人要给我算命，我说别给我算，算过去的事儿都过去了，我也知道，要算最近几年的我怕我睡不着觉，你说完我还得天天惦记着。有一个人特别坚持说要给我算，我跟他说，你给我算一算晚年，他给算了，他说80岁以后你会进入另一个创作高峰。当时我就傻了，我说我儿子得欠人多少钱，80岁老父亲还要再次出山帮他还债？对我来说，人生没法做规划，赶上什么就是什么，所谓安贫乐道，或者随遇而安，失之我命，得之我幸，一定要心态放平缓，这样才能面对不同时代的变化和浪潮。

**俞敏洪：**你出了这么多的书，如果首先推荐一本书，你推哪本？

**马伯庸：**《长安的荔枝》吧，比较好读，现在大家都比较忙，读大部头不现实，这本书特别薄，一口气就可以读完。这本书可以先入门，觉得喜欢再读其他的书。

**俞敏洪：**这几本新出的书你都一起推荐一下。

**马伯庸：**《显微镜下的大明》，书名和我想的主题一样，我在民间翻出了之前从没被学术界之外的人关注的6个基层的非常小的案例，但留下来的记录非常完整，我就把这些记录从头到尾梳理了一遍，告诉大家明代普通老百姓的生活是怎样的？明代和我们想象的不一样，不是皇上一句话就什么都定了。明代各种公共政策怎样出炉？各种利益集团彼此妥协、争执，最后会形成一个政策的过程。这本书会通过一个个具体案例告诉我们。

**俞敏洪：**读这样的历史书，大家会有什么收获？

**马伯庸：**我觉得会让你的心态更加平和，你会发现天下的事情都是发生过的，从古至今人性也没变，当你领略到这种不变之后就会对现在的变化持更加平和的态度。

《大医》是我花心血最多的书，这本书讲的是中国第一代慈善医生的故事，可能听起来这个题材没有那么吸引人，但经历这三年之后，我们能看到医护人员付出的辛苦和努力，他们精神传承的根在哪儿，在这本书里可以找得到。

**俞敏洪：**这是我读过的所有书中，最带有社会责任感，故事又很精彩的一本书。

**马伯庸：**《两京十五日》，这本书是明代背景，源自明代历史记录中的30多个字。宣德皇帝当太子的时候去南京出差，到了南京他爸在北京就死了，他必须要抢在他叔父篡权之前赶回北京，只有半个月的时间，他别无选择，只能从南京沿着大运河一路向北京飞赶，花了15天时间赶到北京继位，后来成了宣德皇帝。这在《明实录》里，大概有30多个字的记载。我就根据这些字写了这本书，名字和内容一样，《两京十五日》就是从南京到北京之间沿着大运河，这15天在路上的惊险历程。

**俞敏洪：**里面的主角之一，于谦这个角色的设定是历史上在明英宗时期保卫北京的于谦吗？

**马伯庸：** 对。这里面有一个细节很有意思，于谦中举当进士那一年，正好北京城建成。也就是说，于谦是看着北京城出生的，也是在北京城死的，一头一尾都赶上了。这本书里面特意写了年轻时候的于谦。

**俞敏洪：** 是个历史人物，而且是中国历史中的英雄人物。

**马伯庸：** 找到了他的根源，他为什么会做那样的事情。

**俞敏洪：** 实际上他跟明宣宗有没有这样的故事发生？

**马伯庸：** 他在历史上真正的出场就是在这本书的结尾，前面他年轻时候的事儿没有那么多记载，我会给他一个符合历史逻辑的想象。

**俞敏洪：** 丰富了一个人物的个性、性格、形象。今天时间不早了，本来今天我想喝着酒跟马伯庸聊天，结果他说他酒精过敏，弄得我也只能陪他喝茶了。

**马伯庸：** 没办法，别看我是内蒙人，我老家赤峰的，我的外号叫"赤峰之耻"，因为赤峰人特别能喝酒，但我完全喝不了。

**俞敏洪：** 好的，今天我们就先到这里了，大家再见！

（对谈于 2022 年 11 月 17 日）

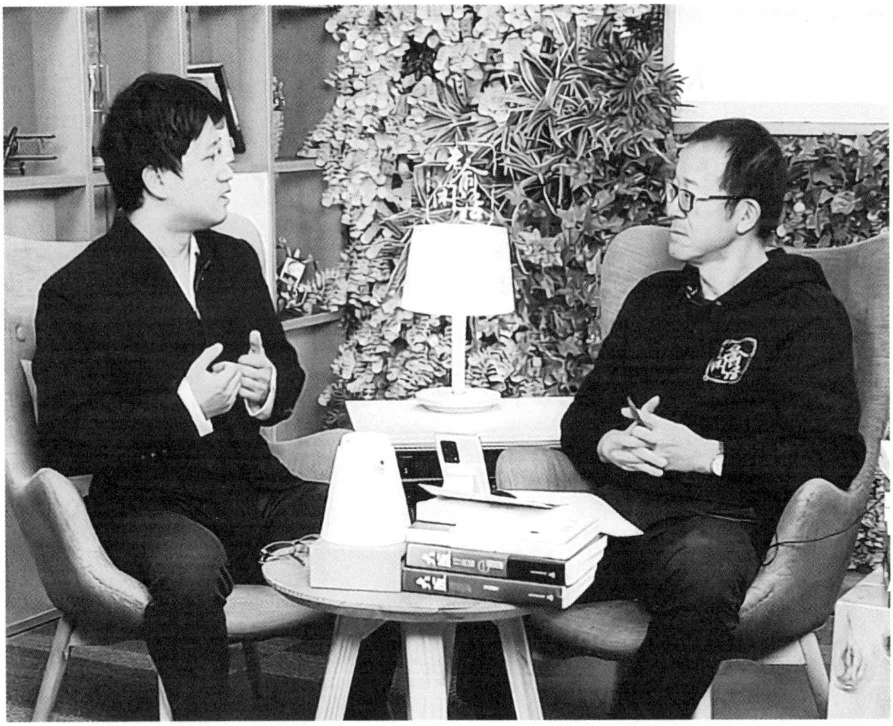

## 对话 苏沧桑

遇见岁月，留住文明！

> 我们每个人心里都需要有一个小宇宙，需要有一个自己去建设的桃花源。

苏沧桑/

1968年出生于浙江杭州，当代散文家，被誉为"散文中的天籁之音"，在《人民日报》《人民文学》等报刊发表文学作品四百余万字。代表作有散文集《遇见树》《纸上》等。作品曾获冰心散文奖、丰子恺散文奖、琦君散文奖、十月文学奖等奖项。

**俞敏洪：**大家好，今天我邀请了著名散文家苏沧桑老师进行对谈。苏沧桑老师文笔非常优美，有着古朴隽永之风，写的文字读起来韵味悠长，她的一些文章还被选入了中高考试卷，大家读一读，可以感受到这位江南女子内心非常细腻的情感。

今天主要推荐她的两本书，《纸上》和《遇见树》。《纸上》是苏沧桑老师写的七个中国民间匠人和普通老百姓的生活故事，结合融入式调研，用优美的文字写出了中国文化传统和工艺背后厚重的故事，这些故事能给我们带来比较好的文化熏陶，以及对中国传统工艺比如传统养殖业、种植业、酿酒业等的理解。《遇见树》是苏沧桑老师过去35年优秀散文的精选集，这里面的文字很适合孩子们当作范文阅读，因为里面有不少文字是比较浓缩的散文精华。

很多人都读过李娟，她的书也相对比较流行，她写的游牧文化给我们带来了很多吸引力。而在江南烟雨文化中，苏沧桑算是其中一个代表，江南文化所体现出来的柔美和飘逸，可以从苏沧桑的文字中感受出来。

有不少人说受我们的影响，开始读很多很多的书，我觉得这是特别好的事情。其实我特别希望大家在没事的时候，不要老守着手机不放，而是真的每天花一两个小时读读书。我不知道现在有多少人有读书的习惯，我60岁了，觉得读书是度过生命最好的方式之一。

——对谈环节——

## 1. 人间正道是"沧桑"

**俞敏洪**：沧桑好。

**苏沧桑**：俞老师好。

**俞敏洪**：你现在定居在杭州吧？

**苏沧桑**：对，从读大学的时候开始，已经在杭州待了30多年了。

**俞敏洪**：能见到你特别开心，我读你的书，发现你的作品内容充实、文字优美，意境也比较高远。我有点好奇，刚开始读《纸上》时，看到"沧桑"两个字，以为是位男作家，后来上网一搜才发现是一位女士，我就一直在想，"沧桑"这两个字是你的真名还是笔名？

**苏沧桑**：是我的真名，这个名字是我父亲给我起的。

**俞敏洪**：一般给女孩子起名字都会起比较温柔的名字，但你这个"沧桑"，感觉好有沧桑感。你父亲为什么要给你起这个名字？

**苏沧桑**：是取自毛泽东诗词，"天若有情天亦老，人间正道是沧桑"。我出生在20世纪60年代末，当时是很动荡的"十年动乱"时期，刚好我们家老屋的墙上就挂了这两句诗，我父亲一想，说这个年代这么动荡，希望改天换地一下，就起了"沧桑"，沧海桑田，会有巨大变化的意思，其实是为了他的一种愿望。

我20多岁的时候，有一个散文得了奖，因为奖金比较高，全国很多报纸就登了这个消息，而且把我的单位都登上了。我原来在民航局工作，就收到很多读者朋友的来信，就有四五个读者称呼我"苏老先生""沧桑老先生"，20多岁的时候都这么叫我了。现在年纪大起来了，也越来越名副其实了，我很多朋友现在都很真诚地称呼我"苏老先生"。

**俞敏洪**：听你这么一说，你父母是不是还是挺有文化的人？

**苏沧桑**：我父亲是中学老师，教数学的，但他是师范学院毕业，所以琴棋书画都会一点。我父亲是一个很有才华的人。

**俞敏洪：** 你父亲上学的时候应该是在"十年动乱"之前，功底还是比较扎实的。

**苏沧桑：** 对，他当时在温州师范学院，他在我们老家玉环的楚门中学主要教数学，还兼音乐、美术、绘画，会国画、会钢琴、会小提琴、会胡琴，所以我觉得我父亲给予我最多的影响可能是审美天赋上的。

**俞敏洪：** 所以你继承了你父亲的审美天赋，但没有继承你父亲的数学才能，是吧？

**苏沧桑：** 你怎么知道？我经常连个位数都加错（笑）。

**俞敏洪：** 在十年过程中，父母有受到什么冲击吗？

**苏沧桑：** 有，其实我父亲是从温州调过来的，在我7岁的时候回到了玉环。

**俞敏洪：** 你在温州长到了7岁？

**苏沧桑：** 对，在温州平阳。我父亲后来被派到了工作队，不让他教书了，那段时间我觉得是我们家特别压抑的一段时间。从那个时候起，我和我姐姐知道父母受到了不公平待遇，非常苦，但塞翁失马，焉知非福？我父亲有很严重的胃病，一米八的个子，很高、很瘦，以前还有个外号叫"长人苏"，但他后来到了工作队要劳动，就得吃很多饭，因为他劳动、饮食各方面都正常了，他的胃病后来就好了。

我父亲做了一件特别执着的事情，对我们三个孩子有很大的影响。1980年，他在我们小镇的山边买了一块地，说我一定要让我的三个孩子在有树、有花草、有鸟鸣声的空间里长大，而不是在一个很逼仄的空间里长大，他说这样对孩子的胸怀、眼界以及对大自然的亲近都很有影响。我姐姐是搞音乐的，是北航的音乐教授，一个合唱指挥家，我觉得在这方面，我父亲真的给我们三个孩子创造了特别好的成长空间和环境。包括我写《纸上》的时候，我父亲给了我很多好的建议，所以我在《纸上》后记里说，我的父母是我这七篇长散文的第一读者，甚至陪着我去体验。他说我的女儿写了那么多散文，特别希望她能够写出一部真正能流传下去的书。

**俞敏洪：** 我觉得《纸上》一定能流传下去。

**苏沧桑：** 谢谢俞老师，我觉得我做得很不够，但他这个愿望，也是我自己的心愿。

我的母亲也是一位很特殊的女性，我母亲跟俞老师的母亲一样，当过裁缝，自己办过小厂，年轻的时候还当过小学老师。我母亲对我最大的影响就是文学创作，她特别相信胎教的神奇，她说她在怀我的时候，因为是"文革"时期没有什么书可以看，她看得最多的三本书，一本是毛主席诗词、一本是《红楼梦》、一本是《红楼梦》研究（书籍），她就反反复复看这三本书。所以我为什么从小就那么痴迷文字、文学，她说可能跟这个有关系。她说我姐姐在她肚子里的时候，她就喜欢唱歌、跳舞；我弟弟是做生意的，她说那时候马上就有三个孩子了，得赚钱养家，所以她脑子里想的全是赚钱的事情，所以我弟弟后来就做生意了。

**俞敏洪：** 冥冥之中会有一定的影响。

**苏沧桑：** 好像是有点，很有意思。我母亲对我写作特别大的一个影响，是她做了一件事。在我读初中的时候，我在我们老家的报纸上发表了第一篇文章，是一首诗，拿了大概10块钱的稿费，我母亲没有给我，也没有给我买好吃的，而是拿去买了四幅字画——苏东坡的《明月几时有》《赤壁怀古》，岳飞的《满江红》，还有辛弃疾的，四幅字画挂在我们家三楼雪白的墙壁上。我小时候很沉默寡言、很孤僻，几乎不说话，也不太会跟小朋友出去玩，我做完作业以后，就在我们家三楼，默默背诵那面墙上的诗词。那四幅字画让我第一次真正领略到中国的宋词之美、真正的中国文字之美，对我的影响很大。所以，我从此痴迷上文学。

我父母跟我们就像朋友一样，非常民主，到现在也是这样，我们家从来不会有训斥、争执，特别是我母亲，她有特别坚定虔诚的信仰，她对我的个性形成或者改变产生了影响。我前两天读俞老师的《在岁月中前行》，我看您给您母亲写的那些文章，就特别特别感动，我母亲也给我这样一种感觉，她特别宽厚、豁达，有很虔诚的信念和信仰。你知道她每天早上起来的第一句话是什么吗？她不会为自己祈祷什么，也不会为子女求什么，她第一句话一定是国泰民安。

她从西藏回来以后，说我们以前不知道，那些那么贫苦的人在那里跪拜，他们嘴里念的是国泰民安，而不是我自己要如何如何。所以我觉得我的爸爸妈妈对我想成为一个作家，起到了特别深刻的影响。

**俞敏洪：**你感觉你父母关系和谐吗？是琴瑟和谐还是也会互相之间发生冲突？我小时候最大的记忆就是我父母老打架（吵架）。

**苏沧桑：**我父母吗？会（吵架）！

**俞敏洪：**通常是为了什么打（吵）？是生活艰苦，观点不一致，还是为了子女的教育？

**苏沧桑：**那倒不是。对我们子女，他们好像没什么特别大的矛盾，而且以前我觉得父母因为忙于生计，也没有特意规划我们三个孩子将来要做什么，或者我们读书怎么样，就好像我赶紧去挣钱，把你们养好，能够有钱供你们上大学就行。他们之间的矛盾主要是性格不同，我父亲是性子比较急的人，什么事情都快快快，所以他们个性上会有一些冲突，在孩子面前也会有表现。但我觉得没什么大碍，对我们也没有特别大的影响。

**俞敏洪：**整体来看还是个蛮完美的家庭，你们三个兄弟姐妹之间的关系也很和谐吗？

**苏沧桑：**也有吵来吵去的时候，我和我弟弟互相欺负，他跟我隔了两岁。但我姐姐比我大5岁，所以她特别辛苦，因为她是长女，我爸爸妈妈很辛苦、很忙的时候，我姐姐会分担家里的家务，有一次她带我们去河边洗衣服，掉到河里面，自己又爬起来。我写过一篇文章《岁月中的大姐》，她是我们小时候很崇拜的对象。

**俞敏洪：**我姐姐刚好也比我大5岁，所以我知道一个姐姐大5岁，基本在我们长大过程中就把她当大人看了，因为我们10岁的时候，她已经15岁了，我小学毕业的时候，我姐姐已经当赤脚医生了。

**苏沧桑：**大姐好像有与生俱来的责任感，而且比我们更加早熟。

**俞敏洪：**对，尤其在那个年代，更容易早熟一些。

**苏沧桑：**我的姐姐和我的母亲是我在这个世界上，唯二能够任何心情、任何心事都可以分享的人。

**俞敏洪：**这个非常了不起，很多家庭到最后，家人之间互相有隔阂、不说话，兄弟姐妹之间也常常各奔东西，这是一个比较痛苦的状态。如果兄弟姐妹之间无话不说，或者有了问题大家可以互相一起出主意、想办法，这就是特别幸福的人生。中国的传统文化都讲究大家族文化，其实就是为了在无助的世界中能够互相帮助，当然现在国家也有五险一金、退休金会确保人退休之后也能活得下去，但人的孤独和寂寞其实很多时候是需要靠家人来解决的。

**苏沧桑：**对，亲情在我们生命中真的太重要了，而且可能是最重要的一种情感。

## 2. 阅读与写作习惯的养成

**俞敏洪：**我在你文字中还看到你回忆你的太婆、祖父，太婆是指？

**苏沧桑：**是我外公的妈妈，是我妈妈的奶奶。

**俞敏洪：**我看你太婆都能读《醒世恒言》《红楼梦》，你母亲那边的家族是一个书香门第？

**苏沧桑：**书香门第倒谈不上，我也问过我妈妈，因为我很少见到我太婆，小时候有那么几次很深刻的印象，她坐在我妈妈的裁缝店前面，晒着太阳，手上捧着一个铜暖炉，就在那里默默地看一本书，没什么事情的时候，她就会去二楼，二楼有一个佛龛，她就在那里念经。但我在我太婆那里会看到很多特别古旧的线装书，她就会看那些书。我妈妈说我太婆是从外地嫁过来的，和我太公一起在我们小镇开了个类似于现在的快餐店，后来慢慢有了一些家业，就开了一个南货店，就是那种卖烟酒一类的杂货店。所以，她特别爱读书，也有这个经济条件。但很奇怪，她原来是不识字的，她就是从念经开始，从经文里开始学字，后面开始看书。

**俞敏洪：**没有接受过正规教育，是自学成才的。

**苏沧桑：**是的，我母亲说她是出口成章，说出来的话就四个字四个字的。

**俞敏洪：**很聪慧，**我觉得喜欢读书学习这件事情，很多时候是来自个人内心的追求，**当然也涉及家庭的文化氛围，比如你的家庭文化氛围，你妈妈当过小学老师，你爸爸是中学老师，而且文艺范儿又特别浓厚，很容易把你们兄弟姐妹带向喜欢学习的道路。**你是什么时候发现自己的写作才能并且坚持写作的？**

**苏沧桑：**大概在小学、初中的时候。我觉得我的语文老师对我影响很大，在小学的时候，我是很喜欢听好话的一个人，特别喜欢听表扬，我的语文老师很瘦小，她老是说，你的作文怎么写得那么好？每次我一交卷，她就会表扬我，"你又第一个交卷"。有时候写得不好，匆匆忙忙写好交给老师，就是为了得到她的表扬。

**俞敏洪：**你作文当初写得好，是因为你小时候阅读多，还是因为你父母要求你小时候写东西？

**苏沧桑：**没有，我父母从来没有要求过我做任何事，包括考大学、工作、结婚，在我人生很重要的步骤里，他们不会说一定要我怎样，一定要这样一定要那样，从来没有。小时候他们没空管我，但我们家里有很多杂志，《十月》《人民文学》《少年文学》，都是小时候我父母订的，我舅舅也很喜欢看书，所以我觉得一个是熏陶。另外就是，确实是自己的兴趣爱好，加上语文老师的引导、表扬，到了中学也是这样，老师说我作文写得好，帮我拿去参加比赛，给我抄在教室的黑板后面，当时就觉得特别光荣，慢慢就去投稿了。

**俞敏洪：**你大学毕业后还在民航工作过，这个过程中，你一直没有中断写作吧？

**苏沧桑：**我读的杭州大学，现在合并到了浙江大学。当时我还当过树人文学社的副社长，我的师兄当时是树人文学社社长，我跟他说，我们又不熟，你们怎么会让我当文学社副社长？而且后来你们也没叫我做过什么具体的事情，都是你们自己在那里出刊什么的。他说了一句话，我后来特别有感触，他说那时候我们的文学社多么纯，全都是特别热爱文学的人，而不是为了什么。有些社团可能会跟名利有关系，但我们那时候真是由一群热爱文学的人组成的，会让我们觉得是跟特别有才华的人在一起。所以我也很感慨、很感恩我一路遇见的美好，各种人或者事物。虽然终究告别，我们也不知道和谁是见了最后一面，但我真的感恩生命中所有的遇见。

**俞敏洪：** 从你的文字中可以读出你的文字功底和文化功底是比较深的，对于文化历史中的一些事情比如诗词、歌赋、诗人生平，引用起来也非常熟练，而且恰到好处。你是从小就背这些东西，还是写作后，有意加强了自己这方面的文化修养？

**苏沧桑：** 阅读、知识储备是写作必需的，但我可能从小养成了一个习惯，我喜欢阅读，我爱读书。除此之外，我还有着和现在的年龄很不相符的好奇心，对这个世界极强的好奇心。俞老师可能不知道，我大学读的是政治系。

**俞敏洪：** 后来怎么不去考公务员？

**苏沧桑：** 我可能高考的时候语文没考好，就被政治系录取了，但我觉得很幸运，因为我平时热爱文学，肯定还会去读文学书。因为读政治系，我就读了很多别的书，比如伦理学、政治社会学、逻辑学、人类学等，这对我的眼界开阔、思想深度都有益处，后来我在民航工作，不同行业的跨界对我也有一些影响。

关于知识储备，我是一个很贪玩的人，除了阅读以外，还会看大量的纪录片，看纪录片我有一个习惯，我会截屏，有时候还会劝自己，说好好享受一部纪录片吧，不要再去记什么了，但我做不到，我就是会截屏，或者把我有感触的画面回放、记录下来。我还会在平台上关注很多宇宙奥秘、探索，关注各种各样千奇百怪的公众号，睡前会翻半个小时。这些碎片化的阅读，不是阅读，但也算是阅读，我会去探究很多，甚至我在手机上玩个小小的游戏，在玩的时候，我脑子里会天马行空，所以我觉得这些可能构成了所谓的大阅读。

**俞敏洪：** 好奇心加上好学精神，还有对于有用知识的记录能力，构成了你的知识框架或者视野框架。

**苏沧桑：** 在具体的写作中，比如写《纸上》，我会去买很多专业的书研读，而不是去网络上找答案。又如写养蚕，我就会去找一些古籍或者带图画的书来读，我觉得这才是最扎实的功课，看大量的专业视频也挺重要。

## 3.《遇见树》：故乡与江南烟雨

**俞敏洪：** 散文集《遇见树》，为什么不是遇见人呢？

**苏沧桑：**《遇见树》其实是书中的一篇文章，当时发表在《人民日报》上，这个名字是我和编辑商定的。确定这个书名的时候，我把《遇见树》当成一个文学意向，我们生命中会遇见树、遇见一粒沙子、遇见一片海、遇见某一个人，我们又不断告别，但我们在不断的遇见和告别中，其实已经完成了能量交换，我们遇见的一些人、一些事情——欢乐的或者苦难的、忧伤的、烦恼的——才让我成为现在的我。其实《遇见树》也是遇见万物、遇见万象、遇见自己。

**俞敏洪：** 这本书是你过去所有文字比较精华的一个合集，对吧？

**苏沧桑：** 对，是我 35 年来文学创作、散文创作的精选集。我主要写散文，也写了一个长篇小说《千眼温柔》，我以后如果有精力，还会再写一个长篇小说。

**俞敏洪：** 你在《遇见树》里专门写了娘家小院，娘家小院是你父亲买了地，亲手建起来的，还在院子里打了一口井。我对你在文字中提到的娘家小院，以及娘家小院中的桂花树印象特别深刻，你还拍了不少照片，照片也非常优美。到今天为止，娘家小院仍是你们一家人心灵安放的地方，挺让人羡慕的。其实每个人的内心都希望在自己家乡有一个小院，在小院中能够安放自己的心灵和家人，能够喝茶、聊天、修行，或者过着阶段性与世隔绝的生活，像陶渊明回归桃花源一样，当然陶渊明的回归是很穷的。即便如此，陶渊明也在农业生活中、悠然见南山中获得了一份心灵的宁静。你觉得**娘家小院在你心灵成长中、在你的作品中、在你对家乡的留恋中起到了什么作用？**

**苏沧桑：** 我觉得我的故乡玉环以及那个娘家小院，对我来说就是一棵树的根或者一条河的源头。

我的家乡玉环，是一个很特别的地方，孤悬于东海之滨，在台州最南端，是一个交通很不方便的地方，曾经是交通末端。玉环由楚门半岛和玉环本岛，还有一百多个离岛组成，有一大片海洋湿地，是一个具有非常独特审美气质的空间。我的家乡既有江南的美，又有东海之阔，所以我们那里的文化是由海洋文化、农耕文化、移民文化水乳交融而成的。

**俞敏洪：** 具备天然的文化丰富性？

**苏沧桑：** 对，我们那里一个小岛上就有十几种不同的语言，所有人想交流都要用普通话。我们一直在询问我们来自哪里？有的来自温岭、台州，有的来自温州、福建，还有的来自外洋，甚至有些是海盗的后代。

**俞敏洪：** 这是非常有可能的，尤其是明朝时期，那里是海盗频发的地方。

**苏沧桑：** 我们娘家小院的山后铺，原来就是海盗的山寨，所以玉环融合了这么多文化，有那么多不同的基因，玉环人的性格就很独特——很豪爽、很幽默，勤劳善良，敢作、敢当、敢想，什么都敢。

大家知道浙江是很富庶的，我们台州玉环在浙江里面又算是特别富的一个地方。这个地方原来是交通末端，现在居然成为江南，甚至整个中国最富、最美而且最有活力的一个所在，真的很特别。

**俞敏洪：** 本来是一个在海边的小地方，甚至是与世隔绝的地方，随着经济发展变成了一个繁荣之地，不光经济繁荣，还有文化繁荣、旅游繁荣。我从地图上看，玉环其实是一个半岛，不是一个全岛。

**苏沧桑：** 对，半岛。我们家就在楚门半岛，中间隔了一条漩门湾海峡，外面就是玉环半岛和一百多个离岛，小海岛很多，鸡山、海山、披山，跟台湾那边遥遥相望。

**俞敏洪：** 那边往北是舟山群岛，再往南就到了福建那边的岛屿了？

**苏沧桑：** 是的。我们家乡人还有个特点，特别热爱生活、热爱美食，我们家乡常年弥漫着食物的香味、水果的香味、酒的香味。

**俞敏洪：** 对，整个浙江都以酝酿著名，你的《纸上》里有篇文字写得特别好，专门把玉环当地的酝酿文化和你自己对酒的回忆、你的家族成长史，和作家之间水乳交融的关系，做了非常好的陈述，这篇文字叫《冬酿》。

说回玉环，我从你的文字中读出了你对家乡的依恋、对家乡美好事物的描述。你文字的根，跟你在玉环长大是有比较大关系的，所以能否分享一下玉环给你的文学创作带来的影响？

**苏沧桑：**我的第一故乡和第二故乡，对我散文创作风格的形成有很深远的影响。玉环是一个很特别的地方，它有两种美：有江南小桥流水、烟雨蒙蒙的美；但它又在东海边，有大海之阔，有那种豪气在，我觉得这对我思维方式的形成都有影响。我的第二故乡是杭州，我从1986年到杭州读大学，后来一直在民航局工作，然后又到浙江省作家协会工作。我们都知道，杭州既有风月，更有风骨，可能很多人觉得杭州就是"上有天堂，下有苏杭"，觉得它有很温婉的美，其实不是，杭州有钱塘江、岳飞、张苍水、秋瑾等，它有钱塘江万马奔腾的气势，有风骨，有非常厚重的历史沉淀。

所以，**我的第一故乡玉环和第二故乡杭州，对我散文的风格有很大的影响。**很多读者包括评论家，会说我的散文特别细腻，但又有宏大、深邃的东西在里面，我自己也有这样的追求，我希望我的文字能够营造灵动幻美、大气磅礴、深邃宏大的文字空间。当然我还需要更加努力，还做得不够好。

**俞敏洪：**我觉得一个作家生长和生活的地方，对他的文风、表达方式的影响是显而易见的。之前我访谈了李娟，她生活在北疆地区，尽管也有女性的柔美和纯净，但她的文字中就体现出了游牧文化中彪悍和粗粝的一面，那种大雪漫天的感觉是比较明显的。但读你的书，尽管也有宏大和弥漫的远方，但更多的是对于当地文化的细致观察和描述，而这种描述读着读着就充满了江南烟雨的感觉。

## 4.《纸上》：寻找千年文明之根

**俞敏洪：**你最新出版的书籍中，我觉得《纸上》特别值得一读，这本书是你的亲身体验，通过七个故事讲述了在中国文化中，手工艺人或者老百姓跟历史相连接的过去、现在和未来，他们是如何在一种热爱自己的生存方式中，既产生优美的产品，又能传承中国的文化。你用女性特有的敏锐视角和对美好的向往，把七个普通人的故事写成了宏大的气氛，这种宏大的气氛不是从文字中表达出来的，因为你的文字依然很细腻，但最后把七个故事连起来，就会发现他们组成了中国文化和文明生生不息的河流。

阅读的时候，我感觉无论是养蚕、造纸、跟着戏班去流浪、茶园，还是养蜂、酿酒、船娘，这七个角度都切入了中国老百姓在过去几千年到现在生活的方方面面。也许现在更年轻的孩子跟这些东西已经离得比较远，但我年轻的时候其实也养蚕、看着戏班演戏、看到村民养蜂、看着妈妈酿酒、坐着摇的船去外婆家……这些东西都是我亲身经历的，是南方文化不可缺少的组成部分，只不过现在这个组成部分在某种意义上变成了文化遗产。现在更多人在大城市长大，吃着工业化批量生产的食品，坐着现代化的交通工具，所以那些我们儿时的记忆变成了遥远的、像诗一样的存在，甚至有可能在历史长河中消失殆尽。

我觉得这种对于文化的保存、记录和观察，尤其是中国人民如何能够把这些作为活的文化遗产，用某种商业方式让它们生生不息地保存下来，是一个特别重要的话题，尤其你在《纸上》里写的那个用竹浆所造的纸，特别精美，你还给我邮寄了一卷。我觉得所有你在书中写到的好物，最终实际上必须商品化，并且被老百姓认可，才能让这样的文化传承下去。**你最开始怎么会想起来去采访这些民间艺人和民间工匠？你的初衷是什么？**

苏沧桑：其实让我回过头去看我的前几年，我也会觉得我有点不太认识那个自己，会那么执着地去追寻那些慢慢消失在我们视线中的特别美好、特别珍贵的非遗文化、手艺、行当等。特别是我跑到新疆，从新疆东部一直到新疆西部的伊犁河谷，追寻三代养蜂人的足迹。

俞敏洪：当时怎么会产生这样的念头，一直追到新疆的养蜂人那边去？

苏沧桑：我当时都不知道这个是有生命危险的，我朋友给我拍了一张照片，当时采访养蜂人，我身上停满了蜜蜂，整个人都是在蜜蜂群里跟他对话，我后来才知道，一群受惊的蜜蜂瞬间可以蜇死一头大马。这几年确实做着这样沉浸式的体验，也有朋友会问我的动力到底是什么？我觉得说起来有几个：**第一，是对中国优秀传统文化的敬畏之心；第二，是担忧**。我去很多学校讲座的时候就会问，同学们，你们养过蚕吗？他们说养过，因为他们现在可以到网上买蚕种，然后去养、去体验。我说你们见过养蜂吗？没有。你们见过古法造纸吗？没有。

你们去看过这些草台戏班演戏吗？没有。好像这种优秀的中华传统文化里特别珍贵的东西，正在慢慢离我们远去。我就很怕，好像眼看着我们存在银行里的钱流失了，没有了，很想赶紧把它抢回来。所以我就想我要去体验、要去探寻、要去记录、要去重现，我想把它们留下来，这个可能就是第一个初衷。

另外，往大了说，可能是一个作家的使命感或者责任感。这是个有点严肃的话题，我特别喜欢看纪录片，自然的、人文的各种纪录片，我有一个习惯，在写东西的时候，我会把纪录频道开在那里，把声音关掉，时不时抬头看一眼，就好像自己坐在大自然中一样。在 10 年以前，就有一个纪录片很触动我，在南太平洋地区有这样一种职业：在那里有一个小岛，因为环境破坏，珊瑚都死掉了，很多鱼类需要在珊瑚礁中生存，所以鱼也没有了，当地的生态完全被破坏了，居民的衣食都成了问题，他们就培养了一群种珊瑚的人，那些人在陆地上把珊瑚苗培养好，潜到深海里面，潜到死去的珊瑚礁中，把那些苗一个一个种下去，过了 5 年，那些珊瑚就长成了正常的样子，他们的生态就也恢复了。我 10 年前看这个纪录片的时候，就特别触动，我们每年在做着的这些有什么意义？我就特别想做这样有意义的工作，我觉得我也想去种珊瑚，我也想做这样的人，当然，这是不可能的。所以我就想，我是一个作家，我可以种点什么呢？就种文字吧，**如果我的文字能够对我们的生态环境或者精神生态有一点点作用，我的劳作也是有意义的**。这是我当时理解的作家的使命感和责任感。

所以，我想去做这个事情，不光是为我自己，我希望能用我的笔把这些记下来，重现给人们，最好是将来的人们能够看到，就像我在自序里说的，未来的人们能够看到它，还能看到萦绕在历史长河中、中华文明之河中的那些特别丰盈的元气。

**俞敏洪：** 我觉得除了成人以外，《纸上》也特别适合中小学生阅读，因为它会在孩子们的心灵中种下两个东西：第一，文字表达之美，因为你这本书可以说是文字表达之美的代表作；第二，种下中国的日常生活，带有传统色彩的日常生活和文化保护之美。从你故事的描述中，能够让孩子们感觉到中华文明生生不息的力量，他们的力量从手艺人的汗水中、脚步中、眼神中、思考中都能够体会出来，而你的文字刚好把这些东西比较完美地表达了出来。

但我有一个问题，中国人一方面天天喊着保护文化、保护传统，对于我们5000年的传统之深厚、之宏大、博学精深表示各种感叹；另一方面，有心也好，无心也好，在毁坏着作为遗迹的文化和活着的文化。作为遗迹的文化的毁坏就不用说了，在"十年动乱"期间、改革开放发展过程中，都发生过。另外，现代社会工业化和商品化的发展，给很多民间活的手工艺和文化传承带来了比较严重的挑战，比如酿酒，现在很多工业化的酿酒把手工酿酒的美好逼到了角落里。像这种情况，你作为一个对文化如此爱护的人，觉得应该怎么办？

**苏沧桑：** 发展和传承其实是一个矛盾，举个例子，我们到乡村里面去，城里人到那边很希望看到什么？看到原来的农村，没有被现代文明侵蚀过的农村，原始，炊烟袅袅。但反过来想，我们城市人凭什么要让农民还过原来的日子，而我们吹着空调、开着汽车？我真的不是很赞同。我觉得任何人都有追求美好生活的权利，农村人也可以用抽水马桶，也可以用空调，为什么还要让贫瘠伴随他们，让他们那里成为我们眼中的那种世外桃源而不去改变任何东西？我觉得这样对他们是不公平的。所以，这永远是一个矛盾。

但这也并不是说反智主义，觉得工业革命如何摧残了我们，其实我们也享受了现代科技发展的很多好处。时光之河滚滚向前，一定会选择留下什么或者遗弃什么，这是必然，不是偶然，是我们没有办法避免的事情。我们不可能永远用笔在纸张上写字，现在都用电脑了，这是必然，是没有办法避免的事情。但我觉得我们的工匠精神、古老的文化，应该被继承和传承下去。在我的七篇文章里，那些生生不息地在原生态环境里面劳作的人身上的美德，以及他们精益求精、执着、创新的态度，特别珍贵。我觉得这个魂不能丢。可能有些形式、生活的样态是可以改变的，毕竟历史在往前走，每个人的生活每天都在往前走，遗弃什么、抛下什么，或者我们留下什么，是可以选择的。

我们国家早就很重视这一块，2016年就已经把工匠精神写入政府工作报告里了。我觉得这是一份责任担当，还有忧患意识，需要各级部门、各个相关的保护部门，能够把这些忧患意识、责任意识，和行政的职责结合在一起，落实到行动里面去。现在工匠精神或者传统文化中很多被丢失的部分就是因为后继乏人，后继乏人才是真正阻碍的原因，所以我觉得政府相关部门要通过各种机制来解决后继乏人的问题。

**俞敏洪：** 政府的保障和保护对于传统的传承当然非常重要，但因为我在商业社会中摸爬滚打了这么多年，觉得任何一个地方的保护如果脱离了商业逻辑，都不太容易做到，除非国家源源不断往里掏钱，比如国家认为要保护某个文物，这就不论能不能商业化，都得进行保护。

我个人觉得，像你刚才说的酿酒、养蜂等，从长远的角度来考虑，其实应该在保留传统文化的前提之下进行商业化，如果大家意识到了人工酿出来的酒确实值得花更多钱去购买，传承人本身就不是问题。包括人工造纸，我觉得机器是没法造出来这样的纸张的，让更多的文化人能够意识到在这种纸上写字、画画，都能带来千年不腐、千年不烂的保存价值，甚至它本身就是艺术品，大家的购买本身就会使造纸的传承变成一件不那么难的事，这是我个人的一些思考。我到西方去，看到他们对于传统文化的保护，一方面是对传统文化保护很严格；另一方面是他们在保护非物质文化遗产时，通常是非常好地把商品推到全世界去，这使他们的传承变得很自然。你写的这七件事大部分都是在浙江地区发生的，浙江地区是中国工业化、商业化比较先进的地方，现在恰恰变成了对传统文化保护最好的地方之一，其原因之一就是社会富有，大家愿意保护。

**人类有一个天生的本质——寻根，** 不是寻找自己的父母和家谱，而是寻找到某种文化的契合度，人有天生的文化基因，会去对照某种东西跟自己生命的契合度，并且让自己的生命感觉到某种舒坦，比如像我小时候是喝黄酒长大的，我现在如果喝到黄酒，就觉得它是一种文化酒，但如果喝白酒，我觉得就是一种热闹酒。所以，文化的寻根，寻找的是千年之根，我觉得你去写这七个工匠的故事、手工的故事、生存的故事，就是在寻找根，这是《纸上》七个故事带来的重要启示和启发。

**苏沧桑：** 谢谢俞老师这么说，我特别赞同，文化的传承真的可以很好地和商业结合，互相融合促进，双向奔赴。

**俞敏洪：** 在写这七个故事的过程中，哪个故事你花的时间、精力最多？这七个文化传承故事，哪个人、团队给你留下的印象最深刻？

**苏沧桑：** 我觉得每一个都特别深刻，因为这七次对我来说都是刻骨铭心的体验。最辛苦的可能是去新疆，行程万里，跟着戏班去流浪也特别辛苦，我当时头部受伤了，又是住院刚出来，身体特别不好，跟着他们前前后后加起来一个月的时间。到现在为止，我不用翻开这本书，很多印象特别深的画面都会在我脑子里一一浮现，比如《纸上》里的一个眼神，这其实也是整本书的一个缘起。富阳一个村庄里唯一坚持古法造纸的传承人朱中华，过去他们村家家户户都造纸，但到现在为止，只有他一家在坚持。当时我们去采风，他就指着一根菌丝，那个菌丝是用竹片反复捶打而成的，是经过发酵以后的菌丝，他把它举在阳光下给我们看，我当时看他看菌丝的那个眼神，就像一个母亲在看着襁褓里的婴儿，他那个眼神一下就震撼到了我。他说我一定要把我的纸造成世界上最好的纸，因为他知道现在很多古迹的修复纸都是进口的，他说我一定要造出能够流传一千年、有呼吸、有生命力的纸。后来我就一而再，再而三地去采访他，所以整本书的缘起就是这样一个眼神。

第二个画面就是一双手，一个捞纸师傅，他那双在纸浆水里浸泡了40多年的手。我说徐师傅，能不能让我摸一下你的手。他说好的。那双手看上去像纸一样白，完全没有血色，老茧连着老茧，摸上去的手感很像塑料。当时我去采访的时候，因为央视三套要给我拍一个专题片，跟着我去采访他，那两个记者就拍下了那双手的特写，当时打动了很多人。就是这样一双手，在水里泡了40多年，每天从早上到晚上，冬天的时候特别冷，我问他痛不痛，他说不痛，他说就是冷，冷了怎么办？他的旁边会放一个电饭锅，冷了就把手放电饭锅的热水里热一下，然后再去捞，日复一日、年复一年。这个画面一直停留在我脑海里。

还有《跟着戏班去流浪》，我碰到了一个小孩，六个月大，就跟着他的母亲在戏班里。那个戏班是走村串巷一个庙一个庙演过去的，住在庙里也没有什么洗漱设备，但那个孩子那么小就跟着他们。我第一次见他的时候，他的嘴上挂着口水，眼睛看着幕布上面的灯光，但他一直在笑，他妈妈说他天生就喜欢舞台，这么小，他一到台上就不哭不闹，特别开心。

**俞敏洪：**这就是生命的传承，也是生命背后文化的传承。

**苏沧桑：**对，我就觉得这已经注入他的血液里。还有，在湖州一个蚕农家里，他们有好几个房间，自己养了10万只蚕，我一进去，蚕密密麻麻地铺在稻草上，像二维码一样，一个80岁的婆婆和60岁的老人，两个人把腰弯成90度。凌晨三点，我也起来跟他们一起喂蚕，整整一个月，每天都要这样，但我那天一天就已经觉得受不了了，他们四个人那一整个春蚕季，才卖了7000块钱。还有玉环的村里的酿酒房里，酿完酒以后，几个大老爷们儿在那儿半裸着身子用淋过米的水冲自己，刚好阳光从侧面窗户里照进来，就照得他们雾气蒸腾，像一幅油画。我前段时间回去还又专门看了一下那扇窗户。

**俞敏洪：**那绝对是非常漂亮的一幅油画。你采访过这些人以后，现在跟这些艺人和民间匠人之间还有联系吗？

**苏沧桑：**都有，应该说成了好朋友，我书里的七篇主人公，虽然我们性别不同、文化程度不同、性格不同，我们不可能真正成为任何层次上都可以交流的朋友，但我们现在的感情像亲戚一样，经常都会有微信联系。我的书出来后，典藏版印得很少，一开始出来的时候我没有寄给任何人，但我第一时间寄给了这些主人公，我觉得对他们更有意义，给他们留个纪念。像茶农黄建春大哥，他每年都会给我寄他亲手用龙井茶做的九曲红梅，他知道我胃寒不喝绿茶，就专门给我寄红茶来。他比我大两岁，管我叫小苏，他说小苏早上陪我去卖茶、中午陪我采茶、晚上陪我炒茶，我老婆都没有这样陪过我。还有茶人王如苗大哥，他亲手用龙井茶做的白茶，那是我喝过的最好喝的白茶，前两天他还跟我说，他做了白露茶，等他回杭州来，要带给我喝。春天的时候，我们一帮朋友十来个人，到黄大哥家里去吃农家菜，他说，你喜欢种地，这些都是你的，他说，我们家旁边好多地。

**俞敏洪：**能够感觉到这种融合，为什么你有这样的融合？实际上这跟你生长的文化是同一种文化范围，不管他们是做什么的，养蚕也好、酿酒也好、种茶也好，其实所有人背后的文化根基、文化背景跟你背后的文化背景是一脉相承的，只不过后来在成长的过程中，有的人像你这样上了大学，有的人则继续留在农村或者小镇里谋生，所以你们更容易互相理解、更容易懂得，你才能把他们的内心比较深刻地表述出来。

之前我采访李娟，她也是体验式写作，跑到牧民的帐篷里，冬天冬牧场，住在羊粪做的地窝子里面，陪着哈萨克牧民生活了三个月，夏天又生活了三个月，最后写出了《冬牧场》《夏牧场》这样的书。她把哈萨克的游牧文化写得非常形象、生动，她也做了真正融入式的深刻记录。后来我问她，她说其实她体验完了回来以后，跟这些牧民家庭的联系就变少了，就失去了联系。我觉得这里面其实依然是文化融合度的问题，李娟作为汉文化背景的作家，她可以深刻地体验游牧民族的文化，但她并没有因为体验了几个月自己就变成游牧文化的一部分，在某种意义上她还是一个旁观者。

## 5. 用文字让人们向往美好

**俞敏洪：**不管是文化的深度融合者还是旁观者，都能写出让人开眼界、让人感觉非常有魅力、让人了解到文化的不同特点，以及在文化中人的不同个性、不同的生命故事的状态。现在中国的散文家很多都是体验式写作，你觉得这种体验式写作最终会走向什么方向？面向未来，你还会去做这样的体验式写作吗？

**苏沧桑：**徐霞客就是一位深度体验的体验者。

**俞敏洪：**我可能会在未来重走徐霞客的路，徐霞客应该到过玉环。我准备一路扛着摄像机，带着我的笔，既把我重走徐霞客路和徐霞客游记中是怎么写的展示给大家，同时用我的文字再次把我的旅行过程展示给大家，到时候欢迎您在局部加入。

**苏沧桑：**这个太有意思了。提到体验写作，我觉得最典型的就是普鲁斯特的《追忆似水年华》，他出于身体原因，一直在家里，也没有办法，但他写的东西看似不是体验式,其实仍然是体验式,因为他写的就是他自己曾经经历过的生活,或者曾经经历过的人生。我觉得文艺或者艺术不是虚幻缥缈的空中楼阁,一定是及物的,格物致知,所以对我个人来说,可能没有那么特别明显去划分这个是体验式的写作,或者是非体验式的写作。我自己的写作就是体验式的,**只有我自己走着或者站着,我笔下的人物才能立得起来;只有我自己亲手去触摸,我的文字才是有温度的文字;只有我自己和我笔下的人物同呼吸、共命运,跟他们共情,我的文字才会有生命力**。这只是我个人的体验,但其他很多特别优秀的作家可能并不是这样,每个人都有自己的道,有自己的路,各美其美。

**俞敏洪:**后续还会有什么样的体验式写作计划吗?你现在也到了知天命的年龄,有可能想休息休息。我觉得一个人的文笔表达能力、思想表达能力是千锤百炼才能出来的。

**苏沧桑:**我以前写的跟《纸上》的风格是完全不同的,但我也没想到我会去写这样一些文字,但有些事情可能计划不如变化快,就像《遇见树》中写的,生命是不断的遇见、不断的告别,你不知道你下一次会遇见什么,会告别什么。所以,我们当然会有一个计划,但不会完全被计划困住。

人生的意义就在于创造,具体到我个人来说,人生的立意就在于创造有个人风格、具有强烈辨识度的散文或者文字。我到了知天命之年,可能不会再去追名逐利,会看淡,会放下。我觉得我已经到了做减法的年龄了,但我不会停止创作,我一直会写下去,也许会有一个新的领域、新的窗口在等着我们。

关于未来的计划……其实这个月我去云南,去少数民族地区行走,走了很多很古老的村寨,很有感触,这个也是我的计划之一,是一个踩点。我曾经想过,想去行走完全不同于江南的风土人情,或者是大西北,或者是内蒙古,其实他们也都有邀请过我去深度体验创作,可能明年、后年,如果有机会,我会去走走。

还有一个计划,也是体验式的,我们老家的漩门湾湿地是一个很奇特的地方,我们围垦造出来的一个地方——沧海桑田——真是跟我的名字一样。我的家乡对我很厚爱,在一大片稻田中给我选了一个地方,建了一个小小的文学创作室,我可能会在那里深度体验一下我们的海洋文化、农耕文化与移民文化交织的文化,那样的文化空间会有什么样的故事。我目前是有这样的一些考虑。

**俞敏洪:** 我觉得特别好,**生命的丰富性也好、生活的丰富性也好,包括写作的丰富性,很大意义上是个人的选择和创造。**你要是等待,生命和生活的丰富性并不一定必然来到,有时候老天会给你各种各样的生命丰富性,愿意不愿意,都会让你生命中遇到一些事情,比如有人是生病体验,有人是贫困体验,有人是失败体验,什么都有。但我觉得更重要的是,**一个人一生应该主动追求一些自己想要的东西**,比如我要是不从北大出来,我现在应该是一个教授,我对我出来依然心怀感激,甚至对当时北大给我的处分也很感激。我从北大校门出来的那一刻,面向苍茫人海,完全不知道怎么办,便试着把自己的一只脚跨出去。今天,就是因为跨出了北大校门,我才有了更加丰富的人生。我没有你的文笔表达能力,所以我这样的人生,不太容易用我的文笔很好地表达出来,但并不是说每个人都要成为作家,只要他从内心感觉到这样做挺值的,不管遇到怎样的困苦,只要自己觉得这种艰难困苦是值的的,那就行了。

我写"老俞闲话"周记的时候说,"**人生中的苦难不值得赞美,但当你在人生苦难中发现光的时候,那就是生命存在的意义或者生命存在的本色**",我们在强加的苦难或者主动寻找的挑战中努力,带来生命的创造性和丰富性。一个人在茫茫宇宙中,渺小到了不能再渺小的程度,但又伟大到了不能再伟大的程度,因为只有人能主动思考自己的存在,并且改变自己的存在。世界上所有其他东西,某种意义上都是被动选择,包括月亮绕着地球转,地球绕着太阳转,都是遵循某种物理原则的结果,而不是自我选择。**只有人可以进行自我选择和自我反叛,在这个意义上,渺小的人在自我意义上成就伟大。**

当然,我并不觉得一个人一定要为世界做出什么伟大的贡献,因为从本质上说,最终人类将消亡,但我个人觉得,**人存在于世界上一个很重要的前提,就是能够改变自己**,否则他的存在本身就会失去意义。当然,他如果还能部分意义上改变别人,比如读了你的书,大家会对世界的美好多一分留恋、向往,或者你写的这些艺人和地方,大家读了你的书以后想去了解、看一看,本质上你就已经在改变其他人了,或者本质上已经让人类生存的世界更加美好了。我觉得这就是做人做到了特别好的地步。

**苏沧桑:** 谢谢俞老师,我对您这段话也很有感触。很多朋友会跟我说,你的文字很美,我们在你的文章里看到了真善美,恶的、丑的东西不太多。我是这样想的,其实人是在地球上进化得特别好的一种动物,有思想、有哲学、有宗教信仰等,我们还有进步发达的科学。但也是我们人类自己,种族之间的冲突动辄伏尸百万,我们那么努力取得的科技成果,成了悬在我们头上的一把利剑。其实人性有很多恶的东西,和动物相比,我不认为人类是最智慧的,古往今来很多文学作品都在揭示人类的恶,但大家有没有发现?我们看这些书的时候,留在我们脑海里的往往是人性中最闪光、最温暖的那个部分,它们温暖着我们、抚慰着我们,是那些东西引领着我们一直向前走。所以我觉得可能**小说家刻画、揭露人性的恶**,这样的作品是深刻的,但传播真善美的作品也是深刻的。**我愿意用我的笔记录这些人性,我不希望我只是反映现实的一面镜子,我希望我的文字能够像一盏灯,主动地温暖和照亮哪怕世界上某一个角落的某一颗心。**

**俞敏洪:** 从你的文字中完全能读出来,不管是《遇见树》、"三十年散文精选",还是你写中国传统文化和手艺人、中国生存之道的《纸上》,都能读出你内心的真善美,在你心中有一片光明的世界,即使苦难放在你面前,你在苦难中也能找到更加美好的一面,这是我从你的书中读出来的人类在苦难中生存并走向美好的过程的文字表述。

提到人性恶和善的问题,我觉得**人性是善恶交加的,如果你放纵了,人性一定会恶,或者环境变得更加恶劣,人性也会往恶的方面偏转。**当然人性本身也有善的一面,这就是孟子所说的,人人都有恻隐之心,因为人人都有羞耻之心。当然后来事实证明也的确有些人既没有羞耻之心,也没有恻隐之心,但整体来说,人类作为一个群体,基因中已经种下了群体动物互相之间表达善意、互相帮助,才能生存下去的基本原理,这个原理甚至在某种意义上是生物学原理,最后变成了社会学原理。除非一个人这辈子谁也不接触,否则只要你想跟人打交道，表达善意就是人与人之间能够互相帮助和生存下去的最好道路。但我们也看到，在社会中很多恶的人性表达，有两点我一直认为特别重要，**第一，整个社会中对于善的弘扬和对于恶的抑制和压制、抗拒，是非常重要的**，不管这个恶是以什么样的面貌体现出来，如果面对一个个人的恶，还比较容易对付，但有时候面对一个系统的恶，并不那么好对付。当一个社会整体对善的弘扬不是那种表面上对善的弘扬，而是实实在在的对善的弘扬，如果能抑制住恶的产生和散发，我觉得这就是一个好的社会。

但如果想靠人本身的善意来达到这样一个状态，并不一定能实现，比如中国儒家文化从孔子开始，仁义礼智信、温良恭俭让，每个人都能背得滚瓜烂熟，但在过去的封建社会，皇帝作恶、大臣作恶、政府官员作恶，民间老百姓也有作恶的，这样的情况屡见不鲜。这就涉及**第二点，用制度保障的方式来扬善惩恶，也就是法治**。前几天我看到一个报道，说重庆有两只羊从羊肉店跑到了马路上，逃出去了，被老百姓看到，叫了警察，警察调了录像，发现是从羊肉店跑出来的两只羊，就把羊送回了羊肉店，本来这个羊是要被杀掉的，但很多网友看到这个消息后，就去看那两只羊，老板就表了一个态，这两只羊既然跑出去了，说明它们命大，我就不杀它们了，就放在这儿当宠物养了。我就写了这么一段话，我说不知道这两只羊现在还在不在，靠一个老板表达的善意，能保障这两只羊的生命安全，这本身就是一种不可靠，就像千年以来，很多居高临下的善意表达得非常充分，但老百姓依然不安全，何况是两只羊？我这个表达刚好涉及我们聊的主题，就是**人类的善恶其实并没有一个明确的界限，整个社会如果制度性都向善，那就是善；如果不能保证制度性向善，恶的事情就会层出不穷**。这是我个人的一种体会。

当然，作为作家，用善的文字、用光明的文字、用美好的文字、用滋润心田的文字、用看了以后舒心畅快的文字，来表述你所看到的、见到的，让人们对美好的生活有更加美好的向往，这就是一个作家应该做的事情。

**苏沧桑：**谢谢，确实是这样，这也是我们的责任。我想起来一个画面，以前我们去澳大利亚交流访问，看到了一个很有意思的现象，我们去看企鹅归巢，它们浩浩荡荡地排着队，找到自己的巢穴，我们看了好几个小时。临走的时候，我就看到很多人会把手伸到车底下晃一晃，我们当时不知道为什么，后来才知道，之所以那样做，是怕企鹅宝宝误闯到车子底下，车发动起来不小心把它们轧死。所以，人确实是一种接受暗示的动物，大家都说这个社会不好了，可能大家心态真的会跟着不好；大家觉得我们还可以看到很多光亮的地方，我们去把这些光亮的、美好的人性放大给大家看，人就会接受这个暗示。确实人就应该这样美好，这样我们的社会也会变得越来越好。

**俞敏洪：**你希望读者从你的文字中得到什么？你写作的时候更多是关注自己的表达还是关注你作品可能带来的某种社会意义？

**苏沧桑：**我觉得读者的共鸣一直以来就是我写作的最大动力。我觉得一个作家写了作品，只是完成了一半，另一半要在和读者的共鸣中完成，只有这样这个作品才完整。这些年，读者对我来说真的特别重要，我举个例子，有一个法国读者，叫麦卜丁，他是一个40岁的男性，我们到现在都没有见过面，他是通过微博找到我的。有一天，他这样跟我说，他说苏姐你知道吗？我是一个抑郁症患者，我有时候会到家后面的树林里默默流泪、抽泣，然后再回到家里，他说我怕会吓到我的两个孩子。他是做公司的，自己也办乐队、做网站，是很有才华的一个人。他自己也写诗，他说我这辈子最值得的投资是什么，就是花了0.5欧元，买了你的《风月无边》，是我写杭州西湖文化历史的书，他说是在巴黎的一个中文学校大甩卖时买的，一直摆在他的床头柜上，已经有十几年了。他说我觉得很窒息的时候，它是我能够打开呼吸的一扇窗。我当时听了觉得特别感动，茫茫人海中，还有很多读者，有很多让我特别感动的事。我有时候到书店里面去，就会想，我这个书有人看吗？我写这些东西有什么意义？那么多书，谁会看到呢？所以，我们的文字遇到读者的共鸣，如果对他们有一点点帮助，这就是我写作最大的动力。在写东西的时候，我只管负责写好我的文字，我也不会去迎合某些杂志或者出版社，我都是不拘泥于任何形式，完成我自己最想要的，通过我自己最擅长、最舒服的方式完成我的写作，然后就把这本书交给命运，让它去遇见它能够遇见的、有缘的那些人，就像我的书能够遇见俞老师，遇见今天直播间里的很多朋友一样，真的是特别幸福的一件事情。

**俞敏洪：**你我现在的状态或多或少和诗与远方比较接近了，我们毕竟解决了生活中的现实问题，不用为工作考虑，不用为婚姻考虑，不用为家庭考虑，因为都已经完成了这样的历程。但现在的年轻人真的非常卷，即使研究生毕业了也不一定能找到工作，最近我在读阎真的《如何是好》，写女性大学毕业以后的奋斗历程和艰难。我觉得现在的年轻孩子，他们生活中的诗和远方，真的被压缩得非常非常小，你作为过来人，也是通过一边工作一边写作，现在变成了自由写作的状态，诗和远方确实离你非常近，你对这些年轻人有一些什么样的建议？

**苏沧桑：**苏东坡先生说过，"团团如磨牛，步步踏陈迹"，当时读了这句话我觉得特别辛酸，就像人一样，好像冥冥之中我们被困在哪里，甚至有些人说地球会不会就是一个牢笼？确实很多时候，当我们遭遇困顿，我们就会有这样的疑惑、困惑，好像我们每天都在做同样的事情，不知道未来在哪里，不知道想去的远方在哪里，特别纠结。我们现在说年轻人特别卷，有时候想，我的生存都还是问题，怎样才能追求诗和远方？虽然我们到了这个年龄慢慢走向了从容，但我也是这样过来的。

前一阵我看了一个纪录片也看得特别辛酸，说几个在城市中迷失的小动物，比如一只猕猴，它在日本东京迷失了自己，跟家人失散，它一天到晚在找自己的家人，甚至把卡车刹车的声音当成同伴的呼唤，然后奋不顾身地冲了过去，差点被卡车轧死。有一只跳蛛离开了森林，到了城市，它找不到那片它可以生存的森林，只好在红绿灯上把丝垂下来觅食，绿灯亮的时候，它就能够测量距离，但红灯一亮，它就完全失去了测量距离的准确度，一跳就跳过了，掉到了下面，然后又爬回红灯顶部，接着又摔下去。我觉得这真的像迷失在城市里苦苦挣扎的我们。所以我觉得**我们每个人心里都需要有一个小宇宙，需要有一个自己去建设的桃花源**。比如，我的娘家小院，就是对我在地理上和精神上双重意义的桃花源，是我的自我疗伤地、休憩地。我觉得每个人心目中都有自己的娘家小院、桃花源，如果没有，也要自己去建一个，有很多的方式，比如通过阅读，通过行走，哪怕一个小小的善念，去构建属于自己内心充实的、美好的、小小的宇宙。这不是让我们逃避现实，我们仍然要勇敢地面对现实，但我们能够躲在里面偶尔喘一口气、提提神，然后再面对世界，去拥抱、去热爱。所以我觉得这需要我们每个人构建，如果一个人不够，你和朋友的交流、和家人的倾诉等，都是构建桃花源的一块砖头，或者也有可能偶尔你从书里得到的一句话，就是你这个小小宇宙的栋梁，都有可能。

**俞敏洪：** 特别好，我的建议就是——**第一，要接受现实**，因为现实就在面前，你想要不想要都在。当初我被北大处分，从北大出来一无所有的这种现实，我首先得接受。**第二，应该根据自己的能力、资源，制定一个自己可以走向未来的目标。** 人生从60岁回头看20岁，就感觉是个跳跃的过程，好像蹦得很高、很远，但实际上是由每一天构成的，每一天点点滴滴的努力构成了你走向未来、远方的资格，否则你连资格都没有。**第三，人的内心还是要有一点理想和浪漫**，理想、浪漫是引导人向前或者推动人向前的内在动力，如果你的内心对这个世界没有理想，就像你心中已经没有了光一样，根本就不知道往什么地方走。**第四，不管遇到多么艰难的挑战，不要出卖自己**，不管是出卖自己的人格还是出卖自己的灵魂，因为回过头我们会发现，凡是出卖自己的人，最终生活都不会很幸福。

## 6. 尾声

**俞敏洪：** 你孩子现在应该也长大了，可能都已经工作了，不知道你有没有当祖母？你孩子多大了？

**苏沧桑：** 我孩子是女儿，1994年的，她原来在英国留学，现在在上海一家外企工作，以后也可能回杭州工作。我现在还没有当外婆，我很想当，但不一定能当成。

**俞敏洪：** 孩子也长大了，事业也成功了，生活也应该无忧了，那你后半辈子对自己有怎样的打算，从生活到心灵？

**苏沧桑：** 就像我在《遇见树》的第一篇文章《水边》里写的那样，我到了知天命之年，有些人就觉得我们老了或者怎么样，我从来没有这种感觉。我们可能会很长寿，当然这是好的，我觉得健康和平安是第一位的，包括我自己、对自己的责任、对家人的责任，我们到现在这个年龄，可能不仅要为自己着想，也要为家人着想，家人是我后半生最重要的惦念。所以现在我一有空就回去陪陪父母，还有我的公公婆婆，我们很幸运，四位老人都在，都已经80多岁了。

**俞敏洪：** 好健康，好幸福。

**苏沧桑：** 但也是我们的责任，我们有责任把他们照顾好，让他们安度晚年，所以有空就去陪陪他们。另外就是写作，我觉得只要我还能写，我一定会写下去；只要我还能读书，我也一定会读下去，虽然眼睛是越来越老花了。

**俞敏洪：** 我老花快20年了，从自然规律来说，人过了40，不管身体多健康，眼睛都会开始老花。

**苏沧桑：** 不过俞老师真的太勤奋了，短短一周就能看那么多书，我属于看得很慢，写得也很慢的人。

**俞敏洪：** 我没事就坐在书房的懒人沙发上看书，走路的时候还会听书，把看和听结合起来，一天能有五六个小时可以看书。

**苏沧桑：** 我想我白发苍苍的时候，真正成为名副其实的"苏老先生"的时候，希望自己仍然是健康的，仍然能够戴着老花镜坐在阳光下，一本本慢慢地读书，慢慢地回忆，慢慢地回想我们今天这样的对谈，还回想我朋友圈里那些朋友很欢乐的评论。**我们要向前看，要想好的，我们就真的会变好，越来越好。**

**俞敏洪：** 我就不期待以后人家见到我叫我俞老先生，叫我老俞或者老头，我就挺开心的。

**苏沧桑：** 我真的觉得特别幸运，能在这时候有幸和俞老师见面，我们素昧平生。

**俞敏洪：** 网友们对你的评价都是优雅、美丽、温婉，全是特别美好的词，我估计你周围的朋友对你应该也都是这样的评价吧？

**苏沧桑：** 我家人对我的评价可以透露一下，干净、透明、傻里傻气，我真的是很笨拙的人，我的序里就写：笨拙勇敢。

**俞敏洪：** 好像美好家庭都有传承，你父母包括你公公婆婆都生活得相对幸福，老人家到现在也身体健康。你找到你老公，我估计两人的生活也是相对比较圆满的，尽管肯定也有打架（吵架）的时候。你年轻时候是用什么标准来挑男朋友的？

**苏沧桑：** 在大学二年级的时候，他的父亲和我的二伯是同学，我二伯在云南，是一个地质工作者，他们自己说的，我这里有一个女孩，大学二年级，在民航已经工作了，让他们见一见吧，他们一家十来个人，浩浩荡荡就到我们家来相亲了，我们都不知道，我爸爸妈妈也不知道，就这样到了现在。插个题外话，《遇见树》的封面和里面30多幅图片都是他拍的。

**俞敏洪：** 说明他的艺术细胞也相当了得，有很多图片特别有艺术气息。

**苏沧桑：** 我当时也没有什么择偶标准，就是这样傻乎乎的，所以我的结婚纪念日，我妈给我挑的农历，简直太奇葩了，是愚人节4月1日。后来我妈就自我安慰说，傻子多福。

**俞敏洪：** 刚才说没有标准，其实内心有很好的标准，就像你说的，一个透明的人其实反而是内心有着非常好的标准的人。

今天由于时间关系，我们的对谈就到此为止，谢谢沧桑。

**苏沧桑：** 谢谢，非常感谢，祝福大家一切都好，越来越好。

**俞敏洪：** 谢谢大家！再见！

（对谈于2022年12月14日）

156　星河辽阔

# 对话 余世存

在时光中思考人生

让自己活得真实，过了真实这一关以后，要回到中国文化说的伦理状态，也就是善的状态。到了善的状态，你才发现，你的善心善意越大，你的空间才会越大，你的机会也可能越大。

余世存 /

1969年出生于湖北随州，当代中国重要的思想者之一，致力于研究中国人的"时间文化"。已出版作品《非常道：1840—1999年的中国话语》《老子传》《时间之书：余世存说二十四节气》《节日之书：余世存说中国传统节日》《自省之书：中国原典的当代精神》等。著作曾获文津图书奖。

**俞敏洪：** 各位朋友好，今天与我对谈的是余世存老师，他是很有名气的中国传统文化学者和作家，他有几本书对我来说影响蛮大的，包括《大时间：重新发现易经》（以下简称《大时间》）、《时间之书：余世存说二十四节气》（以下简称《时间之书》）、《自省之书：中国原典的当代精神》（以下简称《自省之书》）等。从这些书中，我发现余世存老师是很认真做学问的人。

余老师好，你是我的北大学弟，虽然我们不是同一个系，但北大中文系谢冕老师和钱理群老师都教过你，我和他们也都认识，也受过他们的教育，所以叫你学弟也正常。而且我们俩还住过同一个楼——32号楼，你在302，我在232，你在东头，我在西头。

**余世存：** 你还应该是我的老师。

**俞敏洪：** 北大中文系出了不少才子，比如李书磊、刘震云、阎真，还有现在历史系很有名的罗新、辛德勇，他们都挺能写的。

**余世存：** 罗新老师还是我老乡，随州人。

**俞敏洪：** 你现在是一位对年轻人、成人群体比较有影响力的学者和作者，最初是你敏锐甚至尖锐的思想影响了很多人，近几年又因对中国传统文化的研究影响了不少人。你最近出的几本书，尤其是《时间之书》出版后，让大家对中国二十四节气、中国文化、人类文明对中华文明的影响，有了非常好的了解。

所以，今天非常高兴你到我这里来，一起谈谈你的思想和你的成长，希望能让大家汲取到成长的营养和力量。

## ——对谈环节——

## 1. 从农村走向北大，从北大走向自由

**俞敏洪：** 我看你也是农村出身的？是在小镇里还是村里？

**余世存：** 村里。

**俞敏洪：** 从小也干农活儿，加入到家庭生存的挣扎中吗？

**余世存：** 那当然，所有农活儿，除了犁田、打坝我没有做，其他的我都做过，包括挑草头，就是把麦子、稻子收割以后一捆一捆捆起来，再拿一根木头，两边做的是铁尖，一边扎一个，挑在肩上。

**俞敏洪：** 这对我们来说就是把麦子挑到打谷场上。你父母本身就是纯粹的农民吗？

**余世存：** 农民。我是湖北随州人，当时是我爸爸从大山跑到了随州郊区，现在叫擂鼓墩村，原来叫团结大队，团结友好、幸福和平的意思。我印象中周围几个村都叫这个名字，我那个村叫团结村六队，隔壁村是友爱队，还有一个叫幸福村。

**俞敏洪：** 当时的名字都是这样的，我们村叫红旗大队第四生产小队，但其实古老的名字叫葫桥村。你父母不是读书人，你怎么会喜欢学习的呢？你有兄弟姐妹吗？

**余世存：** 我有三个哥哥、两个姐姐，我是老小，老六。

**俞敏洪：** 他们都上大学了吗？

**余世存：** 没有，就我一个人。我们家学习最好的应该是我爸、我大哥，但我大哥为了给家里减负、增加收入，小学没毕业就参军了，他的学习能力应该

是很强的。我爸爸学习能力也很强，大字不识，跑到随州郊区一个村待下来，我印象中他后来靠自学认识了两三千个字，完全能自己读报。

**俞敏洪：**这完全是自学，有点像我妈妈，她一天学没上过，后来自己能读小说。

**余世存：**那很厉害。

**俞敏洪：**小时候我母亲老对我说一句话：茅草窝里出了一棵笋。你明白这意思吗？

**余世存：**我知道。

**俞敏洪：**整个村庄的孩子都不读书，她就发现我喜欢读书。你在兄弟姐妹中是不是也有这样的感觉？

**余世存：**我倒没有，我考到北大的时候，我爸带我去后面的山上、山脚，那个山就是著名的擂鼓墩古墓，曾侯乙编钟就是在擂鼓墩发现的。我爸就在那儿随便找个地烧纸钱，他嘴里念念有词，说祖坟冒青烟了。他认为是靠先人显灵，才让我考上了，相当于这事儿跟我们个人没有关系，纯看老天有没有眼，祖先有没有显灵。

**俞敏洪：**叫作"德馨之家，必有余荫"是吧？

**余世存：**不是，"积善之家，必有余庆"。

**俞敏洪：**哈哈，对。你上初中、高中的时候，考试进入当地最好的学校了吗？

**余世存：**也没有，我印象中，我在初中的时候也生了一场病，考得还可以，本来可以被襄樊地区（今襄阳市）录取，当时随州还是襄樊地区底下的一个县级市，但随州二中把我要过去了。随州二中当时是一个建校还没几年的学校，随州还有个更好的学校是随州一中，所以我去的学校不是最好的。但因为我在二中读了三年就考到了北大，这给随州二中带来了很大的荣誉。

**俞敏洪：**你考上北大以前有阅读经历吗，还是一心一意高考？我在考上北大之前，阅读经历很少。

**余世存：**我跟你一样，都很贫瘠，我觉得我们几乎没有课外阅读，就是看一点现在看来所谓的消闲杂志，叫《读者》，当时叫《读者文摘》。

**俞敏洪：**我上高中的时候还没有《读者文摘》。

**余世存：**一本《读者文摘》在同学们手里传遍了，那几乎是唯一的读物。

**俞敏洪：**所以你大量的阅读是进了北大以后才开始的？

**余世存：**对，北大的阅读一下打开了另一个世界，中学的时候，按照教育规范，我们的知识谱系非常窄。举个例子，我刚进北大，宿舍的同学拉我去参加文学社团，文学社团让我们填一张表，我填完那个表以后，就觉得这个文学社团我不能参加，我必须用另外的手段、途径去达到同样的目的。

**俞敏洪：**为什么？

**余世存：**因为那些师兄说的那些诗人、作家的名字，我闻所未闻，跟我谈普鲁斯特、艾略特，我完全没读过。

**俞敏洪：**当时知道海子吗？

**余世存：**也不太知道。而且让你填你认为世界上最伟大的作家，我填的是鲁迅、闻一多、朱自清，人家填的是普鲁斯特、萨特，完全是两个世界。

**俞敏洪：**你在北大待了四年，觉得北大给你带来最大的影响和改变是什么？

**余世存：**我觉得最大的改变就是自由。我上北大之后，就觉得考试终于结束了，我自由了，因为我那时候对考试已经有很重的逆反心理了，我不知道你有没有逆反过？

**俞敏洪：**我一直逆反，到现在对考试也很逆反。

**余世存：**对，我非常反感考试，觉得上了北大，**这辈子再也不需要考试了，我可以自己衡量自己，不需要别人来评判我了。**

**俞敏洪：**你在北大如果遇到讲课不好的老师，会翘课吗？我在北大至少翘了一半的课。

**余世存：**我也经常翘课。

**俞敏洪：**你在北大阅读哪方面的书？你好像没有读太多小说？

**余世存：**对，小说是我的弱项，基本没有读太多小说，我读最多的是哲学和美学类的书。

**俞敏洪：** 是觉得你作为一个北大人必须读这样的书，还是内心产生了读这种书的乐趣？我当时读萨特、黑格尔等，完全是因为我同学都在读。我跟你有点不一样，我觉得小说、诗歌、散文我更能读进去，最初就是读戴望舒、穆旦等一些民国时期的诗人的诗，后来周围的人都在写诗，也会读读他们的诗。当时海子、西川都是我们的同学、同代人，所以不会把他们的作品当作经典著作来读。再后来就开始读国外的书，惠特曼、洛尔迦的作品都会读。

**余世存：** 你偏古典。

**俞敏洪：** 当然后来朦胧诗出来以后，舒婷、顾城的诗肯定也会读。我看你读穆旦的诗读得非常透彻？

**余世存：** 也不是非常透彻，但感觉跟我没有隔阂，我一看就有点过目不忘的感觉，想起他的诗就很入情入理。不过说起读书，我在大学比较少读文学类的小说，现代派的诗歌读得多，然后就是哲学、美学。

**俞敏洪：** 你作为一个农村孩子，突然把你扔进一帮读过很多书的同学、老师中间，你在北大有产生过自卑情绪吗？

**余世存：** 有，确实有。

**俞敏洪：** 你消除这种自卑情绪用了多长时间？你北大毕业的时候还会有自卑的感觉吗？

**余世存：** 我觉得到了大二、大三的时候，当我把罗素的哲学史、朱光潜的美学史这些80年代能读到的名著读过之后，心里有点底了。更有底的还是跟文学有关，我当时读何其芳、穆旦的诗，他们这些人的东西我接触后就过目不忘，这给了我信心。

**俞敏洪：** 这个有意思，是因为你记忆力天生很好，还是确实他写的东西让你眼睛一亮？我第一次读到"黑夜给了我黑色的眼睛，我却用它寻找光明"，一遍就终生记住了，因为冲击力太大了。

**余世存：** 不是，从我现在的角度看，我觉得这是我们被拣选了。玄幻一点，比如我现在已经50多岁了，我在快到50岁的时候，一直在想我的天命是什么。

**俞敏洪：** 你相信每个人背后潜藏着某种天命吗？

**余世存：**是的，而且我前几年读苏东坡的书特别有感受，我发现苏东坡在我们这样的年龄，50来岁的时候，突然知道自己也是一个谪仙人，很惊讶。

**俞敏洪：**你不觉得他是一种自我赋予吗？包括李白，也是自我赋予。

**余世存：**但这很重要，非常重要。

**俞敏洪：**实际上你觉得有时候人的自我期许会变成人的命运？

**余世存：**我说不上来，这二三十年来走过的路，让我觉得我也是一个谪仙人，只不过我的翅膀折断了，我现在需要让我的翅膀重新长出来。所以，我们对于文学、东西方的历史文化之所以感到熟悉和亲切，可能是因为内在有一种隐隐的逻辑在，就是我们说的哲学。

## 2.《战略与管理》：成为思想者的基础

**俞敏洪：**你北大毕业后，按理那时候应该包分配的，但我看你后来的轨迹还是很不一样，当时是有什么不一样的想法吗？

**余世存：**我1990年北大毕业，被分到北京一中教书，从当时的认识来看，我当时的分配结果就是落难了，发配、放逐，是这么一个结局。但我自己对自己的定位不一样，我总觉得毕业之后我不应该从学校到学校，而应该去社会上经历一下、闯荡一下，所以我就不安于工作，不想当孩子头，在一中折腾了两年，最后还是走了。

**俞敏洪：**在当时，能留在北京最好的中学之一，也算是挺好的安置了。

**余世存：**不是，我不知道现在的北大人怎么看，当时我们那拨人都不那么看。

**俞敏洪：**现在北大毕业要能留在北京，拿到北京户口，那是天大的喜事，什么工作都行。

**余世存：**那不是的，我们当时还都跟学校签了"卖身契"，签了五年的服务。

**俞敏洪：**那你怎么走的？

**余世存：**我就提前"毁约"了，现在我都不知道我的档案在哪儿。我们当时有七个北大人在北京一中,我算是最后一个走的,其他的都先走了。我离开后,在社会上折腾了几年,也做了很多服务性的事,包括最早成立服务公司之类的。当时王朔有一个电影《顽主》,里面有三替服务公司,替你服务、替你解忧之类的,我当时也成立了一个类似于三替的服务公司,去给人家搬家,送送快递,类似于现在快递小哥在做的事。

**俞敏洪:** 你觉得干这些事情都比在一个中学当语文老师要好?

**余世存:** 是的,而且这个公司是我和北师大的几个朋友一起成立的,好像成立了三个月不到就盈利了,盈利之后大家的关系就有点不太好了。我后来就淡出了,把我投的那份钱拿回来了,他们继续做,据说做得很好。

**俞敏洪:** 你要是没淡出,就没有今天的你。

**余世存:** 说不定没有现在快递公司那些人了,因为我们确实是最早做那个事的。

**俞敏洪:** 中国服务业的发展是循序渐进、不断改善的过程,也是随着社会结构的不断改变、通信结构的不断改变、物流结构的不断改变,最后变成了今天的模样,你算是这个方向的先行者。

**余世存:** 我是先行者,而且我脱离这个行业之后,又踏入一个先进的行业——房地产,但我没做房地产开发,我是做房地产研究。我是中国最早做房地产研究的,为社会提供政策法规咨询。当然,做了一两年房地产研究后,也是没什么起色,后来我有了一个机会——在国家土地局(现在的自然资源部)做过半年副处(《中国土地》杂志副主编)。

**俞敏洪:** 本来你已经当公务员了,怎么没在这条路上走下去?

**余世存:** 那年我27岁,做了副处,但我觉得体制里有一套规矩,那套规矩可能对我这样的人不太适合。

**俞敏洪:** 从本质上来说,你的心灵和身体都在渴求一种自由状态?

**余世存:** 也很难讲,当然年轻人觉得为理想、为自由,但我不知道自己是为什么,有点懵懵懂懂地出来了,如果从现在过来人的角度回看,我可能会劝年轻人再待一待。

**俞敏洪：** 我感觉就是，人做的事情都不会白做，最终都会积累成你的财富。当然从另一个角度来说，你要对得起你的积累，因为有的人的积累变成了一种负担或者负面影响，这就不好了。所谓苦难本身并不可怕，可怕的是你对不起自己所经受的苦难。

**余世存：** 没错。我还记得我当时虽然离开了一中，但我还是住一中附近，那几年我感觉有点狼狈，有点进退失据的味道。首先自己把体制的饭碗砸掉了，在外面找饭碗又总是找得不太顺利，后来书磊就跑来找我，说你就别在外面瞎混了，做点我们应该做的事，帮我来编杂志，后来他就把我弄到《战略与管理》编杂志了。

**俞敏洪：** 所以后来你进入了《战略与管理》杂志？

**余世存：** 对，而且书磊是两次把我弄进《战略与管理》，第一次让我进去当编辑，编了几年我离开了，去了国家土地局。在国家土地局待了一段时间，书磊又来找我说："现在《战略与管理》需要一个主编，你来当主编，来主持这份杂志，所以你离开国家土地局吧。"

**俞敏洪：** 你在《战略与管理》杂志待的时间比较长？

**余世存：** 前后加起来应该有五六年。

**俞敏洪：** 那应该算是你做得最长的一份工作？

**余世存：** 对，这份工作对我的改变非常彻底，很多人认为，如果不是《战略与管理》，我可能就是一个普普通通中文系毕业的人。一般中文系毕业的就写点小随笔、历史感悟，像我现在，诗人可能就算是相关的一个头衔，但不会有思想家这样的头衔的，大家认为我还算一个思想者，可能就是因为我有《战略与管理》垫底。

**俞敏洪：** 实际上是用另一种方式经历了一种专业训练？

**余世存：** 对，这种专业训练很重要。2009年我从云南回来，一个北大中文系师兄李克，做了一个出版公司叫崇贤馆，专门印古籍书，他后来找到我，说现在有一个非常热门的专业，国内都没有几个人懂，你有没有兴趣来听？我问这个专业叫什么？他说叫考古天文学。我只看过考古学或者天文学的书，但这两者结合起来的书是没有读过的，后来就跟着李克他们花了半年时间去听一个朋友讲考古天文学。所以，这种进一步的专业训练对我是很重要的，我后来一直有这个意识，一个北大中文系的学生出来以后，并不是只要会读书就行，而是也要自己去做一些训练，**给自己原来中文系感性的思维、文科的思维加入一些类似于理工科的、更加理性的思维。**

**俞敏洪：**你有两年跑到大理去，当时是去干什么？

**余世存：**当时我已经出版了《非常道》，2005年出版的，一下子成了畅销书。

**俞敏洪：**那时候你是不是还处于愤青状态？

**余世存：**没错，我当时就觉得周遭热闹多、繁华多、是非也多，想离开这些，就去了云南，在云南待了两年。而且我发现自己有痛风，去云南的目的之一也是想养养病。同时，我在战略管理之道上有很多书想读，正好可以集中时间去读读书，这些理由足够我离开北京，或者足够抛弃北京的诱惑去云南待两年。

**俞敏洪：**那两年给你带来了什么样的改变？

**余世存：**首先补了中国文化这一课，以前可能西方的书读得多一点，在大理的两年，把中国的书补读了一下。那时候读《易经》还没有读通，但已经知道《易经》应该算是中国文化的源头了，或者说是必须去了解的一部书。**从历史到诸子，再从诸子到《易经》，这个阅读的过程是在大理完成的，这也给了我比较大的信心。**

**俞敏洪：**所以你从对西方思想经典比较关注，尖锐地表达自己的观点和态度，到转变成现在这种对于中国传统文化洋洋洒洒、心平气和的陈述，是从那个时候开始的吗？

**余世存：**真正的转变可能是回到北京了，当时出版了《非常道Ⅱ》，后来改名为《一个人的世界史》，当然写《老子传》也很重要。

**俞敏洪：**《老子传》和《一个人的世界史》是你从大理回来以后写的？

**余世存：**对，很多人认为我有转向，有人说我从鲁迅转到了胡适，其实我对两者是兼容的，我现在在感情上对鲁迅还是非常难以割舍的，而且再过两年我就活过鲁迅了。我一直在想这个人对我的影响，但胡适对我的影响也很重要。

我身边很多朋友后来都痛骂批评鲁迅，这都在让我去想，鲁迅的短板究竟在哪儿？如何超越鲁迅？我觉得后来我做的工作其实也是在回答这样的问题。

**俞敏洪**：你身上的这种改变，从鲁迅变成胡适，其实并没有多少明确的区分，我觉得你的内心依然保持着鲁迅的斗志，只不过用另一种方式体现出来了。

**余世存**：对，前几年有一些朋友也批评我，说我革命意志消退，还有一些年轻朋友来问我，说我们更喜欢你年轻时候的作品，而你现在似乎没有多少锋芒了。后来我们谈到武侠小说，我说你知道**随着岁月的沉淀，生活的锻炼，一把剑可能会减少锋利，但会越来越沉重，这叫重剑无锋或者大剑无锋**，我可能就变成了那把很沉重的剑。

**俞敏洪**：这种变化是你的主动追求，还是因为哪种机缘巧合，让你最后做了这样的调整？

**余世存**：我觉得我在《战略与管理》的时候，和国内很多知识界的前辈学者交往比较多，像李慎之先生、何家栋先生等。在和他们的交往中，我发现虽然他们的目标也非常明晰、明确，但他们内心里也有蛮多的困惑，他们对人的生活、对东西方的文化也有很多问题没有解决。所以作为一个战士是远远不够的，还要在理论上、学问上要立得住，我觉得这是我转变的一个原因，或者说我想突破、超越的一个原因。

## 3. 保持善念是拯救自我的唯一方法

**俞敏洪**：你研究了那么多中国传统文化，把《易经》都读透了，你相信人有前世后生吗？

**余世存**：看在哪个角度上来理解，如果我们从某种很宽泛的角度来理解，前世一定是存在的，就像我们的身体，如果死后重新回归泥土，这些泥土的东西也没有完全消失，物质守恒、物质不灭，还在进行新的运转、组合。

**俞敏洪**：但不可能再组合出另一个你。

**余世存**：对，**意识会发生变化，但意识组成的元素没有变**。所以我觉得前世的很多东西,还是在这个世界上流转。我觉得从这个意义上来看,也要相信它。

**俞敏洪:** 你觉得今生今世的努力和自我定位有多重要?

**余世存:** 我觉得人在今生今世的很多努力,一定是本能跌跌撞撞走出来的,最后一定是慢慢往善愿方面落实。首先让自己活得真实,过了真实这一关以后,要回到中国文化说的伦理状态,也就是善的状态。到了善的状态,你才发现,你的善心善意越大,你的空间才会越大,你的机会也可能越大。

**俞敏洪:** 什么叫活得真实?一个老百姓在日常生活中苦苦挣扎,工作"996"才能交得起房租,交得起生活费,这种情况下,他怎样去安排自己的人生才能够让他的未来变得越来越好?我们或多或少都经历过这样的艰苦时期,比如我住在地下室,住在农民家,连续差不多十年,往前看觉得渺茫没有任何出路,这种情况下,一个人为了生存,怎样能够依然保留内心的光芒?就像你说的真和善,通过真和善为自己的未来打开一条道路,你觉得能行得通吗?因为有时候我们坐在这儿说,大家会觉得我们是吃饱了说白话。

**余世存:** 没错,举我老师高尔泰的例子,他是中国的大美学家,现在李泽厚已经走了,中国美学大家就是他了。他当年被关起来,在西北地区的大沙漠里面,他说月光下一个什么人去追赶监狱,因为他在外面迷路了,他必须回到这个监狱才活下来,非常动人。最重要的是,他在那么一个无望的状态里,还是想办法在六七十年代的那种火柴盒盒皮上写字,每个火柴盒上他能写很多字。

**俞敏洪:** 高老师本人吗?

**余世存:** 他保存了一些,当时北岛不敢相信,还去他那儿看过。他为什么要写?因为他说他不写就觉得自己不是个人,好像和这个世界没有关系了,所以他一定要建立自己跟这个世界的联系。

**俞敏洪:** 不管遇到怎样的艰难困苦,甚至是绝境,你如果内心把自己当作一个人,保持内心尊严地活着,才能有未来。可以这么说吗?

**余世存:** 没错,或者用现代的语言换一下,一个人即使活得太难,也要花时间整理一下自己。我觉得高老师写那些东西的时候,不一定知道这个世界上还会不会有人看，自己还有没有见天日的时候，但他一定会写，通过写，他会整理他那段生活，这对我的启发很大。

还有北大的老教授费孝通，费老从社会学的角度讲过一个很精彩的观点，他说我们在这里做这样的对谈，有人听，有人讲，我们之间无论多么随意、轻松，还是遵守了一定的规矩和礼仪，我们是通过这样一种方式在实现某种仪式，和远古人做的仪式可能没大区别，通过这样的仪式，我们让这段生活有了意义。就像如果没有网友们的参与，我们俩在这儿白说，有没有意义？也有意义，但网友的参与，让我们的意义放大了，让我们的愉悦更多了，这其实是我们战胜生活的虚无和困难的方式之一。

**俞敏洪：**对一个在为生存而努力的人来说，内心充满了寂寞、孤单、无助，甚至社会的恶意有意无意加到他身上的时候，他怎样能够去坚持自己内心的善？我个人深刻的理解是，实际上**一个人保持内心的某种善，几乎是唯一能拯救他的生活和未来的方法？**

**余世存：**是的。

**俞敏洪：**你对他们有怎样的建议？是通过阅读、通过某种心态的调整，还是通过跟人建立一个更好的关系来让艰苦状态下内心的善得以保存甚至成长、发育，变成他走向未来的一道光？

**余世存：**我觉得找到契合自己的方式就好，你提到的这些方式都不错，阅读是一种方式，去寻找朋友也是一种方式。我还有一个朋友抗争过，他现在在美国生活，他的太太也是农村的，大字不识，他俩结婚后，移民到美国，结果他太太只能在社区里找一个扫地的工作，但很快因为他太太热心学习，跟人去交流，英语口语比他还溜，朋友比他还多，最后他太太的薪水反而比他在大学教书的钱还多，机会也越来越多。这其实就是你说的，她作为一个农村妇女，已经一无所有了，唯一拥有的就是她自己的善良，她只要保存这份善良，就可以得到更多的朋友、机会。

**俞敏洪：**我在农村生活了18年，发现哪怕是特别穷的人家，只要这户人家被整个村都认为是善良之家，在困难之时总会有人去帮助他们。

**余世存：** 没错，就怕人家说我们穷乡僻壤出刁民，对我们产生不信任，这是比较糟糕的。

**俞敏洪：** 你从小在农村长大，后来考上北大，北大毕业后参与过房地产、做过小生意、当过公务员，这个过程中原则上有很多可以"挣大钱"的机会，你是怎么保证自己最后没有变坏的呢？

**余世存：** 我觉得首先在于好与坏之间，有时候那个标准很难把握，这也是我这些年很困扰的事。人有时候一次不经意的行为会让你猛醒，比如当我作为一个网友的时候，我一度对官员的一些行为特别不以为然，如走在路上的时候旁边还有人给他举个伞，我就觉得这个官员太那个了。但我发现，我做到副处的时候，去其他地方，就是有人给你打伞，你推都推不掉，在那种气氛之下，你好像只要一进去，就会有这些，那你还敢不敢待，还愿不愿意待？如果不愿意，你还要保持内心的纯粹和善良，可能就要做某种意义上的切割。我觉得总的来说，**人在最困顿的情况下其实还是可以继续的，保持善良当然是一种方法，但最重要的是，要相信自己作为一个人，一定不至于没有出路。**

**俞敏洪：** 有时候真的很难坚持，看到边上各种耍心机的人、各种用阴谋诡计的人、各种寻租的人，最后都飞黄腾达了。当然有时候也会看到这些人突然就锒铛入狱了，但大家都认为那是少数。很多人都很难接受，既然边上那些奉承拍马、投机钻营的人都能够比自己过得更好，我凭什么要坚持自己的一份善良和真诚？

**余世存：** 因为我觉得**善良和真诚是上天给予人最好的礼物**，把这个礼物保护好，他会得到更大的价值。

**俞敏洪：** 是一个慢慢兑现的过程吗？

**余世存：** 也不能说是慢慢兑现。

**俞敏洪：** 我保持我的善良，我希望因为我的善良，未来的生活过得更美好。如果不能实现一个慢慢兑现的过程，我为什么要坚持善良？

**余世存：** 其实善良也好，或者善意也好，给你带来身心的愉悦感和和谐感是对你最大的回报。

**俞敏洪：** 实际上，你不是为了求得未来的一个利益交换，而是这件事本身就是一种回报，比如，你坚持真诚、坚持真实、坚持善良、坚持追求美好的东西，哪怕生活再艰苦，也不失去内心对自己的尊敬和敬意。

**余世存：** 对，就是心安，心安本身就是最好的幸福。比如，我们俩都在江湖上混，但很多在体制内、单位里混太久的人，就容易心不安，这也会反映在他们的身心相貌上。

**俞敏洪：** 所以你认为今天你这种平和的相貌是你心安的结果？

**余世存：** 倒也不是。我在《先知中国》的序里还说过，我其实是很自负的，那时候我应该像鲁迅那样说，未来的自己比现在的自己更好看，因为当时有人说，老余，你在右派知识分子里，算长得好看的，我说再过几年，你们会看到我长得更好看，但我后来发现生活还是摧残我、打压了我一下。

**俞敏洪：** 有一点真的非常重要，就是一个人先不说活得是不是富有，但一个人活得是不是心安、是不是心地坦荡、是不是内心无愧，我觉得真的非常重要。

**余世存：** 那当然。所以，不能利用一时的聪明去占有某种东西、某种资源，这是在提前透支自己。

**俞敏洪：** 这就是所谓小聪明与大智慧的区别。

## 4.《大时间》：重新发现《易经》

**俞敏洪：** 你在写老子的时候，专门写到"知道"的"知"、"智慧"的"智"和"聪明"的"明"三者之间的关系，有人认为老子主张人是要愚昧、要愚蠢，说得好听点是要单纯，你认为如果我们今天去读《道德经》或者读《老子》，我们从里面得到的是一种什么样的启示？或者我们去读的时候，应该获取怎样的一种智慧状态？

**余世存：** 很多人都误读《道德经》，但从它的本意来看，道和德都是指客观世界的某种规律，比如我们经常说大道，还有地球围着太阳转的恒星大道，所有的星球都在天体上运行，这一定有一个椭圆形的轨道，如果人是一个星球，我们也应该在自己的轨道上走才行，这是《道德经》中"道"的意义。后来我们把它变成了一个道德说辞、道德说教。

**俞敏洪**：这是偏离了？

**余世存**：也不能说是偏离，也是一种丰富吧。但我们如果回到原处，每个人都应该知道自己是不是那种不道之人，比如我们说这个人是一个小偷，作奸犯科，是不轨，不在轨道上。如果我们不在生活的规律上，比如日常生活早上九点之前你应该把早餐吃完，如果你九点之后才吃早餐，你就属于不道之人。所以，我们读《道德经》如果从这个层面来读是很有意思的。但《道德经》可阅读的层面太多了，康有为说了一句话，说老子偷了 1/2 的《易经》，**但如果我们把《易经》看作一个全部的时空，老子偷的时空就是南和北两个维度的时空，东西的时空他没有偷着，东方的时空是孔子偷的，西方的时空是墨子偷的，他们共同构成了一个东南西北的完整的时空。**

**俞敏洪**：你认为老子写《道德经》之前已经把《易经》研究透了？当时的《易经》只有卦辞和爻辞，还没有象和彖吧？

**余世存**：对，还没有。我觉得那时候古人的直觉思维非常发达，只要看着阴阳和数字符号就能得到很多信息，就像我们现在看到对面的一个东西，我们俩得到的信息是不太一样的。古人看阴阳符号得到的信息跟我们也是不太一样的，我们现在看一个卦，比如今天的卦是坤卦，我们看到的坤卦就是六根断线而已，但古人一看就能看到很多东西，马上想到履霜而冰至。所以，老子也好，孔子也好，他们写他们的著作时，或者讲他们的话，里面的时空信息很丰富，我觉得我们可以慢慢去悟。你当然也可以站在现代人的角度去批判他们、嘲笑他们，这只是一种方法，但更重要的方法还是要理解他们的方法，比如我去年重温《道德经》，我站桩的时候突然理解了大国小民或者小国寡民。

**俞敏洪**：为什么站桩跟这个有关系？

**余世存**：就是"鸡犬之声相闻，老死不相往来"这段话，你站桩到非常安静的时候，突然你的膝盖有一个轻微的波动，你就发现你的身体就像一个国土，里面有村庄、部落、河流，里面有响声，如果你太关注这个响声，完了，可能你的功夫就不够了，一下从安静的状态回到浑浊的状态了，你必须不要理它，就是"鸡犬之声相闻，老死不相往来"。

**俞敏洪**：保持浑然一体的状态？

**余世存**：对，那个时候我才发现，怪不得古人经常讲，《道德经》是一本可以用来练功的书，原来它确实可以养生。

**俞敏洪**：大家之所以这么想，主要是认为《道德经》弘扬的是清心寡欲，是不是？

**余世存**：不是，我觉得是**东西方古典文化都认可的一个生命大道，就是回到一个安静的状态，因为你只有回到安静的状态，才能捕捉尽可能多的信息**，就像一潭浑水，水太浑了，外面的景象根本就照不进来，但水面越来越清，就能把天上的云彩、岸边的树都照进来，这时候信息就越来越多。

**俞敏洪**：**人心越静，能接纳的宇宙信息、社会信息、人生信息就越多，而且分辨信息的能力就会越强大。**

**余世存**：没错，包括你自己的人生、过去的种种，可能像意识流一样，像放电一样，在不断地重放，你越安静，它们中间的有效信息就会呈现得越多。

**俞敏洪**：你觉得现在你本人已经达到这样一种相对安静的状态了吗？

**余世存**：还没有，就是你说的，年轻的时候因为太愤怒，是一个愤青，吾心如直。

**俞敏洪**：读了你研究《易经》的那本《大时间》，我感受还挺深的，我是从你这本书读懂《易经》的。原来我老觉得《易经》是一本神神秘秘的书，算命、问卦、预测……总而言之，就像用来干这些事情的。后来看了你的书我才发现，原来六十四卦和一年三百六十五天是圆满对应的，就像二十四节气跟中国年相对应一样，我才从而了解到为什么那些卦名要那么起。我想问一下，你用时间这么一个大维度，完全从太阳历来推算每六天左右一个卦的日子，在你之前，有人也把六十四卦跟时间对应吗？有人根据这个对应去解释卦辞和爻辞吗？

**余世存**：只有汉代的思想家做过这样的事情，但是他们偷懒，他们把六十四卦中的四卦拿出来不用，把一年三百六十五天中的五天也拿出来不用，所以 360 除以 60，每个卦管 6 天，他们是这么搞的。

**俞敏洪**：那就不准确了。

**余世存**：从数学的角度是有问题的。他们如果用 365 天除 64 卦又整除不了，觉得一个卦管 5 日 6 分，这样对古人来讲是非常麻烦的，所以他们没把这条路走通，也没有用这种方式来解释卦的成因。

**俞敏洪**：你怎么会产生用时间维度解卦的灵感？

**余世存**：得益于两个：一是《易经》本身提供了一个原则——"太极生两仪，两仪生四象"，中国人读过书的大都知道这句话，我认为这句话的重要性跟《几何原本》的五大公设是一样的，就是东西方文化在用不同的数学原理去解释世界的规律。比如"太极生两仪，两仪生四象"，这样一个原理我们可以把它放在任何一个系统里；又如生物的胚胎发育就是按这个走的，细胞分裂成两个，两个变成四个，四个变成八个，是按照数学的二进位制来发展的。二是太极原理也是一个阴阳二进位制，我就按照阴阳二进位制来做一年，就发现我会画卦了。

**俞敏洪**：完美契合了？

**余世存**：对，完美契合了，但很可惜，我这本书出来，易学界的学院派并不重视，他们忽略这块对《易经》的解读，但江湖派很高兴，江湖派甚至认为我把宋代以来的先天易做了很大的发挥，因为我说到底还是用伏羲的先天易来解释一年，我也没有超出《易经》本身的范围。这也证明《易经》还是很了不起的，无论是八卦的符号还是六十四卦的符号，都可以涵盖任何一个系统，只要你认为从这个冬至到下一个冬至是不变的，我们就可以把它当作一个系统来用八卦和六十四卦进行研究。而它为什么可以用八卦和六十四卦进行研究？因为这个系统本身就生成了八卦。改天有机会，我教你画卦，太容易了，你只要会画卦，就知道《易经》为什么是"容易"的"易"，但中国这些《易经》专家都把《易经》看作很难的天书。

**俞敏洪**：其实把它放在时间维度中，后面每一个爻辞为什么要这么说，为什么在那个状态下要说这个东西，就跟当时人民为了求安宁、求发展、求繁荣、避灾难的那些心态全部连在一起了？

**余世存：**没错。

**俞敏洪：**这一下就通了，因为在那种场合、环境和时间点上，往那个方向去想、去做，就变成了一种很自然的事情，否则一般的《易经》都是从乾开始讲起，再讲坤，到最后再从时间上，就觉得这个卦和他的卦之间为什么一下差了那么多，但你按照顺序一下子排出来了，就真是很好。

## 5.《时间之书》：二十四节气中的时间之美

**俞敏洪：**你是不是因为对《易经》的研究，所以后面做了二十四节气的研究？

**余世存：**没错，因为写了《大时间：重新发现易经》，所以感觉自己对传统文化有了一点发言权，加上我在写的时候又在观察，观察社会、观察节气，有切身的经验，所以理论和实践相结合写了这本书。**这本书最大的特点就是把时间跟君子人格做了结合**，比如马上12月21日就冬至了，对于君子人格，冬至要求我们能够见天地之心，要看到天地的本质，看到天地的善心，而不是在这种严寒、严冬中感觉很绝望，感觉自己在忍饥挨饿，包括我们现在很多朋友免疫力差得了病，这也是一个事实，但我们在这样的日子里不要放弃希望，自己对于生活的憧憬都是天地之心，我们要见天地之心。所以，这其实是一本通过节气来指导个人生活方式的书，而不是让我们误解成一谈到节气就是农业生产、生活的书。

我觉得这本书有很强的实用性。台湾有个老师是教插花的，他让他的学生把我这本书拿来，每到一个节气就读一下。还有我一个朋友大董老师，他让他的部下都要读我这本书，指导他们做菜，他还做了二十四节气的时令菜。我也很高兴这本书对大家的实际生活还是有一定的参考作用的。

**俞敏洪：**我读这本书读出来的是时间之美，是中国传统文化中特有的对于

**时间的敏感性**，包括后来读你的《大时间》，六十四卦刚好跟时间对应上，我感觉到时间和时光的流逝，时光和生活的关系，和老百姓幸福的关系，它们在中国文化中是如此密切，你让我感觉到了古代传统文化对于时间的感受，和今天我们对于时间的感受是不一样的。今天我们对于时间的感受是一种紧张感和焦虑感，当然古代也有紧张的时候，比如芒种的时候得拼命干活，但整体来说，它应该是把生活之美或者生活的张弛有度融进去以后的一种生活态度。

今天的城市人不光是对时间的感受没有完整性，对于节气的感受更是没有完整性，节气与大家的生活毫无关系，与人生态度也没关系。所以我想问，今天生活在城市里充满焦虑感和紧张感的人，应该如何再次回归到古人对于时间的生命态度中？从这本书中我已经读到了一部分答案。

**余世存：**这本书刚出来的时候，很多人也在问这个问题，到现在已经五六年了。我现在是非常乐观的，因为"80后""90后"年轻的几代人，他们在主动拥抱节气文化，而且把节气文化做得更有意思。很多人以为节气是一个传统知识，是一个死掉的知识，但其实它一直在，而且它在与时俱进，年轻朋友参与进来，让它更加有意思了。所以，我觉得通过年轻人的参与，让节气时间成为北半球人生活的坐标，每到这个坐标，可能它不由自主地就会提醒你，这是你的一个生活参照，会自然而然潜移默化地影响你。

在我20岁到40岁时，节气其实跟我没有任何关系，但在40岁到50岁这段时间，它就起到了很大的作用。尽管40岁到50岁，也是我生活很折腾的时候，但我觉得有节气时间这样的参照在那儿，我不至于那么迷失，不至于那么惶恐，所以我觉得它还是有意义的。年轻的朋友觉得节气和自己没关系，我觉得不要紧，当这个社会上节气文化越来越蓬勃的时候，比如每到一个节气，公众号、短视频都在提醒你节气到了的时候，节气文化就仍然在你的生活中发挥着作用。

**俞敏洪：**现在这种提醒对于城市人的生活来说，意义在哪儿？

**余世存：**意义是观念先导的，这跟提醒农民的节气生活不一样，更像是我在少儿版《时间之书》里大量引用的唐宋精英阶层、文化人写的节气诗词，像元稹、白居易、杜甫，他们每到节气都会写出一定的诗歌。用古人的话叫"登高能赋，可以为大夫"，节气是一个时间的高点，来到这个高点就像登山一样，你不能发出感慨，那是有问题的，说明你还很没有文化，还很愚昧，有文化的人爬到山中间或者山顶的时候就应该有话要说。我觉得古代精英到了节气时间，也有话要说，他要说出来，所以杜甫在冬至居然写了四五首诗，元稹也是每个节气都要写诗，这就符合古人的人和大自然，或者人和天要相呼应的认识。

**俞敏洪：** 在古代，二十四节气更多对应的是农耕社会农业活动的某种周期，因为在古代，我们的生活状态跟农业丰富与否有着极其重要的关系，所以在干活的时候一天都不能耽误，比如小满以后的芒种，早一天、晚一天，粮食的生长都会受到影响，所以节气就变成了老百姓重要的参考。在我小时候，公历就不那么重要，重要的是农历，更重要的是节气，所以我们有一种天生的感受。我觉得对于节气的关注不是对时间的关注，而是对某种文化和心态的回归，但现在城市人对于节气的感受不是那么强烈，也就偶尔在某些节气的时候，发一些节气好、安康之类的消息。**你觉得现在的城市人可以如何更好地关注到节气？**

**余世存：** 你考虑得比我还细，我都没有想过这样的问题，难道每个节气都放个假？这倒是有点奢侈。

**俞敏洪：** 对，我曾经想过，在工业化社会，大家都比较紧张，现在已经有人提出是不是星期五下午就可以放假，这样有两天半的假期。这我首先是支持的，在现代人类的工作效率已经不再由时间长度决定的情况下，很多工厂里都用机器代替了人，而人的创造力和放松状态是最重要的，所以我比较支持缩短工作时间。但我想有没有一个更好的方式来缩短，我们小时候，中秋节、清明节是不放假的，现在放假了，有没有可能二十四节气，每个节气都放一天假？这样很自然地就把老百姓往节气上带了，比如到芒种那天放假了，城里人就会带着孩子去农村看看播种是怎么回事；到了大雪、小雪的时候，大家会关注是不是真下雪了。

**余世存：** 这是一个角度。还有一个角度，我觉得文化创意市场以后会有很大的空间。像康正果，他们家族在民国时候是大户人家，他说在他的印象中，他的外婆经常在重要的节气，比如夏至、冬至，就会让仆人到院子里或者井地底下去测太阳的阴线，立根竿子。

**俞敏洪：** 立竿见影是不是就这么来的？

**余世存：** 对，其实这类游戏如果能重新做起来会很有意思，包括商人也可以做二十四节气观测盒。什么叫观测盒？我把它放在太阳底下，冬至到了，太阳的光线只能从其中一个眼穿过，就像冬至到了，圆明园的十七孔桥会被全部照亮一样。其实从冬至到夏至，太阳的角度都在发生变化，有很多东西都可以做。

**俞敏洪：** 但我想来想去，还是只有放假能把孩子们包括家庭成员聚在一起，并且最后能向大自然靠近。由于现代社会结构的发展和生产财富方式的改变，多放一天假绝对不会影响国民经济的产出。

**余世存：** 有道理，这样都不需要我们在这里讨论二十四节气，大家自然而然就会去恢复那些测量节气的活动。

**俞敏洪：** 现在，城里生活有时候是很烦躁焦虑的，其实让人们去关注二十四节气，从某种程度上是想把人们从焦虑中解放出来，拉回到一种传统的、充满内涵和美感的时间长河中去。

你写了《时间之书》之后，为什么又写了一本《余世存给孩子的时间之书》，而且分成了春、夏、秋、冬四本？

**余世存：** 写这本书有好几个原因，第一，我儿子出生了，我陪伴他的过程中读过不少童书，所以自己也一时技痒，觉得可以尝试一下自己能不能写童书。第二，这些年写书的环境让很多人都搁笔、封笔，不写了，我觉得作为一个知识人，说话很难或者写书很难的时候，能不能展示一下别的技艺？能不能给更大众的人讲述？第三，在《时间之书》以后，我对节气还有新的研究，这些研究就体现在这里面，比如我在《时间之书》里只是指出君子人格的时间，但在这本书里我就讲到了每一个月的两个节气都是对我们感官的某种侧重和强化，比如大雪、冬至，12月的这两个节气是对我们身体的拓展和训练；过了冬至就是小寒、大寒，是对我们意志的拓展和训练；小寒、大寒过了就是立春，立春和雨水这两个节气开始锻炼我们的视觉。不同的节气对感官有不同的作用。

**俞敏洪：**如果孩子从小理解这些东西，其实会跟大自然去互相呼应成长。

**余世存：**是的，比如到了立春，很多人觉得天地之间还是灰蒙蒙的，甚至是黑色的，这是冬天的颜色。但一过了立春，可能视力好的人、心态好的人，他就觉得眼前有绿色、有绿意了。所以古人说到了立春那天风向就变了，从北风变成东风，东风吹水的时候，吹起水面皱起的水纹也觉得是绿色的，叫"东风吹水绿参差"，我们都以为到春分、清明才踏青，看大自然的绿色，但真正在拓展和强化我们视觉思维的是立春和雨水。而到了春分的时候，其实是锻炼我们的听觉，清明锻炼我们的嗅觉，**不同的节气对我们的感官有不同的拓展。**

**俞敏洪：**这书非常不错，漫画和文字结合，小学二年级以后的孩子就可以读了，也可以家长跟孩子一起读，家长一边读一边给孩子解释二十四节气，可以让孩子亲近中国文化，感受语言之美，里面引用了很多诗人写的节气诗歌。

**余世存：**写法跟《时间之书》也不一样，这算是一个文学式的，是讲故事的。

## 6.《自省之书》：挖掘第一性原理

**俞敏洪：**最近你出版了《自省之书》，写中国原典的当代精神，我难得读到对于中国古代这些经典或者经典背后的重要人物——老子、庄子、孔子、孟子、墨子、韩非，当然还包括你对《易经》的解读，还有对《礼记》中间一些篇章的解读，是难得看到的特别好的反思性解读。而且你把这种解读和世界上一些思想家的同类思考放在一起进行对照、比较，并得出你的结论，所以尽管这是一本不太厚的书，但也是读了以后让我有点开悟的一本书。我想问，**为什么我们现在依然要回到中国的原典？为什么要回到这些人身上去寻找我们的现在和未来？从这些原典和经典上，我们作为现代人，到底能得到一种什么样的启示？**

**余世存：**大家都知道马斯克，在很多领域，只要他一试，他就是这个领域的顶尖人物，有人就问他原因，他说他要去哪个领域，就会去把这个领域的第一性原理搞清楚。我觉得**经典，无论是中国的经典还是西方的经典，都是文明**

社会的第一性原理。我们把第一性原理搞清楚，就是我们安身立命的大基础。这个基础夯得牢、夯得实，那我们在任何情况下都有支撑点。这本书也符合我们百年以来，"五四"新文化运动领袖们的设计和设想，冯友兰回答过这个问题，他说新文化运动的前半段工作是从外面找东西、找资源，后半段就是要回到自己家里面看看自己的家底里还有什么东西。我觉得《自省之书》算我这一代知识人到自己家里面寻找家底去了，说明我们的家底还是可以用的。

**俞敏洪：** 是不是可以这样说？当初"五四"运动时期全盘接受西方思想，抛弃中国传统思想，是一种极端，如果有一个阶段，比如过去20年有一种倾向，认为能全盘从中国传统国学中找到一切的解决方案，我认为这也是另一种极端，这些都是不成熟的，这种对于文化和智慧瑰宝的接受态度是不对的。从"五四"运动到现在已经100年了，历史不断发展，我们回过来再看，不管是面对世界其他地方的思想——古希腊、古罗马或是文艺复兴时期到现代资本主义，还是我们的原典，都能够用一种理性的方式来吸纳中间最有营养的成分来指导我们今天的生活和未来的发展，这个意义是十分重大的。

**余世存：** 非常大。我写完《自省之书》之后，才发现丁韪良（美国传教士）早就讲过这个观点了，他非常通中国经典，他把五经——《诗经》《尚书》《礼记》《周易》《春秋》当作西方的《圣经·旧约》，把四书——《大学》《中庸》《论语》《孟子》当作《圣经·新约》，只不过我比丁韪良更开放一点，我是把诸子当作《圣经·新约》，把五经当作《圣经·旧约》。我没有看过丁韪良的东西，但我得出了跟他相似的结论，这很有意思。

**俞敏洪：** 我能不能把这本书看作一个引导大家阅读中国经典的入门书？而且里面有你对于传统思想的集大成的一种解读，且是一种站在当今社会人如何对待中国传统原典基础上的解读。

**余世存：** 对。这本书还有一个意义，《新京报》原来有一个记者跟我讲过，他说你们"60后"这代知识分子，包括"50后"知识分子，还没有安顿好它们，也没有回答好什么是中国，什么是中国的经典。他说"五四"那一代反传统，他们回答过了，到了二三十年代，也回答过了，但你们"50后"和"60后"

知识分子还没有回答，你们也没有安顿好它们，所以你们对它们的态度都是情绪化的。那"60后"这代知识分子中，我算是比较早来做这个工作的人。**通过这本书，首先安顿好中国的经典，说明中国的经典不是遗老遗少说或是反传统的人说的那样，它在当下还是活的，可以活学活用的，对我们有用的。**

**俞敏洪：**你能想象中国假如没有诸子百家，会是一个什么状态吗？假如在春秋战国时期，没有产生孔子、老子、庄子、孟子，我们现在会是一个什么状态？世界上有没有哪些国家或是文明，在轴心时代并没有产生智者？

**余世存：**我觉得有些地区肯定没有产生智者，但我觉得没有诸子，有《易经》也可以，因为诸子还是庄子讲的"道为天下裂"。

**俞敏洪：**你认为当时产生诸子百家的社会原因是什么？

**余世存：**周朝的天下在几百年后分崩离析、礼崩乐坏，大家觉得安身立命的东西确实有了问题，就要想办法，最后还是100年来中国的知识界给出了答案，所以诸子百家是为了救周文之弊，是一个救世的态度。

**俞敏洪：**环境相对宽松了？

**余世存：**对，环境宽松，然后能够立足于自己的观察和经验来给出答案，而且给了很多种答案，除了后来的韩非子有点恶以外，其他的都还不错。**现在我们关于中国和人类全球化往哪个方向走的答案还远远比不上诸子百家，我们现在的答案还是太单一，好像不是东风就是西风。**

**俞敏洪：**其实从世界角度来说，大家都在提供当今世界走向未来的答案，当然不仅仅是中国。我们可以把现在的整个世界看作春秋战国吗？

**余世存：**对，那当然。

**俞敏洪：**所以像亨廷顿、福山他们，是不是都算为提供世界解决方案而努力过？

**余世存：**李顺之先生生前跟我讲过，说他们顶多算纵横家，并没有提供大智慧，费先生也是这个说法，他们只是苏秦、张仪一类的人物，还不是孟子、庄子、孔子这类人。

**俞敏洪：**你认为在当今世界，谁是为世界提供大智慧解决方案的学者和思想家？

**余世存**：都还没有到那种程度，我们做得还是不够，包括大家追捧的《人类简史》的作者，他们做得也都不够，比如尤瓦尔对农业社会的那种分析，还有他对人类文明的一种悲观情绪，他还是站在西方中心主义的立场上去看待问题，因为西方更属于空间式的，对时间的把握是不够的，所以他们污染一个地方或者征服一个地方，就会做乾坤大挪移，他不理解中国文化对漫长时间的把握。

我们可能需要一种更大的综合智慧，宋代思想家其实已经说过一句很有意思的话，叫"有象斯有对，对必反其为；有反斯有仇，仇必和而解"，比如和解这个观念，很多人说说可以，但我们能不能做到从自己的日常生活入手，和你的仇人、敌人实现和解，这是很难的。但世界上，无论是轴心时代的思想家还是宋代思想家都有这样的思想，只不过当代人还没有提供这样的思想，当代人提供的多是停留在纵横家或者法家的层面。

**俞敏洪**：所以这反而导致了世界的分裂，没有从一个更高的层次上提供解决方案，甚至有时候反而导致了世界的冲突？

**余世存**：对，大家都在玩钩心斗角。

## 7. "类人孩"状态的人与社会

**俞敏洪**：你在年轻的时候曾经痛心疾首地提出"类人孩"的概念，有的人尽管成人了，但实际上还像小孩一样，心智没有长大，人格没有独立，非常任性。当时你觉得很多人是这样一种状态，而且比较痛心疾首地指出来，今天你回过头再来看这些人，会不会用一种更宽容的心态去看，还是说其实还没有？

**余世存**：还没有。我内心可能还是有那种愤懑的因素存在，合适的时候还是会发泄出来，包括这两三年，我们很多人都对自己不太满意，为什么？就是因为觉得我们还是在"类人孩"的状态。网友造了一个词"吃瓜群众"，我们为什么是"吃瓜群众"，谁在给我们投料？我们为什么一直在被网络世界喂养？

我们能不能在网络世界中成为一个对自己负责任、对别人负责任的人？有时候我不愿意轻易转发东西，有时候转发一个东西，别人就说，老余，你转的又是别人造假的或者拼凑出来的，我就不明白你明明是为了传播一个正向的好东西，为什么要用假的手段去传播？我就不理解。

**俞敏洪：**甚至有时候是习惯性的。

**余世存：**对，我觉得这很糟糕，是对自己不负责，也是对社会不负责。久而久之，我对你不信任了，我也不轻易转你的东西了。

**俞敏洪：**其实我对这个问题也有过思考。我是搞教育的，我看到很多孩子过了18岁，依然是一个小孩，我有时候会去分析背后的家庭原因，就发现很多父母从小到大对孩子都是大包大揽，对孩子有求必应，不太会从小去培养孩子的独立能力、自我决策能力、自我成长能力、自我解决问题和面对困境的能力。很多家长觉得孩子只要学习好、成绩好就行，其他的东西交给父母，到最后有些孩子还不买父母的账，倒过来因为自己的人生受挫就怪父母，甚至跟父母大打出手。所以我就做了一个总结，**一个人只有在独立自由的状态下长大，能够从小对自己全身心地负责任，对自己任何一个行为负责任，这个孩子长大了才有独立成长、独立发展的能力，他也不会倒过来去怨父母，说你对我不好。**中国父母最伤心的是什么？我对孩子已经付出了百分之一千了，一心一意对孩子好，最后孩子对父母不客气，觉得父母把自己毁了。把这个东西广而大之，**一个社会体系，原则上最好的状态是让每一个人对自己的行为负责，如果一个社会体系大包大揽，把所有人的事情都干完了，当这个人失去对自己负责任的能力，他出任何问题都会怪周围的人、怪这个社会，就会培养出更多的"类人孩"。**

**余世存：**对，最糟糕的就是没有边界感，没有边界意识。如果要从经典中寻找答案，就是墨子。墨家文化在中国的衰败，是一大悲剧，墨家文化是讲礼信、讲逻辑、讲平等、讲平民精神，而儒家确实有等级秩序、尊卑观念，等级秩序和尊卑观念抹杀了人与人之间真正的边界，所以父母容易把子女当作自己的作品或者所属物，就是你说的大包大揽。我们在80年代上大学，我们特别爱看国外电视剧，为什么？那里面的父母跟孩子的对话，真的就是非常平等的对话，让我们很感动，让我们觉得那个小男孩、小女孩也愿意唤起自己向上的东西。

**俞敏洪**：不管是国内还是国外，凡是成功的家庭，都是从小把孩子当作成年人一样，你必须为自己的行为负责，而不是宠你、爱你，打碎一个碗，还要说这是桌子的错，摔个跤说这是土地的错，而是从小开始，该是你的错就是你的错，该你负的责就得负责，在这样环境中长大的孩子往往是有出息的孩子。现在很多人都很情绪化，我觉得动不动就情绪化也是一个人没有长大的表现，面对现在情绪化的社会或者个人，你对他们有什么样的建议，让他们不管遇到任何事情，都能心平气和一些？

**余世存**：我也没什么好办法，我也经常遇到情绪化的人。

**俞敏洪**：我遇到极端情绪化的人，就避开。

**余世存**：但是你说的确实很重要，要对自己负责，控制好自己的情绪。我们经常遇到的情况是，很多人总会归罪于自己周围的环境，这种依赖的思想导致他的情绪会随时爆发。

**俞敏洪**：一个人怎样控制自己的情绪呢？我觉得只有控制住自己情绪的人才有未来，一个总在情绪中发泄的人，既得不到家庭成员的尊重，也得不到周围朋友的尊重，更得不到组织结构的认可，比如你在公司里总跟同事情绪化，谁会愿意和你接触呢？

**余世存**：如果用玄乎一点的话来讲，情绪化的人就是阴气太重，阳气不足，一个非常阳光的人，能量是很充足的，他们不会把责任都丢给别人。之前我一个朋友说"老余，你读经典最重要的一个收获，就是你身上的寒气会越来越少"，当然我不知道他说得对不对，但我觉得喜欢读书的人还是要读读经典。

**俞敏洪**：你觉得有没有道理？

**余世存**：有道理，所以他说应该鼓励年轻孩子多读经典。

**俞敏洪**：一个人如果阅读比较多，而且通过阅读增加自己的心平气和和精神的丰富性，他就能对冲掉自己情绪化的一面，因为你内心有了更美的东西存在。

**余世存**：没错，如果那些经典的话语能留在心里，情绪来的时候，对冲就来了，这对他会有好的作用。我们常说，经典能够化解戾气，否则戾气上来真的很麻烦。

**俞敏洪：** 我觉得还有一个原因，现代人陷入了物质追求的某种泥潭，当然不能说物质追求不好，保持自己的温饱，让自己有适当盈余，有房子住、有衣穿，甚至买一辆可以代步的汽车，我觉得都在合理范围之内。但有一部分人是在与边上人的攀比和参照中形成了某种焦虑，如果你拎着一个名牌包包，我拎着一个布包，我就觉得不如你。像这样由于攀比带来的物质追求焦虑，你觉得通过什么方式能够消除？现代人在讲究精神丰富性的概念，我觉得当今社会精神丰富性确实并不是每个人都在追求的，你觉得现代社会状态中，一个人如何达到对物质追求和精神追求的平衡？我觉得两者都不能缺，但这种平衡其实非常重要。

**余世存：** 我是这样想的，可能有点匪夷所思，我认为一个人应该追求自己的财富。每个人活在这个世界上，老天爷一定会给你一碗饭吃，当你把自己的财富追到手后，你的心态一定会平和下来，但现在大部分人追求的财富是有问题的，这不是说财富来路不明，而是说它不一定是你的财富。比如，有人可能去当个 CEO，年薪几百万，就觉得自己是有钱人了，成功了，因为他占据了很多资源，但他离开那个岗位的时候，再过几年，就发现他什么都不是。

**俞敏洪：** 一个人最好把岗位价值和自身价值区别清楚，应该更多去追求自身价值。

**余世存：** 对，这样他到哪个地方，都知道自己现在值多少钱。我现在年薪 50 万，我跟这个老板关系不好，我离开你，我仍然能挣到 50 万，这就是我的价值。我有这样的价值在，我就不惧怕了，也不心慌，因为我知道在这个基础上，我还能去发挥、增加，而不是指望老板开恩给我涨一点薪而已。

**俞敏洪：** 我原来写过一篇文字，就是人要把自己变得值钱而不是老花时间去挣钱，当然挣钱很重要，但在挣钱的过程中，如何让自己不断积累经验，如何让自己的智慧更加丰满，最后能够让自己值钱也很重要。

**余世存：** 但很可惜，我觉得很多年轻朋友没有听懂这句话，包括我的侄子，他跟我抱怨说工作不好或者挣钱太少,我说你能不能先让你变得值钱一点?但他根本不考虑这个问题,他只想着现在挣 5000,能不能再找一个挣 8000 的地方,他只在追求外在价值,没有找到自己怎么才能值 8000。

**俞敏洪:**还是要不断保持人生精进的状态,你尽管现在变得平和了许多,但我觉得你的人生一直在精进,对于如何解决一些世界性的问题也依然在做研究。回归到这么多的传统解读中,其实你是面向现代和未来的,并不是面向过去钻到古纸堆里发掘一些没用的东西,所以你发掘的眼光实际是在面向未来。那么,你觉得**一个人应当如何在世俗的繁忙、焦虑中依然保持积极向上的精进状态?**

**余世存:**我也不知道自己什么时候开始形成的一个习惯,就是不让每天白过。这两年我开始站桩,我觉得每天的生活忙乱,有时候乱成一团,但我站一会儿桩锻炼一下,我觉得今天就没白过,并不是说我今天一定要把某本书读完才算过得有意义。

**俞敏洪:**你用什么标准来判断自己这一天没有白过?我是到了这几年,才认真在思考每一天,每一天过完了,我都会问一下,今天白过了吗?如果觉得今天白过了,我就会特别懊恼。对于不白过,当然也有一些定义,比如我今天背了 20 个单词,我觉得没白过;又如读了一篇特别优秀的文章,没白过;再如我们今天对谈,我得到了一些收获,我觉得没白过。但在这个前提下,这个"不白过"的浓度能不能更高一点?当然这个浓度不是说要匆匆忙忙,有人把忙碌变成了不白过的标志,我觉得这是错误的。

## 8. 给年轻人:认真阅读,好好生活

**俞敏洪:**我发现你从年轻时候开始,就有非常良好的读书习惯,包括做记录、做笔记,写文字的时候还可以随手引用。我想问,你对现在年轻人的阅读有什么样的建议?他们应该读什么样的书?用什么样的方式来读?

**余世存:**我觉得找到一本自己喜欢的或者适合自己的经典来读,可以抄书,

这是我的经验。

**俞敏洪**：抄书不会很慢吗？我现在如果读到一段特别值得记忆的话，我会用录音把这段话录下来转换成文字，拷贝到我的电脑上。

**余世存**：我们现在可以这么读，但对年轻人来说，这个笨功夫是要下的，要下笨功夫最好的方法就是抄书，就像苏东坡抄汉书一样。年轻人要过这一关，读书的时候最好以读研究生的态度去抄书，甚至给它作注都是可以的。

**俞敏洪**：尽量读那些给你带来思想转变、提高境界的书，并且深度地阅读下去，是这个意思吗？

**余世存**：对，我见过一个朋友，他五年时间读了七八遍我的《老子传》，每读一遍都会做一遍笔记，最后他再读其他书就特别快。他自己跟这本书发生了共鸣，他的思维也得到了不断的训练，训练之后再去读别的书就会非常快，甚至可以一目十行了。我觉得他读了这几遍之后，就自己走出一条路了。

**俞敏洪**：先往深里挖，再往广里走。

**余世存**：是的。

**俞敏洪**：现在很多人觉得上了大学，甚至上了研究生都找不到工作，那读不读大学就无所谓了。有很多大学生、研究生也在当外卖小哥、开网约车，但我一直认为年轻人应该要读大学，因为读大学会给你的一生带来潜移默化的影响。面对这些年轻人以及他们的想法，你会给他们什么样的建议？读大学到底还有什么好处？

**余世存**：读大学的好处根本不需要说，我们俩都是读大学出来的。如果觉得读书没有用，是因为书在你那儿还没有展示出用处，不用着急，只要你身上确实有书，自然还是会发生作用的。我觉得经典也好、读书也好，从来不会辜负你，真正的辜负就是你辜负了它。就像我们有时候会自嘲一样，说我们毕业以后就把书还给老师了，那就是你辜负了书，然后你觉得读书无用。但如果你真的读进去了，从书中受益了，你绝对不会说我把书还给老师了。那些书也好、那些经典话语也好，一直在你内心里，这些东西对你会有潜移默化的影响。

**俞敏洪**：但有人会说读书又不能当饭吃，读了书也不会涨工资，我为什么还要去读书？你觉得读书从长久来说，会给一个人带来什么样的好处？

**余世存：** 读书可以对人本能的那一面进行对冲，如果你没有书作为参照物，**我们就活得太偶然，太投机了**。人还是应该从投机的状态中走出来，既然人都是要追求自由，你在本能和投机的状态中会被环境、性格完全支配或左右，你超脱不了，你从容不了。但如果你读书，沉进去了，你的态度自然会好。

**俞敏洪：** 也有人常常跟我说，觉得读书读完就忘了，感觉读书挺浪费时间的，我说你吃了饭还得上厕所呢，但实际上吃饭这件事保持了你生命的活力。读书也是如此，你读完以后忘了没关系，它已经给了你营养，只不过你没法分辨出来这个营养到底是哪一句话、哪一本书，但它实实在在让你的人生更加丰富、思维更加活跃、眼界更加开阔了。这是我觉得读书的好处。

**余世存：** 这个比喻非常好，读书就是精神食粮，我们每天除了吃饭以外，也要有精神上的食物。

**俞敏洪：** 现在很多大学生，他们的大学四年都是虚度的，原因之一是他们不明白这大学四年应该干什么。包括今天我们北大的学弟学妹们，已经没多少人像我们当初那样没命读书了，他们一上来就想着要找工作、找实习，当然也有很多家庭确实困难，所以他们也需要这样去做，但我总觉得大学生活不能在这样功利主义的环境中度过。对于此，首先我觉得大学本身就要负责任，大学的领导、老师，有责任为学生创造一个良好的阅读和成长环境，但中国现在不少大学确实做不到，大学本身变得很功利；其次大学生本身应该形成这样一个成长的氛围。你觉得大学四年应该怎样度过会不白费？

**余世存：** 大学四年，我觉得就是好好读书，交交朋友，这就够了。

**俞敏洪：** 读书、交朋友，抱着不那么功利的目的，让自己的四年青春在书香和友情中度过。

**余世存：** 对，一定不要让自己处在不安全的状态里，现在的大学生不安全感太重了，首先要证实自己是否有不安全感，如果有，我们就去寻找可信任的东西，可信任的东西就是两类：一是经典书；二是人。你找到一个可信任的老师、朋友，这个不容易，但找到了，可能对你以后的人生成长都有很大的作用。

所以，我觉得**一定要建立起自己在这个世界上可信任的坐标，把这个坐标建起来。**

**俞敏洪**：我记得有大学生跟我说，他很想在大学里找一个对自己终生产生影响的导师，可是找不到。我就跟他说，你难道不能把自己变成自己的导师吗？

**余世存**：没错，我以前写过一个段子，一个郑州小伙子考进北大，想在北大寻找"五四"青年，看到你，不像"五四"青年，看到我，也不像"五四"青年，最后一看，原来"五四"青年就是自己。

**俞敏洪**：自我期许在个人成长中其实非常重要。

## 9. 尾声

**俞敏洪**：您后面还有什么写作的打算吗？

**余世存**：我这两天已经开始一部新作品的写作了，原来有一阵我说我在向文学告别，但这些年可能恰恰又回到了文学的状态。

**俞敏洪**：不会写本小说吧？

**余世存**：其实想写的东西还是很多的，像我的朋友张远山，他对自己经常有十年规划，十年要写多少本书，他是有规划的，我以前不懂他说的这个话，现在发现我也一样，得有规划，得赶紧写，如果不写可能就没精力了。

**俞敏洪**：我没有这么多的想法，后面的岁月就想吃吃喝喝，我过去几十年活得太累了，想让自己轻松一点。

**余世存**：好，特别好。

**俞敏洪**：今天时间差不多了，我最后再推荐一下你的几本书，一本是新版《时间之书》，讲了二十四节气，从封面设计到内页插图，越来越好看了。和《时间之书》相配套的，《余世存给孩子的时间之书》分成了春、夏、秋、冬四本，孩子们可以阅读，家长也可以和孩子共读。还有一本是《自省之书》，是余世存老师对于中国原典的解读，而且是专注于中国原典的当代精神解读，从原典精神中寻找能够跟当代生活相呼应的先圣先贤的观点和经典中的观点，包括老子、庄子、孔子、孟子、韩非，还有对《易经》《礼记》的解读。在解读过程中，余世存老师用现代语言传递了原典中最精华的思想，同时把世界上其他国家一些经典思想家的思考放在一起进行参照，让读者感到人类对于重大思想的思考都有共通之处，所以这是一本值得大家拥有和阅读的书，我把它列为思想领悟必读书。

**余世存**：我觉得这几年《时间之书》也是参与了中国的节气文化热或者节气文化回归，这本书对年轻人也有很大的帮助，里面有一句话其实对年轻人有很强的安慰作用和励志作用：年轻人，你的职责是平整土地，而非焦虑时光，你做三四月的事，到八九月自有答案。

**俞敏洪**：这句话让我特别感动，这种带有冲击性的话语，会给你的大脑产生超强记忆。今天的时间差不多了，我们就聊到这里，特别感谢余世存老师，谢谢大家。

**余世存**：谢谢俞老师，谢谢大家！

（对谈于 2022 年 12 月 18 日）

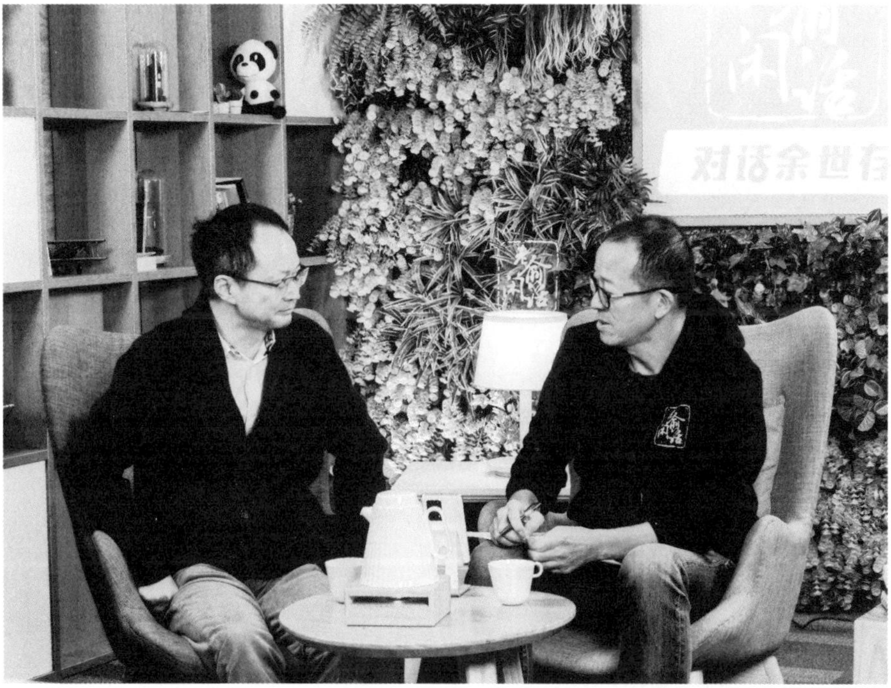

第二部分

# 成长陪伴

老俞对谈录

## 对话 赵洪云

陪伴孩子是人生最好的"投资"

我们多给孩子表扬和鼓励,把他的心情理顺了,自然就会好沟通了。人是精神动物,把精神解决好以后,才谈得上让他们接受我们输出的东西。

赵洪云 /

毕业于清华大学,曾为北大计算中心工程师,"贝多钢琴学习陪练机"发明专利拥有者,更是一位有爱心、耐心和智慧的父亲。出版作品有《爸爸与小孩》三部曲。

**俞敏洪：**各位朋友好！今天我邀请了毕业于清华大学的赵洪云老师一起对谈。赵洪云老师把自己当父亲十几年的心路历程以及与孩子之间的对话，编成了厚厚的三本书——《爸爸与小孩》，我读了以后深受感动。因为我也是一位父亲，所以今天和他相约一起聊聊有关家庭教育的话题，尤其是"如何当好父亲"，希望今天的对谈能让大家有所收获。

## ——对谈环节——

### 1.《爸爸与小孩》：尊重孩子的精神世界

**俞敏洪：**赵老师好，可能很多网友对你不熟悉，我读了你的《爸爸与小孩》之后特别感动。我是一本一本读下去的，还做了不少笔记，因为我也是一位父亲，我也有儿子，今年大二，你儿子现在也是大二，我们的孩子刚好差不多大，我们都有很好的当父亲的经验，尤其是你，陪着孩子一路成长，从幼儿园到小学，再到初中、高中，你记录下了这么多美好的时光，还用那么好的文字给了很多父亲以启示，我要代表家长们向你表示感谢，这三本书的价值远大于你做一个

10亿的公司。赵老师讲述一下你写这三本书的缘由吧?

**赵洪云:** 谢谢俞老师,我在写书的时候确实有这样的感受,如果能让更多家庭、更多家长有缘看到这些文字,肯定是对孩子有帮助的。这跟其他的教育书、一般的纯方法论,你要怎样、不要怎样的书不同,这实际上是给孩子构建思想和精神的一个东西,相当于给孩子打疫苗,但不是强行灌输,而是借用孩子的好奇心。

我认为最好的教育方式就是跟孩子保持一段距离,不是用咄咄逼人的方式,而是用孩子比较感兴趣的话题,循序渐进地把他引入进去,让他看到里面别有洞天,在这里面他能够获得一些不一样的东西,获得一些成长、一些思考。在他以后的人生当中,他会不断地从中获得好处,相当于打精神疫苗,让他受益一辈子。

**俞敏洪:**《爸爸与小孩》这套书有三本,分别从小学、初中、高中三段时期出发,我觉得值得所有父亲买回去认真读一读。我想问,你是中科大高才生,然后到清华读研,后来去北大工作,你把中国的三大名校都走遍了,在那么忙碌的状态下,把你跟孩子之间日常的交流记录了下来,你是怎么做到的?

**赵洪云:** 我其实一开始跟孩子还没有互动的时候,感觉还没有那么强烈,当父亲的责任感也有点肤浅,但跟孩子有了互动以后,当一个生命在你面前活蹦乱跳、开始对话、能够提出一些问题的时候,就不禁让我开始思考,同时也让我开始反思自己的童年,反思在时代限制下我父母教育我的方式以及现在我对自己孩子的教育方式。然后我就觉得,我是不是应该按照我对这个东西的见解或者认知而有所作为?所以,我就把孩子成长过程中一些比较有意思,或者一些带有我特点的教育方式和认知形成了文字。

最开始我把这些东西发在了博客上,得到了一些朋友的反馈,后来身边的朋友看到以后就给我鼓励,说你这个挺好,跟其他的内容不太一样,**这种很正面的反馈一直鼓励着我,我就继续写下去了。**

**俞敏洪:** 假如你没有得到他们的鼓励,也许你写着写着就不写了。

**赵洪云:** 有可能,这是无心插柳的一件事。

**俞敏洪：**我一直觉得，在孩子的成长过程中，父母对孩子的鼓励比制约更加重要。你在孩子的成长过程中，会怎样给予孩子鼓励呢？

**赵洪云：孩子在成长过程中，他会有很多的问题，但在每次遇到问题的时候，我基本都跟孩子在一个战壕里面，包括他做的一些不那么完美的地方。**比如，他在学校里面遭到了批评，我会首先跟孩子共情，让孩子冷静下来，让他觉得你跟他是一伙的，这时候你再去跟他对话，冷静地去分析他面对的一些问题，包括哪些方面做得对、哪些方面做得不好，这时候他不是抵触的心态，能听进话一些，问题就好解决了。当然，关于鼓励方面，比如他每次考试或者学钢琴的过程中遇到了一些"瓶颈"，我也会在情感方面首先表示理解，在这个过程中，我还帮他想办法解决这些具体的问题，我想俞老师也是赞同的，我们多给孩子表扬和鼓励，把他的心情理顺了，自然就会好沟通了。**人是精神动物，把精神解决好以后，才谈得上让他们接受我们输出的东西。**不然你有再好的想法、再好的观点，如果他是抵触心态，传播起来也是很有难度的。

**俞敏洪：**有一句话说得特别好，"让孩子感觉到你和他是一伙的"。我觉得孩子不怕父母管教自己，只要在合理范围之内，他们都能接受，他们最怕的是父母在对抗的情绪上管教自己，或者在孩子情绪特别激动的时候，父母还火上浇油。这并不是说要你纵容孩子，或者孩子犯了错你也鼓励他继续犯错，而是让孩子在心理上接纳你，愿意跟你交流，之后随着孩子情绪的平静，父母再给孩子分析问题，在给孩子足够尊严的前提下，纠正孩子的错误，这时候孩子就会特别容易接受。

而且，我觉得赵老师做了一个榜样，如何跟孩子和谐相处，并且给孩子以润物细无声的指引，让孩子对世界的看法、对人生的看法、对事物的看法能够不断地沿着正确的路径往前走，你还用非常优美的文字，给我们带来了心灵抚慰。其实即使没有孩子，读这三本书依然会有春风化雨的感觉。这套书还有一个特别有意思的地方，赵老师是用诗歌排版的方式来呈现这套书，确实增加了人阅读的美感。我把书中一个关于小鸟的片段分享给大家：

"爸爸再次伸出手指，指向天空的候鸟，你看天上的鸟儿飞过，虽然不留痕迹，可是鸟儿确实有它飞行的轨迹，我指尖画出的曲线，虽然难以描绘，但它必然遵循着宇宙的规律。我们自身也因为这个规律而来，因为这个规律而去，人的生命、思想和灵魂，就像鸟儿飞过天空一样，一代接着一代，飞向无限的远方，与广袤深邃的宇宙同在。"

这个写得真的特别好，用诗意的语言、科学的思维方式写出了跟孩子共同成长的轨迹。

## 2. 父母对赵洪云的影响

**俞敏洪：**我在你爱人写的每本书的后序里，都看到了你跟你爱人的美好爱情。你们是中学同学，到现在为止两个人还相亲相爱，而且培养出那么好的孩子，我真的要向你表示祝贺，并不是每个父母都能在青梅竹马的时候互相认识，而且等到孩子上了大学，依然能够如此相知相爱，这真的是一件特别了不起的事情。

你是在什么地方长大的？你学习这么好，跟你父母对你的教育有关系吗？

**赵洪云：**我是在川北农村里长大的，四川巴中。

**俞敏洪：**我去那边的农村地区学校做过调研。

**赵洪云：**我们那边是大巴山，我是山区里的孩子，从小就跟山为伴，不是爬山就是下河。我们上小学的时候，走那个陡梯子就是摩肩接踵的体验，走路都有一种艰难感。

我父亲是一个乡村教师，他在离我们家四五十里远的地方上班，他对我的影响更多是身教。我父亲给我的感觉确实是负重前行，因为时代的局限，他们在那种条件下是很艰辛的，而我父亲又是把我们家扛在肩上的。他在学校里人缘挺好，比如我们家里需要什么家具，包括我姐姐结婚需要一些嫁妆，他就会在学校那边找人做好，然后他再背回来，包括一些椅子、箱子。我爸爸经常干这个，所以每个周末他都会背个东西回来，慢慢地，他脊椎上面长了一个瘀血的包，看起来就很疼，我父亲给我的印象就是这样。当然我也很黏我父亲，因为他是很慈爱的人,他每次放假回来,假期里面要去干什么活儿,我都会跟在后面。我父亲也是很勤劳的人,家里有什么需要他做的,他都不会把自己的辛苦说出来,只是默默去做,但因为我是他的小跟班,所以我都看在眼里。

**俞敏洪:** 你觉得你父亲在你成长过程中对你影响最大的两个方面是什么?

**赵洪云:** 第一是对于家庭的责任感,包括对孩子、对爱人,这方面他给我的影响很大;第二是为人处世,我父亲是一个特别正直也特别有骨气的人,他特别不愿意出于自己这样那样的原因,给别人增加麻烦,他在这方面真的算是一个顶天立地的男子汉。

**俞敏洪:** 你父亲去世以后,对你的精神打击还是蛮大的,当你父亲离开后,你突然发现和孩子在一起的时光其实是非常珍贵的。

**赵洪云:** 是的,肯定有冲击。我父亲去世的时候没能见到我的孩子,我父亲去世三年以后,我的孩子才出生。我会对父亲这个角色有更深层的认知,是因为父亲在孩子心目中的印象真的会影响孩子一生的幸福感,我每次想起我的父亲,都是一种温厚、仁爱的形象,比如有些时候我做得不太好,他也没有直接骂人,从来没有过,这点对我影响也是蛮大的。

**俞敏洪:** 父亲高于泰山的稳重、肩扛道义和责任的形象对孩子的影响是最大的,这是我个人的感觉。你刚才回忆你父亲的时候,我也想起我的父亲,他是标准的农民,不认字,连小学老师都不是,但他身上的那种善良、敦厚、男子汉的气质对我的成长起到了比较重要的作用。你学习成绩这么好,是你努力的结果,还是你天生智商确实比一般人要高?

**赵洪云:** 我有时候也在反思这个问题,我觉得好像可以归结为一部分运气。我也会跟周围从小长大的孩子们做对比,我感觉那些孩子也不比我笨,他们也很聪明的,包括下象棋、绘画都有板有眼的,但为什么到了某个阶段就突然刹车了?我也在分析。我觉得这可能跟我的性格有关,我是一个比较安静的人,一旦认准一件事情,我特别能够投入精力并沉浸进去,然后把自己认为该做的事情做好。

我认为在我成长过程中,其实得到了一些便利——我认识的老师在我各个阶段对我都挺好的。小孩在成长过程中，如果能够跟周围的环境形成一种良性互动，会对孩子精神方面的健康成长有非常正面的影响，孩子能够因此获得很多便利。这也是我在《爸爸与小孩》里想达到的一个目标，从小形成一种良好的势头，跟老师、家长、周围的人有一种良性的互动关系，对孩子会有一种积极的心理暗示。

**俞敏洪：** 你在上学的时候，父母更多是鼓励你还是批评你？

**赵洪云：** 初中的时候，有一次我考试考得不太好，名次掉了不少，但我跟家里说的时候，他们完全没有当回事。我后来想，觉得他们是相信我，因为我这人的性格，他们还是了解的，我自己很有上进心，所以他们不太担心。

**俞敏洪：** 你的孩子也会有偏科或者成绩不好，然后他有跟你探讨的时候吗？

**赵洪云：** 有，回忆起来我还真是发挥了一些作用。他幼儿园的时候学英语完全找不到状态，因为家长可以旁听，我就看到别人在好好学的时候，他就在旁边玩自己的，等到幼儿园毕业的时候，很多孩子都获得了剑桥的预备级证书，只有两个孩子没有，他就是其中之一。家长面临这种情境的时候，必然有所触动，那时候我就告诉自己，我不能再这样，我要有所作为，我要主动出击。

我请了一个香港人来对他一对一教学，他是在外国长大的，所以他的第一语言就是英语。我们上了三个月还是半年，他的每堂课我都会听，我会看看他的套路是什么，之后发现他也就是拿着一本教材来讲。我摸清以后，就把这个招式学会了，比如怎么练习听、说、读的细节等。包括那时候学奥数，我会带他到海淀上课。他的每个关键时间节点，我的参与还都挺深的。

后来他的英语上道了，我就有点放手了，但我给他规定了一些任务，包括俞老师的红宝书，我们也利用起来了，我会让他每天早上起来第一件事就是先记一些 GRE 单词，后来到他初一的时候，老师就跟我说他现在的英语水平是初三的水平，这就给了我一些正面肯定。英语方面只要把他带上道了，我就省心了。

## 3. 做学习型的父母

**俞敏洪：** 从你的书中可以读出来，你对孩子的影响更多的是对他人生观、世界观，也包括科学观的影响，从你的角度来说，你认为自己对孩子产生影响更多的是哪方面？

**赵洪云：** 我们经常在一起，**他从我这里学会的每一项技能，在之后我都会告诉他当时我为什么要这样教他、用的什么方法教会的他**。他将来有一天也会成为父亲，所以这对他来说也算是一种启发。

在这个过程中，我一直很清醒，比如学轮滑，我是怎样让你学会的，我为什么要这么教你，我希望孩子在我这里习得一些东西，包括关于人文方面的一些引导，让他顺着我的思路往下去想。如果从小就给孩子传输一些这方面的知识，他在心里就会有一个印象，在这方面有了认知以后，他就会有意识地建立一些东西，在某一个环节，他会给自己的行为做定位。我孩子现在大二了，他很关心国际形势，我们也会经常探讨这些问题，我感觉他现在已经在这些方面包括一些思想领域，有了自己的见解，虽然不一定对，但只要能让他的视野不局限于某一个单一方向就行。

**俞敏洪：** 这跟你从小跟他探讨各种各样的问题其实是有关系的，培养了孩子对问题的独立思考能力，而这个过程是你和他一起完成的，你会跟他解释，然后让他回答问题，通过问问题的方式互相探讨，然后一起寻找答案，这是我读你的书感觉到的你给孩子带来的最好也是最珍贵的礼物。

我在书中读到不少你单独带着孩子去爬山、考察的片段，在这些片段里，你们父子之间的对话非常深入人心。**你在现实生活中真的会单独带孩子出去玩吗，还是一家人一起出游的情况比较多？**

**赵洪云：** 每次外出基本都是一家人，实际上母亲和父亲的角色有时候会交叉，但我认为还是有个分工比较好。比如我们家，凡是涉及技能性的东西，我都责无旁贷，所以在学技能的过程中，我会把一件事情往高了去思考，我会给孩子讲为什么，尤其是学游泳这一篇，里面就贯穿了我的思想。为什么很轻易就把游泳学会了？其实对很多人来说，学游泳是很难的，就算上了特长班，感觉自己学会了，还是怕水，但我把他教会了，这涉及方法论，其实是一种思考层面的问题，所以也能让孩子获得一些不太一样的东西。

**俞敏洪**：在日常孩子成长过程中，你和你爱人有什么样的分工？你觉得你爱人在孩子成长过程中起到了什么作用？

**赵洪云**：我觉得她有时候会在我和孩子之间担任一种旁观者、观察者的角色，她能够发现我们在相处过程中有哪些问题，会提出来。比如，在学钢琴的过程中，在技术方面我全程参与，但有可能我用的一些方法她觉得不太对，她就会提醒我。我也会有一些低级的失误，跟孩子相处有点紧张的时候，她会提示我，可能前一天晚上，我哪里严厉了，她也会给我指出来，我早上起来的时候就会给孩子道歉。其实反过来也是如此，我在旁观她和孩子相处的时候，看到哪些地方做得不太到位，我们都会拿出来探讨，其实也都是学习型的。

**俞敏洪**：现在很多父亲都说没时间跟孩子在一起，觉得自己忙着工作、挣钱，能把一家人养活就不错了，但我看你跟孩子在一起的时间还是蛮多的，你是怎么做到的？

**赵洪云**：这是一个很现实的问题，大多数父亲确实承担着养家糊口的重任，甚至压力还挺大。但如果这是一种投资行为，他就会有另一个认知，在孩子身上的投入，比起暂时的养家糊口的影响其实会更长远，如果有了这种认知，我们可能就愿意花时间去陪伴孩子了。时间是非常有韧性的东西，我们现在无论再忙，刷点朋友圈的时间还是有的，所以如果我们认为应该要把时间花在孩子身上，那回家第一件事就是跟孩子玩一会儿，问问孩子今天在学校怎么样、过得如何。所以我认为认知是非常重要的，如果有了这个认知，你是愿意付出时间的。

**俞敏洪**：对一位父亲来说，当他把时间花费在陪伴孩子上时，他在未来得到的回报是远远大于当初在孩子身上所付出的时间成本的，可以这样说吗？

**赵洪云**：可以这样说。从另一个角度来看，**一个孩子的成长直接关乎一**

家庭的幸福感。假设家里出了一个问题儿童，真的会让一家三代都陷入恶性循环，彼此都不满意，这会变成一个跳不出来的怪圈。一旦会有这样比较糟糕的情况出现，你就会发现，对孩子付出时间是很值得的。

**俞敏洪：**就像你说的，我一直认为孩子身上出现负面的东西，常常是因为家长教育或者陪伴不正确而带来的。**那你对现在的父母有什么样的建议？父母在教育孩子的过程中，怎样才能投入正确的时间和精力？**

**赵洪云：**最重要的一点其实就是建立观念，我们要认识到，**当父母都是需要学习的，没有人天生就会当**，所以父母们一定要有一个学习心态。**建立起一些观念，预知到一些东西，在各个阶段做正确的事情，尤其要有时间概念。**比如，孩子几岁之前适合什么样的教育方式，从而有针对性地给他植入一些东西，就像打疫苗一样给他打一些预防针。在《爸爸与小孩》里有些文章也涉及了这点，举个典型的例子，毒品好像离我们很遥远，但实际上如果遇人不淑，朋友当中就有这样的，如果各位家长从来没有告诉过孩子这些，他可能就真的会稀里糊涂地去尝试，这不就万劫不复了？

又如游戏，我们也要告诉他游戏的本质是什么，让孩子有一个正确的认知。从我自身的角度来说，游戏可以有多种玩法，我看俞老师也有这方面的见解，游戏要玩高级的、知识性的，我大致的想法也是这样。孩子当然可以去了解游戏，要不然跟同学就没有共同语言，但任何一个游戏的目的都是通关，需要一关一关打，但我认为孩子在通过玩一两把了解它的设计思想后，就可以了，就不要去通关了。我孩子恰恰也做到了这一点，他爱玩一款 MC 游戏，好像是一个 3D 类的自我搭建，里面涉及脚本，这是他很擅长的。经常有同学到我们家来摆开一个场子，他在里面相当于一个指引的角色，而且要教他们编代码。这方面我给他打了预防针，我不知道是不是这个起了作用，他一直没有对某一个游戏特别沉迷。当然，在我告诉他之后，他也在有意回避，如果有同学太沉迷，他就会反思，觉得同学不应该这样，这时候我就觉得应该是起作用了。

## 4. 如何引导孩子走向未来？

**俞敏洪：**你孩子也是学的计算机专业，但我知道你的孩子从小还喜欢钢琴、音乐等，而且对这些也非常敏感，那你的孩子最后是怎样确定要学计算机的呢？是在你的影响之下才做出这个决定的吗？在孩子的专业发展方向上，你觉得父母应该起到什么样的作用？

**赵洪云：**我觉得家长在这方面真的可以有所作为。我自己比较喜欢计算机，所以我也不会排斥孩子喜欢这方面，虽然这个专业还是挺辛苦的，但哪个专业要做好不辛苦呢？所以我也会让孩子主动了解我所在的行业，比如他在很小的时候，我会把他抱在怀里，把电脑上很漂亮的屏保指给他看，所以他从小对电脑就有一种亲近感。后来也有一些像"wawayaya"这样的游戏，里面也会有一点小知识，我会让他接触电脑。他其实很早就学会了打字，这也算一个技能。

**俞敏洪：**有点像中国古代小孩抓周，从小让他对你的专业计算机有一种亲近感，让他觉得这就是他生活的一部分？

**赵洪云：**对，他现在上大二，计算机专业让他有一种如鱼得水的感觉。当然我还有一个观点，**家长的技能到了一定程度之后，尤其你的技能在你生孩子之前就已经根深蒂固的话，那真的是会有遗传的影响。**我也不知道这些信息是怎么传递的，所以我也在思考，人类的基因哪些是可以遗传的？好像现在生物学上还没有定论，父母的强烈爱好在基因上会传递给孩子，但在教育学和心理学上，父母的喜欢和爱好在孩子出生以后对孩子的影响是非常重要的，就像滑雪冠军谷爱凌，她滑雪那么好，一方面可能是她有天分，但另一方面当时她的母亲是滑雪教练，孩子没人带，所以在孩子一岁多刚会走路的时候，就带着孩子上雪场了，孩子其实是在雪地里长大的，滑雪比走路还要溜。

**俞敏洪：**我觉得这个影响更多可能还是后天的。以我为例，我发现我两个孩子的数学能力比我强太多了，我的数学能力一塌糊涂，按照遗传的原则，两个孩子数学方面应该都很笨，但他们学微积分、统计学一点问题都没有，我觉得知识好像不是遗传的，而是后天影响的结果。当时我两个孩子和我在异地，他们是在我爱人身边长大的，我爱人数学不错，所以我的文科思维没有在后天成长过程中影响到两个孩子，他们反而数学好。当然后来因为我和孩子的关系还不错，孩子发现我喜欢读书，尤其喜欢读历史方面的书，两个孩子后面确实受了我的影响，有点迎头赶上的味道。我觉得父母后天对孩子的影响其实更大。

现在你儿子已经上大学了，完全是一个独立的成年人了，那你平时还会跟他探讨一些人生问题吗？他还会主动跟你聊吗？

**赵洪云：** 他今年已经 21 岁了，**对于世界完全有他自己独立的见解，这时候的我其实是一个观察者的角色，他母亲也是。** 他平常跟他母亲沟通得更多，他母亲在看到问题之后也会反馈给我，我们一起来分析孩子现在的思想正处在什么阶段，我们应该怎样去跟他沟通或者介入、探讨一下，说出我们的一些观点，让他的见解更全面，免得陷入偏执。

**俞敏洪：** 孩子现在已经长大了，慢慢有了自己的世界，未来也会有自己的事业、会结婚、生孩子，你作为一个已经基本完成使命的父亲，当你往后看的时候，会有一种失落感吗？

**赵洪云：** 我觉得不会，现在孩子在每一个阶段都给我带来了惊喜，我们也会给他做一些心理暗示，希望他以后用自己的一些习惯达成他做事的目标，当然我们也不会强烈地给他预设一些目标，**但我们会在某些时间稍稍暗示一下，你应该怎么样，但不会强行地说你一定要怎么样。** 他现在凭借着我们这么多年在他心中的积累，无论他能到什么程度，都算是好的结果，**就放手让他去走他自己的人生路。**

**俞敏洪：** 你希望你的孩子未来成为一个什么样的人？

**赵洪云：** 还是看他自己的机缘，无论他做什么行业、在哪一个领域，我觉得他个人的幸福感或者自我的感觉是最重要的。比如有一些职业，完全超出了他的特长，我们也不会建议他非要怎样，我觉得他自己的感觉很重要，**我们希望他做决定是自由的，同时尽量向好的方向去发展，我们就觉得挺满意了。**

## 5. 陪伴孩子是一场人生修炼

**俞敏洪：**你作为一位非常合格的父亲，在孩子身上花了不少心血，你觉得陪伴孩子的过程会影响你的事业和发展吗？

**赵洪云：**我觉得是这样，我陪伴孩子的过程是在丰富我的人生历程。我们说人生就是一场修炼，当然也有人说是修行，有点宗教的意味，但我觉得确实是这么回事。孩子就是生命给我们的礼物，当我们有了这个环节之后，好像人生更加圆满了。**在这个过程中能获得不少感悟，你会不断修炼自己，修炼自己的耐心、脾气、秉性，这对自己来说也是一种提升，也是完善我们人生的过程。**

**俞敏洪：**是的，我完全同意，跟孩子打交道，陪伴孩子一路成长，对父母来说都是一个不断自我完善的过程，也是不断自我升级的过程。如果夫妻有了孩子，却依旧处于结婚之前的认知状态，那一定带不好孩子，或者带的过程中会出现各种歪七扭八的问题，所以在孩子一路成长的过程中，父母要不断自我学习、自我提高。而且随着孩子的成长，父母的成长速度也会不断加快，在这个过程中对人性的认知、社会的认知、夫妻关系的认知也会更加深入。某种意义上是一个修炼的过程。

在你陪伴孩子的过程中，你耗费了很多时间，最终也达到了一个不错的结果，但如果你把陪伴孩子的这些时间用在你的事业上，最终你创造了一个伟大的事业，那么现在让你在这两者之间选择，你会怎么选？

**赵洪云：**这是一个直击灵魂的问题。是非常难选择的，但我的答案可能不在我们预设的选项中。我一贯习惯于跳出问题思考问题，俞老师其实说的是一种比较典型的问题，但确实也很难回答，我们有没有第三种选择？也许我的事业没有大到几百亿，少挣一点，也能兼顾家庭的各个方面，整体上追求一个平衡，也许就能找到解决的办法。**可能每个具体的时空、每个人面临的问题不太一样，我只是认为这是一个解决问题的方向，不能简单的二元论，要么这样，要么那样。**当然有时候也会用这种方式给自己找一个台阶下。

**俞敏洪：**你说得非常对，但我在这方面可能比你更加有感悟，因为我把几乎 90% 的时间和精力都用在了新东方这个所谓的事业上，我部分意义上疏忽了对两个孩子成长过程中的陪伴。现在回过头来看，如果用我自己的感觉来说，我宁可新东方小一点，或者说不投入那么多的精力。当然如果你没投入那么多的精力，可能新东方也就没了，因为**这是一个竞争的世界，你必须全力以赴**。在做新东方的过程中我也得到了很多，但如果让我陪着孩子成长，也许我的内心会更加满足，甚至对自己的一生更加满意。我觉得我作为父亲，和孩子一起成长的时间是不够的，这是我生命中留下的不可弥补的最大遗憾。幸运的是，我两个孩子成长得还算好，都上了不错的大学，也很懂事、善良，我确实也尽可能多地在假期时陪他们玩，跟他们进行各种各样的交流，但现在回过头来看，真的是相当不够，跟你比，尤其感觉到有点汗颜。

**赵洪云：**其实您办新东方，是在用另一种方式陪伴孩子们的成长，这对孩子们来说也是一笔精神财富，虽然在这个过程中有你感觉不那么完美的地方，但也要退一步想这个问题。而且我们自己的思想也是要重构的，总之，现在我们已经这样了，更多的物质财富又有何不可呢？

**俞敏洪：**给孩子留下物质财富当然是有好处的，但我觉得远远不如精神财富，不如培养孩子**独立成长、独立思考、独立发展的能力**，这人生的"三独立"真的很重要。我在这里也跟所有的父亲说一下，**在孩子的成长过程中，父亲多给孩子一点时间，多和孩子进行交流和探讨，多和孩子出去行走世界，这件事怎么做都不会亏**。就像赵老师说的一样，**这是一种投资，而且是一种你不会后悔的投资**。

## 6. 文科与理科其实互为补充

**俞敏洪：**我也喜欢写东西，我也想过要不要去记录点东西，但我和孩子之间的交流是不连续的，在他们的成长过程中，我没有一直陪在他们身边，所以我到现在为止都还有点遗憾。我和你一样，也从不和孩子发生对抗，我也会和孩子一起探讨人生问题或者其他问题，但在很多问题上，我完全没有你的知识结构，因为你文理兼通，你在书里留下的每一段文字都条理清晰、充满情感，无论是在路上，还是旅行间隙，抑或是坐在台阶上时的情景，你都能和孩子进行和风细雨的对话交流。

你在书里写到的那些知识，真的是在和孩子交流的时候产生的吗，还是在后来写作的时候补充进去的？**你理工科的知识就不用说了，你在中科大读的理工科，到了北大、清华也是工科，但我发现你对人文知识的把控也非常到位，这些知识和功底你是如何习得的？**

**赵洪云：**可能是一些机缘。我从小就爱看一些线装书，里面就讲了张良拾履、三侠五义那些东西，我对这些比较感兴趣。到了大概大一、大二的时候，我学业上稍微有点跑偏，对人文的东西非常感兴趣，比如莎士比亚的作品很多我都看过，我会用录音磁带听这些作品的对白，而且很多对白我都会背；除此之外，像雨果《撒旦的末日》、大仲马的《三个火枪手》、但丁的《神曲》，我都会拿来研究，所以我在那时候受到了文学强大的熏陶。我记得大学的时候，我们还会举办一些比较文艺的小说比赛，有一回我得了二等奖，当时觉得好神气，甚至有点佩服自己，我怎么随便一写他们就给我发了个二等奖，而且还奖励了一套莫言的小说集，我在里面读到了莫言著名的《透明的红萝卜》，这对我影响还是挺大的，他小说里的张力感我到现在都记忆犹新。

**俞敏洪：**现在中国学理工科的大学生，大都不读文科类的东西，从你的角度来说，一个理工科学生阅读一些人文相关的作品对个人发展会有什么好处？还是有不少理工科的学生认为读文科类的东西是在浪费时间，你觉得是吗？

**赵洪云：**我觉得不是，**读文科反而是一种补充，人应该是要很丰满的，而不是只知其一。**人文是什么呢？其实人文让我们浑身充满血和肉，让我们内心带着温度，这个温度可以跟周围形成一种互动，这一点无论你做什么工作都是必需的。人文就是让一个人具备这些东西，能够体会人间冷暖。俞老师擅长文科方面，你对这方面也是深有认知，比如你从新东方的事务中脱离出来，闲暇之余做一些思想、精神方面的传播，这其实就是在人文领域把你的能量发扬光大，这是一件太有意义的事情。

**俞敏洪：**我觉得工科生对人文的理解有非常独特的视角，一是逻辑思路非常清晰，二是挖掘事物的角度在不失温度的情况下更具备科学性。我是标准的文科生，我高考的时候数学才考了4分，当初我们高考的时候，对外语专业的学生来说，数学是不计入总分的，所以我数学学到当时高一的水平之后，就彻底放弃了。

但随着现代科技的发展，包括管理的进一步深入，人对科技提出了更高的要求，我开始发现我有点跟不上了，所以我打算开始从头学数学，我的数学得从一元一次方程学起，然后用后面的时间慢慢学，毕竟年纪大了，时间会相对充裕一些，想着大概用五到十年的时间，看能不能学到现在高中的水平，更高阶的应该没戏了。

**赵洪云：**太佩服俞老师了，您60岁还有这样的心态，还愿意进入理科的领域里来。我认为只要沿着一个正确的路线循序渐进，肯定没问题。

**俞敏洪：**尽管我理工科一直不行，但我真心佩服科学家和工程师，因为今天的世界能够得到如此翻天覆地的改变，人民生活水平能够得到这么好的提高，不管是医疗水平、生物水平，还是物理、化学、计算机、信息工程，所有这些东西都是科学家、工程师们完成的。最近我刚好在看一部国产剧，那部电视剧讲的是那些为了全世界人类的幸福、科学的进步而献身的人，比如研究疫苗的人，不顾个人生命安危，把初步研制出来的疫苗注射到自己身体里，真的让人非常佩服。

从某种意义上说，作为文科生，如果能有一些科学思维、理工科思维也是特别重要的。我最近读了几本书，《病毒传》《枪炮、病菌与钢铁》，还有德威特的《世界观》，最近还在读《王立铭进化论讲义》、尹烨的《生命密码》等，这些都带有一点科学色彩，我正在恶补自己的科学知识。我特别佩服像你这样文科水平特别高的理工科人，因为你们是全面发展的人，我很少看到文科水平好，理工科也特别好的人，所以我对你的文笔相当佩服。

在你的书中，写了一段你跟孩子看了《冈仁波齐》以后的交流与探讨，看到这段的时候我真的很感动。实际上，《冈仁波齐》出来以后，我做了大范围的推荐，也算得上是电影的主要推荐人之一，甚至还让新东方当时几万员工全体到电影院看了这部电影，所以我对这部电影的感受跟你的感受是一样的。我没想到你跟儿子有这么好的探讨，我记得你讲到了两把钥匙，这段写得真的很美，我想把这一段分享给大家：

"一把厚度的钥匙，一把温度的钥匙，这两把钥匙怎么使用？小孩笑了笑，爸爸说好，我们先来开第一把锁，你看他们心中有神圣的信仰、美好的信仰，于人无害，不妨碍他人，也不强加他人，他们自己因为信仰而充满力量，这令人羡慕、令人崇敬，因为信仰，他们愿意把身体放到最低，也因为信仰，他们的内心像高山仰止。有一个成语叫高山仰止，从内心做到这点的人很少，他们真正做到了，他们仰望的背影又让局外人仰望。他们共同的信仰让他们萍水相逢，也能像家人一样互相帮助。他们不怕贫穷、不怕艰辛，他们质朴、耿直、单纯，他们的信仰是人性的美好在他们身上绽放。

"如果我们由衷地钦佩他们并感知这些美好，就需要放弃狭隘和偏见，或者说需要心胸有足够的厚度，这个厚是仁厚的厚、宽厚的厚，有了这个厚我们就不会轻易地轻视别人，这样就打开了第一把锁。他们中很多人把朝圣当作毕生的愿望，他们的信仰让他们获得了巨大的精神力量，普通的心灵也好像发出了耀眼的光芒。他们的信仰甚至超越了生与死，他们的信仰就像一盏璀璨的明灯，伴随并指引他们面对人生的困惑、艰辛和苦难，而能感知别人的苦难，就如同感知我们自己的苦难，这需要我们的心是热的、是温暖的，而不是冷漠的、凉薄的。换句话说，需要我们的心有足够的温度，这样就打开了我们的第二把锁。"

我相信大家听了这段以后也会很感动，我觉得如果有一个父亲是这样跟孩子交流的，那么这个孩子不变好、不变得温暖、不变得对人类充满希望和热爱是不可能的。

今天我们的对谈就到这里。再次向赵老师表示感谢，谢谢你能一起跟全国的家长们交流带孩子的心得。

**赵洪云：**谢谢俞老师，再见。

## ——对谈结束——

**俞敏洪：** 各位朋友好，刚才是我和赵洪云老师的对谈。赵洪云老师横跨了三个优秀的大学，中国科技大学的本科、清华的研究生，后来在北大工作，现在已经离开北大了。他在自己陪伴儿子成长的过程中，用诗一样的语言记录了他跟孩子交流的过程，最终演变成了这样的一套书籍——《爸爸与小孩》。

刚才有不少朋友留言说："那是因为基因好，父母本身都是好大学，所以孩子才这样好。"其实不是这样的。我是北大出身，我有北大的朋友，也有其他好大学的朋友，但很多这种高才生父母就是不会带孩子，有上学上不下去的，有把家里砸了的，甚至把父母打了的都有。所以，实际上不管是什么家庭出身的孩子，能够正确地当父母或者当好父母才是最重要的。从和赵洪云老师的讲话中可以看出来：

**第一，父亲本身必须要为孩子做一个榜样**，孩子一定是看在眼里的。不光是做事的榜样，做人的温和、做人的定性、做人的不急不躁、和人友好相处的能力都非常重要。

**第二，陪伴孩子成长**，这是最重要的一点。如果你只是指责孩子或者指点孩子，却不愿意陪伴孩子，孩子就觉得你无非是一个权威的父母，并不意味着你是一个好父亲或者好母亲，所以陪伴孩子、理解孩子、懂得孩子是非常重要的。

**第三，指导孩子**，孩子是一张白纸，你如果不指导他，他就会随意乱长，但如果父母过分按照自己强势的意愿去指导孩子的人生，实际上也没有任何意义。那怎样把孩子往正确的方向引，让孩子能够在健康的道路上成长，这件事情就变得非常重要。

我也想就现在社会上很多话题进行一个讨论：一、要不要孩子的问题？二、做母亲和做父亲的侧重点在什么地方？三、父母在教育孩子的过程中，应该对孩子采取什么样的态度？

## 一、要不要孩子？

现在不少朋友选择丁克，也就是不要孩子，这实际上是个人的选择问题，应当尊重他人的选择，但我会从自己的角度来聊一下生孩子的好处和坏处。

首先讲一下好处，有四点：**第一，如果夫妻之间是真心相爱、彼此欣赏，那么有孩子其实是一件特别好的事情。**因为这是爱情的结晶，两人看着孩子身上流淌着自己的血液，那种感觉是不一样的。除了过程，人也是需要结果的，况且这种结果还会强化过程，所以孩子实际上也能更加稳固两人的关系。当然这里有一个前提条件，两个人之间是真心相爱且相互欣赏的，如果两人互相之间不欣赏甚至排斥，那这个婚姻就没什么意义了。

**第二，孩子会形成很好的家庭纽带，这一点或多或少有生物学上的意义。**本来两人的关系是相对松散的，没有生孩子的夫妻更容易打离婚的主意，而生了孩子的家庭就会好一些，原因就是有孩子以后，孩子强化了三人之间的关系。况且现在已经允许生两个、三个了，所以如果有经济条件，实际上还可以形成四人关系，在这种强有力的血缘关系之下，彼此都会更愿意把这种关系继续维持下去。

**第三，孩子可以给一个人带来成长。**我个人认为，我最快的自我成长是在孩子出生以后，因为你不自觉地就会承担责任，不自觉地就会为自己的辛苦找到合理的理由，而且你在人生态度上也会有所改变。所以，有孩子对一个人的成长和成熟有着很好的促进作用。

**第四，孩子也会给我们带来很多日常生活以外的乐趣和惊喜。**一般来说，孩子给我们带来的乐趣和惊喜会比烦恼更多，当然如果你不会当父母，比如经常溺爱孩子，导致孩子最后没办法按照正常、健康的发展路径成长，那可能孩子长大以后会给父母带来更多的烦恼，这种极端的现象实际上也很常见。但绝大部分人，如果是用平常心跟孩子打交道，那孩子本身给我们带来的意外惊喜还是比较丰富的。比如周国平老师，他60岁才有孩子，他就写了一本书叫《叩叩》，生动灵活地写出了与孩子在一起时自己感受到的惊喜与乐趣。所以这些都是要孩子的好处。

当然，要孩子也有一定的坏处：**第一是经济负担**。有了孩子以后，花费会急剧增加，而且不少中国家庭就要一个孩子，在孩子身上往往是超期花费——本来在一个孩子身上不需要花这么多钱，但父母出于对孩子的宠爱或者是成才心切，就会花费更多成本，比如非要吃国外的奶粉、穿国外的纸尿裤，这就比较容易造成过度的经济负担。

**第二是时间占领**。如果没有孩子，时间就是两个人的，只要不互相干涉，实际上时间都是属于自己的，不管是出差、跟朋友吃饭还是看场电影都非常方便。但有了孩子以后，即使要请保姆，也依然要跟孩子在一起，所以孩子对我们的时间占领还是很多的。就算像我这样的人，孩子出生以后，也还是要花不少时间跟孩子在一起的。

**第三是夫妻之间比较容易为琐碎的事情发生争执**，在孩子身上谁花的时间多、谁花的时间少？谁负责任、谁不负责任？谁更累了、谁不累了等一系列琐碎的事情，都会比较容易带来麻烦。

**第四是会不断为孩子的事情操心**，这就容易导致自己对其他事情分心。

总而言之，生孩子有好处也有坏处，但要不要孩子还是要由自己来选择。从我个人角度来说我是要孩子的，我有两个孩子，一个儿子，一个女儿，现在都上大学了，回顾以往，我们也要花钱，也要花很多时间，但我个人感觉，如果当父母当得正确，孩子给我们带来的乐趣远比烦恼要多。尤其在你老年以后，如果孩子本身有出息，就很能给你带来安慰。毫无疑问，如果孩子带好了、成功了，你年纪大了以后，你的人生会更加安心、更加满意，毕竟所有人，只要没有意外，都能够活到60岁以后，也就是孩子长大以后。如果没有孩子，那后边的日子都只有你一个人，就会显得有些空虚。所以，生孩子既有好处也有坏处，到底生不生孩子，还是看个人选择，我只是把自身的体会分享给大家。

## 二、如何扮演好父母的角色？

**我觉得当父亲最重要的有三点：一是父亲必须有正直、开朗的个性。** 如果一个父亲腻腻歪歪、斤斤计较或者自私自利、鬼鬼祟祟，这个父亲给孩子建立的形象就不好，这样的父亲很难带出一个大气的孩子，而且不管是女孩子还是男孩子，父亲在这方面对其的影响都是很大的。一个女孩子如果在父亲的引领下，有一点点开朗气或者豪爽气，这样的女孩子未来在社会上也会更容易取得成功。男孩子就更不用说了，男孩子身上的男子汉气原则上通常是由父亲带出来的，这是父亲个性的直接影响。所以，父亲培养自己正直、开朗的个性和担当精神，就变得特别重要。

**二是要有善于探索钻研的精神。** 大部分情况下，带着孩子去探索这个世界，走到更加有风险、更加陌生的世界，带着孩子旅行，做各种各样有一定风险的体育活动等，都是父亲会做得更好，还有一些科学探索方面的事情也是这样。这个过程能让孩子在不知不觉中养成思考世界以及探索世界的习惯，引领孩子走向世界的更深处。

**三是引领未来和理想的勇气。** 一个父亲本身失败没有关系，但失败以后你呈现出来的态度特别有关系，比如新东方遇到了很多困难，我的孩子也会问我，爸爸你受得了吗？你的情绪怎么样？如果我灰头土脸、垂头丧气、唉声叹气，就会对我的孩子产生重大的影响。所以尽管我面临着很大的压力和挑战，但我一直在孩子面前呈现出一种乐观、坚韧不拔、反复强调未来继续努力必然会重新辉煌的精神状态，这自然就给孩子带来了一种不怕艰难的勇气。

**对一个母亲来说，三个要素比较重要：一是情绪稳定的母亲会给孩子带来正面的影响**，如果母亲脾气不稳定，无论孩子做对了还是做错了，都可能会受到母亲的影响；如果孩子在母亲身边没有安全感或者觉得不稳定，会对孩子的个性有比较大的伤害。

**二是母亲原则上要有秩序井然的个性**，举个例子，如果母亲不能把家里打理得相对井井有条，家里就会不那么温馨，孩子也不太能培养好的生活习惯。

我们希望孩子在成长过程中能够不断地自我独立，自己处理好周围的事情，在某种意义上，这也是母亲能带出来的，比如从小让孩子整理自己的房间、打扫卫生、参与家务，让孩子感受到家里井井有条带来的好处。

**三是母亲喜欢读书**，毕竟母亲平时跟孩子在一起的时间比较多，像赵洪云这样跟孩子在一起时间比较多的父亲毕竟是少数，母亲的阅读习惯或者跟孩子在一起讲故事、探讨书中内容的习惯，会给孩子的阅读和未来学习带来很大的影响。

当然，这并不意味着父亲不需要具备这些能力，只是母亲对孩子的影响更加直接、更加重要。而**父母共同要做的事情也有三个：一是陪伴**。陪伴是什么概念？孩子需要父母陪着长大，要给他更多的时间和关注，关注不是溺爱，而是在边上看着孩子独立地成长，在必要的时候帮扶一把，不能给孩子吃饱了、喂足了、穿好了，就觉得父母的任务完成了。

**二是引领**。孩子到这个世界上，最重要的是要对他进行引领。因为孩子是一张白纸，这张白纸能画出什么样优美的图画，全靠父母的能力。孩子就像刚刚从地里钻出的一棵树，这棵树能不能长直、长旺盛，要看父母怎样浇灌他，这种引领非常重要。引领分为四个方面：**第一，行为上的引领**，哪些行为该做、哪些行为不该做，我们不应该宠爱孩子，在行为上拼命给他过分的限度，孩子明明做错了事情或者明明做得不对，你还一味地纵容孩子，这个引领就错了。**第二，生活习惯上的引领**，按时睡觉、不挑食这些都是，比如孩子不爱吃蔬菜，父母应该怎么引领孩子吃蔬菜，让身体更加健康，怎么样不挑食。等到孩子再大一点，怎么样独立整理自己的房间甚至参与家务劳动，这些都是生活习惯上的引领。**第三，看法和品德上的引领**，孩子是不是有礼貌，什么行为该做、什么行为不该做，父母都要努力做出引领。**第四，面向世界知识上的引领**，通过阅读、带孩子玩、给孩子讲解等方式让孩子学习更多知识，这种引领非常重要。赵洪云老师的《爸爸与小孩》，就在知识上对孩子做了非常好的引领，所以他孩子成长得也非常好。

**三是包容**。孩子总会犯错，原则性的错误应该引领纠正过来，但孩子其他的错误应该包容，甚至包括学习不是那么好。如果父母过分指责，孩子就会对学习失去兴趣。还有常犯的小错误应该包容，父母如果过分凶、不给较宽的限度，孩子就会和父母有很大的隔阂。

除了这三件事，父母还要给孩子三样东西：**一是时间**。陪伴是需要时间的，而且要给有质量的时间。什么叫有质量的时间？不能说我在家里，你在家里，父亲拿着报纸或者打游戏，孩子也在打游戏，这不是给时间。给时间是大家在一起共处，比如家庭温暖时光，一起出去散步、一起出去看电影、一起做游戏、一起共读一本书，或者一起探讨一个问题，这才是真正的给时间。

**二是做榜样**。任何榜样都是无声的，而且榜样是最重要的，父母平时自己斤斤计较，不断心生怨气或者反复抱怨，却希望孩子变得更大度，这是不可能的。所以父母作为榜样是无声的状态，父母的做法孩子都看在眼里，父母不愿意做的事情孩子一定不会做，父母做的事情，哪怕你做的是坏事，孩子也会想：父母都这样做了，我凭什么不这样做？这样就会带来很大的麻烦。所以我们很多时候看孩子长大，觉得孩子身上这也不行，那也不行，但父母通常不会反思自己。其实孩子身上这也不行、那也不行的根源有两个：第一是父母在言语上和态度上对孩子造成了伤害，或者不知道怎么样才是正向地培养孩子；第二是没树立好榜样。

**三是要给孩子适当的支持**。支持有时候是语言上的，有时候是行动上的，比如孩子喜欢读书，你就要给孩子买书，这是行动上的支持；孩子喜欢旅游，你愿意陪着孩子一起去旅游，这也是行动上的支持。

## 三、父母如何更好地教育子女？

最后我想说，父母对待孩子的态度有三种。这三种态度是我自己总结的：

**第一是重过程**。父母特别希望让孩子有一个结果，以上学来举例子，父母会特别希望孩子是班里的第一名、第二名或者第三名,但我们从来没有关注过孩子学习的过程,不知道他是否认真、是否感兴趣、是否遇到了什么问题。当你重结果的时候,孩子的结果一旦不好,父母就会心生怨恨或者打骂孩子,或者对孩子比较严厉、摆脸色,这就会给孩子带来重大的伤害。当你重过程的时候,孩子的心态就会变得不一样。就算他考试不是第一名,甚至是不及格,你也应该对孩子进行鼓励,给予赞扬,因为每个孩子的智商是不一样的,而他已经付出了足够的努力。当然我们工作的时候,作为老板是要重结果的,但如果一个老板对员工既重过程又重结果,这个公司就会管理得更好。

孩子的成长是一个过程,只有18岁高考是一个结果,如果孩子成长过程中品德好、个性好、抗打击能力强,即使他考不上好大学,未来也能有很大的出息,所以过程太重要了。在过程中我们怎么样跟孩子交流,怎么样鼓励孩子,怎么样能跟孩子互通信息,能让孩子对父母有非常好的依靠心理而不是依赖心理,都是非常重要的。因为我们最终培养孩子的目的其实就像鹰一样,是要把孩子变成能够击破长空的独立的雄鹰,但很多父母在培养孩子的过程中犯了一个严重的错误——自己像老母鸡一样拼命地护着鸡蛋,最后把孩子护成小鸡,等到孩子长大以后,最终还是只小鸡。

现在的中国父母和孩子之间有种很奇怪的关系,父母长大了还在依赖孩子,孩子长大了也还在依赖父母,有些父母甚至还以孩子在大学毕业后向自己索要生活费为荣,觉得你向我要生活费,是你离不开我,是一件特别幸福的事情。这明显是不合格的父母,这是害了孩子。孩子如果离不开父母,大学毕业好几年还靠父母的生活费生活,甚至不找一份工作,这也是孩子没有成长的标志。特别重要的是,在孩子成长的过程中,一定要慢慢培养孩子独立的个性、独立的行动、独立的思考,放宽孩子的生存空间,放宽他自己做决策的空间,这才是真正的好父母。

**第二是重鼓励**。不管是人还是动物,都是在鼓励中成长的。对孩子来说,规范很重要,哪些应该做、哪些不应该做,但更重要的是在规范的前提下做鼓励。孩子第一次考了40分,第二次考了50分,就应该鼓励,因为他进步了10分,你不能给孩子设定一个最终目标 100 分或者 90 分才给予鼓励，剩下的都是打骂和指责，那这个孩子就完了。所以当他第一次考了 40 分，但第二次考了 50 分、60 分的时候，就应该鼓励。每一个鼓励都是非常重要的，当然鼓励不是放纵，也不是孩子做了坏事你还要鼓励，而是你在发现了孩子点点滴滴的进步后，就应该给予属于父母的好脸色和鼓励。同时，要注意一个严重的问题，不少父母喜欢拿自己的孩子和别人的孩子进行比较，这样就麻烦了。如果你是拿一个比自己孩子程度差一点的孩子比较，会让孩子骄傲；如果你拿一个比自己孩子程度好一点的孩子比较，那你就是在伤害自己的孩子，所以这是要避免的。

**第三是重个性。** 让孩子有一个独立的个性非常重要。我们特别喜欢有个性、有个人主张、有决策能力的孩子，如果从这个意义上来说，我们从小就应该培养孩子独立思考的能力、自我做主的能力。

做好这些以后，想成为合格的父母，大概就八九不离十了。

时间关系，今天就直播到这里，谢谢大家！再见！

（对谈于 2022 年 4 月 24 日）

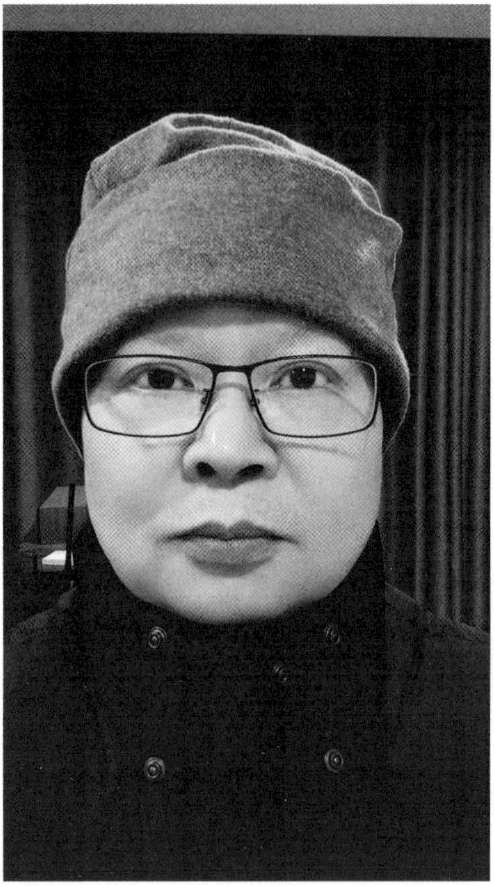

## 对话 **周成刚**

经过岁月考验和沉淀的友情！

> 我们今天越是走向世界，越是应该去借鉴、学习世界游戏的规则，学习先进的理念和思想，再把国内的传统文化和中国人勤劳的优势结合起来，这样我们就能走得更远。

周成刚 /

新东方教育科技集团首席执行官。做过大学老师，当过新闻记者，倡导国际教育，传播多元文化。2013年发起"探寻世界名校之旅"活动，十多年来遍访各大洲两百余所世界名校，用镜头和文字记录下探访中的见闻和思考。著有《穿越世界的教育寻访》《镜头里的世界名校》《由东向西看教育》《不一样的成长：写给中国家庭的国际教育启蒙书》等。

**俞敏洪：**各位朋友大家好！今天我邀请了新东方的周成刚老师进行对谈。最近我俩都出了新书，老周作为国际教育专家，最近出了与国际教育相关的书籍《不一样的成长》；我作为行走、阅读的"专家"，也出了新书《在岁月中远行》，所以今天我们就一起聊聊新书，聊聊有趣的话题。

## ——对谈环节——

### 1. 在人生岁月中远行

**周成刚：**今天来之前我又读了一遍《在岁月中远行》，俞老师的这本新书也一如既往，和生命、感悟有关系。其实我特别想问，今年（2022年）是我们两个人的本命年，都到 60 岁了，**在 60 岁这个时候，你有没有什么新的感悟？**

**俞敏洪：**肯定有感悟，每个年龄段都有不同的感悟。人大概分成几个阶段：**第一个阶段是勇往直前**，有的人开始得早一点，有的人开始得晚一点。我觉得我开始得还算比较早，大概小学毕业进初中时，我就意识到自己不希望一辈子在农村待着，尤其当时的农村基本没太多希望可言，所以一心一意希望去更大的世界看一看。到了高中以后,我已经有明确的目标了,要参加高考,即使高考连续失败,也依然不曾放弃。进了北大以后,我也拼命学习,毕业后留在北大当老师。这段时间算是为了自己的前途勇往直前的岁月,某种意义上这个岁月叫青春无悔。

**第二段是寻找人生方向的岁月。** 通常大学毕业或者研究生毕业后大家都会开始工作,并反复去思考自己的工作适不适合自己干一辈子,要不要干下去,它的意义是什么,这时候就有点寻找工作意义、人生意义的味道了。我的这段时间相对比较幸运,在北大当了6年半左右的老师,解决了我对职业的困惑,刚开始当老师的两三年,水平其实很差,当时我教一个40人的班级,最后就剩3个学生听我上课,这对我的心理打击还是挺大的。如果当时和现在一样有那么多工作机会,或者有那么多元化的社会发展,我可能就不当老师了,也就错过了把自己变成好老师的机会。不过,当时我是不可能换工作的,因为都是国家分配,在这样的背景下,凭着我的个性,**这件事情要么我不做,要做就一定要做到自己认可、别人也认可**。从这个意义来说,我必须要做好老师。所以在那几年,我反复琢磨怎样才能当一个好老师。当时北大有很多优秀老师,我就去看他们是怎么讲课的,也会尽可能增加自己的阅读量和知识面,备课的时候也尽可能认真备课。在这个过程中,我慢慢发挥了自己的特长,开始比较轻松地上课,讲一些幽默的故事,慢慢受到了认可。我非常庆幸我只用了三四年的时间,确定了自己一辈子到底要干什么,我当时就确定,我这辈子就要当老师,要读书。当然,当老师是我的职业,不是我的事业,我当时也没有想要做什么事业,做事业是另一个状态。

**第三段岁月就是做新东方。** 一开始是为了挣钱出国,不得不从北大辞职,辞职出来先给别人干,但干着干着发现了一个机会。当时感觉如果在中国做培训,应该很有意思,不光能赚更多钱,而且能帮助更多人,所以我在外面混了两三年以后,就有了这样的意愿——自己做一所培训学校,就有了1993年的新东方,一做就做到今天。当时打算做两三年,攒够100万就可以一辈子不用再赚钱了,后来发现其实已经不是钱的事情了,这个事业一步一步把你往前拉着走，而自己也愿意全身心投入，再后来我就把王强、徐小平和你这样的人从国外拉回来一起干，业务越做越大，变成上市公司。尽管一路走到今天，我们遇到了各种各样的艰难，但路径依然没变，我们依然在事业中，以新东方为支柱，以你这样的战友为核心，一起继续在策划新东方的未来。

在这个过程中，我打开了另一个岁月。为什么这本书叫《在岁月中远行》？因为我发现，**除了事业以外，还有一个最重要的核心要素：你还打算成为一个什么样的人？你愿意为这个世界留下什么样的记忆？**所以我个人后来觉得自己可以在做新东方的同时，再做一些我觉得有意义的事。首先是阅读，我的读书量其实比较大，而且我读书基本像陶渊明似的，"不求甚解"，读到开心的时候，我就会给朋友推荐，现在有了各种直播平台、推荐渠道，就可以更方便地给大家介绍我读过的好书。《在岁月中远行》里就有我的读书笔记，我觉得这是传播知识、传播智慧的工作，是一个特别好的事情。

其次就是旅行，受我们老乡徐霞客的影响，当然也受到很多其他人的影响，比如前段时间和朋友聊到林达写的《西班牙旅行笔记》，这些人在远行中的思考也给我带来了很多启示和启发。所以，我在十年前就开始有意识地把自己的旅行做成笔记，跟大家分享。最近我又发现，通过和一些著名学者、作者进行对谈，也能传播不少正向思想，所以这样类似的事情，我应该会一直做下去。**从过去的岁月中走来，再走向未来的岁月中去。**

对我来说，现在主要还有两件事需要思考：第一，新东方未来还打算做什么？我们今年毕竟60了，如果离开以后，新东方的后来人他们会做什么？第二，于我个人来说，到了现在这个年龄，我能如何过得更加自在、舒适？这不是物质上的舒适，而是心灵上的舒适，同时又能承担一定的社会责任，创造一定的社会价值。

我给这本书起了《在岁月中远行》的名字，这六个字也是我自己写的。其实，任何人的岁月都是客观存在的，不管你现在多少岁，年龄总会增加，20岁会变成40岁，40岁会变成60岁，60岁会变成80岁。总而言之，**岁月自己就会走，你在岁月中怎么走出你的特点、你的内涵、你的精彩，这就是个人的选择。**我希望在走向未来的岁月中，依然有一种丰富在等待我，我也深刻地意识到，这个丰富多彩至少在很大程度上由我的人生态度和人生选择来决定。

其实我也想问老周，你的人生岁月给你带来了什么？你是如何决策自己的人生岁月的？

**周成刚：** 其实我特别有幸能在高考复读班和俞老师成为同班同学，他是我们的班长，从那时候就显示出了他的领导才能，一直到今天还领导着我，这也是我想不通的一点，几十年了，还领导着我（笑）。

这么多年，我一直在俞老师身边工作，自然也会受到影响。俞老师的《在岁月中远行》则是自己认真践行读万卷书、行万里路的成果，在这本书里，有他的小游记，有他的人生感悟，还有他对书籍的推荐，读完以后会感觉，不论是心灵还是身体，就该永远在路上。

也正是因为俞老师在前面跟我们这么说、这么做，所以我也在努力远行。在过去十年，尤其从 2013 年到 2022 年，我更多是在国外穿越，走访世界名校，前后走了 20 多个国家，200 多所名校，做了 500 多次访谈，更多是为了把外面的世界带回中国，和中国千千万万的家长和同学分享外面的世界，所以就有了我最近刚出版的《不一样的成长》。**我希望我们的孩子都是不同的个体，未来都有不同的路径，每个人都能把自己的潜能发挥出来；更重要的是，在面对 21 世纪的时候，孩子能够成为真正发挥自我潜能、保持自我兴趣爱好，同时又能为社会做出贡献的多元化人才。**我觉得我们的孩子还有很长的路要走，所以我在过去七八年一直在走、一直在探访。未来疫情结束后，我还会想要带着团队继续往前走，因为有太多地方值得我们去看、去探索。

**俞敏洪：** 我对你比较了解，你算是比较开朗、比较看得开、比较勤奋的人，但你并不是那种苦哈哈的勤奋，而是把个人生活和勤奋结合起来，且做出了很多有创造性的事情。我想问，如果让你来描述，你觉得自己从小到现在，你个性中最大的特点是什么？

**周成刚：** 我干什么事情的时候，总喜欢去看看，这个有没有什么规律，有没有什么方法可以掌握，能不能把时间或者效率弄得更突出一些。有时候跟俞老师在一起，感觉俞老师时时刻刻都在看书，而且每年都出书，有时候一年能出两本，每一本都很畅销。我心想，我也看了那么多书，我虽然做不到成为一个专业作家，但更想通过掌握里面的奥妙，让自己事半功倍，所以我一直在努力，一直在模仿，但确实没法超越。

**俞敏洪：** 在新东方人的印象中，你一直是比较潇洒地在做事情，举重若轻的感觉，而我一直是比较苦哈哈的，这可能是我们俩个性上的不同。

**周成刚：** 你的家国情怀重一点。我也正想问这个问题，你给大家表现出来的永远是那么乐观、坚强、拼搏的样子，我今天又重读了《在岁月中远行》，我感觉能时不时从你的字里行间读到一些悲情，但你又能很快把自己拉回来，就这样一来一去，总有种挣扎的感觉。

**俞敏洪：** 我感觉自己是一个终极意义上的悲观主义者。悲观主义不是内心对自己绝望、失望，或者对这个世界绝望、失望，而是觉得生命总会消失。如果把时间放得更长，人类说不定也会消失，人类消失就意味着现在所有被赋予意义的文明就会变得没意义，甚至如果给到足够的时间，地球也会消失。**世界上有两件事情是确定的，第一就是你早晚会死，第二是你不知道什么时候会死。**在这个过程中，就会有一个人生的幻灭感，觉得所有的东西到最后都会消失掉，所以会有悲伤感或者悲情感。但倒过来，我的人生态度就变成了一种积极状态，因为每个人都只有这一辈子，而每个人又是那么独一无二，所以必须好好珍惜今世今生，用老天给你的时间去收获更多。这一定不是金钱、地位、名声，因为这些东西尽管有一定的重要性，但当你获得的金钱能把你的生活打理得基本像样后，金钱对你人生丰富性的边际效应就递减了，慢慢就失去了意义。所以，我的思考是，在老天给你的岁月中，在你活着的时候，到底如何能过得更好？

其实世界上有的人活得积极乐观，有的人活得悲观消极，有的人是尽可能和别人连接得更好地活着，有的人是跟别人对抗着活着。也许源于父母从小给予的养育，而且我们小时候成长的社会状态是大家互相帮助、互相支持、无条件帮助别人的，在这个过程中，我意识到，**一个人积极乐观地生活，主动勤奋**

地努力，积极去和别人进行连接并且和别人互相帮助，这几个路径是一个人在世界上、在社会中、生活中最好的状态。你去帮助别人也好、为别人付出也好，表面上好像你失去了什么，但实际上人是群体动物，从本质来说，在社会中的人互相之间更愿意展示善的一面，因为展示善的一面有利于互相之间的合作和帮助。

## 2. 在有限的时间内追寻热爱

**周成刚：**你在书里写了很多游记，而且你在我面前说过好几次，要重走徐霞客路，我去摄影，你写文字，但我们现在交通那么方便，当初徐霞客走的路可是历尽千辛万苦，那这样的重走，你觉得还有意义吗？

**俞敏洪：**当然有意义。大家都知道徐霞客是江苏江阴人，徐霞客的家乡现在被改造成了徐霞客纪念馆，我们从城里走路都能路过，现在叫徐霞客镇、徐霞客大道。徐霞客从江阴出发去旅行，后来写了一本厚厚的《徐霞客游记》。我就想，如果我们对照他的文字去走那些地方，把他走过的路再走一遍，并把今天所看到的景象用照片和文字的方式整理出来，一定很有意思，所以我就有了这么一个想法，要重走徐霞客之路。而且这条路我应该跟老周一起走，为什么？我用文字来记录，他用图片来记录，我们联合起来重走徐霞客之路，图片加文字，我相信这应该是值得大家去读的一本书。甚至我们可能还会留下一些视频，弘扬行走的自由精神。

为什么我那么喜欢徐霞客？因为我觉得徐霞客是一个另类。在明代，徐霞客的祖父叫徐经，他和唐伯虎一起到北京考试，结果被人举报舞弊，从此他的祖父包括他的父辈都不能参加科举考试，所以他的祖父和父辈都是在行走中度过生命的。这个背景自然对徐霞客产生了不小的影响，到了徐霞客这一代，虽然他可以参加科举考试，但他已经没有兴趣了。他抛弃了传统上升之道，选择用自由行走来追求一种灵魂的自由，当然他本身也有一定的经济实力，因为他们家就是做生意的。总而言之，我喜欢徐霞客的两个原因是：**第一，他有自由**

的灵魂；第二，他有自由的双腿。

**周成刚：** 其实俞老师这个计划已经很多年了，在我面前说过无数次，但直到今天还没有实现。所以就代大家问个问题，俞老师不断地说，要么读书，要么远行，总之灵魂和肉体总有一个要在路上。**但回归现实，大家都有家庭、工作，都很忙，怎么才能平衡好呢？**

**俞敏洪：** 对我们来说，有两件事情是人生必不可少的，第一是养活自己和家人，这件事情很现实，没有任何浪漫色彩，如果一个人能养活自己和家人，就挺了不起了。当然，如果对"养活"的要求再高一点，就比较难了，比如要买房子、汽车之类的。而且，如果要生好几个孩子，经济压力是非常大的，意味着对你挣钱这件事情提出了一个挑战。但这是我们要面对的，是需要根据你的能力来筹划的，比如我生孩子的时候，已经33岁了，为什么之前不生？因为经济条件不够，确实生了孩子压力大，所以这其实是个循序渐进的过程。

除此之外，我觉得要做到两件事：**第一，趁着年轻尽可能打磨自己的能力，怎么打磨都不过分。** 趁着年轻的时候该读书读书，该拿证书拿证书，该学本领学本领，该找师父找师父，该艰苦艰苦，该勤奋勤奋。包括你的工作能力，要让自己在同样的时间段内尽可能地挣到更多钱。如果每人都付出8小时，一个月下来你挣了5000块，别人挣了10000块，你的时间成本就高很多。如果真的慢慢能做到用同样的时间，挣的钱越来越多，就表明你挣钱的能力越来越强。

**第二，要尽可能把自己喜欢的事情和工作结合起来。** 如果你做的事情能挣钱，但你比较讨厌，不喜欢，你每次去上班就像走进牢笼一样，这对人的精神折磨还是比较大的。现在很多人都在想，等自己退休以后再去做想做的事情，这其实是一个特别不好的想法，因为你的退休岁月其实很远，而且你退休以后还有没有这样的精力、时间做你想做的事情，就是问题了。此外，如果中间出现什么意外怎么办？意外和明天到底哪个先来，你根本就不知道，所以自己愿意做的事情要尽可能早地去做。这也是我到了45岁以后才意识到的，我45岁之前一门心思都放在新东方上面。岁月很漫长，唯有喜欢和热爱能够抵消这种漫长。

**周成刚：** 后来发现这两个可以并轨。

**俞敏洪：** 对，后来慢慢发现，我周围已经有大学同学、朋友突然离开这个世界，所以我觉得，自己想做的事情一定要尽可能早地去做。所以我在45岁之前是没写游记的，甚至也没有旅游过什么地方，当我突然意识到之后，我就在想，如果我希望自己去旅游，希望自己多读书，希望自己能够过得更潇洒，为什么我不从今天开始呢？

**周成刚：** 突然有一天悟到了就付出行动了？

**俞敏洪：** 就是一段时间以后，我突然发现，除了新东方的事业，我还有自己在生命中希望拥有的东西。所以，我开始从新东方的繁忙中挤出时间去旅行、去阅读，甚至去发呆，一个人独自行走等。因为我希望不管我什么时候离开这个世界，回头看的时候，我不会觉得太亏负自己。

**周成刚：** 是，很多事情确实很难做到，就拿记录来说，你现在每天基本能写几千字，但感觉大部分人都没有那个时间写，你是怎么做到的呢？

**俞敏洪：** 实际上就是习惯性记录，我后来有意识去记录。比如，我到任何地方旅行，会先有意识地收集那个地方的历史资料、人文背景、景点特色，这样再去旅行的时候，就跟纯粹的行走不一样了，想写点东西也不那么难了。

**周成刚：** 我记得你在书里专门说过一段话，好像专门为了记录，有时候也让自己感觉很累、很苦，还有多少字要写，还有多少书要看，还有多少资料要查？甚至让它变成了自己的负担。你是特意想证明自己能永远传递正能量吗？

**俞敏洪：** 其实还是内心喜欢。我从不强迫自己写东西，因为我现在写东西都是用电脑，有时候情绪不对或是思维受阻，拿着电脑待了10分钟、20分钟甚至半个小时，也写不出来一个字，那就不写了。所以我写东西没有固定的时间，而是当我感觉情绪比较好了，刚好没有新东方的会议或者事情了，我就写。在办公室写，晚上一个人在书房里写，有时候在汽车里、飞机上也会写，是一种比较自由的记录状态，也不会在写的时候去考虑语法对不对、表达精不精确、有没有更好的词语，所以我的文笔并不怎么样。

**周成刚：** 很舒服，很通畅。

**俞敏洪：** 我本身就不是一个作家，所以没必要用专业写作的标准来要求自己。

## 3. 国内外教育的差异与优劣

**俞敏洪：** 你的人文功底、文史哲功底一点都不比我差，你的文笔功底，我觉得某种意义上比我好，至少你的英文功底比我强很多。你还有一个本领是我完全没有的，你的摄影水平几乎是专家级的，我办公室里挂的几张大照片都是你拍的。我原本以为你就往摄影家的方向发展了，没想到后来就开始出书了，你从 2000 年回到国内以后，一直到 2015 年之前基本没出过书吧？

**周成刚：** 没出过书，翻译过几本书。

**俞敏洪：** 你出版的所有书籍里都有特别美好的图片、照片，几乎都是你自己拍的。你的写作过程是怎么样的？

**周成刚：** 我没你写得那么快、那么流畅，但也一直在努力。我会从自己的专业和喜好开始，不断向外思考更多。我自己算是一个留学生，我的孩子也是留学生，我现在做的工作跟留学也有关系，所以我更多是在国际教育方面做一些探索，这也刚好可以给新东方带来更多的推广，所以自己就一头扎进去了。

**俞敏洪：** 你的每一本书，包括《不一样的成长》《由东向西看教育》《穿越世界的教育寻访》，还有《镜头里的世界名校》，都把摄影、文字和教育三者结合得完美无缺。你是什么时候开始想起来要把你的摄影和文字结合起来做这件有意义的事的？

**周成刚：** 我一直喜欢拍照，拍来拍去，大家说你这样并不能体现它真正的价值，现在靠摄影要挣钱、要维生，好像是很困难的。后来，我出于工作的缘故要到世界各地出差，要跟大学谈判，跟剑桥谈判，我发现，我看到的很多大学生活和国内的信息并不那么对称，就忽然想，我为什么不能专门拍一拍世界的大学？所以就用了七八年时间，不断拍世界各国最著名的大学和中学。应该说，在中国，没几个像我这样专门花七八年时间走访那么多世界大学，还拍了那么多照片的，而且很多照片还达到了半专业的水平。

**俞敏洪：** 是专业水平，不是半专业水平。

**周成刚：** 所以慢慢形成了图文并重的呈现方式。现在的家长和年轻人生活节奏都很快，大家希望以最快的速度了解自己想知道的东西，所以像《不一样的成长》《穿越世界的教育寻访》这几本有关国际教育的书，在出版之后都成了国际教育的畅销书。《不一样的成长》比俞老师的《在岁月中远行》早出版两个月，已经卖出7万册了，算是一个好消息，而且家长们也很喜欢。希望这本书能帮助大家看到不一样的选择、不一样的成长路径。

**俞敏洪：** 你当初怎么会有穿越世界名校的想法？而且做了一年以后又做第二年、第三年，到现在坚持了七八年，你背后有一种什么样的想法？是要研究这些世界大学的特点、特征，各个国家教育的特点、特征并介绍给中国家长吗？背后有一个怎样的对教育的思考呢？

**周成刚：** 2013年以前，我一直在做国际教育方面的工作，做到后来，我发现中国的国际教育或者出国留学的热潮一浪高过一浪。在这个过程中，家长迷惑的也有、跟风的也有、盲从的也有、孩子跟家长意见不一致的也有……大家处在一个黑箱子里面，摸不清外面，总觉得我们邻居的孩子出去了，我们也要出去。所以**我很希望把中国现在在国外奋斗的留学生的辛酸苦辣、美好故事、个人挫折，他们的顽强、精神、拼搏，更重要的是，他们为什么选择留学这条路，背后的意义和他们的梦想是什么，我想把这些真实的故事带回国内，从而帮助家长们去做判断，让他们在未来孩子走向世界的时候能做出正确的选择。**所以第一年我们先走了新西兰这个比较小的国家，没想到刚走就很有反响，后面接着就走了美国、英国、澳大利亚、欧洲、加拿大。

行走越多，影响就越大。我后来就发现，当我把信息带给中国家长的时候，他们都特别喜欢，就出版了第一本《镜头里的世界名校》，更多以图片来展示海外名校，让孩子们先了解，让他们产生对国际教育的兴趣。再后来有了《由东向西看教育》，更多在分享一些榜样性的人物以及我对国际教育的感悟。第三本《穿越世界的教育寻访》中分享了世界名校的教育理念和实践经验,也算是图文并重。而最近出版的《不一样的成长》,就更直接地回答了家长们最关注的问题,希望家长们在付诸行动的时候,能够给到他们一个指南。大概就是这样一个脉络。

**俞敏洪:** 你自己在中国上了本科,后来到澳大利亚留学,到英国BBC工作,又回中国跟我一起发展新东方,现在你又去到世界各地的优秀大学做考察。你既在西方学习过,也工作过,你能不能讲一下,**国际教育和中国教育之间有哪些不同?走向未来时,国际教育里有哪些东西是中国的教育体系可以稍微学习一下的?**

**周成刚:** 其实国外的教育并不一定都是好的,但他们确实代表了21世纪以及未来更远的发展潮流和趋势。其中,英国、美国、欧洲、大洋洲和亚洲都各有差异,比如英国就比较注重精英教育,他们认为精英是在未来引领社会的;北美洲的教育是新世界、新大陆的教育,他们既吸收了欧洲的传统,同时爆发出了新大陆的创新能力,所以他们后来居上;欧洲比如德国、法国等国家,他们到今天都很注重普惠民众,注重教育公平,所以他们到现在都很少有私立学校或者收很贵的学费,甚至绝大部分学校都是免学费的;到了亚洲,日本、韩国、新加坡,他们既有亚洲人的勤奋和努力,又能做到中西融会贯通,所以他们后来发展得也很快。

我走了这么多国家、高校,那我们的教育和国外到底有没有差异呢?其实差异还是存在的。**他们更注重通识教育、个性化教育、情景式教育、开放式教育、讨论式教育、参与式教育和解决问题的教育。**而中国呢?虽然我们现在不断和西方交融,东西方也在互相影响、互相学习,像亚洲尤其中国,每天都在发生很多的教育改革。但由于过去多年的传统,**我们目前为止更多的还是以高考决定成败,同时在教育的过程中,可能更多偏向单向式、填鸭式、划重点的、死记硬背的教育方式。**这样的教育方式国外也有,但相对比较少,所以这是值得我们不断努力改变的。

改革开放以来,东西方、中国和国外的交融变得越来越多,而且相互都在借鉴、学习，所以也希望我们的大学、中学，未来能有不断的突破，有更多的改变，让家长和孩子们有更多的选择，这点无比重要。

**俞敏洪**：确实如此，我觉得有两点特别重要：**一是我们依然要去探索国际教育，不管是国际的小学教育、中学教育还是大学教育，我们要去学习他们优秀的地方并借鉴过来，让中国教育变得更灵活。** 当然，我们也要保持好中国教育原本就有的优势，比如中国的基础教育对孩子功底的打造，在某种意义上确实比其他教育体系要好一点。**二是对家长来说，对孩子进行国际教育，其实不是非要把孩子送到一个国际学校去，或者非要送到国外去上学，而是要从小让他开阔视野、开阔眼界，多用鼓励孩子创造的方法，培养孩子独立思考、独立行动以及自我成长的能力。**

**周成刚**：为什么最近几年中国的教育在不断强调创新教育、批判性思维？其实是因为，改革开放四十几年来，中国在各个领域取得了巨大的进步，到目前为止，我们更多的还是在模仿、学习和借鉴，但你要想超越就必须有创新，而创新的能力和批判性思维是紧密联系在一起的。**创新就是你要想出各种各样的办法，而批判性思维就是要在想出的各种各样的办法里找出最佳的途径和方法，才能付诸行动，才能真正实现梦想。** 这就是为什么现在中国要说中国智造，"智慧"的"智"。**我们今天越是走向世界、拥抱世界，越是应该去借鉴、学习世界游戏的规则，学习先进的理念和思想，学习国外付诸行动的实践和领先的东西，再把国内的传统文化和中国人勤劳的优势结合起来，这样我们就能走得更远。**

**俞敏洪**：你对国际教育的研究和寻访都比较深了，现在也有了很好的成就，面向未来，你还会在国际教育方面做些什么事情？

**周成刚**：现在新东方本身就和世界几百所大学有非常紧密的联系和合作，这也成为我生命中非常重要的一部分。就像出门旅游，俞老师可能去爬山，我就会去大学走一走，拍一些照片，和同学们聊聊天，所以未来哪怕是出去再进修、再学习、再穿越、再走访，我都希望能把更多中国的学习思想和教育实践介绍到国外，同时也把国外的东西介绍回中国，从而形成真正的对话和联结，架构起世界老百姓思想交流融会的桥梁。我觉得这是很有意义的工作。

**俞敏洪：**在西方，第一所真正意义上的大学好像是意大利的博洛尼亚大学，你在那里也徜徉过、研究过。

**周成刚：**对，博洛尼亚大学来自中世纪，快有1000年历史了。

**俞敏洪：**在某种意义上，大学可以说是人类文明开放、包容、多元的开始，在欧洲所谓黑暗的中世纪，博洛尼亚大学可以说是开创了一段历史。你去了以后，有什么样的感悟和感觉？

**周成刚：**在回答这个问题之前，我想先补充一点背景信息：世界各国早期的大学，无论是美国的还是英国的，无论是博洛尼亚大学、巴黎大学、剑桥大学、牛津大学还是哈佛大学，大部分大学的成立都和教会有关系。为什么？一是教会有钱；二是教会当时成立这些学校的目的是想培养更多的传教士和牧师，所以这些学校的宗教成分都会比较大。但正因为有了文艺复兴，人们开始"从天上走向人间"，过去都是和宗教对话、和上帝对话，忽然有一天我们要开始问自己，生命的意义在哪里？科学在哪里？所以大学才开始走向了科学。博洛尼亚大学是世界上第一所大学，迄今已经有接近1000年的历史了，在好几百年前，这里就诞生了全世界第一个人体解剖实验室。你想象一下，在好几百年以前，那时候整个社会都笼罩在宗教之下，人体解剖其实是大忌，但正因为有了科学的精神，才有了现代科学的发展以及对人体精细的研究，这对后来的医学发展起到了重要的推动作用。我觉得这就是大学的意义所在。

**俞敏洪：**在你考察了那么多国际大学以后，回过头再看看中国的大学，你觉得中国大学还有哪些地方有改进的余地？你未来会不会穿越、走访中国名校，从而能有所对照？

**周成刚：**中国的大学有很多非常优秀的教学实践，之所以到目前为止没有介绍中国的大学，主要还是因为大家在国内的信息比较灵通。不过，我们确实有过介绍这些大学的想法，但更多是想把它们介绍给国外的大学生，让国外的人知道更多的中国大学，让国外的人来中国接受汉语教育也好、传统医学也好、包括现代科技也好，而且确实有很多国家对我们的学校很感兴趣，所以我相信这份工作未来是可能会做的，而且很有意义。

现在中国大学的世界排名也越来越高，对大学的投入也越来越大，对基础科学的重视也引起了各方面的关注，我相信只要坚持下去，无论做什么领域的研究，我们都能有自己的方法。现在第一架 C919 大飞机已经交付使用了，我们的高铁也受到了世界的关注，我们的登月梦正在实现的过程中，这些都是中国人努力的结果。我还看到另外一条消息，之前我们新东方的夏鹏老师获得了世界级英语演讲比赛的冠军，前两天又有一个女同学，再次在世界演讲比赛中打败了其他选手获得了冠军，她用英语向全世界传递了我们的理念和思想。所以，**我们要去用语言传递我们的思想、理念，让全世界都听到我们的声音。**

## 4. 风"俞"同"周"40 年

**俞敏洪：** 其实老周是我 40 多年的战友。我们俩在高中时期就是同学，当时我们都参加了高考，都没考上，后来我们县第一中学办了个高考补习班，我们俩就都进了高考补习班，然后认识了。在高考补习班，我们共同奋斗了差不多十个月，后来我考入北京大学，老周考入苏州大学，从此走向我们后来的人生。

大家都知道，新东方是我和我的大学同学、中学同学一起干出来的，我的大学同学回来得要早一些，徐小平、王强大概是在 1996 年的时候回中国的。而老周先是去澳大利亚留学，后又到英国 BBC 广播公司工作，在 1999 年的时候，周老师从英国回来探亲，刚好和我见了一面。当时他全家都已经定居海外了，但我知道他的才华、为人处世、英文水平，所以力邀他回来一起干，2000 年的时候，他回来了。坦率地说，如果没有老周加盟新东方，今天新东方是个什么样子就不太好说了。因为老周加入新东方以后，不光把国外的理念和先进的管理经验带进来了，而且因为他对中国国情非常熟悉，所以在新东方国际教育和新东方整合业务发展上都起到了非常重要的作用。

我们俩都属虎，老周比我大五个月，从排行上来说，他应该算是我的兄长从上高考补习班开始，我是班长，他是英语课代表，做了新东方以后，我是董事长，他是CEO，到现在还是我在"领导"他工作（笑）。其实我们是非常好的战友合作关系，尤其在这种每天都要处理各种各样商业和利益的过程中，我们俩能保持到现在，在新东方22年的友谊且没有任何隔阂，这真的是一场马拉松般的友谊。所以，在高中阶段和大学阶段交到好朋友还是蛮重要的，因为真的可能跟你未来的事业有一定关系。

在某种意义上，老周的才华比我更多一点，他的英语水平很高，喜欢摄影，又喜欢写作，而且老周打乒乓球也很厉害，新东方几乎没人能打得过他。比较起来，我是个农村出身的土包子，老周小时候是在小镇长大，他相对更有城市气质，加上后来经过了澳大利亚高校和英国BBC广播公司的洗礼，他更是显示出了非常强烈的国际范儿，所以新东方来国际友人，都是老周出面接待，如果是我出面接待，就会露馅。很多国际会议也都是老周去参加，如果我一起去参加这样的国际会议，一般也都要提前问问老周，在这样的会议场合我应该是什么样的风度，甚至戴什么样的领带我都要提前咨询一下。所以我们俩40多年的友情，20多年在新东方的合作，开出了比较完美的花朵。我想问两个问题：第一，我们的友情能保持这么长时间，能在一起共同奋斗这么多年，这跟我个人有什么关系？第二，我们一起在新东方干了20多年，中间也经历了太多甜酸苦辣，我们之间也有过一些争论和纷争，但我们仍然坚守到了今天，即使我们都已经60岁了，还在坚守这样一份事业，这个原因到底是什么？

**周成刚：** 这个我应该比较有发言权，因为跟俞老师在一起已经40多年了。俞老师在高考复读班的时候就体现了他的领导威信和个人魅力，当时我还是小镇上的孩子，他是从农村过来的，因为他的成熟、他的看法、他的以身作则以及身先士卒的个人魅力，一下就被大家推荐为班长，其实他40多年来一直到今天都没有变。当初他是班长，我是英语课代表，现在他是董事长，我是CEO，在他身边工作感觉特别踏实、特别安全，心里也特别放松，所以能一起干这么几十年。个人友谊就不用说了，虽然我们在工作中也有过争执，也会意见不一致，也有过面红耳赤的时候，但不影响我们共同为了一个事业去奋斗、去努力，这个事业跟培训有关、跟教育有关，所以这其实也正回答了俞老师的第二个问题——**俞老师和我，兜兜转转走了几十年，骨子里都没有离开过教育。**

俞老师和我同时考进大学，他在北方，我在南方，后来 1984 年、1985 年，我们留在学校任教，他在北京大学任教，我在苏州大学任教。后来俞老师出来搞教育培训，又是跟教育有关，我虽然出国留学了两年，但也是跟教育有关，只不过是进入了国际教育领域。后来我再到英国工作，接着又回来在新东方干了 22 年，现在想想看，在过去 40 多年里，我们俩一直没有离开过文字、教育、读书、感悟，其实就是这些共同点促使我们能够一直走下去。

**干到最后，我们都不再以公司做得有多大为目标了，更多是希望通过自己的努力能影响更多人，让更多人接触到教育信息，让更多人不仅了解中国，还了解外面的世界，并且能通过教育去改变自己的命运，这才是我们这份工作的意义所在。**

**俞敏洪：**我觉得我跟老周两个人 40 多年一路走来，不能说不容易，其实也挺容易的，因为当两个人的价值观、个性，以及在工作上的互相理解能够比较轻松达到一致的时候，就不那么累了。合作伙伴之间的关系常常会比较累，因为每个人的才能和个性不一样，又不得不互相组合起来去做事，久而久之就会变成互相容忍或者忍无可忍的状态。我跟老周确实有不一样的才能，他做事比较理性，我做事比较感性；他做事比较敢于直面各种各样的冲突，我做事常常会逃避冲突，所以凡是新东方有冲突的时候，我都让老周冲到前面去，我自己躲在后面，但我们俩的个性能在工作中互相配合，长短结合，达到一种互相交融的状态，真的比较难得。

此外，我们几乎没有在利益方面产生过争执，因为我们之间本来就达成了很好的合作伙伴关系，大家提前讲好分配机制就可以了，而且我们之间也不会出现那种做了一段时间以后重新要价的情况，这种事情会发生在很多创始人和合作伙伴之间，但在我跟老周身上从来没有发生过。在这份事业中，我们俩是在互相推动、互相促进的，我们都一致认同现在这份事业的意义。归纳起来，我觉得我跟老周在一起这么多年，有三个重要因素：第一，我们在利益上基本没有太多冲突；第二，对于新东方未来要做成什么状态的目标基本一致；第三，我们遇到问题的时候，很少感情用事，尽管我们都是感情比较充沛的人，喜欢旅游、喜欢写书、喜欢表达，但我们在解决事情的时候，虽然也会争论、争执，但很少感情用事，比如互相拍桌子，或者说让对方伤心的话。大家都知道，有时候语言就像刀子，一旦捅进去了，即使你拔出来，最后也会留下伤疤。

**周成刚：** 真是从来没有过。

**俞敏洪：** 而且，尽管我们有不同的爱好，老周喜欢摄影、打篮球、打乒乓球，我更喜欢骑马、滑雪，但大家都喜欢户外生活，喜欢在一起喝喝酒、聊聊天，喜欢跟一群相知相识的朋友沟通交流，我们的个性都比较开放，不记仇，比较宽容。

此外，还有一点，**跟一个人打交道的时候，最怕的是看不到对方的底，你不知道明天对方会做出什么样的决策，是对你有利还是不利，一旦发生这种情况，两个人之间的裂缝就会越来越大。**这么多年来，我从来没想过，老周掌握了那么多资源、人才，掌握了那么多新东方的业务，他要是独立出去干，能带走大半个新东方，我是不是就要因此去限制老周的权力，从来没想过。因为我相信，如果真有一天老周要离开新东方，他一定会当面跟我谈，而且我相信老周就算要离开新东方，也不会把新东方的资源带走，自己出去干得翻天覆地、轰轰烈烈，然后看着老俞受苦受难。我觉得我们心中都没有这些东西。

**周成刚：** 不可能。大家几十年来相互感知、相互信任，而且我坚信对俞老师来说、对我来说都是一样，一帮人在一起应该能走得更久、走得更远，这也是新东方能发展到今天的重要原因。我们经历过很多困难的时期，有这么多的高管和员工跟我们在一起，所以我们都很清楚，团队是我们前行的最重要的信心保证。

**俞敏洪：** 其实在新东方的核心团队里，不光是我跟老周有这样一份美好的关系，我们跟大部分管理者都有这样美好的关系。互相之间愿意把底牌亮出来，都知道对方的人品、个性或者做事风格，互相之间有矛盾、有冲突的时候，也直言不讳，大家摊开把事情说清楚就好了，最后剩下来的就是大家努力做事情。

如果大家想做些什么改变，或者有事业上的新打算，都会提前打招呼，提前互相讲清楚，所以新东方也有这样一个传统，有一些出去自立门户的管理者，到今天还会回来跟我们吃饭、聊天，有困难的时候还会互相探讨。

这是新东方比较好的文化氛围，老周在这个文化氛围中起了比较大的作用，因为老周跟我有一个比较大的不同，我出于面子或者胆小，有时候会绕着圈说话，但老周总能在保持风度的前提下，直截了当地摊出问题让大家一起讨论，所以新东方基本没有那种腻腻歪歪的作风，也使新东方核心管理团队能一直保持比较通透的状态。

**周成刚：**对，这也是我们的福气，大家在一起都开开心心的。很多人都觉得新东方就是都很有个性、很有意思、很好玩的一拨人在一起干有意思的事情。

**俞敏洪：**有网友问："你们的友情特别让人羡慕，是怎么获得的？"

**周成刚：**这真是经历了时间的考验。我估计我回到新东方的这20多年里，因为我们的"瞎胡闹"，老俞也受了不少委屈，但他本身包容度、宽容性比较大，我们也多少有点自知之明，最后就变成了一种……用个不恰当的比喻，我们就像是兄弟之间、夫妻之间处到后来的一种默契。

**俞敏洪：**老周对我说得最多的一句话：老俞，这个事情怎么你还不做决策？过了两天说，怎么还没有决策？过了一个月说，算了，老俞，我对你绝望了，我知道你是决策不了的。我是一个特别拖拉的人，因为我做事的时候会去关注这个决策会影响多少人的利益、感情，我个性中雷厉风行的状态就没有了，所以有些决策我要交给老周去做。但到了顶层决策只能我做的时候，我就会变得无比痛苦，老周就会督促我，你怎么还不做决策。

**周成刚：**碰到这些问题的时候，我有时候就会给他发微信，我说你重要的问题不能回避，我们要去解决。他也不回我微信，就说明天早上我们去颐和园走一走，散散心，晒晒阳光。

**俞敏洪：**我的问题就没了。

**周成刚：**但工作中其实还有无数问题等着我们，还有很多烦恼等着我们一个个去解决。

**俞敏洪**：在这点上，我真不是一个合格的领导，也不是一个合格的管理者，我喜欢拖，不喜欢解决有利益冲突、矛盾冲突、情感冲突的问题，我看到这些东西就躲着走，到今天为止，这也是我的死穴，一点办法都没有。

**周成刚**：应该说改变起来比较难，但每个人的缺点就是自己的优点，正因如此，俞老师这种换位思考、体恤性、包容性、宽容度就会更大。

## 5. 网友问答

**俞敏洪**：我们时间差不多了，看看大家有没有什么问题。

**周成刚**：第一个就是冲着俞老师来的，"读书太慢，怎么提高速度？"

**俞敏洪**：我基本是翻阅，也有一句一句读过去的，如果一本书思想性比较重，我也得读个两三天。

**周成刚**：我记得培根说过一句话，"有些书只要粗略地读读就行了，有些书只要囫囵吞枣地读读就行了，只有很少一部分书需要通篇阅读而且得全神贯注，孜孜不倦"，都有不同的方法、不同的面对方式。

**俞敏洪**："小孩学习成绩不好，以后能从事什么样的职业？"这个问题太笼统了。

**周成刚**：每个孩子都是不同的个体，他们有不同的爱好、不同的能力、不同的潜能，有的人可能社交能力强，有的人语言表达能力强，有的人就是学霸，有的人走向社会后如虎添翼……所以我经常说，**如果让孩子平稳地度过学习时期，同时能让他的潜力、爱好和社会需求三者结合起来，这孩子未来一定会有出息**。并不是每一个孩子都要上北大清华，也不是每个人都要考那么高的分数，每个人都可以有不同的经历和成长路径。

**俞敏洪**：我觉得最重要的还是要看出孩子的特长并加以鼓励。大家稍微想一下，在中国，按照中国老师的标准，中等水平以下就算学习成绩不好了吧？如果是这样，学习成绩不怎么好的孩子至少占到了一半吧？总不能说这一半孩子未来都没有职业吧？我觉得上大学肯定不是唯一的出路，所以家长最重要的还是要关心两件事：**第一，寻找孩子的特长并且跟孩子一起发展**，有的特长并不一定要上大学，甚至不需要有很高的文化。**第二，对孩子的个性发展要适时给予鼓励**，不能因为孩子学习不好天天骂孩子，把孩子的自信心、人格都骂没了，这个孩子未来就不可能有什么出息。

**俞敏洪**：有人问："两位都已经到60岁了，还要奋斗吗？"你回答吧，60岁还要不要奋斗？怎么奋斗？

**周成刚**：其实天天工作，都已经成惯性了，而且现在新东方确实处于比较挑战和困难的时期，更需要认真奋斗，但在未来，我们会让更多年轻人参与进来，发挥他们的特长，这是我们已经提上议程的大事。

**俞敏洪**：对，我们肯定还要奋斗，是另外一种奋斗，比如我们可能不会再去开一家新公司，也不会在新东方奋斗到80岁，尽管新东方是我们奋斗的舞台，但会有更多年轻人加入我们。但我们会有另类的奋斗，比如一起重走徐霞客之路，一起考察、走访世界大学，给大家进行介绍。所以奋斗其实有多种多样的维度，等我们到了80岁，再问这问题，我们还会这么说，只要我们还走得动，头脑还清楚，我们肯定还有自己的计划和打算。

有人说："已经30岁了，很迷茫，怎么办？"你30岁的时候，迷茫吗？

**周成刚**：其实每个人都有迷茫的时候，所谓三十而立，每个人的压力都会变得更大，未来要往哪方面走？我自己到底有什么能耐？我要不要成立家庭？我给家庭能带来什么贡献？所有这些问题都是今天每个人都要面对的。但今天无论是俞老师也好，其他人也好，他们都是从这样一个过程慢慢走过来的，都经过了这种苦闷和探索，而**越是在这个时候，我们越要付出、越要有信心、越要乐观，才会真正用行动去改变自己。**

**俞敏洪**：对，我觉得人的迷茫不可怕。我们现在都60岁了，60岁以后该往什么方向走，其实我们也会迷茫。所以迷茫不可怕，可怕的是你在迷茫中不动弹，或者在迷茫中打圈了。最重要的就是，在迷茫的时刻，眼前你最能看到的、自己最想做的事情到底是什么？先把它做了，哪怕你想先学会做饭也没关系，或者你实在不知道该怎么办，你先读一本书也可以，也许书中哪一个故事、哪一段话就帮助你走出了迷茫。

"读书还有用吗？"还有一个是"25岁，你们在读什么书？"

**周成刚：** 读书肯定有用，现在的社会日新月异，技术变迁也非常快，这么几十年互联网带来的发展，可能超过了过去上千年的发展，所以**知识的更新以五年为一代**，现在任何人在任何一所世界名校读完大学本科、研究生所积累的知识也不能让你终身享用，你要有学习力才能跟上这个时代，在不变中应对未来的不确定性。

**俞敏洪：** 对，我觉得读书肯定有用，如果你现在还没有专业方向，选定一个专业去读专业中最好的书，要读透读好，这样你就有了专业定位，剩下的，就应该广泛读书，不管是文史哲还是科学技术普及方面的知识，都应该去读。读书是横向的思维连接，人大脑中的思维连接是靠一个一个神经突触连接起来的，如果你脑子中只有一个观点或者一个思路，横向之间就不可能连接，你的创造力、想象力、思维能力就会受到很大影响。如果你读各种各样不同观点、不同内容、不同领域的书，你的脑子就会不断受刺激，这会让你的脑神经和脑神经之间的细胞变得活跃起来，让你大脑连接的速度变得非常快。**至于什么样的年龄读什么样的书，其实没有定论。** 因为每个人读书的诉求和理解力不一样，像我25岁的时候都在读挺没用的书，因为我25岁在研究美国文学，读的不少书都是美国小说家和剧作家的书，今天我读的更多的是中国和世界的历史、哲学，甚至开始读一些进化论、科学史方面的书，所以无所谓多少岁读什么样的书，主要还是看你当时对知识渴求的不同。

还有一个网友问："每天被琐碎的事烦恼，怎么办？"

**周成刚：** 从我的观察，我觉得俞老师天天被无数事情烦恼，有时候甚至会在我们面前抱怨这个事也不顺，那个事也不顺。所以人的性格都有双重性，每个人都承受着很多压力。

**俞敏洪：** 对，其实琐碎烦恼的事情，每个人都有，但我个人会把它们分成两类：**第一，如果是你自己琐碎的事情，要尽可能化解掉。** 比如一天24小时，结果你看手机看了100次，你的时间就被切成了100段，何况你肯定还有别的事情，你的时间就变得七零八落了。事情也是如此，如果你专注于一到两件大事情上，琐碎的事情自己就退走了；如果关注了琐碎的事情，大事情就没了。

**第二，如果是别人给你带来琐碎的事情，你就要考虑怎样避开。**有时候可能很多事情都是自己找的，比如跟朋友一起吃饭，喝醉酒了又闹出点别的什么事情，本来是开心吃饭时间，最后变成了一场苦恼，这就特别不合算。

到我们这个地步，琐碎的事情更多，就像大家说的，很多人都以为皇帝只要天天在宫殿里玩就可以了，但实际上很多皇帝批奏章就要批到晚上三更，睡两个小时以后起来上朝见大臣，都很烦、很琐碎。

**周成刚：**工作上、生活上、家庭上、人际关系上，每个人都有烦恼，这就是生活。

**俞敏洪：**关键是**你得抓住你想做的事情，这样其他琐碎的事情自然就退走了。**比如你有五个爱好，这五个爱好可能给你带来麻烦，同样，你爱上五个人就会带来更大的麻烦，但如果你坚持一个爱好，坚持一心一意，可能这种麻烦就会减少。

**周成刚：**把一件事情做深、做透，更能让自己有成就感。

**俞敏洪：**网友问："想去旅游，没有时间和金钱咋办？"

**周成刚：**穷一点也能旅游，经济条件好一点也能旅游，就看自己的要求。时间上，确实我就不知道了，这几年我也很少有时间出去走走看看。

**俞敏洪：**其实旅游这件事最关键的还是时间，要有把时间挤出来的能力，我觉得只要你想挤，一定能挤出来。当然钱还是要有一点，但它其实跟钱也没那么大的关系。

几年前河南有一个女老师写了张字条"世界那么大，我想去看看"，然后辞职了。她也没钱，背着包就走了，后来不仅走了很多地方，还遇到了自己心爱的人。我知道一个旅行家叫小鹏，小鹏也是疯狂旅游但没有钱，他是怎么做的？他每工作一到两个月，攒到几千块钱就辞职，所以他从来没有长时间工作过，他就拿着这几千块钱开始在中国旅游。他旅游的时候喜欢拍照片，写一些文字发表在自己的自媒体上。他走了中国很多地方，但他依然没钱。后来他想到国外走走，就工作了更长的时间，攒了一万块钱后，买了一张特便宜的机票，就过去了，路上住各种青年旅社，当背包客。他用文字介绍那些欧洲的风景后，被欧洲旅游局看上了，就给他钱，特约他去旅游、写东西，后来变成了一个专业旅行家。当然，并不是每个人都能变成专业旅行家，但**如果你真想旅游，时间和金钱原则上不应该是你的阻碍，真正的阻碍还是你的内心是否真的对旅游有热情，任何事情只要有了真正的热情，都是挡不住的。**

下面还有个问题："两位看着都很年轻，像四五十岁。"感谢感谢，给我们一下年轻了十岁。"是因为跟同学在一起变得年轻了吗？同学在一起能变得年轻吗？"

**周成刚**：新东方的员工都很年轻，"90后"很多，"00后"也开始来了，我们的孩子、学生就更年轻了。应该多多少少受他们影响，我们会让自己尽可能保持活力，这就是还要坚持锻炼的重要原因。

**俞敏洪**：最后一个问题："性格能改变吗？"

**周成刚**：性格不容易改变，通过自己读书也好、感悟也好，生活当中的经历也好，应该会有所改变，但彻底改变是不太容易的。

**俞敏洪**：性格不太容易改变，但性格中一些不好的因素，比如我没有决策能力，有的人软弱，有的人孤僻，如果出现这样的情况，怎么样能避开自己性格中的不利因素，让自己的性格变得更好一点？

**周成刚**：要靠自己想办法。中国人经常说扬长避短，把你优秀的、正面的东西发扬出来，让它得到更多的正面反馈。

**俞敏洪**：稍微补充一下，我觉得想要绝对改掉性格弱点是比较难的，比如我比较犹豫、决策能力不够，所以在工作中，我会让老周多做一些决策，尽可能避开我的弱点。

**周成刚**：所以我的工作也挺难做的（笑）。

**俞敏洪**：但总的来说，**一个积极乐观、愿意面对困难、有抗打击能力的个性，通常对我们的生命有好处，这方面可以有意培养。**我其实会有意识地强化自己积极、乐观的一面，强化自己的抗打击能力，也不断强化自己对各种各样事情的包容度，我觉得这还是比较有效的。另外，我觉得不管你性格如何，只要你人生中有一个愿意为之奋斗的、比较明确的目标，且这个目标不光对你自己有好处，还能对社会和别人也有点好处，你正向的性格慢慢就会培养出来。

**周成刚：** 对，得到了正面反馈，你就会不断形成一种自我驱动。

**俞敏洪：** 今天时间差不多了，咱们就先到这里了。

**周成刚：** 谢谢大家的支持。

**俞敏洪：** 谢谢大家！再见！

（对谈于 2022 年 5 月 15 日）

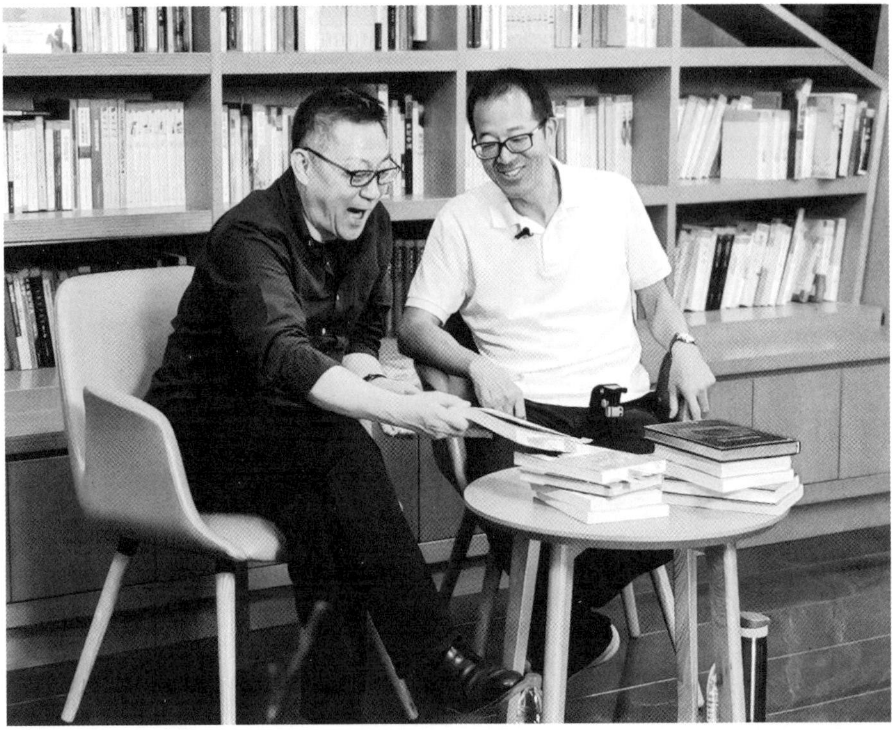

## 对话 吴军

心有多远，就能够走多远

人 35 岁有没有危机，取决于你是从一个主人的角度看待这个世界、看待这份工作，还是从一个奴隶的角度去看，觉得这只是我养家糊口的工具，这两者会产生不同的结果。

吴军 /

1967 年出生于北京。硅谷投资人、计算机科学家、人工智能专家。现任丰元资本创始合伙人、上海交通大学客座教授、约翰·霍普金斯大学工学院董事等职。著有《吴军阅读与写作讲义》《吴军数学通识讲义》《浪潮之巅》《数学之美》《文明之光》《硅谷之谜》《见识》《格局》《态度》等十余部畅销书，作品获得包括文津图书奖、中国好书奖、中华优秀出版物在内的图书大奖。

**俞敏洪：**各位朋友好，吴军老师好！吴军老师现在在美国西海岸，为了进行这次对谈，他早上五点就爬起来了。吴军老师在喜欢读书的中国青年人中有比较大的影响力，很多青年人都读过他的书，比如《浪潮之巅》《文明之光》《大学之路》《数学之美》等。

**吴军：**谢谢俞老师，因为有时差，现在我这边是早上五点钟，很高兴有机会和大家交流，谈一谈我这段时间的思考和心得。

## ——对谈环节——

### 1. 职场需要软能力与智慧

**俞敏洪：**我这两天读了你的《软能力》和《元智慧》，我觉得对现在年轻人的成长来说，这两本书都是非常不错的选择。其实书里的一些观点我也在你的"硅谷来信"中听过，但经过系统化整理后，读起来就有了深入浅出的感觉。你先给大家介绍一下《软能力》和《元智慧》这两本书，以及你为什么要写这样两本书？

**吴军：** 现在正好是大学毕业季，学生们在学校里学了很多具体的专业能力，比如你是学物理的，你就了解了很多物理学的知识；你是学土木工程的，你可能就会懂修建房屋和道路。但进入社会之后就会发现大家现在遇到了两个问题，**第一，35 岁危机**。比如到了 35 岁，很多人好像觉得职业再往上走就比较困难，甚至干活也干不过刚进职场的年轻人。但也有很多人 35 岁以后反而担任了一些领导职务，承担了更大的责任，无论是收入的增加还是职位的提升，各方面都发展得很好。如果对比一下同班两个同学，现在可能有很大的差别，而**这些差别来自能力的差异**。这个能力不是指当年他们在学校里考试成绩的差异，而是一些非专业性的能力，比如判断力，做哪件事和不做哪件事，从进入单位开始就有一个选择。还有与人交往的能力，你要做更多的事总要有更多的朋友来帮你，怎么跟人打交道，怎么动用这些资源，是很重要的一件事，并不是说你一定要当领导才能动员下属的资源。你会发现单位里有一些人，他要做一件事，一会儿求张三，一会儿求李四，很多资源在别人手里，但他居然还把这事给做成了，这实际上就是交往能力。另外，还包括一些洞察力，人不会把我是好人或者我是坏人写在脸上，这就需要我们去判断、洞察。总的来说，《软能力》主要写的就是大家在生活中或者职场上可能会用到的专业知识以外的一些能力。

**第二，如何快速起步**。比如，做金融的差不多每五年会淘汰将近一半的人，只有一开始快速起步的那些人才能在金融行业里站稳脚跟。有的人能快速起步，有的人则不能，这取决于他一开始进入职场时的做事方法。**首先，你要有判断力**。比如动作，打网球也有一个动作，一开始你的动作不好，就会很费力，非常努力地打球也打不好。这个动作要靠师父去带，要靠一开始进入第一份工作的时候找一个好单位，这个好单位是循序渐进培养人的。**其次，还要有把自己的想法变为结果的行动能力**。比如开公司，我记得我出国的时候，北京市的英语培训机构多如牛毛，几乎任何一所大学的英语系都有一个英语培训班，但最后都死掉了，为什么俞老师的新东方能最终存活下来？原因很简单——行动力，也就是你能把这个事做成的能力。后来新东方做直播转型，你会发现很多人觉得好像这碗饭很好吃，只要有个摄像头就可以做，但很多人最后也死掉了，原因就在于行动力。不是你的想法不好，而是有些人不能把想法变成真正的结果。

所以《元智慧》主要讲我们生活和工作中需要使用到的一些基本智慧，很多时候我们学了很多知识，但**有知识并不等于有智慧**。你会发现在生活中很多知识分子并不懂一些日常的人情世故，比如我的大学老师们都很有知识，但他们一辈子都待在象牙塔里。过去和现在不一样，现在的大学老师接触社会还多一点，过去是很少接触社会的，一辈子就生活在大院里，北大、清华都是一个院子。我读本科和研究生中间出去工作过两年，在社会上混了两年，见到了形形色色的人和事，就有了一些和人打交道的经验。后来再回到学校一看，我发现老师们都非常天真，实际上就是因为缺乏跟各种各样的人打交道的智慧，我就发现知识和智慧原来是两回事。

人不仅要有知识，更重要的是要有智慧。你的知识实际上随着时间的推移，价值是衰减的，比如五年的半衰期，过了五年你知识的价值就要除以2，25岁到30岁除以2，30岁到35岁又除以2，你的知识就不值钱了。所以为什么说35岁就会有危机，因为你的知识价值已经除了两次，就剩原来的1/4了。但智慧是可以随着时间的推移慢慢增长的，就像很多中国人愿意花大概40多万美元买一股巴菲特的股票，听他唠叨唠叨。要知道巴菲特并不一定比现在刚进金融业的人拥有更多的金融知识，甚至有些人觉得他的知识还有点老旧，但他积攒起来的智慧是很多的，所以大家实际上是去体会他的智慧，而不是知识。

**俞敏洪：**我觉得《软能力》和《元智慧》尤其适合18岁到35岁的人读，当然年纪大的人也可以读，但我觉得过了35岁都没有软能力和智慧的人，他读书也不一定能读得进去，更别说改变自己了。

人的大脑和思维像橡胶一样，会随着时间的推移老化。我们当然也会看到那种到了四五十岁、五六十岁也在不断接受新思想，不断改变自己思想、行为和做法的人，但这样的人真的不太多。因为这个过程有点像自己把自己的橡胶不断回炉，通过回炉让橡胶进一步年轻化，这需要长久地更新自己，而且是有意识地更新自己才能达到。我觉得你就是这样的人，愿意更新自己，迭代自己的知识、智慧、能力，有意识地对自己提出更高的要求。但大部分人随着年龄的增加，生活条件会变得越来越好，收入原则上都会增加，无论是家庭还是社会地位也相对稳定，这时候很多人的学习意识和把自己推翻的意识就变得越来越弱，慢慢地就把自己固化了。因此，我觉得你这两本书也适合年纪大的人读，但我不知道读了以后会对他们产生多大的作用。

就像《软能力》里提到的，任何人都要和社会打交道、和人打交道。你举了数学家和哲学家的例子，可能他们不需要和人打交道，但我后来想了想，数学家不跟人打交道，他的数学知识能用在什么地方就成了问题。当然，像陈景润就不和人打交道，走路撞到电线杆还会跟电线杆说对不起。但哲学家，像苏格拉底、亚里士多德、柏拉图、孔子、老子，甚至像耶稣、释迦牟尼，他们在某种意义上也算是哲学家，他们必须跟人打交道，在打交道的过程中给人提供智慧和对世界的看法，这样他们才会有价值，否则他们的学识是没有价值的。

我个人认为，一个人一辈子的依赖就是两个方面：**第一是专业知识**。比如，如果我当初没有把英语学好，我就不可能开新东方，因为新东方最初就是教英语的。又如，你没有把工程和计算机学好，就不可能进 Google，这是立身之本。**第二是软能力**。我们常常发现一个有专业知识的人发展到最后就遇到了天花板，他遇到的天花板大部分情况下不是专业知识的天花板，而是你在书中提到的五个软能力——交往力、洞察力、分辨力、职场力和行动力。

有人说我算半个成功人士，毕竟我到今天为止还没有失败，还在做事情。我就想我的能力体现在什么地方？我对照了一下这五个力，发现这五个力我或多或少都有一些。**一是交往力**，我什么样的朋友都有，而且跟我关系都很好，所以你说**交往力决定了一个人能成多大事情**，我绝对相信。刘邦和项羽成事大小不同的问题到底出在什么地方，我觉得就是交往力，刘邦的交往能力、用人能力比项羽强很多。**二是洞察力**，比如做生意，如果你洞察不到商机，就不太容易做成事。像我做东方甄选的时候，有很多人都劝我不要做，他们告诉我这是一个红海，无数的人在做直播，没几个能做大的，你俞敏洪一个 60 岁的人凭什么把它做大？不可能。但我想的是一个大方向，是一个大的商业模式，是一个挖掘出来以后可以无穷无尽动用资源、组合资源的东西，所以我就去做了。

**三是分辨力**，我到底用什么样的人、做什么样的事、沿着什么样的方向走，都是我自己做决定。**四是职场力**，我是老板，我不谈职场力，但我当初自己当老师的时候比较受学生欢迎，我觉得这也是职场力的体现。**五是行动力**，我的行动力其实并不是那么强，但我觉得因为我是农村出来的，知道不下地干活就不可能收粮食，所以你想行动也得去，不想行动也得去，你不行动粮食就收不起来，**你不亲自参与、不亲力亲为、不以身作则、不勇闯前线，就不可能得到自己想要的东西。**

所以如果大家发现自己的事业发展过程中缺乏交往力、洞察力、分辨力、职场力和行动力，一定要翻阅这本《软能力》。

## 2. 品格就是立身之道

**俞敏洪**：你在书中单独把品格写了一个章节，为什么觉得人的品格那么重要？

**吴军**：从我自己的经历来谈一下。**我发现人们在一起交往、做事，最后能做得长、把事做成，很重要的基础是品格。**人有很多自私的特性，现在人在社会中也好、职场中也好，能够合作的基础就是要抑制住自己的自私，在这种基础上两个人才能谋求一些共同利益，才能最后把事做成。即使我们严格按照法律条文写的合同来进行，还是会有很多人钻法律的空子，这时候品格就显得尤为重要。比如，做投资就有这样的体会，大部分投资失败不是团队能力不行，实际上事情做得挺好，但到利益面前就会开始动歪心思，想办法做点手脚把全部的利益拿到自己手上，这是失败最主要的原因。

**俞敏洪**：在面对各种各样诱惑的时候，有很多人守不住底线，比如有了权力就贪污，活得不坦然、不坦诚、不幸福。为什么人明明知道这些东西会给他带来坏的结果，还要去做？

**吴军**：**一方面是人的短视**，只看眼前利益，不看长远利益，叫记吃不记打，看到这个就想吃，不想着后面要倒霉；**另一方面是人的贪婪**，有很多心理学实验最终证明**贪婪本身是人的一种天性**，并不是所有人能够克服这种天性。

康德有一句话"曲木之材，何以求直"，你不要指望他天然能够长出什么好果子，这就是为什么要对人进行一些教化。比如，西方过去有宗教教化，能够让人有所敬畏，中国的教化叫"头顶三尺有神明"，你不能做坏事，否则你会良心不安。当然还要有一些像法律这样的约束，但品格的培养确实是非常重要的，要真正让他从心里认识到，只要有好品格，堂堂正正做人，规规矩矩做事，就能获得更大的利益。如果在群体中大家都遵守这样的规则和秩序，大家的利益就可以得到最大化。相反，如果大家破坏这个秩序，不仅得不到双赢，还会得到双输的结果，但这需要通过从小的教育去培养。

**有的人能守住底线，就能走得比较长远。**现在国内很多公司"爆雷"，不管当时他的商业帝国有多庞大，瞬间就会瓦解。原因很简单，商业情况好的时候会变得很贪，一下子加了10倍杠杆，而后稍微有点风吹草动，整个商业就没了。他们也不是不知道可能会有这样的后果，因为历史上有很多这样的案例，所以这也是人没有智慧的一个表现。很多人觉得别人做这么高风险的事不成功，我自己是不是本事比他们大就能成功？实际上这是高估了自己的能力，人在自然规律面前还是要有所敬畏，**要知道，人是很渺小的存在，所以最好多尊重规律，同时为了长远利益，也要尊重他人，保持一个好的品格，严格按照自己给自己定的规矩做事，才能走得比较长久。**

**俞敏洪：一是通过法律的公正性来阻止人的恶，二是通过道德教化阻止人的恶。**其实从古代开始，每个国家都在做这些事情，但依然没有阻止人贪污、腐败的行为，所以历史上无数人都在争论人性本恶、人性本善的问题，《三字经》中有"人之初，性本善"，孟子也说过"凡人必有恻隐之心"。你认为人性本恶还是人性本善？

**吴军：**中国古代有荀子、孟子的争议，孟子认为人性本善，荀子认为人性本恶，但他们最后的目的是一样的，都是要让整个社会的人变善。西方也有这种争论，苏格兰启蒙运动的时候，一些思想家，像哈奇森、休谟、亚当·斯密都认为人性是恶的，所以要制定各种条款来限制这种恶。当然也有人认为人性是善的，比如卢梭认为人的天性都是好的，是社会把他们变坏了。现在单纯讨论这两件事的意义已经不是很大了，关键是我们怎么做。

总体来讲，**人类有一个向善的天性，因为人类的文明进步是往这个方向走，只是中间有起伏，并不一帆风顺**。就像我们的祖先最开始是吃人的，后来祖先走到世界各地，全世界大型哺乳动物基本都被人类吃了，其他人类也被人类祖先吃了。后来慢慢进化到不吃人了，就把人抓起来当奴隶强迫劳动，再后来又觉得这样不太好，就把土地租给他们，剥削点他们的经济利益……总体来讲，人慢慢变得文明了一些，直到后来有了商业规则，人人都恪守规则，抑制自己的贪欲、权力和欲望，尊重他人的自由，所以整体上我们是慢慢往这个方向在走。实际上，如果大家都能做到以下几点，我们的社会基本就进入到文明状态了，人性的恶也就被抑制住了，善就得到了发挥。

**第一，遵守和尊重秩序**。古代西方认为是一种上帝的秩序在遏制人的恶，比如国王和诸侯签一个条约，把土地给了这些诸侯，这时候要在教会面前宣誓，遵守规矩，这是大自然定下的秩序，你破坏了这些秩序就会倒霉。

**第二，正义**。正义是一个基础，法律的出现是为了伸张和维护正义。今天很多人会在网络上发声，他们其实是从内心里维护正义，所以正义很重要。

**第三，对人自由的尊重**。当你尊重他人自由的时候，你会发现很多事你是不能做的，你不能剥夺他人的财物，因为别人的财物是他自由的一部分。我记得美国只有两个时代联邦政府财政是盈余，一个是柯立芝时代，一个是克林顿时代。柯立芝在当马萨诸塞州州长的时候进行了一次很重要的演讲，提到了我们为什么要尊重个人财产，尤其不能分富人的钱，因为**对私人财产的尊重是对自由尊重的基础**，阿克顿勋爵讲过"财产而非良知，是自由的基础"。因此，只有当每个人的自由都得到尊重以后，社会才是一个公正、公平的社会，我们就脱离了野蛮状态，人性的善就会得到发挥。他举了很多例子，比如当某个地方尊重个人财产以后，就会发现那个地方的慈善事业做得特别好，大家会拿出钱来做慈善，社会发展所需要的资金也就得到了解决。

所以，我觉得**现代文明社会**，大家需要遵守三个原则：**自然的秩序、正义、**

**对人自由的尊重。**人生下来是善是恶这件事，从哲学上讨论的意义已经不大了，关键是我们之后要怎么做。

**俞敏洪：**我也看了一些这方面的书，我个人认为人性最初是一个自然状态，是一张白纸，是不分善恶的，最终是善是恶是由环境来决定的。一个善的人如果周围的环境变了，也有可能变恶，反之亦然。像刚才说的秩序、公正、自由，其实就是环境。一个地区如果构建了公正良好的秩序，大家其实都愿意往更善的方向走，因为这样对他自我的生存也更有好处。

有本书叫《自私的基因》，这个书名很有迷惑性，但实际上它讲的不是基因有多自私，而是讲基因为了保障自己的发展和传承，不得不进行彼此之间的合作，所以基因更多的表现是利他的。就像人一样，所谓通过利他而利己，**在一个群体社会中，只有你不断地做好人帮助别人，你的发展才会变得更加顺利。**我个人觉得品格的建立，在于你愿不愿意自己稍微受点委屈为周围的人提供更好的服务，而且是始终一贯的服务。《软能力》中讲了不少品格的问题，你能否谈谈你认为一个人的品格主要分成哪几个部分？

**吴军：**我觉得人的品格主要由五部分组成。**第一是诚信，**诚信是你能和别人长期交往下去的基础。中国有《狼来了》的故事，说谎以后大家就不再相信你了，所以诚信是最重要的。**第二是持之以恒的能力，**做事能有始有终。**衡量人一辈子的成就，不在于他开始做了多少事，而在于他完成了多少事，**这是现在许多人都很欠缺的一点。你会发现在单位里，头脑风暴开始时坐了一屋子人，但最后真正把这件事做完的人没有几个，所以这也是很重要的品格。**第三是专业，**不专业的人虽然有时候也能做出很成功的事情，但他不能复制这些成功，而专业的人能够按部就班地来做，能够一直发挥得很稳定，其实就是专业的人会约束自己去守规矩。**第四是尊重，**如果每个人都能想到要尊重他人的权利，那这世界上的很多坏事你就不会去做了。**第五是宽容，**我们是社会人，不可避免地要和别人进行合作，别人可能偶尔会做错事情，我们只有对别人宽容，合作才能持久，所以宽容也是一个很好的品格。当然我在书中可能谈到了更多的要求，但能把这些最基本的做到就已经很好了。

**俞敏洪**：有的人会把品格想象成特别难做到的事情，一说到某个人的品格，就好像是对这个人特别高的赞扬，所以很多人都假设自己品格不够，但我觉得品格是很正常的事情，其实**品格就是在这个世界上的立身之道**，培养品格并不难，我谈谈我的观点。

**第一，守住底线**。比如当官不贪污，做商人不欺骗，其实就是诚信，如果做生意的人连诚信的底线都守不住，这个生意一定做不成。**第二，诚恳**。你不一定每句真话都要告诉别人，但你说的每句话都要诚恳。有些话可以放在心里不说，比如为了给人面子，或者比较大度地容忍别人对你的指责，就是一种诚恳。**第三，融入**。人是群体社会中的动物，意味着要能够融入这个群体社会，甚至起到使这个群体社会变得更加和谐的作用。比如，你在公司不会跟人搞事情，不会捣乱，不会变成做负功的，你最低的状态是能够和大家相融合，最好的状态是能引领一帮人更加团结地朝着一个更好的目标去努力，我觉得这也是一个做人的重要品格。**第四，仁慈心**。看到苦的人、穷的人、需要帮助的人，不管你能不能得到利益，都愿意伸手去帮一下。有了这几点，做人就不会出大问题，**很多人之所以出大问题，就是因为他突破了底线，再也挽救不回来了**。所以你想去做一件事情，先问问自己，这件事情如果暴露了会是一个什么样的结果，如果能把那个结果想清楚，并且你承担不了那个结果，那就不要去做，这样就能挡住人生中大部分的悲剧或灾难，这是我个人对品格的理解。

## 3. 守得住底线是一种智慧

**俞敏洪**：《元智慧》中提到知识比较容易衰竭，随着时间的推移，一个人的知识会变得老旧、过时，所以人不得不去学习、更新知识；而智慧则恰恰相反，一个人的智慧原则上会随着年龄的增长而增长。大家都知道知识是可以分类的，比如学了数学我就有了数学知识，学了英语我就有了英语知识，学了计算机我就有了计算机知识，但是我们不能说我有了数学智慧、英语智慧和计算机智慧，所以**智慧到底是什么？具体是怎么分类的？**

**吴军：** 粗略地划分一下，就是和人打交道、和物打交道这两种智慧。那智慧是什么？比如你和人打交道，有成功也有失败的时候，**智慧就是你能够不断复制成功经验，而不让这种成功变成偶然，这其实就是智慧。** 中国有一句老话"不撞南墙不回头"，当然有很多撞了南墙也不回头的，这就是没有智慧的表现。

**俞敏洪：** 这也是我好奇的，像苏东坡经历了"乌台诗案"后，他就得到了很好的升华，变得更加洒脱、更加随性，开始重新寻找生活的美好。但为什么有一些人在不断地犯同样的错误之后，始终没办法升华自己？

**吴军：** 这是一个很好的问题，涉及一个心理学话题。心理学家阿德勒和弗洛姆曾提出一个观点，**很多人在心理上对他人有一个依赖，他对于自己能否自立没有太多自信心。** 实际上大家会发现一个现象，有的人交了一个损友，那个损友老坑他，但他还总是特别相信那个损友，这样的人从心理上来讲，并不相信自己能作为一个完全独立的人生活在社会中并且过得很好，他总觉得如果别人不理他、不要他，天都会塌下来，他并不相信可以靠自己的力量在这个社会上立足。

**和它对立的是一些占有欲特别强或者霸凌的人，这其实是另一种自卑。** 比如，在大学里永远有一些人抄作业，自己的实验项目自己不做就哄骗别人去做；在单位里领导交给他的工作自己不完成，总是找别人替他做；在生活中有的人占便宜，比如借钱不还，等等。在中国，可能这些行为还没有到霸凌的程度，但在西方的定义里，这些行为就算是霸凌行为了。他们之所以会这么做，是因为他们从内心里并不相信凭借自己的能力能顺利完成这些事情，他一定觉得我占了别人的便宜就能得到这些东西，这也是一种心理上的缺陷。

大部分人其实不愿意承认自己有心理疾病，但实际上大部分美国人都看过心理医生，每个人的内心其实都不是那么健康，这样的现象之所以普遍就并不难理解了。但如果能真正体会到这种问题所在，比如你知道自己有对人的依赖心理，当你不再依赖这些所谓的"损友"，尝试走出他们的圈子，凭着自己的力量也能过得很好的时候，你就不会再上当了。**成长也好、教育也好，实际上就是要让人的心智更健全，而不仅仅是学一些知识**，当你真正体会到心智健全，就会显得在为人处世方面很有智慧。比如，你在单位被领导欺负了，有的人就不知道该怎么办，但有的人就善于处理这些事，你去找领导出个主意这事儿就处理好了，慢慢大家就会觉得这个人很有智慧。

**俞敏洪：** 大部分人其实分不清智慧和小聪明之间的区别，有的人很容易把自己的小聪明和圆滑当作人生智慧，还会把这种所谓的人生智慧传递给自己的孩子，很多孩子就是受了父母这方面的影响，最后变得格局很小。所以我想问问，在你看来，智慧和小聪明之间有什么区别？

**吴军：** 小聪明是在一个局部的、很短的时间里占得一些利益，而智慧是把自己的想法和决定放在很大的空间和时间里做判断，这有非常大的区别。比如投资，我拿100块钱买股票，挣了10块钱，我再借100块钱买股票，又挣了10块钱，从表面上看，我用1倍的杠杆多挣了1倍的钱，但这是一个短期行为。如果长期考察股市，再看看周围做同样操作的人就会知道，这种小聪明、小便宜是不能占的。大概两年前，巴菲特谈到为什么一定不能用杠杆来做股票交易，他说在他近60年的投资生涯中，一共经历了6次股市跌落50%以上的情况，所以如果你用1倍的杠杆，就已经有6次机会完全清仓。所以当你看短期利益的时候，你能不为所动，就是一种智慧。相反，如果你觉得大家都赚了2倍，我也一定要赚2倍，那这就是一个小聪明。

这种诱惑在生活中非常多。过去中国有一个大走私犯叫赖昌星，当年很多当官的都跟他做一点生意，为了赚一些钱。后来有一个干部，他老婆就抱怨，你看周围的人都发财了，你还守着那些规矩和底线干什么？最后那群跟着走私犯发了财的官都进去了，而那些能够远离走私犯、在利益面前不为所动的人，都生存下来了。**有时候人会有点鼠目寸光，只看到眼前几寸的利益，却看不到周围的各种风险。**

**俞敏洪：** 所以守得住底线本身就是一种智慧？

**吴军：** 是的。**大智慧是把你所有的行为和想法放在很大的空间中，放在很多人群中，放在很长的时间里去考量。** 所以我在谈品格的时候还谈到了不媚俗，不是说大家都去干一件事，你就也跟着去干，你得判断这个事该不该干，而不是以大家作为标准。

**俞敏洪：**所以中国有一个成语叫大智若愚。所谓愚，就是面对声色犬马的事情，只要这件事情过了底线就不会再碰了，表面上他放弃了眼前的利益显得很愚笨，但实际上这是一种智慧。

## 4. 态度、格局、见识

**俞敏洪：**你说过一句话："你是你达成目标唯一的障碍。"为什么你觉得一个人最大的障碍是自己？

**吴军：**人的潜力是巨大的，但很多时候人会低估或高估自己的潜力。比如，我有一个朋友，他之前并不知道自己能爬多高的山，后来他慢慢爬，爬到6000米以后，就觉得自己是不是能挑战一下珠峰，但他还是按部就班地去训练，最后练了几年发现自己确实有这个潜力，最后登上了珠峰。还有人会高估自己的能力，很多时候很多事情大家是做不到的，比如有的人学到一点知识之后，就觉得自己好像什么都学到了，自己能做很多事情，最后却发现处处碰壁，这也是人自己把自己给坑了。我们读古代的故事，会发现很多聪明人自己把自己坑了，最典型的就是三国时候的杨修，有很多小聪明，但实际上最后坑他的是他自己。

生理学家已经证明，人的潜力是巨大的，只是很多人没有把自己的脑力开发出来，所以一定要对自己的潜力有信心，不要遇到难事就真的难在那里，觉得自己解决不了。同时，潜力的开发也需要花功夫，要有一些毅力，并不是自己学一点东西就能开发潜力了，不要过于依赖过去上学学到的那些一知半解的东西。为什么现在很多大学毕业的年轻人在职场上不受欢迎？因为他学了一点知识后就爱卖弄，觉得自己挺了不起，其实这点知识远远无法解决现实生活中、工作中的问题。所以，人不要低估自己的潜力，也不要太高估自己的能力，记住这个道理，人就不太会成为自己的障碍。

**俞敏洪：**人不太了解自己如果专心去做一件事最终能达到什么样的境界，就像你的朋友，一开始觉得两三千米的山就很高，但最后却爬上了珠峰，其实就是把自己的潜力激发出来了，从而推动自己不断提升。比如，有人现在英语讲得磕磕巴巴，这是一种现状，但这并不代表你没有潜力，因为外在的显性能力能够通过挖掘自身的潜力最后得到不断提升，所以人一定不要低估自己。

我这两天刚好在看田浩江的传记，他是一位男低音歌唱家，在大都会歌剧院唱了20多年，跟帕瓦罗蒂同台过。他1983年到美国的时候一无所有，到什么地方试唱都被拒绝，但他碰到一个女老师不断鼓励他，说他的声音有巨大的潜力，只要坚持下去就一定可以。所以他不只学唱，还为了让自己的每个唱腔更加到位，开始学意大利语、拉丁语、英语，最后慢慢从配角变成主唱，演了很多重要的角色，成了世界上一位独特的男低音歌唱家。我看了他的传记还挺感动的，因为一个中国人在全世界唱歌剧唱得那么好是绝无仅有的，而且他几乎努力了十几年、20年才获得了现在的成功。所以你刚才说一个人唯一的障碍就是自己，是因为**很多人给自己的成长设限了**，就像跳蚤，跳蚤被放到瓶子里盖上盖子后，每次跳都被瓶盖打下去，第二天把瓶盖拧开后，跳蚤跳起来的高度就再也超不过瓶盖的高度，因为它知道超过那个高度就会被拍下去，就自己给自己设限了。总之，**只要一个人能够努力发掘自己的潜力，就会比自己以为的还要更多。**

读了你的《态度》《格局》《见识》这三本书后，我很有体会。个人认为，一个人之所以会成为自己的障碍，是来自他的见识和格局，当然也包括他面对事情的态度，因为他在面对一件事情的时候，采取的是消极态度还是积极态度，是勇敢的态度还是懦弱的态度，最后导向的结果是不一样的。

**一个人见识的高低、格局的大小以及面对事情态度的好坏，对他的一生起到的影响是非常大的。**举个例子，像我是农民出身，成长在一个相对较小的格局中。在北大读书的时候，我才产生了第一次大的人生思想格局的变化，北大独立自由的精神给我带来了很大的影响。第二次格局变化是王强、徐小平他们回来以后跟我吵架，那时候我依然是中国土生土长的土鳖，但他们在国外学了很多的东西，他们或多或少带来了新的看法和见识，包括格局上的一些东西。

**一个人在不断凤凰涅槃的过程中，可以让自己的格局、见识、态度变得越**

来越好，当然这是以自我成长为前提的，如果自己不愿意成长，这个规律是不存在的。这次新东方遇到困难以后重新努力，其实就和我原来修炼出来的见识、格局或者态度有关系，如果放在 10 年前，我可能就完全不是这个状态。10 年前的我，可能会做出很多愚蠢的事情，但到了今天，我自认为已经有了一定的见识、格局和正向的态度，所以我现在处理事情会比原来好一点。

你认为在成长过程中，一个人的格局、态度和见识到底如何培养？它们到底能起到什么样的作用？

吴军：见识有三个方面很重要：**第一，读很多书**。所谓读万卷书，行万里路，我们要读很多书，因为很多知识不是在课堂上学的。我记得大学的时候，我读了西方哲学家的书，比如卢梭的《社会契约论》等，这些书当然并不好读，但读完之后我会对自己心目中的社会有一些想法。

**第二，走出去**。有了见识就要走出去，所以我游历了世界各地，当然走马观花看风景、看古迹、购物没什么意义，而是要了解他们的人、文化，跟他们坐在一起交流。比如，我曾经两次去往英国，就是为了了解为什么工业革命诞生在英国，第一次是我自己去做一些了解，第二次是在朋友的帮助下，我带了一些企业家去，在英国专门找了很多学者了解学习，所以就了解到科学革命和工业革命诞生在英国是有必然原因的，甚至可以追溯到大宪章时代对王权的限制，后来新教的改革，再到后来商业的发展，对当时产生近代科学都有很大的帮助。**你需要做很深入的了解，才能知道别人不知道的事**，才能把握清楚到底什么条件下能产生工业革命，才能对现代科技产业的发展产生比较深的理解，所以我们要走出去见和识。培根在随笔中有一段话，讲旅行的重要性，他说旅行是一个学习的过程，你应该每天记笔记，你应该了解旅行之地的风土人情，你应该知道这个地方有什么特点，你应该在这里学习什么样的东西，这都是要提前准备的。

**第三，接触到什么样的人很重要**。我原来在清华的时候跟建筑系的学生一起学美术史，大家讲中国的名画家，教授就会做一些评判。比如齐白石，如果他 50 岁就去世的话，根本不会有人听说这个人，原因很简单，他原来就是个画匠，接触的都是比较底层的画师，到了50岁以后才慢慢积攒了一些灵气，认识了一些社会名流。他到人家家里去，人家家里有很多收藏，他就看到了那些好的绘画真迹。所以从50岁以后他的眼界才开阔起来，见识也是从结识到不同的人之后才开始增长，到了70岁的时候，他的艺术才成熟。又如黄宾虹，如果他70岁去世了，也没有人知道他，他真正艺术成熟是在80岁以后，因为那会儿他才接触到其他的大艺术家，所以人的作用很重要。我想我自己路途走得还算顺，和我遇到很多很好的导师、同学、同事都有关系，这也是我为什么老讲，**人的第一份工作不要太看重具体的工资多少，一定要去一个好环境，要去各行各业的黄埔军校，因为在那里你可以遇到很好的人，眼界就会开阔起来。**

**俞敏洪：**见识真的很重要，井底之蛙是不可能产生太多见识的。假设你没有去Google，后来也没有回国折腾，你今天的见识就不会这么广阔，所以你前面分析的，通过行走、旅行、交往的方式提高一个人的见识是有可能的。但我觉得这件事情有一个前提：你的心态必须是开放的，你愿意接纳任何来到你身边的人、物和知识。我个人认为，虽然我现在见识也不怎么样，但我见识的提高主要来自以下几个方面：

**第一，读书多了，眼界自然就会开阔一些。**你如果愿意接纳书中不同的思想、观点，你的观点和思想就会丰富起来，慢慢你就会形成自己很好的知识判断力或者思想判断力。**第二，想知道梨子的滋味，就得亲口尝一尝。**你如果光读一些书，不到当地考察，就不会有深刻的感受，有时候甚至是震惊的感受。比如，我们都知道古罗马的建筑非常宏伟壮观，但如果你没有到罗马亲自看一看那些建筑遗址，就不会产生那种宏大、宏伟的感觉，你不会感觉到古代文明有多么壮观和震撼。**第三，人生发展过程中最重要的一点是名师指路。**如果你生命中没有名师，没有人跟你聊，没有人让你有醍醐灌顶的感觉，那么你身边其实缺乏真正的老师。我为什么会比较喜欢跟一些水平比我高的人聊天，他只要愿意聊，我就愿意去，我付饭钱、车钱、飞机票都可以，不管山高路远我都要去拜访一下，我觉得这种名师指路真的非常重要。当然现在有了互联网就方便很多，我现在可以跨越一万公里的距离跟你进行对话，这就是现代化技术的好处。**第**

**四，个人的悟性也非常重要。**如果你走遍千山万水就是为了摆个 pose、照个相或者在景点打个卡，那就如行尸走肉一般，即使到了这个地方，你也并没有得到任何感悟和提高，你的见识依然是原来的见识。**第五，我一直认为见识其实就是人的大局观，它是一个更加长远的考虑。**我认为见识跟人的知识没关系，我们经常看到有的人虽然是博士毕业，但鼠目寸光；也常常可以看到一个没有太多文化的企业家，却能布局得非常高明。

我常常用我母亲来做比喻，我母亲是一个不认字的老太太，但她当初让我不断考大学的决定，就体现了她的见识超过了一般的农村妇女。我常常喜欢讲一个故事，我们同村有另外一个小朋友，也跟我一样考了两年大学，第三年他母亲死活不让他考了，说我们就是农民的命，怎么可能考上大学，老老实实在家里干活就行了，其实那个小朋友也想考第三年，但他母亲不让他考了，后来那个小朋友就没再考了。我跟我母亲说我要考第三年，我母亲说允许你考第三年，但因为我们祖祖辈辈都是农民，你要再考下去家里就没人干活了，所以你第三年是最后一年，你考得上就努力去考，考不上你也要认命，所以我母亲给了我第三年，并且允许我第三年不干任何农活。这就是有见识的表现，她愿意给自己的孩子一个奋斗的机会，并且她也知道我万一考上了大学，对我命运的改变是有多么重要。所以我觉得**一个人的见识有时候跟你拥有多少知识真的没有太大的关系。**

**吴军：**我身边也有一个类似的例子。我有一个朋友，在美国读了博士，他也是从农村出来的，北方的农村比江南的农村还要穷一些，要知道那时候支撑三个大学生一起读书，家庭的负担是很重的，但他父亲还是让家里三个孩子都上了大学，而且现在有两个博士。后来有一次我碰到了他的父亲，他父亲也是当了一辈子农民，没有太多文化，我就跟他父亲聊。这个老先生真的很有见识，他年纪比我大一倍，我们就谈人年纪大了怎么保持身体健康这类的话题，就发现他很了解现代医学、健身，他也很接受现代医学，人的健康饮食应该是什么样的，运动是什么样的，他说得头头是道。虽然他年纪很大，但他接受了很多新东西，不像我们想象中那些七老八十的老年人那么保守。所以**人的脑子一定**

要开放，这真的是很重要的一件事。

**俞敏洪：**你在书中也说了，**一个人的格局决定了这个人的命运，也决定了这个人事业的大小**，那么在你心目中，一个人的格局主要由哪几方面组成？一个人应该如何培育自己的格局？

**吴军：**第一，要看清楚自己处在什么位置，包括时代的位置和世界的位置；第二，要清楚自己最终追求的事业边界在什么地方。你如果能够放眼一个很大的空间和时间范围，你对一些小的事情就不会那么在意了。比如，你会发现现在很多大学生为了买 iPhone 会去挣一些小钱，然后不读书，这个格局就太小了。为什么？因为如果他们能真正学到知识，是可以做一些更大的事情的，到那个时候，一个 iPhone 手机对他们来说就没那么重要了。又如投资，投资效果的好坏也取决于人的格局。有些人一开始花了很多功夫来看这个公司的技术怎么样、人怎么样等，也比较早地就找到了一些大公司，但他的格局是挣一个小钱就满足了，然后给人家写了第一张支票，投了 10 万块钱，挣了 100 万，挣了 10 倍就很满足。实际上，最后你哪怕是做了 10 年，也只是一个线性的增加，不会有太大收益，这也是一种小格局。而有的人做投资是要投一些很好的年轻人，希望这个钱将来能做一些改变世界的技术，所以他看项目的时候，就会看这个事能否对改变世界有一些益处，这就是一个大格局。

有一位在中国做得很好的基金投资人，他不在意很小的技术，因为他本身的视野非常宏观。他有天讲，我们要改变世界，把全球的基础架构重新建立一遍，他就约了一群人，凑了大概 1 亿美元，投资了一家印度做技术架构的公司。为什么要投印度？因为印度是一个人口很大的市场，虽然基础设施非常落后，但它不可能永远落后，这件事情如果做成了，整个世界可能都会有所改观。果然几年下来，回报非常丰厚，大概有十几倍的回报。从他的角度来讲，他收获了丰厚的经济效益；从改变世界的角度来讲，你能看到一个很好的结果，这个格局一下就大了很多。

很多事情都是如此，比如科学研究，有的人格局就定在发表几篇论文，提升一个教授头衔，但有的人几乎花了半辈子去解决一个很大的问题，这是不同的格局。格局不一样，选择就不一样，今天我们看到的好的方面和坏的方面，好的方面，中国人工智能有关的论文发表数量特别多，甚至超过了美国，但另一方面，这些论文其实除了审稿人和作者本人以外，基本没有太多人去读，为什么？因为很多人是发现这个话题非常热门以后才去做的研究，这样写论文其实很容易发表，但这种锦上添花的论文意义不是很大，你发表了很多论文，最后发现还是没掌握基础技术，或者很多原创性的突破并不来自这里。当然还有很多科学家是不一样的，比如 Google 发表人工智能的论文，因为它不是大学，所以发表的数量非常少，但每一篇被引用的数量都是大学平均引用数量的上千倍，这在学术界是很难看到的现象。因为每做这样一项研究，Google 想的是这个基础打好以后，是不是全世界其他人使用人工智能的门槛就会降低很多？它想解决这样一个问题，这种事一旦做出来，影响力会很大，所以这是**不同的格局会做不同的选择，然后会得到不同的结果。**

**俞敏洪：**我能不能做这样一个总结，一个人未来到底能走多远，跟个人长远的眼光和布局有很大的关系，如果一个人只关注眼前利益，那么他极有可能是以放弃长远目标为代价来得到短暂的利益。比如，一个人为了在公司里得到相对比较高的工资，尽管他并不那么愿意干这份工作，也知道这份工作跟他未来的事业没大关系，他也愿意在这里熬着，到最后他的青春和面向未来的时间就没有了，但有些人就愿意这么放弃掉。我碰到过两个这样的人，他们的工作都很好，其中一个人一直在工作岗位上待着，因为他舍不得放弃百万年薪，但后来慢慢他的工作就过时了，工资上涨的速度也有限了，后来还被公司淘汰了。但另一个人，去到国外学习，回国之后发展就变得更好，完美避免了所谓的"35岁大厂现象"和"40岁退休现象"。实际上这也是一个人的格局决定的，**你把自己放多远，你就能够走多远**。从事业角度来说，一个人能不能创建自己的事业，也是一种格局。我们最喜欢用造房子的例子，三个砌墙的人，第一个人说自己在砌墙，第二个人说我在造房子，第三个人说我在建设美好家园，这其实也是一个格局的比喻，他们的工作热情不一样，对未来的设想不一样，做出来的事情大小也不一样。

我个人一直认为，一个人如果有了对未来明确打算的大格局，很多小事情包括他受到的侮辱甚至是屈辱都比较容易忍受，也比较容易用积极的心态去解决。所谓孟子所说的"天将降大任于是人也，必先苦其心志"，我认为就是这样一种表述。作一个简单的比喻，越王勾践之所以愿意卧薪尝胆，是因为他知道他必须拿下吴国，当然越王勾践成功了也不见得心胸有多宽广，但至少他在卧薪尝胆这件事上是一个格局的表现。

**吴军：**是的，我再补充一点。要想让自己的格局变大还需要有一种合作精神，包括让出一些自己的利益。举例来说，在国内有一家蛮大的公司，创始人的眼光其实很好，因为很多新技术都是他们先做、先尝试，但最后都无疾而终，原因就是创始人的格局，因为这个企业不是处在寻找二号人物的状态，就是二号人物即将辞职的状态。他既容不下人家本事大，又不愿意让出部分利益，所以这家企业的所有项目都只有开头没有结尾，这也是格局限制了他的发展。

## 5. 语文与数学的奥义

**俞敏洪：**你是工科出身，天天写公式和算法，但你写的这些书籍，文笔都非常简练、通顺，典故用得也很好，一般工科人写东西不会这么出色，为什么你会写这么好？中国的大学生从中学到大学，除了写那几篇高考作文以外，其实没有受过专门的写作训练，尤其是理工科学生，他们在大学是没有写作课的。你曾在得到上开了一门课，现在变成了《吴军阅读与写作讲义》，那你对现在的年轻人在写作方面有什么建议？

**吴军：**我讲一讲我的经历，也许对大家有所启发。每个人，比如中学生都希望自己写出来的文章有文采，读起来漂亮，我一开始也这么想，或者这么练习，但其实这是一条错误的道路。我到高中的时候，语文老师一直跟我强调结构，一篇好的文章首先是结构，文采朴实一点没有太大关系，因为文采是很容易改进的，但文章结构要好，要符合逻辑。你的结论要从你的证据中来，你的证据要立得住脚，你讲这个故事的过程要符合一般人的思维习惯，哪怕是符合逻辑但不符合一般人的思维习惯也不行，因为他读不懂，这也是很多科学书或者哲学书读不懂的原因。提升写作水平要按这种方式刻意练习，我差不多练了三年，基本上能够练好。有时候写作和讲故事是一回事，人要不断改进自己讲故事的能力。其实很容易训练，比如你讲一个故事，看大家是不是会聚精会神地听，或者你在讲大家在看手机，这样就很容易判断。我遇到一些老师，讲得我都快睡着了，所以我自己下决心，如果我上了讲台讲课，一定要让大家有兴趣。

我在国内没有做到这一点，后来到了美国的大学，他们不仅教你考试做科研，还教你怎么上讲台讲课，哪儿讲得好，哪儿讲得不好，都会给你反馈。比如做一个15分钟的报告，我的导师有时候要辅导整整一天，告诉我这15分钟的报告要怎么做，两个话题中间要隔几秒，因为大家可能需要5秒钟想一下，要不然想不清楚，而且讲课有几个难点，这几个难点之间不能一个挨着一个，那样大家就会听不懂，所以哪怕是15分钟的内容，都要做很多准备，细节准备得非常好，讲出来的效果就会很不一样。写东西也是一样，但这是可以训练的，我也不是天生就会写作，从中学到大学，清华毕竟是工科学校，对我阅读写作的训练不太多，到了美国接受了不少这样的训练。每个人刻意练习都是能做到的，不一定每个人都要当作家，但至少邮件要写清楚，报告要写清楚，不管是工科还是理科，这个基本训练是需要的。

**俞敏洪：** 我发现现在大量文科毕业生写出来的东西读起来坑坑洼洼的，感性思维能力比较强，像你是理工科出身，虽然你的感性思维也很丰富，但明显你的理性思维更强，可能因为你受了比较长期的这方面的训练。

个人感觉，大家读了《吴军阅读与写作讲义》以后会更容易学习，因为感性思维的东西是不太容易学的。比如，如何写《红楼梦》就不太容易学，但写一个有逻辑性，或者说写一个重点突出、拿得出手的内容是相对容易的，所以这本书其实给了大家很好的写作指导。我在新东方要大家写很多东西，很多东西写完后会被我打回去，我作为一个文科生都忍受不了他们写的东西，既没有逻辑顺序也没有情感顺序，很多人的文笔能力也不行。中国的大学，除了学文科以外，已经很少有专业会教授写作了，但写作讲故事的能力又非常重要。中国的大学生越来越多，但大学生应该受的训练反而没有了。你对中国的大学有没有什么建议？

**吴军：**写作课是需要的，哈佛大学只有一门必修课，就是写作课，其他所有课都是选修课。美国很多名牌大学，哪怕是工科大学，都一定有写作课。此外，哪怕理工科学生不去系统地学习文学理论，至少类似于文学欣赏课和老师指导阅读经典的课也应该要上。总的来说，中国人会算，美国人会写，我从孩子练习写作的时候就发现了这一点，他们不仅仅语文课要写作文，历史课也要写报告，报告一写就是20页。除此之外，地理课、经济学课都要写报告。写报告是非常好的写作练习，这些报告不一定需要那么强的文采，但对逻辑性以及讲故事的能力的训练是非常好的。而且不仅仅是大学生，从中学生开始就应该有这样的训练，现在我们的历史课就是一道小问答题，写100字就答完了，但这是远远不够的，理论上任何中学的文科课都应该对他们的写作产生帮助。

**俞敏洪：**中国的教育中缺乏写独立论文或者独立报告的训练。我们很少看到从小学、初中、高中要求学生写独立论文报告，到了大学也都是期末考试。我记得大学毕业唯一一个需要写100页的报告就是毕业论文，其他就没了。我女儿小学是在国外上的，她在小学二年级和同学两个人一起合作写了一篇20多页的研究落基山脉地区大角羚羊的报告，有图、有索引。我交往的美国朋友、英国朋友也不少，他们写东西也是信手拈来、出手成章。你刚才说了一个特别有意思的道理，中国人能算，外国人能写，因为中国人算术和数学学得好。

你至少写了三本有关数学的书，一本是《数学之美》，另一本是《吴军数学通识讲义》，后来你又给孩子们写了一本《给孩子的数学课》。你为什么那么强调数学的重要性？像我这样的数学白痴在这个世界上难道就活不下去了吗？

**吴军：**数学有两方面的作用；**一方面是工序**，比如你搞工程的话，数学就是工序；**另一方面是思维**，《数学通识讲义》强调的是思维，《给孩子的数学课》更是强调思维。数学思维为什么很重要？举个例子，**小学数学思维到初中数学思维的分界点是什么？你认识到世界上不但有正数，还有负数，你初中数学就学及格了，具体的数学公式、解方程不是那么重要，可学可不学。但现在很多人连负数思维都没有，很多人用杠杆投资，就想着原来每年挣 10% 的资本回报（利润），我借 100% 的债就是 10%，借 300% 的债就是 30%。你知道有一个正数，还要知道有负数，就像炒房地产这些人，你现在是负数，你借了 300% 的债，原来是负 10% 的利润，现在是负 30%，你就破产了。做任何事都是有成本的，有负数，但很多人没有成本意识。

大学数学是微积分，微积分学什么？我们都知道飞轮效应，开车都有这个经验，一脚油门踩下去获得的是加速，但速度是要经过时间积累的，踩 5 秒钟油门速度才能上得去，猛踩一下就松开是上不去的。飞轮效应的道理就是数学中微积分的道理，你忘了微积分的数学公式没关系，只要能体会到生活中的微积分效应就行。现在很多人工作，一分耕耘，一分收获，很多人想着今天晚上我耕耘，明天早上就有收获，这是不可能的。这跟开车踩油门似的，你刚获得一个加速度，得持续一段时间才有收获，你努力了一段时间，你的工作水平才会提高，工作水平提高以后再努力一段时间才有绩效，老板才能看得见你，才能肯定你。

**俞敏洪：** 数学对人生也有指导意义。

**吴军：** 学数学，学的就是一个道理，能把生活中的道理想通就可以了。其实现在有很多数学工具，有很多计算机，所以中学死抠数学难题真的意义不大，只要能把这后面的道理学通就够了。

**俞敏洪：** 我有个问题。第一，中国的孩子从幼儿园开始就学数学，高考数学也很难，一直学到大学，号称中国学生数学学得最好。你觉得中国学数学的方法对吗？第二，如果学数学的方法是对的，为什么世界上那么多优秀的数学家，比如菲尔兹奖的获得者中，中国人却寥寥无几？

**吴军：** 这个问题我也想过。**中国的数学教学先看结果**，都说美国人数学很差，但美国人得了一大堆菲尔兹奖。数学不需要每个人都学得深，美国的教学大纲体系比中国的更合理一些。美国人的做法是，到了中学以后开始分流，如果你将来打算学文科，高中就给你准备一些非常浅显的数学课，同样是学代数，但就讲得很浅，但如果你要学理工，代数就学得很深。不同的学生上不同的班，但都得学数学，哪怕学得浅，也得证明你学过。中国是一本书，一份考卷，从0—100分把大家的数学水平分开，有的数学考20多分就很受打击。但其实，大家能明白负数的概念、积分积累的概念就可以了，这其实每个人都能学明白。

以前有个央视主持人问我同样的问题，说他的数学就考20多分，是一个学渣。我说，你不是学渣，你能在央视做主持人肯定不是学渣，只是我们的数学教育体系出了问题。最重要的是兴趣，你有兴趣，学浅一点就好，不是每个人都非要学同一本书。**什么样的人能成为数学家？可能占人口的2%都不到。**这2%的人可以学深，但不是所有人都要往深了学，绝大部分人学浅一点就够了，微积分他一辈子都用不上，不用去学它。

**俞敏洪：**为什么中国高中的数学那么难？我觉得那是在故意刁难孩子。那些数学天生好的人，可以专门设置一个学数学的环境，像美国80%、90%的人数学都一塌糊涂，但居然诞生了那么多数学家。

**吴军：**我也给教育部提过建议，高中应该分，将来要学理工的人可以开AP课[1]，美国差不多有2%左右的学生会学很难的数学，高中就要学微积分、线性代数、概率、统计，但大部分学生是不用学的。在高考的时候也可以做区分，不要试图用一张考卷把数学100分的人和对数学根本没兴趣的人分开，应该通过不同的数学课程来分。招生的时候也一样，比如文史哲类的，对数学的要求就可以低一点，但需要掌握一些基本的数学内容。

**对数学的兴趣很重要。**因为很多真正在数学上做出成就的不是靠高中数学，而是靠大学数学，有些难题到大学再做也不迟，但是他从中学开始就要对数学有浓厚的兴趣。现在很多高中数学学得好的人，不是因为他自己有多大兴趣，而是因为高考很重要。

再一个，很多人做奥数可以加分，中国一开始做奥数后来继续搞数学的几

---

1　一种美国的课程设置，内容方面比一般的高中课程要深入、复杂和详细，相当于美国大学的课程水准。学生通过AP考试换取的学分，可以同等换取相应的美国大学学分。

乎没有，大部分人都去做金融了，他们并不是对数学天生有兴趣。

**俞敏洪：**大学数学系毕业的人，也很少会继续搞数学。我问一个不靠谱的问题，我现在越来越意识到了数学基本知识的重要性，现在有点想再从头开始学点数学，我这个年龄还能学吗？我现在勉强能解一元一次方程，别的都不会。

**吴军：**美国高中毕业生已经有一半人不会解一元一次方程了。您可以看一看《给孩子的数学课》，了解一下数学的脉络，看看对什么感兴趣，可以挑一些来学。现在学数学和咱们当时高考的时候不一样，现在有好多工作，只要把道理学懂了，就可以直接用工具来解。去年年底有一个新闻，Google 的人工智能现在做奥数能做到 50 分，MIT 的数学考试能考 80 分，要知道计算机科学博士的奥数平均成绩才 40 分。**将来很复杂的事情都可以交给机器做，人脑学会基本的原理就足够了**，比如方程是怎么回事，我们知道就可以了，要真想解它，把方程输入计算机里，让它帮你解就好。

**俞敏洪：**我个人感觉，尽管未来人工智能几乎能帮人解决很多问题，包括最难的数学问题，但依然没法代替人类去研究数学，因为这是对大脑开发的过程，如果所有东西人工智能都做完了，人就没用了。所以学点数学、学点工科肯定是有用的。

## 6. 心向哪里，你就会走向哪里

**俞敏洪：**我觉得你的人生选择还挺传奇的，你作为这么厉害的工程技术人员，获得过那么多专利，原则上不会选择用那么多时间、精力传播知识和智慧，所以你明明可以在科技道路上一走到底，为什么后来会选择变成一个投资人，以及一个普及知识和智慧的作家？

**吴军：**之所以会成为投资人，是因为我发现如果能找到有类似想法的人，我出点钱让他们去干也挺好。其实我一开始是自己干，后来带着团队一起干，但我总希望我的影响力能够大一点，也发现有很多事情要做，但自己又没那么多精力做，所以最简单的办法就是我出钱让那些年轻人去干。比如，我在美国大学做顾问的时候，一旦有想法，我就会找一个跟我想法比较相近的助理教授（junior professor）去做，因为当他还没有拿到终身教职的时候，他最有动力去干，但又缺经费，我就会捐些钱给他们，他们能帮助实现我的想法，同时也会加大影响力。

**俞敏洪：**就是通过经济或者资本的杠杆，聚集更多聪明的头脑，干你自己想干但自己不一定有精力去干的事情。

**吴军：**对，但后来你会发现很多人干不好这件事，因为他们有一些欠缺，手把手地教也教不过来，这就是写书的原因。我后来花了很多时间写书、教课，写书是针对普通大众，尤其是年轻人，他们读了书以后能成长得比较快，这是知识的普及；教课是有时候特意挑一些商学院的学生授课，因为他们是最接近改变世界、最接近成功的一些人，如果能对他们有一些帮助，他们很快就能成功。当然我也挑，有些企业家再怎么教也学不会，比如有些企业家就是来混圈子的，我也懒得教他们，但还是有一部分想认认真真学科学知识、学新的管理方法、了解新技术的人，我就愿意花点时间教他们一些底层思维。他们做生意比我做得好，不用教，主要就是在科学的底层思维上花一些功夫辅导一下，这样就能影响一些有影响力的人，可以使得我们的影响力能更快地传播。

**俞敏洪：**实际上你现在出的这些书已经不再是针对企业家和创业者了，更多的是变成了大众读物。你写《文明之光》的时候我很吃惊，因为你是工科出身，但《文明之光》中有些段落写的是人文历史和思想的发展，包括你现在写的《态度》《见识》《格局》《软能力》《元智慧》等，我认为你是在传播一种知识，是想拨开某种朦胧的盖子，甚至是揭开某种愚昧。而且你的"硅谷来信"是有意在教育一整代年轻人，教他们怎样看待自己的事业，怎样发展自己的人生。你写了那么多本书，做了那么多篇"硅谷来信"，是要花大力气的，因为知识的传播和思想的传播是一件很严肃的事情，尤其你还很严谨，你一定很认真地对待这件事情，这就意味着你要花大量的精力、时间，牺牲自己的业余爱好来做这件事情。那你做这件事是因为内心产生了一种使命感，还是纯粹只是想把自己这么多年积累的知识自然地表达出来？

**吴军：** 我觉得谈不上使命感，我只是一个愿意分享自己体会和经历的人。我自己也走过很多弯路，对很多知识的了解也是后来的事情，所以很希望这一代年轻人能够有机会更早地了解到一些知识，知道这个世界是什么样的。我在大学的时候，比如我读卢梭的书，读孟德斯鸠的书，读洛克的书，觉得很有启发，但他们的书并不是那么好懂，但真的对我很有启发，对我将来想成为什么样的人很有帮助。后来我了解了日本的明治维新，也了解了福泽谕吉这样的人，他写了很多小册子，对日本人真正了解世界有很大的帮助。我就想，如果每个人的思维都有所进步，只要他们自己行动起来，这个世界就会变得很好，所以如果靠我传递知识就能帮助每个人的思维进步，我个人觉得这是一件很有意义的事情。

**俞敏洪：** 我感觉实际上你内心有一种朦朦胧胧的召唤，或者说是使命感的召唤，我觉得你把自己定位在一个启蒙者的角色上，因为在这样一个知识如此丰富的时代，很多人在进入知识和思考的道路上是找不到门路的，而你恰恰在这个时候出了一系列普及科学知识和人文知识的书籍，对这些人来说无疑是巨大的帮助。

你之前在 Google 时是顶级工程师，现在改变了人生道路，花了那么多时间在写作和传播知识上，你有后悔过吗？如果你不改变道路，一直在自然语言处理、科学研究方面工作，你现在会取得一个更高的成就吗？

**吴军：** 关于是否会取得更高的成就这个问题，我确实不太知道，也不太好比较。为什么？假设我一直在科技这条路上走下去，我可能并不知道外面还有另一个世界。但关于是否后悔这个问题，我肯定不后悔。这也是我跟年轻人讲的，**人最后都会选一条路，选完一条路，走到四五十岁以后都不要后悔，因为这是你自己的选择，好也好，不好也罢，就坚持走下去，不要后悔。** 今天很多人都患得患失，做了技术又想做管理，当了官以后又想回过头来搞点别的，如果人总想脚踩两只船，最后会掉到河里去的，所以选择了道路就不要后悔。

**俞敏洪：** 你专门在书中讲到了选择问题，甚至用了印度人结婚的故事来举例。印度人讲究门当户对，讲究家族之间互相联姻，有点像中国古代的婚姻，这反而让婚姻变得简单了。当人有很多选择的时候反而会出现选择上的迷茫，最后带来的是人生不能更加深入，事业上不能更加深入。现在中国的年轻人就有这个问题，一年换两三个工作，甚至换五个工作，其实不是因为他们的工作不好，而是因为他们的选择太多。面对现在年轻人所处的多选择的迷茫状态，你对他们有什么建议？

**吴军：**第一，如果想折腾，在 30 岁以前尽管折腾。那时候的家庭负担、社会责任都比较小，经得起折腾，哪怕折腾得倾家荡产，你也才 30 岁，还可以重来。因为荒唐事你拦着他，不让他做也不行，他一辈子老在想这事，还不如让他在 30 岁以前把荒唐事都做掉。但 30 岁的时候，就要想清楚自己到底要成为一个什么样的人，得少折腾。

第二，**每个人都喜欢干自己擅长的事，而擅长和不擅长的区别在很大程度上取决于这个事做得有多好**。有一个概念叫深度工作，您刚才提到很多人一年换两份工作，没有机会进行深度工作，但很多事是工作了好几年以后才知道自己是否擅长的，高频地更换工作就没有这样的机会了。今天年轻人最大的问题是选择多了以后缺乏深度工作的能力，有人做过这方面的研究，观察到有些弹琴弹得特别好的人，他真正开始完全沉浸进去，深入到音乐里的时候，是处于忘我的状态，甚至弹吉他的人会忘记呼吸，会突然喘不过气，因为人完全沉浸其中了。人到了这种情况下，他的进步是飞快的，可能是 10 倍、20 倍的进步。

**俞敏洪：**这是不是心理学中所说的心流状态？

**吴军：**没错，心流是一种翻译。做工作也是这样，做科研的人常常要做课题，做到三四年的时候，成果倍出。如果只是碰一下课题，半年就转了方向，基本也就废掉了。**很多时候成就不在于你开始尝试了多少件事，而在于你最后完成了多少件事**。尝试没关系，爱折腾也没关系，最好在毕业后两三年完成这个过程，找到自己的位置，找到位置以后深入工作一段时间，慢慢就会取得成就，当你取得成就以后，有时候就会喜欢上这件事。

**俞敏洪：**这是一个正向叠加。我也做过这方面的访谈和调查，**一个人的深度工作和一个人对这件事情的喜欢和成就是正向叠加的过程，你越深入就会越**

**喜欢，越喜欢就会更深入，进而带来更多成就。** 而且有时候人应该把自己逼到没有选择的状态，尽管有很多选择，但当你把自己逼到了一个没有选择的状态后，反而能把这件事情做好。比如，我当初能考上北大，就是因为我数学不行，我肯定考不上中文系，所以我只能考外语。由于这是唯一的路，我就拼命学习，反而把英语分数考上去了。

又如背单词，我到了北大以后，读英文原著的时候总是碰到生词，后来我一着急，刚好又得了肺结核住院了，我没事就抱着字典啃单词，结果就变成了词汇量非常大的一个人，再读英文原著的时候，没有生词了，就更敢读了，反而更深入下去了，而且还直接促成了我的事业。我后来之所以出来做新东方就是因为我教的第一门课是 GRE，GRE 要求大家至少有 2 万个词汇量，当时在北大，能有 2 万个词汇量的老师也不太多，我恰好就变成了一个受学生欢迎的老师，直接开启了新东方事业的大门。

现在在中国像你这样的人其实并不多，因为有的人对人文熟悉但对理工科不那么熟悉，还有人对理工科研究得很深入但对人文一窍不通，而你恰恰是一个典型的通识型人才。现在周围也慢慢出现了一些像你一样的人，比如樊登原来是学工科的，后来做了"樊登读书"；许知远原来是学计算机的，后来也做了知识传播的工作。你们身上或多或少都有一个特点，就是希望能够通过自己的语言把自己积累的知识和思想传递给年青一代或者民众。我想问的是，你在清华大学读的是工科，到霍普金斯大学读的是工科计算机博士，你是什么时候开始对人文感兴趣的？

**吴军：** 我小时候就对历史很感兴趣，父亲也常给我讲一些历史故事，所以很早就开始读一些历史方面的书。初中的时候开始对文学感兴趣，到高中的时候基本上读完了所谓的世界名著，大学的时候开始对文史哲感兴趣。有一阵子，我对哲学非常感兴趣，但哲学书如果没有人讨论，自己读有时候不一定读得懂，所以我们经常四五个同学一起约着读哲学书。到大学以后我小说看得就少了，非虚构的书看得比较多，像屠格涅夫的《回忆录》，能够让我对世界有一个整体的了解。

其实当你对世界开始有一个全方位的了解，而不仅仅是局限于报纸、杂志上告诉你的事情，你的想法就会拓宽很多。我印象比较深的是大学读尼克松的几本书，有一本叫《领袖们》，讲他接触到的世界各国的领袖们，包括对中国老一辈革命家的看法等，很有意思。因为他是从一个外国人的角度来看待这些事，你会突然感觉你的想法、思路一下就拓宽了。读书的时候我就慢慢养成了一个习惯，相似的两三本书我都会读一读，会发现一件事两本书说得不太一样。人成长的过程是这些书不断伴随你阅读的过程。

美国那时候有了 MOOC（慕课），我离开 Google 后，有时间就系统地在 MOOC 上学了一些课，比如以前没学过法律方面的知识，所以有一些 MOOC 讲法律，我有兴趣就听一听，有时候系统听课获取到的知识会比读书更快一些。听了一些课，获得了一些新知识，有时候会有一些感悟，我也愿意把这些感悟分享出来，所以您说我是启蒙者，我就不敢当了，我更多是一个知识传播者，把我学到的知识用大家容易懂的方式讲出来。

**俞敏洪：** 无论是古代人还是现代人，很多人读书的功利心很重。古代是"书中自有黄金屋，书中自有颜如玉"，现在是"学好数理化，走遍天下都不怕"。现在家长给孩子们选专业的时候都选金融、法律、计算机，觉得毕业以后就能找到一份好工作，能赚更多钱。选专业也好，上大学也罢，或多或少都带有某种功利性，都是为将来能够找一份好工作而做准备，当然这也无可厚非。

但阅读开启人心智的书并不能给人带来即时的好处，某种意义上我们甚至把它归为无用的书，因为它不是立即可用的工作手册。所以我想问，既然这类书籍和找工作、拿高工资没什么太大关系，为什么我们还要读这样的文史哲著作？

**吴军：** 从两个角度来讲。您开始提到了"通识教育"，光从中文是不能理解这个词的。"通识教育"英文叫"Liberal Arts"，Liberal Arts 就很好理解，可以追溯到拉丁语的"Libertas"，这里的 Arts 并不是艺术，所有的知识在古希腊都叫 Art。如果我们了解历史，古希腊人民可以分为两类：一类是像苏格拉底这样的自由民，Liberal 就来自这里，Arts 是知识，自由民要掌握了知识就叫

Liberal Arts。另一类是奴隶，但他们的奴隶并不是我们在电影里看到的那样用手镣脚铐拴着的奴隶。比如一个店长安排他看店，他虽然是一个奴隶，但他可能还有点自由，还能和主人分钱，其实他就是做专职的工作。种田的也是奴隶，店长家的家庭教师、乐师都是奴隶，所以奴隶掌握的是养家糊口的技能。这两类人有本质的差别，Liberal Arts 是讲自由民的知识，苏格拉底总说，他每天早上吃完早饭就和他的泼妇老婆打个招呼说，我去广场辩论了，就走了，这一天就不见了。您刚才讲到了 35 岁危机，**人 35 岁有没有危机取决于你是从一个主人的角度看待这个世界、看待这份工作，还是从一个奴隶的角度去看，觉得这只是我养家糊口的工具，这两者会产生不同的结果。**

**俞敏洪：**作为主人的主动态度和作为奴隶的被动态度在人的精神世界是两种完全不同的概念。

**吴军：**对。实际上只有每个人把自己当成社会的公民、当成工作的主人、当成企业的主人时，才需要掌握这些看似无用的 Liberal Arts。今天也一样，我们为什么学它？是因为我们自己已经有了一个主人的心态。

我一直有一个体会，我的一些同学，他们中学的时候眼睛盯在哪里，他们后来就成为什么样的人。我周围有一些比我年龄大的人，他们家境很好，有的人因为父亲是当官的，所以他从小就盯着要当官，后来就真的当官了；还有的人从小就想经商，最后就真的经商了；也有一些人从小对知识就有渴望，最后成为学者。所以**你的眼睛盯在哪里，你就会成为什么样的人。**我读孔子、苏格拉底、柏拉图的著作的时候，心里会有一份感动，感动于人类古代的先贤们创造了这样一些宝贵的知识。所以当你读这些书的时候，如果你也能被它们感动，那你将来就会成为一个渴望求知的人。当然，如果你每天盯着物质金钱，你将来可能就是一个拜金的人。

**俞敏洪：**你刚才这句话特别到位，你的眼睛盯在哪里，你就会变成什么样的人，换句话说，**你的心向哪里，你就会走向哪里。**我周围也有这样的朋友，有的人眼睛盯的就是钱，他就会一心一意去找钱，尽管他不一定能找得到；有的人就是一心一意想当官，即使是在公司里面，包括在我的公司里，都有人对当管理干部如此在意，以及当了管理干部以后摆官架子摆得如此充分，就是因为他内心对这个东西很看重。像你这样的人对看书，对渴望知识、渴望智慧这件事情如此看重，就必然会往那个方向走。所以，**我们到底想要什么，其实要问一问自己的内心，如果你想要的东西和你表面上粉饰的东西不是一回事，那其实是遮盖不住的。**比如，我身边就有人假装喜欢读书，他们来找我，几个问题一问就能发现他们不爱读书，他们之所以说我也爱读书就是为了来见俞敏洪，因为俞敏洪喜欢爱读书的人。有的人如果内心真的对知识有向往，即使他不喜欢读书，你也能够感觉出来。我们平时走路的时候就能发现，你的眼睛往什么方向看，你的身体就往什么方向转，道理都是一样的。

## 7. 尾声

**俞敏洪：**今天时间差不多了，最后再用一两句话和大家简单介绍一下你的几本书吧。

**吴军：**《元智慧》主要是说，人随着年龄的增长，知识价值会慢慢贬值，所以人应该在不断成长的过程中积累一些智慧。人最终在职场上能走多久，实际上看得更多的是智慧，不完全是知识，而最基本的智慧叫元智慧。

《软能力》是指专业能力之外的一些能力，包括判断力、职场力、规范工作的能力、和人交往的能力，以及把想法变成结果的行动能力，这些能力不属于专业能力，属于软能力。

《格局》，人最后能做成多大的事，取决于你有多大的胸怀，有多大的格局，很多人想法很好，但事做不大，原因就在于格局不够大，自己把自己限制住了。

《态度》是我跟孩子交流的一些心得和我希望对他们说的话，用写信的方式让他们来读。为什么叫《态度》？其实是受撒切尔夫人的启发——"你的态度决定了你的行为，你的行为最后决定了你的结果"。所以你对世界是什么态度，做事是什么态度，最后就决定了结果。

《见识》包括了"见"和"识"，你见到的世界有多大，读的书有多少，和什么人相处，你的见识就能有多高，最后你的见识高低决定了你的判断力，什么事能做，什么事不能做，该怎么做，能不能做好。

《吴军阅读与写作讲义》，阅读也是为了写作，是一个技巧。语文是我们和别人沟通的一个工具、桥梁。用一句话来表示，语文就是理解他人，表达自己，阅读也是理解他人。包括听课，你听懂老师讲的是什么意思也是在理解他人，你写作就是在表达自己。

**俞敏洪：**《吴军数学通识讲义》适合什么样的人读？

**吴军：**所有人都适合，读不懂就跳过去，就找能读懂的内容来读。

**俞敏洪：**那我一本都读不懂。

**吴军：**没关系，这本书主要是讲一些数学思维。从小学到初中，虽然大家学了很多知识，但你的思维要跟得上，要有负数的概念，要有成本的概念，要意识到损失，这就是数学思维，你体会到了就好。到了中学、大学，你知道积分的效益，知道飞轮的原理就好。

**俞敏洪：**《给孩子的科技史》我能勉强读懂，因为是写给孩子的，这个书到六年级、初中读起来才更有趣味。

**吴军：**这本书讲了 40 个很重要的、改变历史的数学问题，从勾股定理一直到最新的庞加莱猜想的费尔马定理的证明，大家第一可以看到数学发展的脉络，第二会了解到数学和其他自然科学有什么差别，以及我们可以怎么学习数学。

**俞敏洪：**你写的书实在太多了。由于时间关系，今天就聊到这里，期待你早日回国，我们一起喝酒聊天！

**吴军：**谢谢俞老师，再见。

（对谈于 2022 年 7 月 4 日）

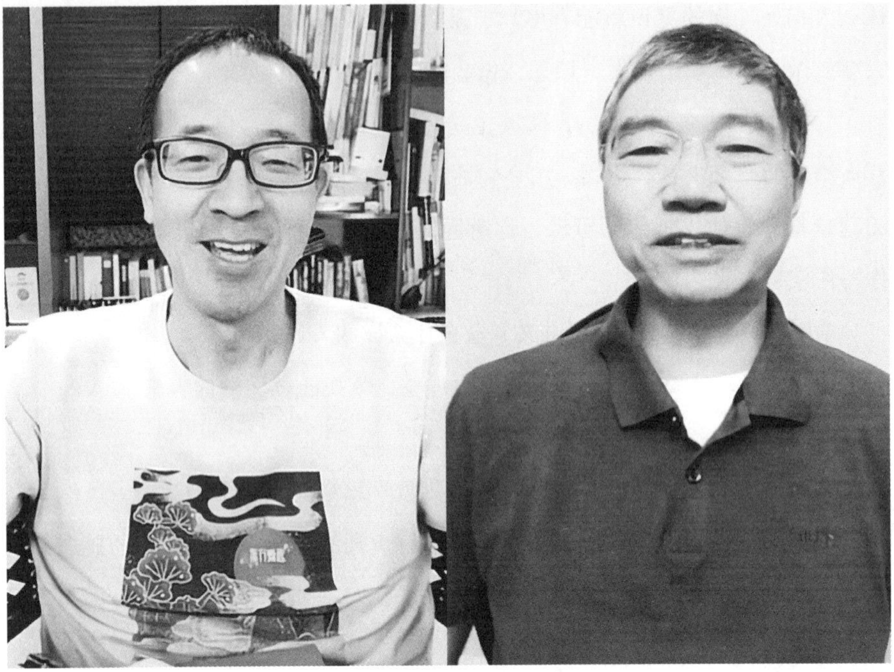

## 对话 王立铭

探索浩瀚的生命奥秘

> 人类社会取得的大部分成就,以及面临的一些困难和无解的问题,最终找到的解法大部分时候都不是用大脑理性设计出来的,而是通过反复试错、探索、走弯路、走回头路,最终走出来的。

王立铭 /

1983年出生于河南洛阳,加州理工学院博士、浙江大学教授、求是科技基金会"杰出青年学者奖"获得者。著有《笑到最后》《生命是什么》《上帝的手术刀》《王立铭进化论讲义》等。作品曾获国家图书馆文津图书奖、吴大猷科普著作金签奖等。

**俞敏洪：** 大家好，今天与我对谈的是《王立铭进化论讲义》的作者王立铭老师。王立铭老师是我非常年轻的师弟，毕业于北大生命科学学院，后来到加州理工学院深造，学成后一直在生命科学领域进行研究。他是一个从写作文笔到思想表达都相当不错、相对比较年轻的生命科学教授，在得到上也开了好几门课，比如"进化论 50 讲""生命科学 50 讲"等。我觉得他在生命科学领域的理论或者观点，对我们深入且细微地了解人类生命、地球生命起到了非常好的指导作用。

为了和王立铭老师对谈，我也看了他的好几本书，还列了一大堆提纲，希望能从进化论的角度谈一谈生命的演化、生命从简单到复杂的过程、人类社会从简单到复杂的过程以及我们从这中间能学到什么东西。在王立铭老师上来之前，我先推荐他的几本书。

第一本，《王立铭进化论讲义》。这是自达尔文的《物种起源》以后，我读到的一本非常优秀的以现代生命科学为底色的进化论讲义。这不再是达尔文进化论的重复，而是现代意义上进化论的陈述和讨论。这本书在最后 1/3 的部分讲了现代生命科学研究的进化论成果，对人类社会和人生发展到底有怎样的启示。所以我们不仅能读到生命的产生和演化过程、从简单的单细胞到复杂的多细胞的过程、生物进化或者演化的发展过程，更重要的是，它给我们带来了人生的启迪和意义。

**第二本，《生命是什么》**。这本书能让我们比较完整地了解生命的起源，地球到底是怎样从完全没有生命到出现氨基酸、蛋白质，然后慢慢组成生命，从单细胞走向多细胞生物，以及人是怎么变成智慧动物并产生自我意识，人类到底有没有自由意志等。

**第三本，《笑到最后》**。我强烈推荐，因为这对中老年人更管用。这本书主要讲述了癌症、糖尿病、抑郁症、阿尔茨海默病、超敏反应这五大现代疾病是如何产生的，以及人类如何防治这些疾病。我读了以后还是很有体会的，因为里面说到的两种病跟我有比较密切的联系：第一种就是糖尿病，虽然我还不是糖尿病的状态，但血糖高已经成为事实，这也使我现在更加注意锻炼身体和平衡饮食。糖尿病是不可逆的疾病，这本书让我看到了糖尿病产生的原因，了解到了如何关注糖尿病，以及如何从生命科学的角度保持自己的身体健康。第二种是阿尔茨海默病。我母亲在85岁时患上了阿尔茨海默病，她从逐渐开始胡言乱语到不会说话，最后连我都认不出来，一直到接近90岁的时候去世，差不多四年半、接近五年的时间。在照顾我母亲的这段时间里，我产生了很多对生命的感悟和思考，因为阿尔茨海默病或多或少有一定的遗传性，那在一定程度上，我年纪大了以后也可能会得阿尔茨海默病。无论是糖尿病还是阿尔茨海默病，这两种病都是不可逆的，一旦得了糖尿病就不可能治好，只能通过保养让它发展慢一点；阿尔茨海默病也不可逆，一旦出现阿尔茨海默病的症状就不可改变，所以我对这两种病比较关注。

随着人的寿命增加，得这些病的人越来越多，而且有些病还越来越年轻化。原因大家都知道，人类现在吃得太好了，大部分人都是饮食过量，但又缺少运动，所以很多年轻人都有"三高"。同时，很多病是因为现代社会带来的压力，比如抑郁症，这本书里也讲了大量关于抑郁症的问题，而且现在越来越多青少年得抑郁症，稍后我们会在这方面进行探讨。

## ——对谈环节——

**俞敏洪：**立铭好，师弟好，你先介绍一下自己吧。

**王立铭：**师兄好，大家好，我是王立铭。我的履历相对比较简单，2001年上北大读生物学专业，大学毕业后就到美国加州理工学院读博士，毕业之后分别在海外、国内工作了几年，然后又来到浙江大学做教授，一直做生命科学研究，现在差不多也有十年左右的时间了。

**俞敏洪：**你回国以后为什么选择浙江大学？

**王立铭：**我2012年去浙大面试教授岗位，那是我这辈子第一次去浙江，去了以后，我就觉得学校很漂亮。上午面试结束，下午我就去西湖包了一个手划的小船，在西湖上漂荡了大概两个钟头，我觉得那里太美了，正好是十月桂花开的时候，整个湖上都能闻到很香的桂花味道，我心想这个地方好，就来这个地方。差不多那天我就决定了要来这里，但其实我之前和浙江、杭州、浙大一点渊源都没有。

**俞敏洪：**到浙大的时候你成家了吧？是不是考虑到家人，所以想找一个人间烟火比较浓厚、自然风景又比较舒服、日常生活好一些的地方？

**王立铭：**对，这可能真是一个因素。2010年前后，北京雾霾还挺严重的，我回国先去北京待了几天，发现太难受了，来杭州才觉得好很多。当然和我太太也有关系，她是上海人，至少杭州到上海可以当天往返，回一趟家比较容易，这确实也是一个原因。

**俞敏洪：**你从上大学到工作，大概在北京待了五年时间，在北京五年也没有爱上北京的自然环境吗？

**王立铭：**是的，我其实是北方人，按说北方人一般都会对北京有点亲切感，但我好像还真没有这样的感觉。我是河南人，河南人有个特点，一般从小家长就教育孩子要好好学习，将来可以离开河南。虽然这样说有点不太好，但确实很多人从小的经历就是如此，所以我可能从小就觉得，没什么地方是我一定要回去的，会觉得到哪儿都行，找一个我喜欢的、心情舒畅的、可以享受人生，也可以好好工作的地方就好。

## 1. 先天保证下限，后天维护上限

**俞敏洪**：我本来是一个南方人，原则上我应该大学毕业到南方去工作，但是阴错阳差你一个北方人毕业后到了浙江，喜欢上了浙江的山清水秀，而我却留在了北方。尽管我到今天也确实没有真正喜欢上北京这座城市，但北京的秋高气爽，周围山峦叠嶂的雄浑和壮丽，包括古长城的悲壮都对我产生了比较大的吸引力，按理说我是从南方水乡出来的，不应该有这样的感觉。所以，**从生命科学和环境科学的角度来说，一个地区的地域文化对人一生的发展到底会起到什么作用？**

**王立铭**：我得先加一个免责说明，我们的讨论肯定不是特别科学，就像讨论种族之间的区别，我们得先知道种族不是一个生物学上有明确定义的东西，它是一个人类社会历史沿革形成的思维方式，本身肯定有它的道理，但这个道理不见得是建立在科学基础上的。我觉得这和地域也有相似之处，所以我接下来要说的话可能不太科学。

俞老师提到的问题相当于在说，一个人成长过程中，先天遗传因素和后天成长环境对一个人的塑造到底哪个更重要，或者两者之间有什么关系？举个例子，很多人小时候都听过爱迪生孵小鸡的故事，他在鸡窝里模拟母鸡孵蛋的环境，想看看自己什么时候能孵出鸡蛋。母鸡孵鸡蛋一定要把握好温度、湿度和时间，所以肯定是有一些环境能够帮助孵鸡蛋，如果太冷，或者母鸡生鸡蛋的时候正好母鸡生病了，那肯定孵不出来，但反过来说，你把环境调节得再好，它也只能孵出健康的小鸡，孵不出小鸭子。所以，我觉得这可以部分回答俞老师的问题，**我们一生当中的特质，先天和后天到底哪个因素的影响作用更大？我觉得是先天因素。** 先天因素需要在一定底线之上的环境条件下，才能真正变成成年之后的特征，比如人格、兴趣爱好、世界观、价值观等，没有那些环境也不行，**一个是保证下限，另一个是维护上限。**

我最近读了《园丁与木匠》，这个书名就可以解释这个道理。这个书名起得很有意思，本质上就在讲每个孩子都是一粒种子，他未来能长成什么样，在这个孩子出生的时候就差不多已经确定了，比如将来身高有多高、智商有多高、长得好不好看、喜欢什么样的东西、喜欢做什么样的职业可能很大程度上已经被约束了，**我们希望后天能给的环境，是保证他先天孕育的方向性的东西能够顺利发展。**但如果你强硬地把他引导到另一个方向，像木匠一样，不管什么样的木头，都要削成你要的桌子、椅子的样子，孩子大概率不会快乐。

我觉得我们俩在某种程度上都带有先天的基因突变，和从小到大生长的环境不能说格格不入，至少有点不同或者追求不同。我觉得某种程度上这可以认为是基因突变的影响，我们就像是基因突变来的结果。

**俞敏洪：**我觉得对于生活环境的选择，后天环境可能影响更大，当然这和先天的个性也有融合。比如，曾经有人给我做过基因检测，说我有蒙古人的基因，我也不清楚是不是这个因素，但我作为一个南方人，确实很喜欢草原、高原，这肯定有先天基因和后天环境的影响因素在。

**王立铭：**我作为一个生物学家，还是可以比较自信地说，**现在有越来越多的证据支持，人的很多特质实际在出生的那一刻，大概率、方向性的东西已经确定了。**比如智商，我们知道 IQ 是很重要的信息，虽然它不是一个很好的衡量人智力的标准，但确实能在很大程度上反映一个人的逻辑思维能力、记忆力、空间想象力这些比较"硬"的智慧成分。我们现在已经知道智商大概有 70%、80% 在出生的时候就已经决定了，甚至还有更极端的研究者认为剩下的 20%、30% 也是出生时就决定了的。

**俞敏洪：**我插一个话题，智商主要由父亲还是母亲决定，还是各占 50%？

**王立铭：**这是一个普遍的误解。**当我们说智商很大程度上是遗传决定的时候，不意味着孩子会像爸爸或者妈妈，**这两个之间有一个微妙的区别。举个例子，比如爸爸的血型是 A 型，妈妈是 B 型，假如生出来的孩子是 AB 型，AB 型既不像爸爸，也不像妈妈，但他仍然是父母的基因决定的，所以基因决定不意味着一定像爸爸妈妈。智商也是如此，很大程度上是基因决定的，但和父母基因的相关性都不是很高。当年达尔文的表弟高尔顿提出一个很重要的理论，到现在也还是正确的，叫中值回归定律，通俗来讲，套用到智商上就是，如果父母的智商都特别高，生出来的孩子大概率智商比他俩都低，反之亦然，就是它会向所谓的平均值回归，这是一个挺有趣的点，但无论如何智商很大程度上是基因决定的。再举个例子，英国两三年前有一个很有意思的研究，发现英国人在伦敦市投票的时候，是投给保守党还是工党也有 60% 左右的因素是先天决定的，所以先天决定的东西还是蛮多的。

但我要强调一下，今天人类掌握的基因检测能力，尤其是商业化检测的能力，我差不多十几年前在美国念书的时候就做过。这些商业化的基因检测只能反映一些非常粗浅的信息，它完全不足以帮助我们理解我们到底是一个什么样的人、我们的性格特质、身体健康情况等，所以大部分情况下基因检测也没有什么用，就当个乐子看看就行。

**俞敏洪：** 对，如果真正的基因密码是一个海洋，我们现在看到的一些商业基因检测带来的判断结果就是一勺水而已。说到平均值的问题，如果父母都是知识分子，比如是两个北大教授，或者两个浙大教授，他们生出来的孩子在概率上重新上名牌大学的可能性就会高很多吗？

**王立铭：** 首先，我不知道这个是不是成立，需要数据支持，不知道有没有人做过这样的调查，假设如果真有，可能更多还是跟家庭环境有关。

**俞敏洪：** 也就是说，这时候不是智商起作用，而是后天家庭教育环境起到了作用？

**王立铭：** 我觉得更大概率是这样。

**俞敏洪：** 因为我现在对农村孩子的教育比较关注，我们也在努力让更多农村高中的孩子上大学。比如，我本人就是一个农村高中的名誉校长，那个高中是县高中，好学生都被省重点中学选走了，剩下的都是成绩相对一般的学生。原来这个学校上大学的学生比例只有 20% 左右，我当了名誉校长以后，经过三年的努力，把这个学校上大学的比例提高到了 45% 以上，所以**我觉得农村孩子其实主要还是缺乏教育环境和优质的教育资源，才导致他们学习成绩不好的。**

但现在也有研究表明，这些农村孩子的智商在下降，因为从小没有人交流，爸爸妈妈不在身边，成了留守儿童，而爷爷奶奶又不太懂得现代的知识和学习，孩子们就这样被荒废掉了。**你觉得从小的生长环境会影响一个人的智商吗？**

**王立铭：**我觉得会。这个就回到了先天和后天的关系，**我们认为先天对很多东西有决定性的影响，包括智商，但这儿有个潜台词就是——基本的生活环境是得到保障的**。我们想象一个极端情况，一个孩子出生的时候，遗传因素决定了他的智商应该很高，但如果他从初中开始就营养不良，家庭环境非常恶劣，甚至完全不上学，那他的智商不可能被体现出来。很多东西能够被先天所决定，但前提是要有基本的生活环境做保障。我觉得俞老师在乡村教育上的努力就是在帮助他们提升家庭、知识、学校的环境，在保证他们先天的要素能够顺利发育和施展。这和现在很多城市家长的"鸡娃"完全不同，"鸡娃"意味着你要给他提供超过平均水平的知识，希望一分耕耘、一分收获，为的是他将来的学业或者职业发展能够有进一步提升，这一点目前在生物学上没有什么证据支持。

总的来说，**对于孩子的成长，如果你提供的外部环境低于平均水平，你通过提高他的外部环境的确可以让他更好地发挥，但如果你提供的外部环境水平已经超过平均水平，你再提供更多的知识想得到更好的收获，至少在生物学上，我们没有看到证据**。

**俞敏洪：**现在的家长盼孩子成长心切，超前教育、提早教育都做得比较过分。一个孩子本来应该在循序渐进中成长，但父母为了要和其他更聪明、智商更高的孩子进行比较，要让孩子进入当地最好的中小学，就拼命给他们加量，孩子也没有时间玩，只有拼命学习。最后孩子成绩提上去了，也上了好高中、好大学，但这样的孩子通常到了大学以后就不学或者厌学，这是不是因为超前的巨大压力给孩子带来了问题？这在生物学上有解释吗？

**王立铭：**您说了一个很重要的点，我还做过一些调研，这不光是学术问题，还是我一个当父亲的想要关注的问题。我们家老大上幼儿园的时候，我会看很多文章，比如要不要早教等。我当时第一反应是不要，但我作为一个科学家，光说不要不行，我得查一查有没有学术论文研究过这个事情。

所以我做了文献调研，得到两个挺有意思的结论：**第一，提前教育确实在一个孩子刚上小学前三年会有明显的效果，成绩会比没有早教的孩子超前一点，但两者之间的差距会在四年级之后消失。**这是从论文里得出的研究结论，我就放心了，最多不"鸡娃"的前三年可能会稍微费点心，但第四年和"鸡娃"的家长就没区别了，这个结论对我还挺有解压作用的。

第二，我看到了一个很有意思的结论：**成就抑或幸福感和所谓的空闲时间有很强的相关性。**就是说，抛开学业不谈，就谈孩子将来的幸福感，我们需要给孩子留出足够空闲的时间，他才有可能会在后面取得与空闲时间成正相关的成就和幸福感。我觉得可能有一个原因，和进化论有关系。**进化是一个从逻辑上讲非常难创新的过程，因为生物体已经是很完备的系统了，要在上面随便改一些东西，导致破坏的概率，会比创造出好东西的概率要大得多，这样进化就成了一个非常保守的过程，所以我们经常讲，进化是一个保守主义者。那进化在什么时候会孕育出更多创新的机会？就是它有冗余的时候。**

我们知道，一个东西有备份，再搞点创新就相对容易，因为没有代价。比如有一种器官，我现在有两个，我在其中一个上修修补补搞点创新，就算搞坏了，还有另外一个可以代替它，这样创新的机会就更多。**我觉得这和给孩子留足够的空闲时间有点像，要给他留足够的空闲时间，他才有可能琢磨一些完全在你计划和意料之外的东西，如果你要把时间以小时甚至是以分钟计，还用各种 KPI 考核他这门课学得怎么样，把他所有的时间完全塞满，他显然不可能有什么机会去探索新的东西，所以我觉得这也许可以解释为什么空闲时间很重要。**

**总而言之，我的结论就是：第一，不早教，最多就是小学三年级之前有点拖后腿；第二，不早教，会留给孩子更多空闲时间，使他们长大以后不管是幸福感还是职业发展都会有更多机会。**我想何乐而不为？包括我太太，我们在这方面是比较坚决地不想"鸡娃"，希望把更多的空闲时间留给他们，不管干什么，哪怕他们闲了琢磨一些自己想干的事也挺好。

## 2. 现代生活与抑郁症的相关性

**俞敏洪：** 现在很多成年人工作压力很大，"996"甚至"997"，他们一直没有时间放空自己，这样到最后不光创造力、幸福感降低，还会引发一些身心方面的疾病，比如抑郁症。

**王立铭：** 我北大本科毕业论文研究的题目就是抑郁症，所以我对这个话题有 20 年的兴趣。我觉得**抑郁症是特别典型的、能反映现代生活对人影响的疾病**。现在抑郁症的发病率，包括各种情感性精神病的发病率都非常高。当然，我们承认这也有好的一面，因为大家对这种疾病的认知在增强，更愿意去医院或者机构接受治疗，这本身是一件好事。但即便抛开这些认知层面的提升不谈，我们用同一套标准看人，同样能看到现代社会的抑郁症或者各种精神疾病发病率相当高。

我举两个例子。第一个例子，美国一个研究发现，抛开认知层面的变化不谈，"二战"结束后出生的人，相比"二战"结束前出生的人，抑郁症的发病率差不多提高了 10 倍；第二个例子，在今天世界上各个国家能看到一个一致的趋势——人均 GDP 和抑郁症发病率有很强的相关性。所以，**一个社会越发达、越进步，反而抑郁症越多**，这显然是我们不太愿意看到的结果。

**俞敏洪：** 原则上 GDP 越高，社会越发达，人们的物质生活越丰富，人也应该越幸福，为什么抑郁症会增加呢？

**王立铭：** 原则上，如果那两个例子是真的，就等于人类从工业革命以来追求几百年的东西失效了。我们希望提高生活水平，最终是为了实现幸福生活，结果没实现。这个现象虽然让我们很失望，但从进化心理学的角度来讲，这个现象背后有它的道理。

**现在中国本质上是一个高强度、长时间要求你在不同场景里进行切换的工作状态。**比如，你刚刚在公司里被老板批评了，你可能心情很不好，如果是原始人，可能就会进入一个心情相对低沉的状态，然后持续好几天，很正常。但如果你是一个现代人，你大概率做不到，因为你刚刚被老板批评，20 分钟以后，你孩子幼儿园的班主任就打电话来了，你肯定要马上切换到相对比较殷勤和开心的状态。

所以**现代人的生活方式要求我们长时间在不同的情绪状态里频繁切换**，这在人类最开始的狩猎采集时代是完全不可能发生的，这是现代生活对我们的要求，而且这个要求不是一天两天，也不是"996"，而是"007"。**但我们的大脑显然不是为这种频繁变化而准备的**。这么说来，各种精神疾病的增加实际上和现代生活方式对人脑的要求有很强的关系，从这个角度讲，这个情况或许不会因为经济发展、社会发展而自行消失，而是会变得越来越严重，我们需要用发展的方式来应对。

**俞敏洪**：一般人来看，比如原始人被骂了一顿或者打了一顿，他没有别的消遣，只能不开心好几天；而现代人被老板骂了一顿，晚上我能找哥们儿喝个啤酒、聊聊天，也许这事就过去了。原则上现代人缓解情绪的方法更多，为什么反而会产生抑郁症？

**王立铭**：这是一个我想补充的点。前面提到的场景切换是被动的，我们是被各种环境刺激而后场景切换，这是容易生病的，但如果我们有办法主动回到一个比较舒服的情绪状态，那是有用的。每个人可能有自己一套不一样的方法，比如有的人心情不好，就和朋友喝个酒，有人可能就听个音乐，**我们需要发展出一套适合自己的、主动把心情调节回来的方法**。又如，对我来说最有用的是看书，我可以比较快地进入读书状态，我的情绪会回到一个基线水平。

**俞敏洪**：如果一个人的情感总是处于被动的、被他人支配的状态，而自己没有任何能力改变，那是比较危险的。但一个人如果受了欺负或者受了气，他能够主动选择改变，或者主动选择排解情绪，他就有了对自己生命的掌控感。这个掌控感和抑郁症的关系大吗？**如果一个人对自己的生命有掌控感，是不是就不太容易得抑郁症？**

**王立铭**：确实是。我们现在知道，除了药物和其他外在手段之外，**治疗抑郁症有一个非常重要的手段，就是冥想**。已经有严格的临床试验证明，冥想可以有效缓解精神疾病，包括抑郁症。冥想特别重要的点是，让你找回对自己身体和思想的掌控感，控制你的呼吸、控制你现在想什么东西，这可以佐证你提到的掌控感与抑郁症的关系。

**俞敏洪：**我很少冥想，因为我好像集中不了注意力，但如果我遇到了比较重大的挫折，觉得有点失控的时候，我会做一些自己能够掌控的事情，比如我会去骑马，因为马可以被我掌控；我也会爬山，觉得只要走上山顶，就会有征服感；我也会找好多朋友，喝喝小酒、聊聊天，我会主动选择击碎自己的负面情绪。

## 3. 当孩子成为工业化产品

**俞敏洪：**现在越来越多青少年患抑郁症，原则上也应该是某种外界压力或者环境对他们产生的影响，因为本质上孩子出生以后就是一张白纸来到这个世界，他们会充满惊喜，但惊喜却在逐渐成长的过程中被不断击碎。**原则上抑郁症不太容易遗传，既然如此，为什么会有越来越多的青少年患抑郁症呢？**

**王立铭：**需要补充一下，**抑郁症有明确的遗传因素，但不是特别高**，可能有 30%、40%（相比智商显然是低多了）。青少年抑郁症的发病率确实在以肉眼可见的速度在提高，这还不只是我们国家有这样的现象，整个世界范围内都有这样的趋势。我觉得可能有一个点，**至少过去 100 年左右，我们进入了工业化养孩子的状态。**

曾经孩子是一个生命，以种子发芽的方式，通过沐浴阳光来生长，但在过去 100 年，教育理念发生了重大变化，这个历史并不是特别长，可能先从美国开始，后来蔓延到欧洲，过去几十年又到了中国。**我们把养育孩子变成了工程，我们认为他几岁的时候需要吃什么样的食品，几岁的时候需要学习什么样的技能，几岁要到一个什么阶段，必须要认多少字、学多少东西，这本质来讲就是把孩子当成工业品，以流水线的方式生产。**虽然有很多人批评中国的教育如何如何，但我发自内心觉得这不是中国的问题，这是全世界对待教育进入工业化时代的必然产物，孩子变成了工业化产品。可以想象，作为流水线上的产品，他显然对生活没有掌控感，因为他每年需要干什么事，甚至每一天上学需要干什么事、放学干什么事，都是被流水线设计好的，他对生活没有掌控感，如果从这个角度来理解青少年抑郁症的问题，答案还是挺明显的。

**俞敏洪：**一旦陷入抑郁，走出来的难度就非常大，这对孩子将会是终生的影响。为了防止这种情况发生，你作为一位父亲、一位对抑郁症有比较深刻研究的专家，能不能从生命科学的角度为家长提出一些建议？

**王立铭：从最急迫的角度来说，**如果孩子确实已经进入到比较严重的抑郁状态，**需要寻求医疗帮助，**听我们聊天没用，看书也没用，需要到正规医疗机构接受咨询和诊断，这是最急迫的一点。这听起来好像是常识，但实际上大部分父母做不到，有些父母甚至不承认孩子得了抑郁症，还对孩子说，你怎么这么脆弱？就是我们惯的。

**从最长远的角度来说，我们首先要放下焦虑感。**当然，在现在非常紧张和高压的状态下，要让家长一点都不焦虑，完全放养式地养孩子，也做不到。但我觉得有一个生物学的点可以帮助大家——**孩子就像在土里发芽的一颗种子，不管你想把他打造成什么样，你能提供的只是辅助他成长的环境。**你没法把一个鸡蛋孵成一只小鸭子，你能做的是帮助这个鸡蛋，健康地孵出一只快乐的小鸡，但如果你要把它变成鸭子、变成鹅，这从科学上是做不到的，因为很多要素，包括智商、体能、长相、身高等，在孩子出生的时候就已经孕育得八九不离十了。所以，与其非要把他变成你要的那个鸭子和鹅，还不如把他变成一只快乐的小鸡。当你真正理解了生物学在这个层面上的力量之后，可能焦虑感会少一点，因为焦虑也没用。

**俞敏洪：**让家长理解孩子的天性，顺着孩子的天性成长，在适当的时候对孩子出格的行为进行修剪，就像园丁一样，这是培养孩子最好的方法之一？

**王立铭：**不是之一，我认为是唯一。

## 4. 人是不断寻找意义的动物

**俞敏洪：**在现代社会中，很多人失去了意义感，好像人作为一个高智能生物，寻找自己生命的意义变成了一个本能。当然也有人吃吃喝喝、浑浑噩噩一辈子过得很快乐，但大部分人好像总要在生命中寻找点什么，马克斯·韦伯就曾经说过"人是挂在生命意义蜘蛛网上的动物"。现在很多人都很忙碌，一辈子为了一两个达不到的目标甚至能够把自己的生命都交出去。比如对现代社会来说，好像房子、汽车已经变成了标配，然而有的人奋斗一辈子也买不起一套房，甚至很多人奋斗了一辈子也买不起汽车，大家奋斗了一辈子也达不到一个基本的生活状态，他干脆就觉得人生是没有意义的。**从生物学上来说，是不是高智商的人类反而误解了生命？因为老虎、狮子就不用去找生命的意义。**

**王立铭**：这个问题很深刻，我分享几点我的看法。**第一，老虎、狮子肯定没有意义感。要想有意义感，首先得知道"我"是谁，如果回答不了这个问题，就没办法产生意义感，因为意义感和"我"这个概念是关联在一起的。**比如，老虎吃了肉并不会觉得幸福，但人吃了就觉得幸福，因为我会意识到，我，王立铭，刚吃了一块肉，我很幸福，我把一件事和"我"这个概念联系在了一起。这涉及生物学一个很重要的概念，就是自我意识。我得知道我是谁，我才能对"我"这个概念赋予各种各样的事情，我的成功、我的失败、我的幸福、我的意义，这是人特有的东西，所以老虎、狮子肯定没有。从这个角度讲，**所有人带着"人"的标记出现在这个世界上，肯定都有意义感的追求，只是大家追求的意义感不一样，这算是进化给我们的实实在在的、存在的目标，就是寻找意义。**

**第二，进化恰恰赋予我们一个特点，我们总是处在找不到意义感的过程中。**这不是现在才有的，这可能是人类有了自我认知以后就有的状态，这有点像佛家讲的人生七苦：生、老、病、死、怨憎会、爱别离、求不得。前面六个都是在描述客观现象，唯一一个特别主观的就是"求不得"，你要的东西实现不了，这就既不幸福也没意义。但我想讲的一点，**"求不得"是进化赋予大脑的一个功能，因为获得感也好、幸福感也好、意义感也好，本质上是一种超预期。**比如，我们的目标是今天出门要挣一百块，你挣到了三百块就会非常有获得感，甚至还有一些成就感，这就要求一定要超越预期，即脑科学里所谓的"prediction arrange"。

但人脑有一个非常有意思的特点，如果你超越了预期，很快大脑中的预期就会提高，比如你今天出门想挣一百，你挣了三百，你很开心，两天之后你挣一百就会觉得很伤心，挣三百也不会开心，因为这只是满足了预期，没有超越预期，你要挣到五百才会开心。这是大脑多巴胺系统的出厂设置，我们从出生起就是这样，这样设置也有一定的道理，因为它能保证你保持不断追求的状态，否则如果很容易满足，你就躺在那里毫无进步。所以**我们大脑的出厂设置就是一定要做超预期的事**，这就意味着你要不断超越自己，比如你今天完成了一个小目标，明天就要变成两个小目标，如果已经有了两个小目标，你就要变成五个小目标，永远都处在一个"求不得"的状态。如果想清楚这一点，我们至少不会太焦虑，**我总在挣扎、总在奋斗、总在够一些我够不到的东西，好像我是不是贪得无厌、得陇望蜀？不是，是我们出生的时候大脑就让我们这么做的。**

**俞敏洪：**这是不是上帝对人类的诅咒？人永远不满足，永远都在追求，但动物只要吃饱一顿饭就满足了。比如，狮子吃完一头羚羊后，饿了才会再去吃，它不会储存十头羚羊放在那儿慢慢吃。一方面人类因为本能把现代科学发展到了如此先进的地步，未来还会有更先进的发展，人类的生活也从食不果腹到了相对比较富足的程度；另一方面人类总在不断地追求，到最后没有了底线，**人难道不会在追而不得的过程中痛苦死去吗？**

**王立铭：**这个角度好，我觉得您说的大概率是对的，**人类的科技进步也好，生物意义上的进化也好，本身就不是为了让我们幸福。**

**俞敏洪：**既然不让我们幸福，那为什么我们要去追求呢？

**王立铭：**这是一个终极设置，我们发明科学、创造技术、提高孩子生存率、提高人均寿命，本身就不是为了让我们幸福。换个说法，**人类的进化本能是为了让我们更好地活下来、生更多的孩子，而不是为了让我们幸福。**

**第一，我们要意识到，我们做的所有事本身就不是为了让我们幸福，世界是很残酷的**。所以，作为一个群体、一个物种，不要以为幸福必然会到来，我们再追求，它也不会从天而降。

**第二，我们发明的所有东西都不是为了让我们幸福，但这不妨碍我们自己做一些事情，来提高一点相对的幸福感**。我理解，因为欲求不满的生物学设置，我永远不可能满足，但我会争取把我追求的东西建立在不和别人比较的基础上。比如，我追求挣多少钱，这是一个可量化、可比较的东西，不管挣多少钱都会比一比，我和我的邻居谁更有钱？我和你比谁更有钱？世界富豪榜上谁更有钱？这就是把幸福感建立在了比较的基础上。但如果我把幸福感建立在把一个事想明白，甚至还能写成书，让大家也看明白这件事情上，那我显然没有必要去比较我的《王立铭进化论讲义》和《红楼梦》哪个卖得好，我如果能把进化论的事说清楚，让大家听明白，甚至也让大家得到共鸣，我就很开心。这个幸福感没有建立在比较的基础上，相对来说就不会有那么多外界的压力。

但就像我们之前所说，人是会不断突破预期的，所以我们的大脑里也会有不断突破预期的压力，但我们至少可以保证这个压力来自我自己。比如，我写完了《王立铭进化论讲义》，得到了一定满足感，然后大脑不满足，大脑告诉我，你可以尝试写另一本书，这对我来说就是内部的压力，相对更容易掌控、处理，因为没有人逼迫我，我可以自由去想、自由思考，自由地把它写出来。如果这个目标变成了我要证明我是杭州某小区里前十名有钱的人，这个压力就变成了外在的，因为我即便变成前十名，也很难阻止别人比我更有钱，我的压力就会变成无处不在的外部压力。**所以压力总有，但如果压力来自我自己，我的掌控感会更强；如果压力来自外界，我就无法控制。**

## 5. 人的物质追求与精神追求

**俞敏洪：**有的人有了一定物质基础后就满足了，他会去追求其他爱好，但为什么有的人在物质方面好像贪得无厌？包括有些商人有了那么多钱，还依然用非法手段牟取暴利，一些贪官也是在无止境地贪污；但又有一些人安于清贫，他们会用更多时间去追求别的东西。**既然人都是同一种物种，为什么人与人在欲望方面会有那么多的不同，这从生物学意义上有解释吗？**

**王立铭：**可能真不见得能从生物学上得到解释。生物学上，物质欲望的追求是很自然的，比如你是一只猴子，我要占据更多食物、更多配偶、更多领地，这是很正常的，所以人对物质条件的追求倒是挺符合生物学的，反而对物质欲望的克制不太符合生物学。我觉得**能够超越物质欲望的人，可能有一些特殊要素，这个要素不一定是生物学要素，也可能是某种后天环境的影响**。

**俞敏洪**：可不可以这样说，**一个人对物质欲望的追求，只要在合法范围之内，原则上也是推动社会进步的一个力量，他本身其实并没有错**。

**王立铭**：当然。在人类形成文明之后，在合法的范围内，为了更好的生活去努力追求财富，无论如何都是值得被鼓励和保护的事情，从历史上能看到，人类的这种本能是人类发展的原动力之一。

**俞敏洪**：有些人对物质有着无穷尽的追求，还有一些人对精神有着非常高的追求。比如，我相信你的追求一定不是纯物质的，尽管《王立铭进化论讲义》《生命是什么》《笑到最后》都能给你带来稿费，但我觉得你写书的目的肯定不是稿费，而是为了得到某种成就感或者精神上的满足。以我为例，我的基本物质条件是满足的，但你让我现在去挣更多钱，肯定不如让我去写一本书更有吸引力，为什么会出现这样的情况？

**王立铭**：我不是完全同意你的看法，但我可以讲两个点。**第一，我们愿意花时间写书，首先有一个要素是基本的物质条件得到了满足，站在这个角度，我不觉得基本物质条件没有满足的人追求物质有什么问题**。这里我其实想补充一个点，比如为什么人类能形成文明？当然有各种原因，有基因的突变使我们能够说话、具有逻辑思维能力，能发展出艺术、宗教等各种各样的存在。但我觉得人类能形成文明有一个特别重要的点，我们差不多在一万年前的时候，在中国的长江、黄河，在两河流域产生了农业革命，有一批人把能够结出硕大种子的作物移植到了周围，包括小麦、大麦、水稻、玉米等，使得人类历史上第一次一部分人种出来的食物足够养活更多人。有一些人不用种庄稼也可以衣食无忧，这时候才有一部分人可以脱离劳动，不管去当国王、僧侣、科学家、诗人、艺术家还是传教士，这些人才能出现。本质上有了这些人才有了文明，如果每个人所有的时间都要去找吃的，就没有文明可言，因为没有人有那个精力和时间。所以，**从这个角度讲，人类文明就建立在基本物质条件至少在一小群人身**

上得到满足之后才出现，所以我觉得不需要鄙视物质。

**第二点**，我不知道俞老师喜欢写书的原因是什么，我剖析我写书的原因，可能在一定程度上也和生物有关系。当然我这个点稍微有点奇怪，因为**我觉得我总结或者发明一种思想，通过书也好、直播的方式也好，传播出去所带来的成就感和生个孩子差不多。**这在一定程度上也满足了生物本能，生物本能是尽可能繁殖后代传播我的 DNA，书对我来说就是 DNA。第一，它是对我大脑思想的一种复制；第二，它可以传播到更多人的脑袋里，形成更多拷贝，就跟我生了很多孩子一样；第三，它在传播过程中会发生更多的加工、变形、扭曲、放大甚至娱乐化，这个过程本身就像我生的每个孩子长得不一样，是一样的道理。从这个角度来说，我写书和生孩子有相当程度的成就感，所以我觉得写书对我来说也是一种生物学本能的满足。

**俞敏洪：**我身边也有一些物质财富比较丰富的朋友，他们总觉得生命中缺点什么。但我身边另一些在思想和作品上有更多追求的朋友，反而觉得自己很充实，这在生物学上有解释吗？

**王立铭：**有一句话叫"要追求一些比自己更大的东西"，很多人认为这是意义感的来源。从生物学的角度理解，我觉得这句话代表的恰恰是你要把你的某种东西传播出去的愿望。当然我不是富豪，我也不是真的理解那些富豪是怎么想的，但我能够猜测，当他财富积累到一定程度，他要捐一所大学、捐一栋楼或者捐一个奖学金，冠上他的名字，或者写本书，其实有点像他要把他的东西传播到一个"bigger than himself"的地方。我觉得这可能在很大程度上确实会成为我们成就感和意义感的来源，我们希望做的所有事能传播到超过我们自己人的范围去，甚至在肉体死了以后，它还以某种方式在这个世界上传播。孩子不就是如此？当我们离开这个世界以后，孩子仍然在这个世界上带着我们的某种印记生活下去。所以他们做这些事，不管是慈善、捐赠、写一本书、做个演讲，从某种程度上说也是在实现类似的效果，这是我的猜测，我觉得生物学上可能有共同的要素。

**俞敏洪：**对，我觉得最终可能会有共同的要素，因为人的自我意识非常强大，他最终一定要让自己生活在某种意义感中。刚才讲的是有钱人的区别，但大部分人都是普通人，不一定有那么多钱，物质生活也刚刚满足。对这些人来说，他们再去进一步追求更多物质生活所带来的付出和痛苦是巨大的，所以当他们满足了自己基本的物质生活条件后，如何去追求一个更加有意义、更加快乐的生活呢？

**王立铭**：这是一个很有意思的问题，当然这个讨论不那么科学，我只能说说我个人的想法。《三体》里有这样一个情节：在外太空记录宇宙信号的三体人，有一次做任务，飞船忘了给他送吃的，他就非常饿，饿了很久，等他回到三体星后，看到什么食物都有一种非常强烈的占有欲，甚至看到别人有食物，还有一种嫉妒心理和非常强烈的仇恨心理，你凭什么有那么多食物？还有一个案例是荷兰大饥荒的研究，说一个人如果在胎儿阶段挨饿，他出生以后就非常容易肥胖。因为你在胎儿状态下挨饿，你的身体出生之后就为即将可能发生的饥荒做好了准备，你的食欲就很旺盛，吃东西就没有节制，而且吃了东西以后更容易把它储存起来而不是消耗掉，就会有更强的肥胖倾向。

这两个故事有点像，当你成长在一个相对匮乏的年代，你对物质的占有就有更强的需求，这在生物学上有它的道理。因为你生长在匮乏年代，物质是很重要的，是生死攸关的，你当然对它有很强的占有欲望。所以我有时候会思考这个问题，**中国毕竟高速发展的时间不那么长，也就是最近这些年才进入物质相对富足的时代，而且仅仅是一部分人，还有相当多的人需要进一步发展。在这个状态下，这些在有些人看来可能都是非理性的追求，我觉得很正常，因为我们对匮乏的记忆还非常深刻。** 伴随着物质水平的提高，当我们的孩子、孩子的孩子已经完全摆脱了匮乏的记忆之后，不管是精神记忆还是身体记忆，我们也会进入到相对来说对物质追求更加理性的状态。这个我还是蛮乐观的，我觉得人都是历史的产物，我们只是还没到那个历史阶段。

**俞敏洪**：如你所说，**自由意志某种意义上是过去所发生的一切的集合，包括生理上、基因上、环境上、历史上的一个集合**。你在书中专门写到，在集中营中挨过饿的人后来生的后代，对饥饿的记忆非常深刻，所以容易变得肥胖。

我们也真的可以看到，在某种意义上，很多贪得无厌的人是在饥饿年代出生的，比如三年大饥荒的时候出生的人，特别容易贪更多东西，这其实是基因的一种提醒吗？

**王立铭：** 我觉得是。我写《进化论讲义》的过程中，会越来越深地写到**人是历史的产物，人的思想也是历史的产物，我们是过去经验的总和。**在这个角度上讲，今天我们讨论的对物质的强烈需求，甚至可能是超越了正常需要的需求，虽然我们觉得它会产生一些问题，但仍然是一个可以理解的状态，**从乐观的角度来说，当我们摆脱那段历史，自然而然就会消退，只是需要时间。**

## 6. 在有限的范围内过好每一天

**俞敏洪：** 在如何让自己的生命变得更幸福和有意义这个问题上，你有什么样的建议？

**王立铭：** 这个建议我真没资格给，我倒想听听你有什么建议，我也想学学你的人生经验。

**俞敏洪：** 我的建议其实比较简单，**第一个建议，在达到一定物质水平后，不要太过分地追求更多物质。**所谓太过分是指有了千万还想要亿，有了一亿还想十亿。如果是为了让自己能过得更好，物质上的追求是正常的，基本的物质生活达到相对自给自足的水平就好。当然每个人的标准不一样，有的人有一间公寓房，有点家具，有一辆 5 万块钱买的可以代步的汽车就觉得很开心，也有的人需要有别墅，需要有豪华汽车。但人首先要达到在物质上不忍饥挨饿，相对来说才能比较轻松地在你所在的城市生活下去，当然做到这一点就已经很不容易了。在此基础之上，如果不断地追求物质生活更好、更更好，会给人带来更大的压力，甚至会更加不幸福。所以我的**第二个建议是，在满足一定的物质条件后，要去追求自己的个人爱好，这个爱好最好不要跟物质有太多的挂钩。**比如，你喜欢读书，或者喜欢旅游，或者喜欢写作，哪怕是喜欢打篮球、画画、弹琴，这些能够给自己带来心灵满足和部分成就感的追求是人能够找到意义感和幸福感的前提条件，尤其是在你做了这件事情被周围的人认可之后。另外，我认为你做的事情最好能够既满足自我需要又能帮助到别人。举个例子，我扶一个老太太过马路所获得的意义感和成就感是远大于我自己过马路的，同时也远大于我看到那个老太太过马路我根本就不去扶她。也就是说，人作为一个社群动物，当你的行为同时能够帮助别人也能让自己满足的时候，是一个最好的状态。当然，这是所谓的力所能及，没有必要故意去做。

**第三个建议**，如果你选择了一件事情，就做到底，做到超越自己，甚至超越他人的地步，这种成就感和幸福感是比较长久的。举个例子，你背着包只是走出北京是没有成就感的，但是你背着包在中国走了10万公里，就会给你带来一生的满足。背着包走10万公里，其实跟你的物质生活条件并不一定有多大关系，但对你的精神追求反而有重大的满足。当你做的事情在精神上得到满足，甚至在精神上对自己进行赞许的时候，你的幸福感和意义感就已经达到了，这是我个人的感觉。

**王立铭**：确实是这样。通俗来讲，哪怕是一个业余爱好，没有什么功利性的追求，把它做到极致带来的成就感比仅仅浅尝辄止要强很多，这对我有所启发。举个例子，因为我是科学家，是做研究的，我读的超越性的书比较多，所以当我读当代生活小说的时候，虽然也会得到精神和智力上的愉悦，但我不会产生什么意义感。但如果我读讲天文、讲宇宙、讲生物学、讲哲学的书，和我的凡俗生活没关系的书，我会获得超越性的体验。什么意思？我会经常这么想，所有人的生活都是非常逼仄的，虽然我们生活在地球村里，实际上我们每天生活的地方就是办公室的几平方米，家里的几平方米，认识的就是这些人，你接触的全都是非常具体的事，这个时候如果能有一些场合能让我超脱出这个状态就好了。

想象一下，宇宙已经140亿年了，未来可能还有140亿年、300亿年时间，我只生活在中间几十年非常短的时间内，前后都完全看不到头，我想象我身体的每一个原子，都是当年某一颗超行星大爆炸来的产物，未来我也会成为一颗新的太阳的产物，我想象我的DNA是一代一代生物的祖先修饰、复制、传播给我的，我也会一代一代传下去。当然，这个事没法天天想，我还没有超脱到那个程度，但是逼仄的具体生活之外，每天或者每周有那么几个小时让我想象一下这种超越性的生活图景，对我的心情有巨大的好处，让我会意识到虽然我的肉体就在几点一线活动，但我的精神可以畅游在整个世界里，我的感觉会非常好。

**俞敏洪：**我读完你的书有一种感觉，人的生命是渺小而脆弱的。在地球四十几亿的生命中，无数生命成长出来，无数生命在不断被替代，从人类出现以来到现在应该有几百亿人走过了这个世界，他们存在又消失，而且有时候消失得很突然。就算你的寿命很长，就算活到100岁，跟整个宇宙，尤其是跟整个地球有生命以来的几十亿年相比较，你也只是中间的一瞬间，眨一下眼睛你就没了，所以人的生命很偶然、很随机，也很脆弱。而且人还会生各种各样的疾病，《笑到最后》讲到各种各样的疾病，都是人类一不小心就会得的。

我读这些书的时候就感觉，我应该珍惜活着的每一天，因为我知道我早晚会消失。我也知道我来得非常偶然，我父母要是早一分钟、晚一分钟在一起可能就不是我了。我来得不容易，我既然来了，几万亿个细胞变成了一个有灵魂的我，我就要把这个生命照顾好，不管它最后什么时候消失，我活着的每一天它都属于我。既然我有了这样的自我意识，我也认为我有自我意志，我就要决定我的生命。这是我读你这些书以后带来的最强烈的感受，反而加强了我想要不断掌控生命的愿望。

**王立铭：**说到这儿，我补充一个观点，正好呼应你的观点。我在写《进化论讲义》的时候也经常在想，我要用一个什么样的具象的比方来给更多人描述进化的过程，我想了很久，后来我想到，进化的过程有点像开车走夜路，什么意思？

第一，方向盘掌握在你手里，油门也掌握在你脚下，所以你可以控制自己往哪儿开，你会有掌控感。第二，走夜路的特点是车灯只能照到前面一点，其实你并不能知道前面是什么，但你能根据前面那20米看到的路来决定自己往哪儿开，这就是活在当下的感觉。因为你只能控制20米远的路怎么走，你非要畅想今天晚上我要到500千米以外的地方，这个思想对你没有任何好处，因为你只能看见20米。第三，虽然你在通过车灯照路，在用方向盘和油门控制方向，好像你有一些掌控感，但实际上这条路怎么开、怎么走、能带你到哪儿是修路的工程师决定的，也就是由进化历史决定的，你自己是无法掌控的，你只能保证在上面好好开车。这三点结合在一起就可以很好地描述进化的过程。

既然整个进化历史都是开车走夜路，我作为进化历史上非常短暂的一环，第一，我能做的就是保证我开车的这几个小时别出事，要保证这段我能好好开。第二，如果我能开得比周围的车快一点也可以，也是好事，但我首要的任务还是保证不翻车，开快是次要的。第三，既然我开过几个小时之后，就要换另一个人，那对我来说更重要的并不是开到目的地，而是开的过程中我得抬头看看风景，体验一下开车的快感，至少我要让我这几个小时过得很开心。我想到这个比方之后，觉得就和你刚才描述的那个状态很像。

**俞敏洪：**也就是说，**在自己能够有限掌控的范围内，让自己的每一天过得更好，比你想要到达什么目的地更加重要。因为从长远的生命之河来说，人其实是没有目的地的。**

## 7.《王立铭进化论讲义》：人类历史是无意识形成的

**俞敏洪：**我读了两遍《王立铭进化论讲义》，我把它推荐为大学生和青年人必读的书之一，我还听了得到上你的"进化论 50 讲"。这本书不仅仅是简单地讲进化论，你把人类发展、社会发展，甚至是公司发展都用进化论来进行了一定的解释。你介绍一下这本书的主要内容以及大家读这本书的时候能从中间学到什么东西。

**王立铭：**这本书我还是蛮得意的，我写了三年，最终出版了。首先大家别被书名吓住，觉得好像是特别严肃、大部头的书，虽然它确实蛮厚，字也挺多，但我相信阅读体验整体还是比较友好的。

我开始构思这本书的时候，实际上最重要的目标不是要把进化论这个科学理论说清楚，虽然也会讲到生物学意义上的进化论，会讲它到底有哪些科学证据，最终能得出什么样生物学上的结论等，但我更多的想法是为了解答这样一个问题，今天的人类世界设计出了大量的东西。我们用的手机、互联网都是人设计发明出来的，甚至很多社会制度、公司运行的法律法规、语言文字也有设计的因素。所以很多时候我们会有一个感觉，人的理性已经足够强大了，我们只要想设计就能在一张白纸上画出最新、最美的图案，我们可以设计出我们任意想要的理想世界。

很多时候我们也是用这样的方式来指导我们的生活。我们要规划人生，要规划职业，规划去哪个学校，包括父母规划孩子上什么样的兴趣班，上什么样的大学，本质上都是这个逻辑，我们要用理性把这些好东西设计出来。但实际上，如果我们多看看人类世界的现状和历史，就会意识到，**虽然我们有设计能力，但更多的东西实际上是在没有设计师的时候，在漫长的历史上无意识、无目的、潜移默化慢慢自发形成的**，这就是哈耶克讲过的一个非常重要的比喻"乡间小路"。人类很多东西是人走出来的，世界上本没有路，走的人多了也便成了路。

**俞敏洪：**我一直觉得人类社会的发展是遇到问题、解决问题的拼装过程，人类社会的发展是没法预先设计的。和人类社会的发展一样，生物的进化是不是也没有进化的方向，是一个随机的过程？

**王立铭：**对。实际上人类社会取得的大部分成就，以及面临的一些困难和无解的问题，最终找到的解法大部分时候都不是用大脑理性设计出来的，而是通过反复试错、探索、走弯路、走回头路，最终走出来的。

当今天人类又进入全新的历史阶段，在更长远的历史时间里，至少对我们这代人来说，今天人类世界发生的很多事实际上我们是不太习惯的，我们不太知道为什么会这样。这个时候，实际上有必要重新回到人类世界最初的发展规律上，在我看来，它本质上就是靠进化来的，所以我想写这本书，说清楚进化到底是什么。严格来说，**从概念上，进化很简单，无非就是变化，生物学上讲的是变异、变化、竞争、选择、隔离，这几个阶段周而复始地循环就能在没有路的地方走出路**。当然，我更大的希望是能把这套逻辑讲清楚之后，看看它怎么运用到人类的世界中去，比如解释人类的语言文字、法律体系、社会制度，甚至经济活动、公司组织、人类组织是怎么演化来的。从这个角度讲，我更想提供给大家的是一套——当已经没有路了，没有标准答案的时候，你怎么从复杂的时代和现象中找出路——方法论。

**俞敏洪：**这个效果基本达到了。我读的时候不单单在参照我个人的生存状态，还把新东方也匹配进去了。新东方作为一个组织，它本身是一个怎样的组织结构，这个组织结构跟你说的生物进化中的发展状态到底是什么样的对应，以及新东方进行组织变革也好，组织创新也好，它到底应该遵循怎样的原理，是要进化革命性突变，还是要演化新的渐变，其实我也在思考。包括社会结构也是一样，比如一个地区进行革命和进行相对保守的逐渐的变革和改良，到底哪个更好，在生物学的进化意义上都能找到一定的依据。其实今天我们所面对的进化论和达尔文所面对的进化论，尽管理论上是一致的，但实际上它思考的维度已经很不一样了，因为今天我们已经能够从微观到单细胞最内部的蛋白质和氨基酸的层面来考虑问题了。

**王立铭：**当我们讲大突变和渐变的时候，抓到了进化论一个特别核心的要素。**进化论以及支撑它的相关证据，特别好地支持了一句话，进化是一个保守主义者。**进化论读得越多，写得越多，我就越深刻地理解这句话是什么意思。我们知道，进化的根源是基因变异，基因变着变着孩子就长得不一样了，就发生变化了。从基因变异的层面来看，进化实际上并没有约定我一定要是保守主义，它既可以变得小一点，也可以变得大一点，也可以变得剧烈一点，但有两个要素使得它在结果层面上是一个保守主义。

**第一个要素，生物已经是一个比较完备的系统，和人类社会一样，你在一个完备系统上随便改动，改错的概率要大过改对的概率。**一个东西没坏的时候去改它，大部分时候是会改错的，虽然我们认为这是一个保守派的理论，但保守派也是对的，它已经很完善了，你还去改它，大概率会改错。在这个基础上，只有那种非常微小的调整，在经济学上就是所谓的帕累托优化，只有非常微小的局部优化才有可能保留下来，那种剧烈的改变大概率都会把这个生物搞死，人类社会也是一样。**人类社会已经自我演化了1万年，非常成熟了，你要剧烈**

地改变大概率会把它搞死，而不是把它搞成一个更好的完美社会。

**第二个要素**，进化和人类社会的改变有一个共同之处是，它活在当下。你别跟我说改了这个，1万年之后有好处，或者10万年之后有好处，这没有意义。如果你改了之后今天可能都活不下去，就没有1万年之后了。比如，你改了一个东西，生物直接就死了，它没后代了，或者你进行了一个剧烈的社会革命，把国家搞崩溃了，就谈不上百年大计、千秋万代了，比如拉美、非洲就有很多这种事情。

这两个要素就决定了进化的特点，**进化在历史上绝大部分阶段都是小步快走，只能做一些微小的局部变革，然后慢慢积累，这就是所谓的改良。**这同样适用于人类社会。

**俞敏洪：**人类社会会出现这样一种情况，有时候一个社会原有的体系确实已经千疮百孔，运营不下去了，所以它不得不进行一场革命性的变革。那有没有一种生物，它生存的环境也已经千疮百孔以致它生存不下去了，但它进行了某种基因突变突然改变了？

**王立铭：**也有。当然，规律是我总结的，不一定全面，但肯定是对的。剧烈的变化会发生在两个场合，一个是外部条件，一个是内部条件。

在三四亿年前，地球的生态系统突然出现了大量全新的生物结构，可以说现代动物几乎所有门类突然就在几千万年的时间内出现了，我们称其为寒武纪大爆发。这个大爆发有外因，那时候因为之前出现过大灭绝，很多生物灭亡了，腾出了一些全新的生存空间，这是外因。内因则是指生物出现了变异，使自己的身体结构出现了更多可能性。我想要说的是，**要出现革命性的变化首先要出现大量全新的生命空间**，就像第一条鱼利用自己的鳍上了陆地之后面临着一个全新的生存空间，这时候它可以发生各种革命性的变化，因为空间很大。

我们类比一下人类社会，什么情况下会出现这个变化？当科学技术出现了革命性进步的时候。但这个不会随时发生，人类历史上一共也没发生过几次，粮食革命算一次，启蒙运动算一次，20世纪分子生物学革命算一次，也就出现过两三次这种革命。因为对人类这种生物学能力不会进步的物种来说，科学技术就意味着让我们能够探索新的生存空间和生存方式，这个时候确实可以出现革命性的变化，但你不能期待这个事经常发生，它发生的概率没那么大。科学技术革命对应的就应该是寒武纪大爆发这样的时代，这时候探索的成本相对较低，因为空间大，否则探索的难度就会很大。还有一个场合比较符合这个特点，生存空间很恶劣，这个时候对生物来说也有一个内生的需求，因为环境太恶劣以致原来的生存方式活不下去了，所以需要探索各种新的生存方式。

**今天地球生物有一个比较有意思的探索方式，是排列组合，它不是制造大量突变，因为大部分突变是坏的，会极大降低生存的可能性**。用一个生物学的例子来论证一下。生物有两种繁殖后代的方式，有性生殖和无性生殖。无性生殖就是细菌一分为二，不需要配偶；有性生殖就是要找一个对象，要结婚领个证，生个孩子。仔细想一想，有性生殖的效率其实非常低，因为你还得找配偶，你需要说服对方，更麻烦的是，你找了配偶生了孩子还只能传递你50%的基因，这个效率很低。但在生存条件非常恶劣的时候，有性生殖有着巨大的优势，因为它把父母双方的基因进行了随机的排列组合，每个孩子有一半来自父亲，一半来自母亲，它提供了低成本的试错，父母双方随机组合，一男一女生了一千个孩子，你可以想象每个孩子都不一样，因为他继承的基因的组合都不太一样，但大概率都能活下来，他们可以在这个环境里进行竞争和探索，看看谁能活下来。这是一个低成本，有一点降低效率的试错机会。所以**当环境比较恶劣，我们又确实需要创新、需要探索的时候，对现有的东西进行排列组合，虽然可能会降低效率，但确实有可能提供一些新的机会**。

**俞敏洪**：人类是怎么来的？为什么突然就出现了人类这么一个物种？

**王立铭**：这也是一个很好的问题。到今天为止，我们也没办法给出一个百分之百确定的答案，但的确有突变和渐变。人能脱颖而出有一个重要的因素是我们的智慧，智慧的物质体就是大脑容量。我们从大脑容量进化的角度来看，在过去600万年内，大脑的容量实际上在以一个缓慢但坚定的方式提高。如果找到人类祖先的化石，就能发现它其实是一个渐变的过程，600万年前大概只有300毫升，到今天有1000～1500毫升。可想而知有大量的基因变异在不断地积累，让我们的大脑越来越大。

**俞敏洪：** 别的动物也有几千年、几万年了，它们的大脑一直就那么大，那么人的大脑变得越来越大一定是某个开关突然扭了一下，这个决定性因素是什么呢？

**王立铭：** 现在还没有得到完全的解答，但科学家已经找到了一系列和人类大脑变大比较相关的重要基因，这些基因是人类特有的，确实能够使大脑皮层褶皱的面积、大脑的体积变大。那么既然大脑变大这么有好处，为什么其他动物没有积累类似的基因变异？这个问题可以这么回答，所有的生物都需要用某种方式在地球上生存下来，把大脑变大并使用智慧只是生存方式的一种。可以想象一下，如果我是一只蝗虫，我不需要有智慧，我更核心的能力是生的孩子数量多一点，所以大家可以有不同的生存方式。

而更重要的是，进化是一个保守主义者，当我们的祖先选择了这条路之后，如果没有大的变故很难摒弃这条路。比如，我们的祖先在 600 万年前通过某个偶然的基因变异使我们的大脑大了一点，获得了一些非常初步的智慧，比我们的同类有竞争优势，于是活了下来，这时候我们大概率只能沿着让大脑越来越大的方式发展。就像开车走夜路的感觉，我们走上这条路，不管这条路通向哪儿，我们只能在上面走，没办法切换到蝗虫那种靠多生取胜的路线上去。这个能解释为什么发展出智慧是很好的路径，但地球上选择这条路的生物并不是那么多。

**俞敏洪：** 人的语言能力是怎么来的？生物学上有相关解释吗？

**王立铭：** 说话这个能力看起来还没有特别确定的答案，但应该是一个突变的能力。我们的近亲，黑猩猩、大猩猩、红毛猩猩都不会说话，甚至人类的婴儿也基本没有说话的能力。更重要的是，地球上到今天为止只有人类形成了复杂的语法，能把词汇按照不同顺序组织起来表达不同的含义，这个能力只有人有。其他动物哪怕有所谓的语言，能表达一个词，表达一个物体，但它们没有语法，没有能力通过词语的顺序来表达不同的信息。这就意味着我们没法研究人类语法的功能到底从何而来，因为没有参照对象。

有一个很有意思的例子，美国麻省理工的乔姆斯基是一个非常伟大的语言学家，他开过一个玩笑，说基于现在有关的生物学证据，人类语法的能力说不定是几万年前有个外星人派了一个飞船到人类祖先生活的洞穴，照了一下高能射线给照出来的。当然这是开玩笑，但他想说明的点是，**语法功能的出现应该是一个突变的过程**，这是一个对人类今天的繁荣昌盛非常重要的功能，但我们现在还不知道它是怎么来的。

**俞敏洪：**我一直认为人之所以会变成人，首先是因为有了语言能力，然后人的大脑开始变得越来越聪明，所以大脑开始慢慢变得更大，人就不得不沿着走向智慧的这条路往前走，最后变成了万物之灵。

**王立铭：**这个解释我还挺信服的。因为如果没有复杂的语言，人很难形成社群，因为他要交流、传递信息，一定要有相当先进的语言才行。

## 8.《生命是什么》：自由意志虽不存在，但人类仍有主动权

**俞敏洪：**《生命是什么》比较简单明了，它用生动的语言描述了从完全没有生命的地球到开始出现蛋白质、氨基酸，然后慢慢组成生命，从单细胞走向多细胞生物，以及人是怎么变成智慧动物，产生自我意识，最后用人类的自我意志来安排生命。你可以给大家讲一讲这本书。

**王立铭：**这本书写得更早一点，应该是 2017 年、2018 年的时候写的，当时我特别想回答的一个问题，就是人类智慧的问题。我在想，人类智慧是怎么回事？大家想象一下，生活在电子计算机时代、互联网时代的人，很容易类比人脑应该像一台计算机，我们能够收集信息，就像计算机的摄像头和互联网接口；我们能处理信息，就像计算机的 CPU；我们也能输出信息，就像计算机输出结果。

但当我们真正开始接触大脑的工作原理，我们会意识到大脑和计算机的区别远大于相似程度，我们工作的方式和计算机是非常不同的。**我们和计算机一样会采集客观世界的信息，但我们采集的信息是强烈倾向、扭曲、加工后的结果**，相当于我们的大脑会重构一个外部世界的结构，但和外部世界长得完全不一样，

这就是为什么一千个人心中有一千个哈姆雷特。我们也不像计算机一样冷冰冰地依靠理性加工信息，我们带有我们的情绪、我们的经历、我们的历史，所有这些因素本身是一个扭曲的过程。输出也是如此。

所以**大脑实际上是一个带有各种过度简化、抽象、扭曲、加工、脑补、想象功能的"机器"**。这个工作原理非常有趣，为什么看上去一点也不精确的机器工作起来比计算机效率高得多？计算机需要读几千万张图片才能做到图像识别，但哪怕是一个婴儿，他看几只狗和猫就知道谁是狗谁是猫，这个能力计算机是绝对没有的，更不要说更发达的理性思考，所以我想从这个角度来解释一下智慧生命是什么。我写这本书讲到感觉是怎么来的、学习、社交、语言、自我意识、自由意志，我认为这些要素加在一起最终会构建出智慧。当然，我必须得说，这本书是一个完成时，挺期待大家读一读，我写完还是蛮得意的。

**俞敏洪：** 这本书把地球生命的发展、人类生命的探讨以及人类智慧的探讨写得特别简明扼要，而且读起来非常有趣味。人类发展到最后拥有了智慧，拥有了自我意识，我有两个问题：**第一，世界上还有别的生物拥有自我意识吗，它们的自我意识达到了什么程度？第二，人类拥有自我意识以后，对个人和人类后来的生命发展起到了什么作用？**

**王立铭：** 现代科学对这个问题的理解确实不是很深入，接下来我会讲一些我个人的理解。看起来人类不是唯一具有自我意识的生物，当然自我意识是一个相对抽象的概念，很难完全用实验来证明，但有一个比较有说服力的实验就是所谓的镜子实验。比如，你在一个黑猩猩的脑门上贴一个小红点，然后让它照镜子，猩猩照一会儿镜子就会意识到镜子里是自己，就会伸手把自己头上的红点拿下来。但如果是一只狗、一只猫，或者是一只猴子，它就做不到这件事。它们对着镜子照半天，会以为哪儿来了一个头上有奇怪的红点的动物，它们甚至会去打它，它们不会认为那是自己，但猩猩可以做到，人也可以做到。而且人还很有意思，如果是 1 岁的小宝宝贴一个红点，让他照镜子，他就会去摸镜子里的红点；如果是一个 2 岁的小宝宝，他就会意识到镜子里是自己，这是一个相对来说没那么复杂但又能让我们评估自我意识的实验。

科学家在不少动物中做过这个实验，现在已经知道有一小批大家惯常理解的比较聪明的动物，如猩猩、海豚、鲸鱼、大象、喜鹊和乌鸦，都可以做到这件事，所以确实有一些动物有自我意识。至于为什么，这个问题现在没有人能回答，我可以猜想一下。我觉得，**自我意识的出现和意义感的出现是同步的，因为你只有意识到我是宇宙中独一无二的存在，才能为我做的事赋予价值。**比如，我扶老太太过马路，我很有成就感，这件事猴子是做不到的，它根本就不知道"我"是谁，它根本没有"我"的概念，它为什么要扶那个老太太过马路呢？为什么要有意义感？前面提到的有自我意识的动物，恰恰都是我们日常里认为比较聪明、比较先进的动物，是不是说明意义感和自我意识的出现对于这些生物的生存很有价值？比如是不是能够帮助我们更好地形成更稳定、规模更大的社群？让我们能够更好地互相帮助，形成稳定的社会关系？这可能是有的。你很难想象一个没有自我意识的生物会牺牲自己的利益去帮助别人，哪怕在未来会得到反馈也都很难实现，也许今天我们能形成社会、国家、世界，背后和自我意识是有关系的。这是我的感觉。

**俞敏洪：**你提到的自我意识，其实是一个大型社群动物构建关系的基础。比如，一只大猩猩也有自我意识，但它是有限的自我意识，所以构建的群体范围相对比较小。人类有自我意识就一定有他人意识，对他人的理解和对整个社群的维护其实跟人的自我意识是紧密相关的？

**王立铭：**我觉得是，当然这是我的猜想。大家可以回想一下小时候看的科教片，那些能形成自我意识的动物恰好也是能够形成比较稳定社群的动物，这两者之间应该有隐秘的关系。

**俞敏洪：**有自我意识就带来了自我意志的问题，你在书中提到，人的唯一尊严或者最重要的尊严来自我能决定我怎么生活，或者我能决定我怎么发展，以及我能决定我变成什么样的人。当下通过各种实验发现，自我意志在很大意义上也是由基因和原来的环境或者生存状态所决定的。也就是说，你自以为决定的任何一件事情并不是你在以此为准做出决定，这件事情怎么解释？

**王立铭：**我说一下我的观点。**我认为人没有自由意志，人有的是"我有自**

由意志"的幻觉或者感受。为什么这么说？先讲一讲自由意志。大家肯定听说过 free will，这是一个古老的哲学命题，从古希腊开始就有人在思考人到底是命运的奴隶，还是上帝的奴隶，抑或是我能决定自己要干什么。从常识来看，好像是我能决定，比如你走到饭店里，感觉好像你要点的都是你自己决定的，好像没有上帝来决定。常识来看是这样，但一直有哲学家认为这是一个假象，说可能早就规定好的，你一生都是按照某个轨迹在行走。著名哲学家斯宾诺莎给出一个比方，他认为人的自由意志就像你扔出去的一块石头，这块石头以为它有自由意志，它要走一个抛物线，但实际上它运转的轨道是牛顿定律决定的，和它自己没关系。

这件事一直到最近这些年才开始从哲学问题变成了科学问题，因为科学家终于有手段去研究人到底有没有自由意志。举一个非常简单的实验，把人脑塞到核磁共振里测大脑活动，给这个人两个数字，比如 6 和 7，你自己来决定是要做加法还是减法，要做"6+7"还是"6-7"。这听起来是你自己决定的事，但核磁共振研究的结果是在你以为你做出这个决定的 5 ~ 7 秒之前，你的大脑活动已经决定了你的答案。做实验的人一拍胸脯，决定了要做"6+7"，实际上做实验的科学家在 5 秒钟前通过分析大脑活动的规律已经大致能判断这个人 5 秒钟之后要做"6+7"了。这是一个非常简单的实验，因为目前神经科学的研究手段还不能做更复杂的实验，但从这个简单的实验中至少可以得出一个推论，**我们以为我们在决定什么东西，实际上是拥有了一种我们在做决定的感受而已。**决定是你的大脑做的，没错，我们不相信上帝，但你这种感受只是在读取你大脑做出的决定，默认这是我做的决定。

当我想明白这个事，我会想接下来的问题是，我们为什么要有这个感觉，这个感觉对我们有什么好处？我们可以像一块石头一样活着，我们为什么要对命运有掌控感，这就是我在书结尾想表达的感觉。**进化赋予我们掌控感对我们来说有巨大的生存价值，因为我们以为我们对命运有掌控感，就意味着我们有更强的动力来做事情，我们就会变成一个能动主义者，我们希望改变我们的生存条件，改变国家的经济条件，让河流改变方向，等等。自我意识是有意义感，**

**自由意志就是让你产生成就感，这样你才会愿意去干这件事。**

**俞敏洪：**这次科学实验证明了自由意志其实并不一定是你的自由意志，但对人类来说，哪怕是拥有自由意志的虚幻感也依然非常重要。比如，我现在要拿这本书就拿这本书，要推荐这本书就推荐这本书，不管是老天先决定的，还是在几千年前这个基因就已经被设定好的，至少在现在这一刻，是我决定要拿起这本书，这种感觉哪怕是虚幻的也依然非常重要。

我有另外一种解释，也许不科学，你听一听。机器测出来当你决定做加法还是做减法之前，脑电波已经发现你早已做了决定，尽管你自己还没有想好。个人认为，实际上当你看到那道题目的时候，大脑中关于加法、减法的思考就已经开始了，所以才能早几秒测到你自由意志的倾向。虽然你还没有表达出来，但实际上你的大脑已经产生了改变，而这个改变其实也来自你这个生命体，没有你这个生命体就不可能有这种变化。**既然是在你这个生命体之内所产生的变化，我认为实际上就是这个生命体在做决定**，这是我个人的解释。

**王立铭：**我同意。抛开神仙皇帝不谈，不管是我的意识决定，还是我的潜意识决定，反正那都是我，我特别同意这个观点。我再加一个小补充，刚才您提到的话题，如果用一个通俗的解释就是，**自由的决定是潜意识做的，我们的意识是去读取潜意识然后来告诉你这个决定，为什么它要多此一举？一个重要的原因就是责任感**。当然，这符合人类社会的现状，比如我们觉得人做错事要负责任，错误很严重要负法律责任，前提是这个事是你自己决定的，这也是为什么全世界的司法实践都一样。如果你是一个精神病人，你没有控制自己行为的能力，我们不会判你的刑事责任，因为我们知道你的行为不受你的大脑控制。

反过来讲，自由意志对我们有一个特别重要的意义是，它让我们不仅具备了成就感，还具备了责任感，让我们需要为我们的行为负责。如果没有自由意志，我们无法想象每个人都对自己的行为不负责的时代，想一想就很可怕，所以不管它是不是一个幻觉，它都很重要。

**俞敏洪：**你在书的最后写了几段关于自由意志的话，我读了以后还是蛮感动的——

"也许我们可以这样理解自由意志：没错，完全自由的意志是不存在的。但是不管是遗传因素，还是大脑的神经活动，都在为最后一刻的决定绘制蓝图，准备草案。最后，我们的心智仍然有机会为自己的言行做一锤定音的决断。

"同时也不要忘了，在（任何）一个决定之前的整整一生，我们其实都是在为它做准备。我们受到的教育、阅读的书籍、走过的旅途、相交的朋友……这一切都用这样那样的方式进入了我们的心智世界，然后用一种我们尚不明了的方式参与到这个决定中来。而这一生的故事，我们仍然还是有着相当多的主动权。

"不管是宇宙空间还是认知疆域，我们的祖先把我们带到了黑暗和光明的边界。身后是温暖的人类家园，面前是暗夜沉沉的未知征途。而在每一代人类中，都会有人高举火把，义无反顾地前行，让人类智慧的光，星火燎原。"

## 9.《笑到最后》：理解疾病来源，学会应对之法

**俞敏洪：**《笑到最后》讲述了人类可能会面临的比较典型的几种重要疾病，比如癌症、糖尿病、阿尔茨海默病、抑郁症等。你当时是出于一种怎样的责任感或者思考编写了这样一本书？

**王立铭：**其实有两个原因，一个比较具体，一个相对比较抽象。具体的原因其实很简单，这几种疾病都是非常常见的疾病，我是搞生物医学研究的，在过去这些年，我的研究也和其中一些疾病有关联，所以会有大量的朋友和亲戚来咨询我这些问题，特别是现在自媒体上发的东西特别多，他们经常会把这些文章发给我，问我对不对。一开始我还会比较详细地解释，也写过一些辟谣的文章，后来我意识到这样做没用，因为我写得再快、再清楚，也架不住似是而非的、传播力强的谣言。后来我就想，我不求能把所有的事讲清楚，因为做不到，但我可以把底层的框架说清楚，这样大家读完书后，再去看那些文章就能有基本的判断力。我想实现这个效果，所以我不想讲太碎片的知识，我就想把现在有哪些治疗的思路，未来会往哪里发展写清楚。抽象的原因是，在写的过程中

我意识到，这些疾病除了刚才讲的这些具体需求之外，它们在更大的意义上是同类，我叫它们"错配"疾病。

**俞敏洪：** 可以讲一下什么叫错配吗？

**王立铭：** 我先讲一讲这个词在行为经济学里的来源。行为经济学家用这个词描述人类那种比较贪婪和恐惧的心情、容易从众的心情，这是原始社会就有的情绪，是在今天这种信息非常复杂多变的资本市场、金融市场里必然会出现的局面，这就是为什么巴菲特说他恐惧别人的贪婪，他是在用正常的理性思维，但大部分人是跟着情绪走的，所以行为经济学家用这个词来描述人的本能情绪和现代市场的冲突。

这个词特别好，因为它正好能描述人类在进化历史上，特别是在采集狩猎、森林草原时代形成的生物学基能，在进入现代生活之后出现的冲突。举个例子，我们在原始时代采集狩猎，没有农业的时代，过的是饥一顿饱一顿的生活，我们基本上不能确定什么时候有吃的，所以我们找到吃的一定尽可能多吃一点，而且能量越丰富的吃得越多，比如肥肉、脂肪。吃完了，最好躺着不要动，因为可以节约能量，直到下次饿了再说。但进入到现代生活之后，食物空前丰富，地球上的食物足够所有人吃了，而且大部分人不需要重体力劳动，所以我们的消耗变少了，但我们看到好吃的就会多吃一些，吃饱了就懒得动的生物学本能还在，不会在几千年的时间内就消失，这两者的冲突几乎不可调和。这就意味着，随着食品工业和经济的发展，我们会越来越无法抵抗美味食物的诱惑，越来越难以消耗掉多余的能量储存，我们的必然命运就变成了我们会肥胖，会得糖尿病、高血压、高血脂……**这一系列的代谢疾病都是一个根源，就是人类好吃懒做的生存本能和食物空前丰富且不太需要体力消耗的现代生活方式之间的错配。**

在我看来，像癌症、糖尿病、抑郁症、阿尔茨海默病、超敏反应等一系列疾病都是这种错配的结果。当我意识到这件事的时候，我就更想把它写出来。当我们意识到这些疾病都是错配的结果，就会知道它在短期内没办法用技术的方式来解决，因为**人的生存本能不可能一下就没有了，而且现在的生活就是会**

**变得越来越好，错配就在这儿。**所以我更有使命要把这件事说清楚，帮助大家更好地理解我们的命运是什么以及怎么应对它。这是这个书的来历。

**俞敏洪：**现在人类面临的这样一些疾病，实际上是人类物质生活发展到一个阶段后更容易得的一些病。原来人类面对饥寒交迫的时候都没有这些病，现在没有了饥寒交迫，人类的身体健康反而因此受到了威胁，同时人类的天性又相对来说需要储存能量，于是脂肪和糖分就一直堆积。所以人类想通过大量的活动消除多余能量所带来的不健康反而变得更难了，这需要有更强大的意志力。从生命科学的角度来说，人应该怎么做才能有意志力去和这些东西对抗？

**王立铭：**这个点特别好。**长期来看我是比较悲观的，我不认为人类作为一个群体能够抵抗这种本能，但少部分人可以。**比如，少部分人可以通过意志来加强锻炼、控制饮食，但人类作为一个整体，想抵抗生物学本能是很困难的。**那希望在哪儿？还是在于技术。**我经常设想这样一个场景，我们需要控制饮食，需要锻炼身体，但我们的本能不允许我们这么做，这时候就需要有人来提醒我们，帮助我们更好地规划生活方式、饮食和运动节奏，还需要他理解我们的情绪状态，能够在我们最愿意接受这些建议的时候提醒我们。未来可穿戴设备和人工智能应该可以实现这个效果，它们能发现我们多吃了，更重要的是它们要能理解我们在什么时候比较愿意听从健康方面的建议，如果有这两个能力就可以做到比我们更懂自己，更知道怎么关心我们。我比较期待这些技术能够帮助我们解决抵抗人类本能这种几乎不可能实现的任务。现在其实也有，你戴一个手表，它也会提醒你要站起来活动一下，但效果不是特别好，不过已经有点雏形了，未来当它能更好地读取我们的情绪状态，也许就能更好地做这件事。

**俞敏洪：**其实一个人想要自我管理，需要比较强大的自控力和意志力，而自控力和意志力又是违反人的本能的。从这个意义上来说，是不是建立一个群体小组互相监督会比一个人更好？很多人其实已经意识到了身体的重要性，但意志力不够，这种情况之下，从生命科学的角度来看有什么更好的建议？

**王立铭：**想抵抗本能，少部分人肯定可以做到，我相信总有这样的人，但我就不是，我做不到，人类作为一个整体也做不到，要能做，早就不叫生存本能了。所以要靠别的，长期来看要靠能够理解我们情绪和身体状况的人工智能算法来解决，现在肯定没有。那怎么办？您刚才说的找一群人互相监督就是比较好的方法，比如你比较有钱，可以请一个教练，效果通常不错，因为有一个人会了解你的身体状况，会督促你，人都有羞耻心、好胜心，你就会愿意遵循他的指导。或者说有更多人在群里打卡，靠社交的方式互相督促，从某种程度上起到的就是能够懂你状态的人工智能的效果。所以在人工智能实现之前，可以靠这个方法。

**俞敏洪：**大部分情况下，之所以有这些病其实是因为人的寿命变长了，机能老化、细胞老化，所以容易带来各种各样的疾病。对于年纪大一点的人，比如我，今年我已经 60 岁了，我能够通过什么方法来预防疾病？

**王立铭：**我试着回答一下。其实您说的很有道理，很多疾病都和寿命的自然延长有直接关系，有一个办法，说得简单粗暴一点就是不要活那么长，但做不到，我们就想长命百岁。还有一个说得过去的方法，我们能够延缓衰老的速度，比如 60 岁的年龄 40 岁的身体，70 岁的年龄 50 岁的身体，这样也可以。

接下来的问题就变成了怎么延缓衰老，让衰老和寿命的延长脱钩。有很多研究正在进行中，其中一个可以直接使用的就是节食，就是少吃点。**已经有大量研究证明，人每天吃到七分饱，衰老速度会有非常显著的延缓，可以和你的生物学年龄脱钩。**这也是有道理的，在农业时代之前，人类就是过着吃不饱的生活，那是比较天然的生活，那时候的人很少有这些疾病的困扰。节食是已经被证明在几乎所有的生物里，酵母、虫子、老鼠、猴子，包括人都有非常明显的延缓衰老的效果，可想而知，当你衰老的时钟在变慢，所有和衰老相关的疾病的发病率就都降低了，这是一个很有效的方法。当然，少吃显然挺适合意志力比较强的人，但像我就做不到，所以也确实有人在研究，有没有什么药物或者别的方法能够人为制造出节食的效果，最近也有一些药物在做临床试验，这个我们就不推荐了。但至少节食吃到七分饱在进化上是成立的，临床上也成立，确实对于延缓衰老、治疗疾病有很好的效果。

**俞敏洪：**人要怎样才能做到吃得又少，但吃得又好？

**王立铭：** 有个比较极端的操作方法，大家肯定听说过所谓的生存饮食，只吃肉类和脂肪，完全不吃主食，我个人很不建议，而且我们这个领域内也不建议。我们觉得可以少吃，但要按比例少吃，而不是直接去掉某个部分，还是**要按照膳食宝塔，碳水化合物、蛋白质、蔬菜配比要正常，但总量要变少**。目前来看，这是比较健康、比较持久的方法。

**俞敏洪：** 最后一个问题，你有一个演讲，讲动物通过冬眠可以延长寿命，而且从这个引申到了未来人类探索宇宙的话题。人的一生是不够的，当宇航员飞向太空深处的时候，如果他能延长寿命就更有可能把更多信息传回到地球，从而寻找到另外的智慧生命。现在已经有人希望可以通过冷冻的方式，让科学家在几百年后再解冻，这样他就可以重新活过来。这是现在可以做到的吗？如果不能做到，人类低温冬眠未来有可能实现吗？

**王立铭：** 我先回答后面这个问题。低温冬眠还是很有可能的，有两个原因：**第一，地球上确实有很多生物冬眠，那些生物在遗传物质层面和人类还是蛮接近的**，比如灵长类有一种猴子在马达加斯加岛生活，叫马达加斯加环尾狐猴，它就可以冬眠。猴子都可以冬眠，人不可能完全没可能，无非是要进行一些改造。**第二，也有一些意外观察性的证据发现，有些人确实在寒冷的地方因为意外事故进入到了一个深度的冬眠状态，后来还能活过来。我认为冬眠在科学上还是能做到的，而且我们非常期待能做到**。这对将来探索宇宙空间是非常重要的，因为人类飞到火星就是几年起，要飞到海王星、冥王星，一飞就是几百年，如果没有冬眠，先不说飞船造不造得出来，人的身体首先就承受不了。

但是靠冷冻的方法几乎可以肯定是不行的。这里有一个基本的物理学原理，水会热胀冷缩，但是要成为冰，体积就会变大，所以把人冻起来，人的身体内基本上都是水，细胞内 90% 都是水，当水结冰之后体积会变大，细胞直接就撑破了。这意味着如果直接冷冻现代人，他所有细胞的结构都会消失，将来发展出什么科技也不可能再复活，因为你的细胞结构都没有了，这肯定不行。而且地球上所有能冬眠的动物，青蛙、蛇、老鼠、猴子，没有一个真正会进入到结冰的状态，它们反而需要有一些技能来防止细胞结冰。同样的道理，将来人类能冬眠也肯定不会是通过直接冷冻的方式来实现。哪些生物技术将来能够改变人类世界是一个特别值得探讨的话题，冬眠肯定是话题之一。

**俞敏洪：** 人类即使能创造出冬眠这样的技术，也不可能是一个大众技术，最后有钱有势的人都冬眠了，活到500岁、1000岁，没钱的人活100岁，人类就乱套了。那么这种技术的出现对人类的和谐发展会有好处吗？如果没有好处，我们为什么要研究它？

**王立铭：** 这个问题特别好。我认真思考过这个问题，我讲两个想法。第一，您的担忧肯定成立，而且所有技术都有这个问题，所有科技进入人类社会，刚开始一定是非常高冷的，因为它很贵。不管是汽车、手机、航天都一样，很贵，它一定有一个从高冷慢慢飞入寻常百姓家的过程，这部分倒不是太大的问题。第二，冬眠确实与众不同，因为它能跨越时间，不是今天及时行乐的过程，能够跨越时间更会加深人类社会的不平等，这确实是一个隐忧。

几年前在一个科幻大会上，我和刘慈欣在一起聊这个话题，我当时的第一反应就是这个问题，我说我作为一个生物学家对于这个技术能实现与否不太担心，但我非常担心它产生的社会影响。和他聊完之后，在飞回杭州的路上，我就写了一篇科幻小说，叫《守夜人》，就是讲冬眠技术将来用在人类社会中会产生的这种非常残酷的效果，那篇科幻小说还得了奖。而且可能人类发明的所有技术里，生物技术最容易产生这种永久性的社会割裂的问题，因为它会跨越时间，比如冬眠或者长生不老，或者它能跨越世代；又如基因编辑、优化孩子、设计婴儿……这些东西最容易产生长期的不平等，所以非常有必要在这些技术真正进入人类世界之前，先想清楚我们到底要一个什么样的世代。

## 10. 尾声

**俞敏洪：** 今天由于时间关系我们只能先聊到这里，最后你再给大家推荐一下每本书吧。

**王立铭：** 如果你不仅仅是想获得一些知识和信息，而是想站在一个更高的维度理解我们必将面对的这些疾病,以及人类可能针对这些疾病开发出的治疗手段,我会比较推荐你读《笑到最后》。如果你想理解人的大脑是怎么回事,理解我们为什么是地球上独一无二的智慧物种,我会推荐你读《生命是什么》。如果你想理解人类世界中所有复杂问题、复杂组织、复杂趋势的形成原理,以及它们的问题和未来发展方向,我推荐你读《王立铭进化论讲义》,虽然它是一本讲进化论的书,但我更觉得它是一本在今天人类世界中的生存指南。

**俞敏洪:** 谢谢立铭师弟。我现在什么都学一点,什么都懂一点,但什么都不求甚解,所以碰到你们这样知识领域宽、专业领域深的专家,我内心还是蛮感动的,尤其你本身又是北大人,所以又多了一份亲近感。其实我可以代表普通老百姓跟你聊上十个八个小时,直接就可以出一本书,因为让我作为一个外行代表老百姓来跟一个生命科学专家对话,是绝对不过分的,我能把老百姓心目中一些对于生命科学的问题或者想法向你表达出来。从这个意义上来说,未来说不定我们可以找这样一个机会来尝试。

**王立铭:** 非常期待。我觉得生物学和经济学、哲学一样有解构世间万物的能力,只是一般大家会觉得它是一个技术学科,很难理解,其实不是,我希望我也可以发挥出让大家能够理解生物学思想的工具价值。

**俞敏洪:** 只有真正了解了生命科学才能了解人类,也才能了解我们个体,这是我读你书的一个比较深刻的感受。今天就先到这里,已经晚上11点多了,我们下次再见。

**王立铭:** 俞老师再见。

(对谈于 2022 年 7 月 17 日)

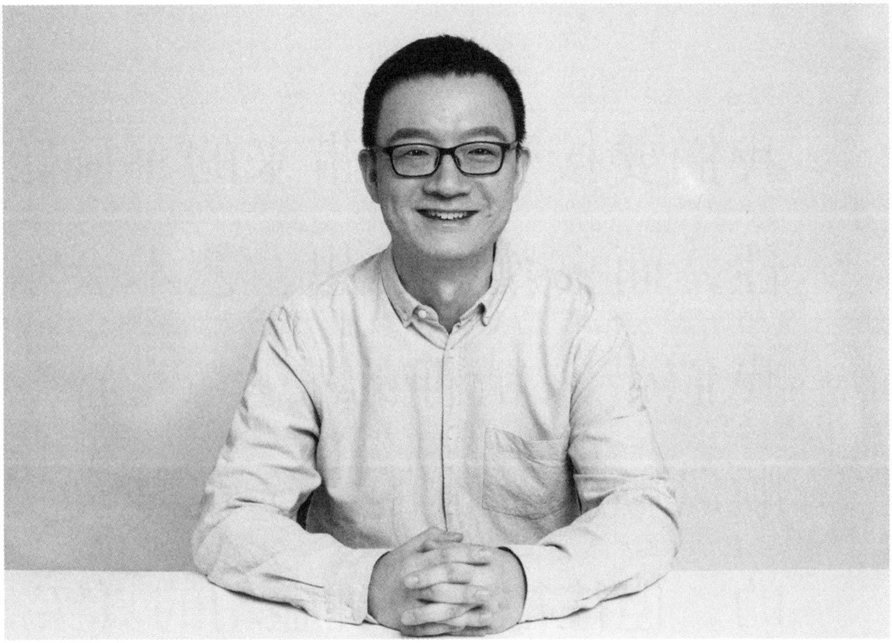

## 对话 许知远
### 阅读对于生命的意义

**我们要接受命运带来的不确定性，而书籍、思想、艺术会给我们带来精神的安全。当然，顺风顺水给你的安全也是真实的，但往往是一种虚幻的真实。**

许知远 /
1976 年出生于江苏灌南。作家、单向空间创始人、谈话节目《十三邀》主创。主要作品包括《祖国的陌生人》《游荡集》《那些忧伤的年轻人》等。作品已被翻译成英、法、韩等多种版本。他正在撰写五卷本梁启超传记，其中《青年变革者：梁启超（1873—1898）》《梁启超：亡命（1898—1903）》已出版。

2019 年，我应邀拍摄了《十三邀》，并结识了北大师弟许知远。时隔三年，2022 年的冬季，他又邀请我做第八届单向街文学节的开幕对谈，对谈的主题是"爱与生命的历程——我们的阅读史"。我们在这场对谈中，分享了彼此文学记忆中关于爱与生命的决定性瞬间。现在整理如下，分享给各位读者。

## ——对谈环节——

**吴琦（主持人）**：各位朋友好，今天的活动，我们请到两位大师兄，很多读者、观众对他们应该再熟悉不过了。

**俞敏洪**：各位朋友大家好，我是俞敏洪。

**许知远**：大家好。

## 1. 书籍与我

**吴琦（主持人）**：今天聊天会是非常具体、切实的角度，所以我的第一个问题再自然不过：在最近的生活中，两位一定非常忙碌，**阅读在你们最近的生**

活里占据了什么样的位置？

**许知远：** 谈论阅读对我个人来说有点像谈论空气和水一样，始终是我生活中的一部分，我非常依赖它。阅读、书籍是我通向世界主要的方式，我跟世界的接触是通过书抵达的。这几年在发生一个有趣的变化，好像书籍到阅读本身越来越成为某种防卫机制，当我不知道怎么应对突然混乱、庞杂的世界时，一本书能给我带来非常大的秩序感、稳定感。如同毛姆的那句：**阅读是一座随身携带的避难所。**

最近我开始重读米沃什的诗歌和散文，以前我也喜欢看，但没有（现在）那么强的感触。人怎么面对巨大时代的变迁？人都是根据此刻的需求产生阅读的需求，从某种意义上，我们都是实用主义者和功利主义者，此刻你内心需要应对的事物，在原来读过的书里找到强烈回响，这是我最近特别有感触的。

我写的梁启超，是完全不同的感觉。梁启超发现之前的道路是行不通的，新的道路他又想不清楚，他就彷徨。你看那时候他的诗，就能得到一种慰藉，给我一种新的动力、能量，使你不容易被外界影响，有种自我重组的感觉。

**俞敏洪：** 我没你那么深刻的感受，其实我有很长一段时间是没有时间读书的。刚开始做新东方时，为生计而奋斗，觉得赚钱比什么都好，就拼命做新东方，新东方起来以后又忙碌，自我管理能力又不够，各种乱七八糟的内部事务、外部事务，很长一段时间我读的书就是与企业管理相关的，所以从1991年到2006年，有15年左右的时间，我读的书非常少。主要还是在北大的10年读了不少书，还有近六七年，可能年龄到了，50岁以后有了一种回归的感觉，而且新东方的业务相对稳定了，管理者也比较完整，就有时间多读一些书了。最近读的比较多，确实有回归读书的心态。

我读书不像师弟要寻找未来的路，或者太过迷茫需要从书中找答案，我没有这样的感觉，我读书就是读书，没有太功利的目的，不是读了书就要去学会什么专业或者做一件事，我就是哪本书有意思就读一读。后来由于互联网的发展，在平台上推荐书籍变得很方便，所以如果我读到什么好书，就会在"老俞闲话"里写这本书，有时候有人会问在哪儿买，同事们就说可以在"老俞闲话"

里加一个链接,方便大家购买。我一开始也不知道有佣金这回事,是过了很长时间,有人问我推荐书赚了多少钱,我心想推荐书还能赚钱吗?我就开始短视频推荐、直播推荐,渐渐进入了视频商业生态。

后来新东方遭遇转型,大家都在讨论要做什么,我毕竟已经做过直播带货了,就说干脆做直播带货吧。大家就说卖什么,我就想,光卖书肯定不够,而且我自己卖书赚佣金也挺好的,新东方一卖我就不能赚了,利益冲突(笑)。就想要不就卖农产品,国家政策支持,人民也很需要,所以东方甄选就开始卖农产品了,不过现在卖书也是东方甄选很重要的业务。

我仍然会在我的平台上推荐我读的书,我推荐书并不是出于商业目的,而是这本书我读了以后确实感觉挺舒服,觉得有思想、有教育,让人有收获,我才会推荐。所以近几年读书的数量越来越多。

**吴琦(主持人):** 每个人和书发生的关系是完全不同的。两位都毕业于北大,有很相似的背景和起点,那时候大家都上学、读书,在那个时候,书和你们的关系或许和现在是完全不一样的。

**俞敏洪:** 本质上读书跟做生意是没关系的。

**吴琦(主持人):** 每每听到从书中衍生出这么大的商业世界时,你心里真实的感受是什么?

**许知远:** 我突然想到自己很喜欢的一本书,《美丽失败者》。**阅读会带给你生命的纵深感,你会读 300 年前、500 年前的书,思想是可以穿透时代的。**但现在我们时常对过去和未来,某种意义上丧失了真正的兴趣,我们只要此刻的获得和感受。但我相信,这些书终究会活过我们,我也希望我写的书能活过我们。

我之前读到罗马尼亚一个诗人写的书,说自己生活的小镇到处是书店,很多人都在卖书。他说我来自一个属于人的地方。这种话永远会击中我。我为什么想开那么多的书店,虽然也不算太多,**我特别希望在这儿成长的人,他们的小朋友长大以后说他来自书与人的地方。**我最近经常碰到年轻的导演、作家跟我说,自己小时候在单向听过讲座,西川讲了什么,谁谁讲了什么,对他们的影响很深，这个回报超过一切其他的东西。

**吴琦（主持人）：**有的朋友不知道，我们在书店开会的时候，许老师会把他的失败与浪漫讲给我们听。最近几年因为疫情，大家在工作上有一些困难，我们正在想对策、开会、做报表。许老师说我们的公司应该做冬天的树，整个会议室气氛都凝固了，大家都不知道怎么理解冬天的树和一门生意的关系。现在想，这就跟美丽的失败者是连接起来的。

**俞敏洪：**其实读书和成功之间，是没有必然联系的，尤其和做生意是没有必然联系的。**读书跟一个人内心的成功与失败有关系，哪怕他是一无所有的人，他通过读书充实了自己的内心，觉得自己的人生过得很有意义，哪怕他家徒四壁，也会赢得自己内心的成功。**在这种时候，他内心的富有、成功可能会大于百万富翁、亿万富翁。有的富翁尽管拥有资产，但他并不知道自己的生命除了享受钱财以外，还能干什么。古代说书中自有黄金屋，功利主义、科举考试似的读书，和我们现在讲的读书是两个概念，现在在学校上学约等于高考，通过高考可以进入北大、清华，进而进入人生另一个发展阶段。但进入人生另一个发展阶段也不等于成功，最多是一个起点而已。

读书和世俗的成功没有关系，而是跟内心的需求有关系，你感到孤独的时候会读书，你感到需要有人交流的时候，会读有思想的书，为了内心的恐慌、内心的某种疑问、内心的探索，你也会在书中寻找答案。你，可以跨越千年，从苏格拉底、孔子、老子、庄子的书中，还能找到今天你面对现实世界问题的答案，这就是读书的好处。

为什么中国很多老板跟着所谓的国学专家去读《道德经》、去读《庄子》《论语》，甚至还要读《弟子规》，其实他们也是在寻找内心的某种答案，这个事情本身就意味着书和知识存在的意义和价值。**如果家里有一千本书，可能中华文明五千年的重要智慧、重要人物思想都会在里面，你只不过按需所取，哪本适合你现在的心境，你就会抽出哪本书去读。**

## 2. 书籍丰富了人生

**吴琦（主持人）：** 读书是很长期的过程，从一开始贯穿到整个人生，它跟人生发生关系，并在内在层面和人建立起了一种关系。现在我们把时间倒回在北大求学的时候，那时候大家对读书的看法和今天有什么差别吗？那时候的人对书的理解是功利的还是浪漫的？

**许知远：** 我到现在都记得，中午吃完饭无所事事的时候在北大图书馆闲逛，阳光非常好，我在各种门类的旧书架之间乱转，那时候就有很大的冲劲，想着将来我也要写一本书放在书架上。

我会乱翻各种书，我现在都记得《哈默自传》，一个美国的石油业巨头，80年代跑到中国来，看得我惊心动魄，原来中国是这么开始改革开放的。我们这两代人的成长经历中，没有这么多的美术馆，也看不到新的电影，视觉上的冲击是很少的，**书给了我们最丰富的可能性。薄薄的一本就是一个崭新的世界。**那时候书对我们来说，每一本都像是潘多拉的盒子，你打开以后进入那个世界，你就被带走了。

**俞敏洪：** 许知远可能赶上了北大最后一个浪漫主义时代，到2000年以后，各种游戏、智能设备占据了大量学生的注意力，大家读书的热情一直在下降，我现在跟北大学生交流，问你们一年能读多少书，有个别学生能读不少的书，大量的学生读五本、十本就了不起了，也有不少学生已经只读教科书了。我们那个年代是不读教科书的，就听老师讲课，老师讲课不精彩我们也不听，就是泡在图书馆，去读所谓不正经的书。不正经的书的来源主要是上课老师有时候提到的书，要么是跟同学交流出来的，要么是自己摸索出来的。

许知远是从理科走向文科的，很明显他的天性中带有对人文思想和文科内容的兴趣。我本身就是学文科的，上来就学西方文学史，老师讲课提到的书就变成我们日常必须要读的书，再加上当时北大读书氛围非常浓，我进北大第一天，把行李放在床上以后，回头一看，对面一个同学躺在床上在读一本很厚的书——《第三帝国的兴亡》，我觉得我们到北大不就是为了学英语的吗？我就问他为什么读这么厚的书,他白了我一眼,根本没理我。

这样的举动给我带来强烈的冲击性,我立刻就明白了,在北大读书不再是上课,上课不等于读书,教科书也不等于书,你得读大家都在读的书。前两年读的书目,都是同学们谈论的,基本上除了学习、恋爱,我们的时间都用在读书上了,读书以后就用在了卧谈讨论、编杂志上。当时在北大,学生编的杂志就有二三十种,我到大二、大三还组织过《大学生诗刊》。像我们本身学文学的,看的书也会非常杂,小说、诗歌、散文、社会学、心理学、历史、哲学都会读,即使读不懂,也会假装读,黑格尔的《世界史哲学讲演论录》我读不懂,但会去图书馆借,也会装模作样地看,主要是为了吸引女孩子的注意力,当时北大女孩看你在读她不懂的书,会对你很崇拜。

**许知远:** 硬通货。

**俞敏洪:** 不过我也没在北大谈恋爱,大家一看就知道我在装样子(笑)。我毕业后之所以留在北大,也是因为在北大读书和借书非常方便。进入北大图书馆会有一种神圣感,尤其我当了老师以后,基本上除了珍本书库以外,什么书库都可以进去,可以在一排一排书架上挑自己喜欢的书。我们当学生借书是很痛苦的,每次拿着十个借书条去,出来告诉你那些书全没有。今天我去北大图书馆,管理员说现在的书不难借,借书的学生不多了,要么在准备出国考试,要么就是考研究生,基本上不读我们读过的那些书。我留在北大还有个原因,新学生来了以后,如果有学生问我为什么在读《第三帝国的兴亡》这个书,我就可以白他一眼(笑)。

## 3. 为愉悦而阅读

**吴琦(主持人):** 两位都算是从书中建立了自己对世界最初的认识,在后来漫长的生活、工作中可能就渐渐失去了对书籍的热情,甚至俞敏洪老师中间有一段时间也没有读书。所以我很好奇,你们曾经的同学,他们现在依然和书保有关系吗?

**许知远：** 我学微电子，设计芯片的，我估计我的同学都不怎么读了。

**俞敏洪：** 99%的同学都继续在计算机领域工作，除了像他这样的"逆子"（笑）。

**许知远：** 我也有中文系、哲学系的同学，如果他们只是继续教书，应该也会读书。书在当时，真的是人和人连接的暗号或者是某种共通的语言。但当手机出来以后，大家不知为何对书会产生一种羞怯感，大家本质上不太好意思在等人的时候翻书，包括我们谈论文学思想，这些事情对我们来说是如此重要，但大家不愿意来谈。

**俞敏洪：** 想靠在地铁、图书馆努力读书来吸引姑娘注意力的事情已经不太可行了。

**许知远：** 这个时髦会再回来的。

**俞敏洪：** 在我们那时候，读书最多的男生会比较受女生青睐，比如西川，他读书也多，诗也写得很好，老开个人诗歌朗诵会，一朗诵，北大成百上千的男女学生都会去听，诗歌朗诵会完了以后，一大堆女同学追着他跑，我就在后面追着一大堆女生跑。我在北大也写诗写到了大四，我写了半天，唯一一次发表的诗是在诗歌报上，总共加起来有六行，从此以后再也没有音信了。

刚才说到这一代人有多少人读书的问题，我本身就是文科出身，更加能够散漫地读书。我的大学同学至少还有20个都是在各个大学当教授，还有的在国外当终身教授，这里面很多人比我的水平要高很多，他们常常能够读英语原著。我的同学现在读书的还挺多的，有时候到大学同学家里去，家家户户至少都有两三千本书，像王强，家里的书有上万册，他的书都很贵很贵，他应该算是私人藏书珍本比较多的。我周围的同学和朋友还是有比较浓厚的读书氛围的，我和周围的朋友，也常常是因为读书和对书的爱、对文化的喜欢才会交往得比较多。

现在年龄大了以后，就会想我后半辈子最想做什么事情，**我最想做的事情，第一个是阅读，第二个是行走，第三个是写作。**我的写作没办法跟许知远相比，我的写作就是感悟型写作，许知远写北大的那本书，已经是研究型写作了，我现在还没进入研究型写作，太累了，就让他写，我读就行了。《青年变革者》写得挺好，每个人都有相似的迷茫，每个人都有家国情怀。

整体来说，现在年龄越来越大，阅读背后不再是目的了，可能是更高的阅读境界，阅读不是为了在屏幕前面吹牛，不是为了阅读以后拿一个职称，也不是阅读以后要做一个什么样的生意，**读书对我来说变成了纯粹的快乐**。我可以把书读到三分之一就扔到一边不读了，也可以把喜欢的书读个三四遍，这是我感觉现在最好的地方。

**许知远**：你已经进入蒙田和陶渊明的状态了。

**俞敏洪**：哪有到这个地步，向他们努力靠近而已。读书是为了纯粹的快乐，读书有感悟也可以记录，记录就是纯粹为了记录，不是为了让别人看、出版，现在我很多的记录还是为了让别人看。我每周要写一篇周记，读的人还挺多的，有时候为了让别人看，不得不在言辞上有所掩盖、扭曲，这是没办法的事情，不够纯粹，我希望再过一段时间，能够更加纯粹一些，不加掩饰地交流我还是很愿意的，这种交流也是人心的碰撞。当然，**为了功利读书也没有错，因为不管怎样，读书本身能给你带来人生更加美好的感觉就是好事**。

## 4. 互联网时代的阅读

**吴琦（主持人）**：两位都有面对公众的层面，不管是通过公众号、直播还是节目，很多对书、文化有兴趣的年轻人也会找你们请教、交流，但他们世界的构成和我们已经大不相同，对于这样一代又一代的人，你们二位的感受是什么？你们又怎么看待新的创造力、新的书写方式、新的娱乐方式的出现？创新科技的发展是否冲击了书本，是不是要替代书？今天许知远老师开书店，俞敏洪老师卖书，看起来书的生命力并没有被终结，那么游走于游戏、智能手机之间的年轻朋友，应该如何建立一种和书、阅读之间的关系？当你们遇到他们的时候，你们会对他们说什么？

**俞敏洪**：年轻人现在获取信息的能力比我们强很多，比如某些信息我不知道，他们立刻就能搜索出来，同时在十几个平台之间来回转，我搜信息只知道上百度，他们却能够宇宙上下纵观千年，这些孩子对于信息的瞬间接受能力比我们要强，在某种意义上这也是一种阅读。**但是掩卷沉思永远是有价值的，只有在安静的环境中读书，知识才有可能真正转化成你气质的一部分。**

不到万不得已，原则上不应该在手机、平板上读书，手机、平板这种介质的现代性和你需要安静地掩卷沉思是相反的。但我并不反对电子书，出差带很多书不方便，就会读电子书，这并不矛盾，但还是希望年轻人每个月至少有一到两本深度的纸质阅读，对于培养他的气质、沉静的心理状态一定是有好处的。

**许知远：**我之前对纸质书有更强烈的喜欢，带有一种时代的印记。这些年发生了一些变化，反而更乐观了，不管媒介怎么变化，我对人性有信心，人性始终要寻求自己对生命的意义是什么，每个人始终会受到对爱的强烈渴望的召唤，每代人使用的媒介会发生很多变化，但是每代人又是相似的。他们看30秒的抖音或者是短视频，很可能一无所获，像我们翻很多书也有可能一无所获，但这些慢慢累积，或许会编织成他们对生命、爱的理解和感受。

他们看新出来的网剧，跟我们那时候看金庸很像。我们这几代人，属于印刷文化的尾声，书之前都是被写或抄在羊皮纸上，抄得乱七八糟的，在印刷文化的发展下突然标准化，成为工业化产物。我们迷恋它的连贯性、线性，这都是工业时代的标准。而更年青一代处于文化技术革命的开始，他们肯定是迷茫的，新的秩序尚未形成，他们现在的感觉，有点像工业时代机器还没有被驯服的状态。我相信未来，他们会产生自己表达领域的巴尔扎克、海明威、叔本华。因为**人性本身是不会变的，我们对友情的渴望、对世界的爱，尽管假装厌倦，但仍然不知疲倦地寻求。**所有东西本质上是没有变的，我很有信心。

**俞敏洪：**我觉得我们不太需要为年青一代的阅读担心，**他们现在已经处在一个立体化的阅读时代，甚至有时候阅读不一定非是文字性的，现在的视频、短剧、连续剧，某种意义上也是一种阅读。**你去看西南联大、河西走廊的电视纪录片，甚至比阅读能带来更强的冲击感，所以我们不用太为未来的年轻人担心，人类未来的传承一定会有不同的方法，我们不用担心因为这种传承方式的不同，人类的文明、文化就会消失。当时收音机出来的时候，大家就说阅读完蛋了，大家只听了，不读了；电视机出来的时候，大家又说完了，不听不读，只看了。但到现在为止，全世界印书总量每年增长的速度还是很快，并没有因为各种阅读平台的出现而受到影响。

中国每年纸制书的增长有 5%～10%，很多人很有意思，会在电子阅读器上读完一本书以后再买下纸制书，我也是如此，不买纸制书总感觉没着落，总觉得电子书读完跟我没关系了，万一电子书弄丢了，里面 3000 本书就都丢了，但我要是把书放在家里的书架上，就不可能丢。

**吴琦（主持人）：** 我们此次文学节，不仅把做书、写书的人放在一起，而且那些对书有兴趣的人，不管在做脱口秀，还是在做歌剧表演，他们也都带着新的创作前来。像文学节这样的会面，在许老师看来，意义来自什么？

**许知远：** 单向空间应该是第一家持续搞活动的书店。因为有一天我们突然意识到，一本书在书架上是不够的，它应该走下来，让作者把它讲出来。你可以参与提问、表达，单向就变成更活跃的空间。知识应该在你的耳边、眼前，走到你边上跟你喝一杯。见面的碰撞会激发出更多灵感的火花，产生奇思妙想，这种场域的建立是非常重要的。《美丽心灵》告诉我们双螺旋结构就是在酒吧里发现的，突然间的争论激发出了一个理念。

**俞敏洪：** 阅读和交谈是相辅相成的，当你孤独一个人的时候，阅读是最好的充实。现实中的碰撞也是非常重要的。北大有两种聊天场景，一种是卧谈，男孩子们为了一个观点能半夜跳起来打架，就在这个过程中，大家的思维、见识、判断能力在不断改变，这种碰撞是非常重要的。

另外一种，是北大不同专业的同学在一起聊天，大家对某个事情的观点和看法是不同的，就会产生碰撞。当初我在北大，尤其是在大四的时候，最大的收获就是闯进了老师群里，徐小平，他之前是北大老师，到周末的时候，会有一帮年轻老师到他那里聚会，我就是普通学生，我想办法挤进这个圈子，为他们倒水泡茶，就可以坐在边上跟他们聊天。读万卷书，行万里路，是不够的，一定要不断碰撞，而且是没有功利地碰撞，就是聊两三个小时，聊一个通宵，可能有一两个点，就能打通你智慧的任督二脉。

## 5. 鼓舞自我，鼓舞他人

**吴琦（主持人）**：提起争论和碰撞，我感觉现在的互联网舆论是非常抗拒、害怕争论的，面对很多事情，很多人选择不说或者是选择不跨越自己的舒适区，包括很多爱读书的人，也会习惯守在自己的书房内或者是守在非常狭窄的角落，觉得这个角落是世界上最纯净、纯粹的地方，不太会跨出这个舒适区，但两位一开始就跨出去了，比如许知远做《十三邀》，又如俞敏洪老师做自己的对谈节目，你们跨出去的勇气和决心到底来自哪儿？

**许知远**：分两个阶段，一开始就是好奇心，会好奇他们为什么干这个事情，他们是怎么想问题的，而在和他们交流的过程中，慢慢也会意识到自己的狭隘性。我确实很依赖阅读，阅读本身也有它的偏狭。世界是很立体的，书籍则是浓缩高效的，而且书籍不会反抗你，读不懂黑格尔，那就跳过去，不用面对那种尴尬。我们需要安全，需要适度的安全，书籍给我们适度的安全，各种产品给我们适度的安全，但安全对人也是有伤害的，在安全之后是需要某种危险的，这是我最初做书店的冲动。

说到这里，我想起之前我和俞敏洪师兄去贵州拍《十三邀》，那个过程真的让我备受鼓舞。我们在贵州，他非常忙，我累得不行，但有一天我跟他去那个山区的中学，他一进中学就讲他高考的事情。那些孩子上学很累，他们的眼睛很疲倦，但他讲了几句，所有孩子就都坐起来了，我看到有一些孩子的眼睛明显发亮了，可以感觉到他们的命运是有可能发生改变的。他点燃了这些人，而且他在不知疲倦地点燃，今年师兄的事就更不用说了，我真的非常受鼓舞。

**俞敏洪**：对我来说，**只要是我出现在我应该鼓舞别人的场合，我就会对别人进行鼓舞**。这一方面来自我必须要这样做，因为我没有必要把我的失望或者悲观带给别人，即使我自己内心有失望和悲观。另一方面就是，**我说服了自己，我自己能够不断鼓励、不断燃烧自己才有感染力去鼓励别人，让他们把自己也**

**点燃**。许知远说到的贵州山区孩子的现状就是这样，我相信通过我个人的奋斗，至少改变了我从农村走出来的命运，只要孩子们有这样一股劲，或多或少也能改变自己。比如，**现在那么多粉丝喜欢东方甄选上的小年轻，也是因为他们背后有一种鼓舞的能力，而且他们有恰当的语言表达能力，这也是我值得骄傲的，某种意义上带有新东方的传统——用语言和人生态度给别人更多的希望**。我个人一直相信通过个人的努力和奋斗，一定能够给人生带来改变。

**许知远：**你用生命力证明了这些东西。

**俞敏洪：**主要还是赶上了好时代。一个好时代对于一个人能力的发挥是非常重要的，我常常说，如果我们早生 20 年，可能这辈子就一事无成。

**吴琦（主持人）：**愿意鼓励、懂得鼓励，俞老师和他的东方甄选真的很鼓舞人心。

**俞敏洪：**我会跟他们一起唱歌、喝酒，这也是另一种鼓舞。60 岁，某种意义上算是老年人了，我愿意参与到青春洋溢的活动中，他们的青春洋溢也鼓励了我，所以这算是一种互相点燃。

**吴琦（主持人）：**在这样的历程中，正向的鼓励真的可以给人的生命力提供很多动能。

## 6. 用确定面对不确定

**俞敏洪：**人有两个不可把控性：第一，作为个体，并不是能 100% 把控；第二，对于外在环境，也不可能 100% 把控。有一句比较庸俗的话，意外和明天到底哪个先来你是不知道的。当我们感觉追求未来确定性比较高的时候，就会努力用时间节点为未来做准备，当未来不可预期的时候，就会愿意为现在做准备。从经济理论的视角去看就能明白，未来越是有不确定性，借钱的成本就会越高。面对不确定性，人其实会不自觉地把现在和未来结合起来，只是你到底是把比重放在现在还是未来？年轻的时候我会放在未来，因为未来很长。现在我会把更多时间、精力、资源放在现在，我觉得我的现在更加重要，这是分配的问题。

人的另外一个能力是，当你遇到事情的时候，你会去寻找出路。比如一个动物，它的视力范围内没有食品，它最多移到旁边一点点去找。人如果觉得有机会，可能几个小时就到上海了，再几个小时就到广州了，人转移环境的能力会比动物强。**命运和环境，我们不一定100%能掌控，但在你可以掌控的范围内，你可以做出主动的选择。**我认为个人主动选择是解决问题的重要方法，作为人，最重要的就是自主性。人不可能绝对自由，在你能够自由的范围内，你应该做尽可能以你个人意愿为核心的选择，这样回过头来看的时候，才会觉得此生没有白过。

**吴琦（主持人）：** 两位老师在社会、文化语境下提到了我们面临的各种问题、不确定性，也试图在宏大的焦虑之中帮我们建立安全感、秩序感。我在想，或许我们每一个人都把注意力放到具体事物中，那些焦虑、不安全感是不是会慢慢得到一些缓解？

**俞敏洪：** 你不能忘了未来，依然要走向未来，对未来要有布局，布局不影响你对今天的布局，你把今天的事情做好的时候，稍微想一想今天这个事情是不是跟未来有一定关系？比如读一本书，表面上是今天读完的，但其实它对你未来的走向、思想会产生长久的影响，这就已经跟未来挂钩了。我现在比较愿意把更多时间放在既是我现在的选择，又能部分意义上构成我未来的事情上，比如我现在选择锻炼身体，每天在小区里走一万步，这就是一种选择。我更愿意到全国各地不同的地方去走，因为后者既构成生命的丰富性，又完成了锻炼身体的意愿。

## 7. 尾声

**吴琦（主持人）：** 今天时间差不多了，我们看看各位朋友还有什么问题。有人问俞敏洪老师，你为什么做东方甄选？

**俞敏洪：** 我已经有了一个做教育的平台，再去做教育，一是重复；二是如果你在原有思维中再做一个简单的调整，其实是没什么用的，你在国道上不可能变成高速公路，在高速公路上不可能变成飞机跑道，所以一定要转化到完全不同的状态中。当时就是讨论一圈以后，觉得卖农产品、生活用品跟原来新东方做教育不一样，而且也不违反新东方的价值观，因为第一能够帮助到人；第二能够鼓舞到人；第三是能跟社会的进步吻合。卖农产品和生活用品既符合国家方针，又符合社会的进步。不是我能做成功我就选择去做，而是觉得有意思，那就做好了，做到山穷水尽疑无路，还能柳暗花明又一村。我做过了，就不会遗憾。

我做东方甄选的时候，很多人跟我说不能做，直播现在已经没有机会了。而且农产品是风险极高的东西，确实比较容易出问题，大部分是非标化产品。但我觉得还是要试，我可以亲自参与选品以确保农产品的质量，我可以亲自参与直播，在我自己可以掌控的范围内去做一个新的尝试。

**吴琦（主持人）**：谢谢俞敏洪老师。第二个问题，如何缓解自己缺乏安全感和焦虑的情绪？

**俞敏洪**：缺乏安全感和焦虑是特别正常的，当然，如果你的焦虑变成抑郁或者彻底消极则是另一回事。之所以缺乏安全感和焦虑，是因为你在现实中没有能力得到某种你想要的东西，以及你发现以你的能力，要想得到那个东西，你得付出更多。缺乏安全感和焦虑不是坏事，它们可以适当激发人的潜力，但这不能过度，像我在新东方最初组织结构调整转型的时候，我好几年根本睡不着觉，差不多十年时间吃了三千片安眠药，直接导致我现在变笨了。

人会遇到自己处理不了的缺乏安全感和焦虑的时候，这是人最痛苦的时候。遇到这样的情况，首先要想能不能解决这个问题，如果解决不了怎么办？绝对不能走到极端的状态，这是最没出息的、消极的想法。有一次我在国外出差，当时住在20楼，我就一心一意想跳下去。当时我女儿已经出生了，我知道肯定不能跳，我就穿着羽绒服在零下20多摄氏度的雪地里走了四个小时，硬生生把想跳楼的想法给压下去了。第二天一早，我就坐飞机回家，当我女儿出现到我面前的时候，那种感觉就开始消除了。

而且，实在解决不了的时候，是不是可以放弃？新东方当时为了组织结构、股权，打架打得半死不活，我当时是新东方45%的股东，我说我把我的股票分给你们，我一分不要。过了几天，他们说你还是要回来，你不回来，我们干不下去。就这样，事情解决了，而且因为这个行为，他们对我的态度就好了很多，我的焦虑也就解决了。就像小时候，我妈把我给打急了，我就两天没回家，第三天回家的时候，我妈再也不打我了，也不骂我了，这也是一种抗争。

有一定的焦虑和缺乏安全感不算是坏事，完全没有焦虑、完全舒适的状态下，人的反应速度会变慢。一只狼能在大自然中生活很久，但如果把家养狼狗放到大自然去，它不一定能活，因为它对外面的反应速度没有了。保持一定的不舒适性，让自己对外界有更加敏感的反应速度，不算是坏事。我到现在老给自己加压，甚至某种意义上是主动地加压。

**许知远：** 你自己加了什么压？

**俞敏洪：** 要求自己一个月至少要读几本书，其实就是加压。包括我现在仍然每天都会去上班，原则上我现在一个月不去新东方，新东方也不至于倒闭，但我依然每天都去。偶尔还带着新东方的员工去爬山，垂度一千米，爬得半死不活，这对我来说也是产生了一点压力。

**许知远：** 他还是喜欢极端情况，他喜欢压力。

**俞敏洪：** 我喜欢自我完善，我给自己定一个每天行走一万步以上的目标。有一天工作特别忙，回家打开手机一看，只有三千步，我就边走边听书，直到走到一万步以上。

**吴琦（主持人）：** 今天的时间差不多了，再次感谢两位老师的分享，大家再见。

（对谈于2022年11月4日）

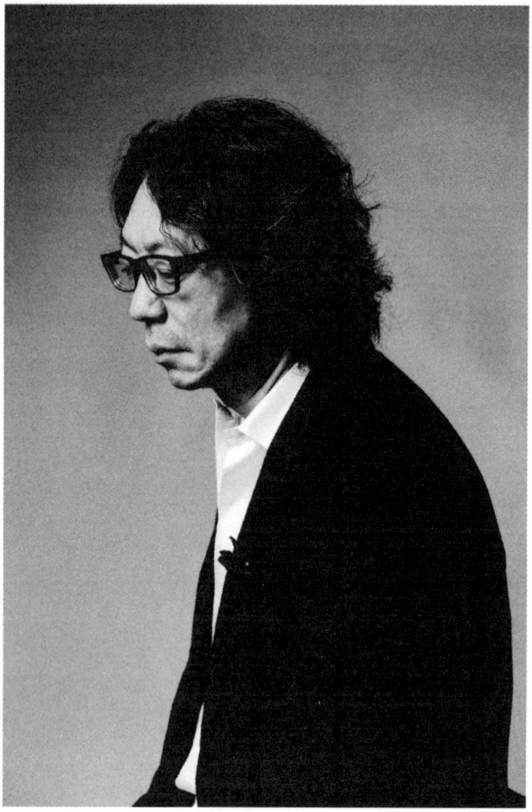

第三部分

商业思维

老俞对谈录

## 对话 **任泽平**
时代的方向和企业家精神

大家都是跑步，你在正确的方向上跑步，就好像在高铁上跑步一样，自带 200 公里时速。200 公里是什么？就是时代给你的机会。

任泽平 /

1979 年出生于山东枣庄，著名经济学家。曾任国务院发展研究中心宏观部研究室副主任，国泰君安证券研究所董事总经理、首席宏观分析师等职务。出版作品有《新基建：全球大变局下的中国经济新引擎》《实战经济学：可复制的财富自由》等。

2022年6月，我和任泽平做了一次对谈。任泽平常年在宏观经济领域深耕，于是我借此机会与他探讨了一些大家都很关注的"大问题"。恰好对谈时，东方甄选也正在热闹之中，所以我们也在对谈中聊到了很多与农业发展相关的话题，以及未来东方甄选的规划。

## 1. 做顺应时代的选择

**俞敏洪**：任老师好，你当初为什么会对宏观经济学感兴趣，并且这么多年一直在宏观经济学领域进行比较深入且一线的研究？

**任泽平**：我小时候一直有一个梦想，就是想做点对社会有价值的事，所以后来考公进入国家机关，专业就是宏观经济。为什么研究宏观经济？很简单，我报专业的时候就想，战争年代学军事，和平年代学经济。学经济要么是帮国家致富，要么是帮我们个人致富。当时想法很朴素，就研究了宏观经济。后来发现宏观经济是一个特别伟大的学科，虽然很复杂，有各种流派，比如芝加哥学派、古典学派、凯恩斯主义等，但实际上就研究两个事：一个是增长问题；一个是分配问题。通俗来讲，就是研究怎么做大蛋糕和分好蛋糕，这是全球经济和社会运转最核心的两个问题。

改革开放 40 多年，我们确实把蛋糕做大了，现在我们面临的是要实现共同富裕，也就是怎么把蛋糕分好的问题。其实全球也一样，像全球化、逆全球化、民粹主义、贸易摩擦等，都是如何平衡做大蛋糕和分好蛋糕的问题，这是一种社会思潮，**我们都是社会大周期的产物。**

**俞敏洪：**作为普通人，了解一点宏观经济学原理或者宏观经济走向，对于我们的生活会有什么样的影响？

**任泽平：**对普通人来说，主要就是两个价值：**第一，帮助大家看清经济形势，了解经济和世界的运转；第二，帮助大家做投资，专业能够战胜非专业。**偶然运气可能会导致小概率事件的发生，但真正大概率的成功还是要靠专业。做投资也好，做企业也好，就像高考，多复习几次，胜出的概率就会更大。所以多研究经济形势，对做投资还是有帮助的。

**俞敏洪：**能不能这么说，如果只知道低头走路，不知道抬头看路，那就算再努力，路也有可能走错。在某种意义上，了解一些宏观经济方面的知识，不管是对个人生活、个人工作以及个人投资都有一个方向性的指导作用。也就是说，当你了解了宏观经济的走向，对于未来的事业布局甚至人生布局都会有巨大的好处。

**任泽平：**经济形势能够帮我们看清方向。我们经常讲**选择大于努力**，其实就是要在正确的方向上努力。俞老师当年创业成功，一是因为你个人的勤奋和企业家精神，另一个重要的原因就是你抓住了时代的机会，包括这一次东方甄选的爆火也是如此。我经常打一个比方：**大家都是跑步，你在正确的方向上跑步，就好像在高铁上跑步一样，自带 200 公里时速。200 公里是什么？就是时代给你的机会。**

**俞敏洪：**既然举了我的例子，我就稍微讲一下。第一，关于创立新东方。在北大待了四年，无论是微观经济学还是宏观经济学，我其实都没学过，但后来我做新东方也算做成功了。现在回过头来想，其实挺符合微观经济学和宏观经济学中的一些道理。我做新东方的目的主要是为了让中国的孩子在大学毕业后能到国外去读硕士和博士，那他们必然要通过一些英语考试，分数够了才能出去。而我之所以要做这件事，是因为我认为中国改革开放的真正势头才刚刚开始，所以我当时有一个模糊的判断就是，未来至少十年，中国一定会支持优秀的学生到国外留学，并且鼓励他们回来为祖国的发展做贡献。所以我在一九九几年就提出一个口号，叫"**新东方是出国留学的桥梁，归国创业的彩虹**"。我不知道这是不是暗含了你刚才说的整个中国的宏观布局和发展，但我觉得支持改革开放、支持学生留学并且回国创业，也算是宏观经济的一部分。

第二，关于东方甄选。我当时抱着这样一个想法，因为我本身是农村出身，所以对农村的一些话题很了解，国家这几年说得最多的就是振兴农业，振兴农业就变成了我认为中国未来经济发展的一个主题，只有整个农村地区致富了，中国才能真正致富，否则农业可能会影响中国的整体布局和发展。其实我并不知道东方甄选能不能做成，因为做直播的人太多了。但我的目的是：一、循序渐进地做，至少不会变成一个失败的平台，至于能做多大，我不知道；二、通过平台能摸索出农业的整个发展脉络，就能在里面进行深度产业链和投资的布局。这是我当时的想法，所以我对振兴农业的理解是不是也契合了宏观经济的发展？

作为一个普通人，他没有学过宏观经济学，那他在面向未来的时候怎样才能抓住宏观经济的一些机遇，并且能和他的事业相结合呢？

**任泽平：**无论是企业家，还是普通人，只要你关心经济，自己有一些体会感悟，能够从直觉上把握其中的规律，你就是一个经济学家。经济学家也分理论派、实战派和学院派，所以不一定说受过系统的经济学训练，能背几个原理、能写几个公式就是经济学家。我们常说，很多地市的市长其实就是经济学家，不然他怎么能够把一个城市做得好，就是这个道理。

## 2. 房地产的过去和未来

**俞敏洪：**房地产为中国经济的发展做出了很大的贡献，但大家对房地产也有很多的非议。放眼未来，第一，国家也在进行宏观调控，所以房地产拉动中国经济也不再那么有力了；第二，现在中国出现了这样一个现象，有些房子造好了没人住，但同时又有很大一批人买不起房，尤其是在一线和准一线城市。你能不能给大家分析一下，**房地产对中国发展起到的作用，以及未来普通人面对房子这样一个生活必需品，应该以一种什么样的态度来对待？**

**任泽平：** 客观、理性、专业地看待房地产的过去、现在与未来，其实从1998年房改到现在，20多年来，它的成绩还是很重要的。为什么？第一，1998年房改的时候，我们人均住房面积才多少。但现在中国无论是一、二线城市还是三、四线城市，户均1.1套，所以**整个住房还是得到了极大的改善。**

**第二，随着房地产行业的发展，土地财政给我们带来了大规模的基础设施建设。** 中国的路为什么修得这么好？就是因为通过房地产带来的土地财政支撑了中国大规模的基础设施建设，中国的大规模基础设施建设又进一步支撑了中国制造业的发展。**其实国民经济是一个生态和循环，不是一个非此即彼的问题，只不过有人扮了好人，有人扮了坏人，如此而已。** 这是关于房地产的过去。

关于房地产现在面临的问题，其实就是一、二线"高房价"，三、四线"高库存"的问题。简单地讲，过去人口是在不断地往都市圈、城市群流入的。**一、二线拼才华，三、四线拼关系，** 所以有才华、有梦想的年轻人去哪里？比如俞老师，你当时为什么考到北京？为什么选择在北京创业而不回老家创业？因为老家没机会，北京给你提供了机会。年轻人都愿意留在能够给自己带来才华和梦想的地方，那就是一、二线都市圈、城市群，这是一种农业文明到城市文明的胜利，它就是这么个形态。

**所以人都愿意往大都市圈、城市群流入，不仅是中国，美国、日本、欧洲都是一样。在过去上百年里，人类进入城市文明以来，尤其是年轻人口，都在源源不断地向都市圈、城市群流入，这就是规律，是一种文明的力量。** 除非我们倒退到农业文明，大家都到乡村里去，否则只要你搞城市化、搞城市文明，人口流向就一定是往都市圈、城市群流入。日本1.3亿人，3600万在东京都市圈；韩国5000万人，2500万在首尔都市圈；美国人口则集中在三大海岸线的都市圈。

**但是，人是流动的，土地指标是不流动的，也就是说房子是不流动的。** 比如，年轻人来了北京或者深圳，深圳截止到现在，每年新增人口 30 万到 50 万，而且大部分都是年轻人，他要创业，他要就业，他要追逐自己的梦想。人是流动过来了，但用地指标没流动过来，为什么？因为我们想要均衡发展。所以一说西部大开发，用地指标就给西部；一说东北振兴，用地指标就给东北。这直接导致一、二线城市，人来了，但不供地，所以房价高；三、四线城市人跑了，还得给它供地，所以库存高。那怎么解决这个问题？其实就要尊重规律，尊重经济学的基本原理，要"人地挂钩"。人来了，就给他供地；人跑了，就不给他供地，这样房地产就可以实现长期平稳地健康发展。

客观地讲，房价过快、过多地上涨是不好的。世界各国很多经济体都为此付出了巨大的代价。为什么？第一，扼杀了年轻人，扼杀了社会的活力。比如，你干一辈子就只能挣一套房，年轻人的梦想就破灭了。第二，有很多实体经济产业支撑不了如此高的房价。所以一定要做好"二次房改"，1998 年是第一次，这一次就是"二次房改"。"二次房改"就是要尊重规律，尊重市场化，尊重人往都市圈、城市群流动的现实，尊重城市文明的力量，真正实现"人地挂钩"，回归常识。

**俞敏洪：** 我个人也是这么认为的，人口在都市文化圈或者都市商业圈聚集是不可逆转的，这意味着这些一线城市和准一线城市的房价不太容易下降。这就出现了一个矛盾，年轻人在一线城市有发展机会，但他们却没办法让自己比较轻松地生存下去，到了二、三、四线城市，好像可以生存得更好，但发展的机会又没了。

**任泽平：** 这个问题其实特别重要。我是一个读书人，是一个学者，我的目的就是以科学家的精神来研究一些真问题，然后去呼吁和推动社会进步，因为我们都生活在这个国家，生活在这个社会，我们希望它好。我们这些人大概率都要死在这儿了，我们热爱这片土地。

**俞敏洪：** 对，古人说"生于斯，长于斯""歌于斯，哭于斯"，我们对这片土地真的充满热爱。就像艾青诗人所说,"为什么我的眼里常含泪水？因为我对这土地爱得深沉",我觉得每一个中国人都有这种感情。

**任泽平：** 是的,有时想想我们受了这么多年教育,从读《论语》《大学》《中庸》中过来,所以遇到再大的困难、再大的挫折,就是要跟祖国站在一起,我们没的选,也不可能去选,我们这代人就交待在这儿了。

读书人在古代叫士大夫,没有官位,但是有声望。为什么没有官位还有声望？因为他做了一些对社会进步有用的事,所以我给自己的定位很简单,就是新时代的士大夫,位卑未敢忘忧国。

我这些年呼吁了一些事,是以科学家的精神、建设性的态度来做一些研究,发现了问题,内心就忍不住想说。我还是有点专业自信的,因为别人只是偶尔涉猎,但我已经研究了20年。这几年我呼吁了三件事,两件事都落地了,一个是新基建,另一个是放开生育。虽然也有巨大的舆论压力,但就像王阳明讲的那句话,"此心光明"。**只要此心光明,发心是对的,就不用管别人怎么说。** 我们说的每一句话不可能让所有人都满意,这恐怕也不是我的追求,对我们的评判只能交给历史、交给时代。

## 3. 现代化发展之下年轻人的选择

**俞敏洪：** 但在现在的社会环境、生存压力下,年轻人包括临毕业的大学生的内心有很多焦虑,你有什么建议和看法吗？

**任泽平：** 我呼吁了这么多年的"人地挂钩",现在如果真的能做到,大城市的土地指标一下就会松缓很多,这也就意味着每平方米的房价会下降,更意味着年轻人在这些大城市里奋斗的机会会增加。

对于年轻人的建议,很简单,**年轻人还是要到大城市来,** 尤其是那些出身贫寒的年轻人。为什么？因为低能级的三、四线城市是熟人社会,它的社会流动是比较差的,但大城市是移民社会,只有移民社会才能够给大家公平的机会。**你要的是什么？不就是要一个公平吗？不就是要一个机会吗？不就是要一个**

**你能通过自己的奋斗实现梦想和阶层跃升的机会吗？这只有在大城市才可以实现，因为它是移民社会。**

之前我们研究过，在全世界，无论是中国还是美国，凡是移民城市，它的社会就有活力和创新。世界上最有创新和活力的地方在哪里？美国是硅谷，中国是深圳，为什么？美国的加州就是移民社会，开放、包容、公平，有各种思想的碰撞，所以它孕育了一批伟大的企业。深圳，一个渔村，没有土著，都是来自各地的年轻人，到现在很多年轻人还会去深圳追逐梦想，每年新增三四十万年轻人。只有这样的地方，才能为那些"莫欺少年穷"的孩子提供机会。所以我想对年轻人，对这些孩子说，**虽然大城市房价高、拥堵、空气差，但你们还是要来，因为这里有你们的梦想，这里能够给你们提供一个公平的舞台，这里能够让你们的奋斗有收获。**

从国家的角度来说，我们确实要推进"人地挂钩"，要推动房地产供给侧改革，让房地产平稳健康地发展，不要让这些年轻人奋斗一辈子，就只为一套小房子，这样就把他们锁住了，就没有意义了。这方面也不是没有成功的经验，虽然像日本那些国家做得不好，但是德国、新加坡做得还是不错的，咱跟人家学总行吧？我们不就是擅长摸着石头过河吗？况且现在石头都是现成的。控制好货币不要超发，然后通过"人地挂钩"适当地给应届大学生建点公租房、保障房，技术问题总是有解的。

**俞敏洪：** 我同意你说的大部分观点，对年轻人来说，在大城市里找机会一定是比在二、三线城市更能激发人的活力，并且锻炼人的能力、扩展人的眼界、提高人的思维维度，能够在未来为自己创造更好的机会。这些年轻的孩子，在大的都市圈、城市群，甚至到国外去历练自己的环节是不能缺少的，这件事情很重要。当然，条件越好的人越应该历练自己。但有一点我不知道你同不同意，当他们历练到一定程度，如果他们能回到家乡或者回到二、三线城市，在那个地方找到一个能够帮助当地经济发展的机会，我倒也支持和鼓励。原因也非常简单，毕竟中国地大物博，我们总不能把所有的大学生都集中到一、二线城市。比如，我们到西方发达国家参观，在瑞士山里面的小镇，由于有好的企业或者产业在那里，小镇的经济也变得很好，老百姓都安居乐业。如果我们对自己的家乡什么也做不了，那等于没办法为家乡的进步和发展做贡献。

我之所以这么说，是因为前两天我碰到了一个年轻人，他在新东方学的英语，后来到荷兰学了农业。我们都知道一亩农地的产值一年最多就是几千块钱，这就已经很好了，再好一点，种水果，最多能到五六千，抛开肥料、农药成本等，最后其实挣不了几个钱。我们很少听说过自然种植农地，一年能达到1万以上的产值，但这个年轻人去荷兰学了现代农业技术以后，回来在农地上盖了现代化大棚，以无土或者少土技术进行栽培。你知道它一亩地产值多少吗？一年接近50万人民币。这意味着什么？如果农业真的可以这么干，我们哪里还需要这么多土地？一亩地能出一百亩地的产值都不止。所以我想说，年轻人在面向未来的时候可以选择的天地很广，旧基建和新基建其实不在于它是在大都市还是在农村，最重要的是，有没有学到大都市的眼光、胸怀和格局，能够把它们用到三、四线城市的发展中去，这才是最重要的。

**任泽平：**咱俩有共识，但有些想法还是不太一样。比如回农村，你讲的其实是一个个例，这个个例可能并不具备代表性。我们专门研究过，中国城镇化的过程，就是把农村人口转移到城市的过程，而不是城市人口重新回到农村的过程。1978年，中国的城镇化率是17.92%，走到今天是64.7%，而美国的城镇化率已经90%多，美国的国土面积其实跟中国差不多，但人均耕地面积比我们多得多，那样的大规模农业才可能提高农业效率。我们走到今天还有几亿人在种地，如果还实行这样的井田制，人均一亩三分地，现代化农业无从谈起。所以**我们现代农业的发展跟城市化发展实际上是同步的，人越来越多地往城市来，然后人均耕地面积越来越多，最后现代化农业、机械化农业就可以得到应用。**如果我们还是固守在每人的一亩三分地，就算用再多办法，也永远脱不了贫。

说到这里，可能很多人不了解，我给大家简单普及一下公共政策。以前我们写文件，一方面讲规律，比如人往中心城市去；另一方面讲，为什么要坚持

"18亿亩耕地红线",还有农村的宅基地、户籍制度这些来龙去脉的问题。比如,农村的宅基地,很多人不知道它是干什么的,它不仅是一个生产要素,其实还是农民社会保障体系中非常重要的一环。2008年国际金融危机的时候,我们2亿多农民工失业,但2008年我们并没有出现大的社会动荡,为什么?因为农民工回到了农村,有房子住,有地种。这是他的社会保障体系,是我们社会安全网的一部分,如果把它拿掉了,2亿多人在城市里就会流离失所。既然人都要往都市圈、城市群中来,那我们的现代化农业未来只有5%的人来种地,最终我们只需要18亿亩地就够了。但这要一步一步来,它是一个过程。

**俞敏洪:** 整体来说,现在中国的人口已经在向城市集中了。以教育为例,比如农村的初中,基本上满员率是20%～30%。也就是说,他本来是为了500个学生建的学校,但现在最多有150个孩子在里面上学。小学也一样,一个可以容纳300人的小学,最终就只有60～90人在里面学习。这些孩子都到哪儿去了?其实就是你刚才说的,村里面、乡里面最有能力的人群搬到省城去了;稍微有能力一点的,搬到了地级市;稍微不那么有能力的,搬到了县城;实在不行的,还会搬到镇里去;剩下来的就实在是一点办法都没有的。所以整个教育就变成了越往乡下走越空心化的状态,一线城市的学校挤得不行,地级市也挤得不行,到县里稍微好一点,到镇里面勉强,到乡里面和村里面,学校基本就空了。所以可以印证的一点是,未来人口会自动往城里流动,先是一线城市的聚集效应,再是省城的再次聚集,再往后就是地级市,地级市未来也会被逐步抽空,因为现在人口自然增长比较多的地级市其实已经很少了,甚至有些省城人口整体总量还在减少,所以大方向是不会变的。

但我想说的是,当这些人员不断往城市集中以后,总不能让这些地方空着,一定要有人去打理这些地方。那谁去打理这些地方?一定就是刚才说的,有格局、有胸怀、有能力的年轻人去打理才对。我觉得不能让农民打理农村,他们是打理不起来的,但又不能让现在所有的农村都荒废掉。我到农村之后发现很多地方的农地都是荒地,因为每亩地连投入都收不回来。但假如有能力的年轻人去把几千亩地、几万亩地包下来,用现代化农业去运作它们,那中国作为粮食大国的身份就保留了，这种繁荣保留了农业对工业的支持和整个大城市圈发展的支持，我觉得这才是对的。所以我完全同意你的观点，但我想说的是，**中国的农村不能凋敝，但不是靠传统的方式，而是靠新一代的农民，这就是我要做农业的一个重要原因。**

**任泽平：** 讲到这里我们就有共识了。我们要提高现有的以及未来的农民知识水平来做现代化农业，然后大规模现代化、机械化地提高亩产，这是没有问题的。

## 4. 农业初心以及新东方的个性

**任泽平：** 谈到农业，我也代很多网友问问您关于农业的问题，东方甄选做的是中国农业，让中国很多好的农产品能够走进千家万户。我听说你在自建产业链，为什么会做出这样的决定？因为农产品是特别容易坏掉的。此外，你对东方甄选未来有什么样的规划？

**俞敏洪：** 生鲜水果和食材坏掉的事情其实都在我们的预料之中，所以我们和商家之间也有很严格的协议，这也就涉及了为什么新东方不收坑位费的问题。我觉得做农业的人特别不容易，一个平台火爆了就开始收坑位费，给农民增加一大笔负担，没有意义。而且我觉得容错率一定是有的，比如一定会有人收到烂了的水果，或是因为物流，或是因为签收后不及时打开，等等，像这样的情况一定会有，我们就会要求商家无条件退款，或者无条件赔偿。我们并没有向客户保证我们不会有坏的东西，也没有任何人能保证这一点，而且我觉得老百姓也会容忍和谅解，因为从常识来说，这种事情必然会发生。

**我们未来仍然会坚持做农业，因为只有做这种真正的农产品和生鲜食品，才能帮到一线农民，这就是我做下去的理由。** 我做东方甄选并不仅仅是为了做一个销售平台，我后面还有两件事情要去做：第一，跟各地的农业公司或者政府部门进行合作，构建东方甄选自己的农产品类，只有这样，我们才能真正确保质量。我们做农产品并不是为了抢别的农业公司的生意，而是为了跟他们一起共同发展，通过这样的共同发展，我们既能够为大家甄选一批优质的农产品，又能为新东方深入到农业产业链打好基础。第二，我们现在已经着手在找应用现代化技术来进行农业产业布局的公司。就像我刚才说的，从荷兰回来做现代农业的大棚技术公司，它实际上等于是一个完全的现代化农业。现代化农业其实很需要资本支持，但一般人不懂农业是不敢投资的，因为投资农业风险太大了，新的农业技术也好，微生物技术也好，农作物改良技术也好，这些技术一定要有人懂，或者说有人深入了解以后才敢去投，对我来说，这就是我未来的另一个布局。我认为**未来新东方除了自建农业产业链以外，还有一个重要任务就是建立农业产业基金，投资优秀的农业公司，培养一大批新型农业人才或者一大批新型农业产业系统，为中国的老百姓提供更好、更健康的食品。**

**任泽平：**谈到新东方和东方甄选，我觉得你最近做的这些事给所有人打了一个样。你原来一直给大家讲，**在绝望中寻找希望，人生终将辉煌**，我觉得这一次你让大家真正知道了什么叫"知行合一"。大家想我们经历的挫折还能比俞老师更大吗？我们有什么资格躺平。得赶紧起来，抓住时代的机会。

客观地讲，无论是年龄还是财富积累，你完全有理由逍遥自在地生活，但你还是选择了最难、最正确、最励志的这条路。我想问，究竟是一个什么样的心路历程让你决定这么做？

**俞敏洪：**我简单回答一下。**第一，从个性角度来说，**我面对人的时候是挺善于让步的，有时候甚至委屈自己也还会不断让步，我当初的合伙人王强、徐小平都有这种感觉。**第二，从事业角度来说，**我其实是这样一个状态，既然做了，总不能轻易放弃，除非已经走上了绝路。

新东方也有很多事情做到最后失败了，并不是每件事都做成了。一般来说，如果我决定要去做一件事情，我都会先问自己这件事情值不值得做。大家之所以感觉新东方在坚韧不拔地往前走，是因为新东方已经到了退无可退的地步，再退就要把新东方关门了。关门对我来说其实损失不大，无非就是我的股票被清零，但我基本的生活条件还是有的，就算被社会大众说，你看俞敏洪是个失败者，把新东方都干关门了，我也不怕，因为成败是非已经不会影响我的心情和生活状态了,但我是一个很重情的人,也对事业比较看重。我觉得一方面是新东方的存在还有意义,毕竟还有那么多学生和家长很信任新东方,也愿意在新东方学习,更不用说还有几十万大学生还在新东方学习。另一方面,新东方内部的这些员工,跟我最长的有几十年,五六七八年是特别多的,他们都把我当作人生发展的榜样和领导,如果我突然宣布新东方不做了,这对大家的打击一定非常大,会很愧对他们,所以我就想还是要做下去。

同时,我也觉得应该为新东方再去找另外一条出路。我当时思考的是,究竟走哪条路从宏观来说国家会永远支持,并且还能符合我的价值观,比如我能帮助到人,帮助到国家的经济繁荣。后来我发现直播带货好像可以,尽管别人已经做过了,已经进入了一个红海,但我做事情不是非要创新,非要标新立异,我觉得别人做过的事情,只要你去做,并且把它做得比别人更好,说不定也能成功。所以我并不认为一个企业一定要去做别人没做过的事情,或者要去做那些三五年才会兑现的事情,别人做过的事情你也可以去做。**但有一个前提条件,你必须比别人做得好,必须比别人更有耐心。**在这方面我算是比较有耐心,而且我对于进入一个新领域还是挺自信的,只要给我足够的时间,也许我就能比别人做得好,**只要不到山穷水尽,坚持对我来说就一点都不困难。**

我从小养成的个性就是越是有挫折、有挑战的事情,就越能让我大脑兴奋,越能激发我的斗志。我一直认为这是人走向成功比较重要的因素,比如我高考三年,一般农村孩子早就放弃了,但我属于不撞南墙不回头的那种,所以新东方遇到的这些困难,在我眼中其实根本就不是困难。第一,我人还在;第二,新东方还有足够的资源;第三,中国经济本身也在期望企业能有不断的发展;第四,振兴农业是国家的一件大事。所以我跟他们说,我们坚持几年,如果花掉了几个亿,甚至十几个亿,最后没有做成,我们就认了。我们现在才坚持了半年,半年对我来说完全不是事,我们根本就没想到东方甄选会如此迅速地爆发,在这里要特别感谢董宇辉这些孩子,这些优秀的孩子带来了东方甄选平台的爆发,而我只是背后的一个支持者,给他们提供物质方面的资源,也给他们提供精神层面的支持。

所以做出选择并坚持下去其实对我来说真的不难。简单总结一下：**第一，要有目标**，肯定自己这件事应该能做，有能力做；**第二，要有面对艰难困苦的决心**，我就属于越艰苦越不买账，越艰苦内心越兴奋的一种人；**第三，要有一个好团队**，这些团队的兄弟姐妹在我身边，我从来没感觉孤单过。新东方有一个特点就是，遇到挑战的时候都特别团结，而且价值观特别一致，所以共同奋斗的时候就能激发出很强的能量。你也见过一些新东方的人，大概或多或少都有这方面的特征。

**任泽平：**提到董宇辉，其实很多人都好奇一点，俞老师当年招聘的新东方名师，其实后来在各个领域，真的都是呼风唤雨，也都发展得相当不错。您是怎么把这些人一批一批选出来的？实事求是地讲，董老师一开始也被全网黑，但董老师坚持了半年就得到了大家的认可。**你选人最看重的几个要素是什么？**

**俞敏洪：**还是要感谢北大。我作为一个农民进了北大以后，有很长一段时间挺迷茫的，但北大的独立精神、自由思想，还有那种对于不同个性的人的包容，尤其我们80年代的氛围特别明显。北大的人特别有个性，而且互相之间不服，因为大家都有思想，特别容易产生相互的讽刺、打击和批判，那你就要有这样的胸怀和肚量去接纳这种文化氛围，这种文化氛围后来慢慢就变成了我的文化。

**我在新东方用人的时候，就特别喜欢那些有特立独行的个性、有自己的思想和看法的人。**当然这并不意味着他特别跩、特别狂妄，或者特别不讲道理。一个人的外在个性和他本身拥有特立独行的内在个性特征是不矛盾的，比如我本人其实是一个比较随和的人，但我内心有很多桀骜不驯、特立独行的东西。因为我内心非常认可这种桀骜不驯、特立独行、拥有自我思想的价值体系，所以对于那些拥有个性的人，我就尤其喜欢。所以，这些人是不是服从我，是不是百依百顺地依附我，或者拍我马屁，我完全不在意，在我的系统中，那些总拍我马屁的人，最后都没有好结果，因为我知道一个人如果总说你的好话、总拍你的马屁，要么他有求于你，要么他根本就没有自己的个性和思想体系，没有自己的坚持，因为一个内心有自己坚持、理想、人格和尊严的人，才会特立独行。我选人的时候，基本上都选比较有个性的人，主要原因就是我对这样个性的人的欣赏。有个性的人，他们的爆发力都比较强，因为他们的内心强大，一个人内心如果相当随波逐流，没有吃苦、坚持以及越挫越勇的精神，他很容易就会放弃。

**任泽平：** 听完这段话，我有个心得体会，就是**情商、智商都不如心力**。你培养的这些特立独行的人，都是心力极大的人，只有他们的心力大，他们在心理上才和你是平起平坐的。他们和你不是一个从属关系，所以你放心让他们去开疆拓土、去占山为王、去打山头，因为他们有主见，而且他们一旦做出了决断，会为你拼到最后。**我能理解你为什么能带出这样的团队，你的内心非常柔软，所以能够把大家包容起来。但与此同时，你也是精神层面的硬汉，心力非常强大。**

**俞敏洪：** 我们当年一起创业的伙伴都很有性格，一开始谁也不服谁，可能就像你说的那样，内心的柔软使我包容了这些人，然后精神上的硬汉使得大家都是一个调性或者一个品质的人，所以可以一起打硬仗、打胜仗。

我比较欣赏有骨气的人，觉得他们有自己的精神世界，而且他们的精神世界还比较丰富。至于他们是不是跟我对着干、和我拍桌子，我完全不在意。**在新东方，我一直有一个管理原则叫：管理上有上下级关系，但人格上是平起平坐的。**因为管理上如果没有上下级关系，就一定会出现管理上的混乱，但新东方非常注重个人的尊严和自尊，我觉得作为领导是不能随便侮辱下属的，就是说，尽管在管理上高人一等，但在人格上大家平起平坐。即使你在管理上下命令，也要在尊重对方人格的前提下下命令，而不是以侮辱的方式去下命令。所以我比较讨厌那些自以为是的领导，随便指责或者训斥下面的员工，还有一些心术不正的领导我也很讨厌，比如作为领导者占点小便宜，有功劳的时候自己拼命抢，有责任的时候不去承担，这样的领导者只要在我身边，被我发现就必须走人，没有商量的余地。就这样经过大浪淘沙，新东方就慢慢聚集了一批有个性的管理者。

治理国家也好，治理企业、带领团队也好，古今中外都给我们提供了很多很好的案例。我认为成功是有规律的，失败也是有规律的。当年刘邦为什么能成功？因为他听得进去。开国以后他直接说，打仗我不如韩信，计谋我不如张良，治国我不如萧何。相反，如果一个人把自己封神了，他就很容易被隔绝，比如天天一帮人来恭维你，跟你说顺耳的话，这些人肯定都有所图，甚至都是来骗你的，你就离失败不远了。一个成功的组织往往有几个特点：第一，当老大的人要清醒自己有所知，有所不知。自己不是神，所以要有一种开放包容的心态，哪怕别人说错了，你姑且听之，但不能不让别人说话。第二，你得用那些正直的、敢于提出不同建议的人，他难道想害你吗？不是的，他也是想为平台、为企业好。

**任泽平**：我性格就比较耿直。我这几年呼吁三胎、呼吁新基建，说实话遇到了很大的压力，我在企业内谏言要降负债，也遇到了很大的压力。一个企业能够往上走，就是因为它能够把这些人都包容起来、团结起来，当正直的人、有本事的人都离开了，这个企业一定会往下走，这是你刚才说到的很重要的一点。

## 5. 新基建与企业家精神

**俞敏洪**：中国经济正在转型，教育、医疗、社保、户籍等领域都是未来中国发展要变革的大事情。你也说过很多关于新基建的问题，新基建包括新能源、充电桩、5G、数字经济、人工智能、大数据等。这段时间关于中国的经济转型，民间有沸沸扬扬的说法，说中国的制造业和供应链正在往国外转移，如果这种说法是真的，那么新基建反而就没有落地基础了，也就是说新基建的成立，是以中国经济的可持续发展为基础的。我不是搞宏观经济的，所以我也担心如果供应链和制造业真的转移到其他国家，那对我们的经济会产生很大的影响。对于这个问题你的判断如何？如果要让中国的制造业和供应链成为世界的核心，我们应该做些什么？

**任泽平**：这是当前客观来讲最重要的问题。无论是经济发展，还是企业发展，抑或是就业，其实还是要依托于产业和供应链。我们需要思考的问题其实就是，为什么一个企业要在中国发展，而不在别的地方发展？究竟什么能够把企业供应链留住？我觉得有三点：

**第一，中国有 14 亿人。** 14 亿人什么概念？日本有 1.3 亿人，是我们的十分之一不到，美国是 3.2 亿人，整个欧洲 7 亿多人，全球 77 亿人。因此，从大市场的角度来说，中国市场是任何一个企业都离不开的，无论是美国、欧洲，还是日本企业。所以为什么大家都说中国最大的一张牌就是市场，这是有一定道理的。

**第二，中国的基础设施相对完善。** 我们的高铁、高速公路、物流系统都非常完善，而且中国的产业工人也是世界上最勤奋的。

**第三，老基建。** 老基建又叫"铁公鸡"，指的是铁路、公路、道路、桥梁、机场，这是支撑中国作为世界工厂、世界制造中心的一个很大的优势，同时也是中国制造走向全世界的优势。所以我们成为全球最大的贸易国、制造国以及外汇储备国，实际上是因为我们的国际分工，因为我们在全球进行组织生产。这是全球三角分工理论，美国提供创新、高端的东西，拉美、中东等国提供资源，中国、德国、韩国等国家提供中间的制造，其中中国制造的体量最为庞大。

我们现在面临的问题是，所有国家都要进行产业升级。也就是说，虽然你过去主攻中低端制造，但你未来要做高端制造，比如数字经济、智能制造，这就叫新基建。我们要发展充电桩、新能源汽车、5G、新一代信息技术、数字经济、人工智能，这就是要培育未来的新经济。就像只有保护知识产权，大家才会去创新一样，**只有构建新型基础设施，才会有新的业态繁荣**。比如，我们过去 1G 能够打电话，2G 能够发短信，3G 能够上网，4G 能够直播，5G 你看咱俩直播那么顺畅。从 1G 到 5G 背后的支撑是国家一直在投入的新兴技术，没有大规模的投入，就不可能有直播带货，就不可能有线上办公，就不可能有新零售。

所以如果想留住产业链，很重要的一点就是回归经济学的基本问题，我们要促进国家长期的经济增长。**长期的经济增长模型包含五个要素：资本、劳动、技术、企业家精神和制度。**资本就是刚才讲的新基建，劳动就是人口红利和产业工人技术，而谁能够把这些东西组织起来？企业家。所以前一段时间，很多人讲"离场论"，批评民营企业，其实他们压根儿都不知道什么叫企业家精神。没有企业家精神，谁把他们组织起来进行创新产品的生产，进行企业间的良性竞争？没有企业家精神，资本、劳动和技术就是静态的，这是经济学理论早就讲得很清楚的东西。有的网友不回到底层逻辑，主张民营经济"离场论"，这些都是错误的。此外，制度是干什么的？制度就是要保障产权、保障创新、保障企业家精神。同时，保障在资本、劳动、技术方面进行合理分配，激发各种要素的创新活力，这才是长期经济增长的模型。市场经济的微观基础就是认可产权，企业进行创新之后可以获得巨大的收益，如果没有巨大的收益，谁还愿意创新？这就是经济学的一些基本常识问题。

新基建其实就是通过我们超前布局大规模的基础设施，为中国未来新经济的繁荣发展奠定基础。但资本、劳动、技术都有了，谁来把这些要素组织起来？企业家精神。所以**尤其在这个时候，更需要激发我们新时代的企业家精神，要给他们鼓劲，给他们打气，给他们吃定心丸，让他们没有后顾之忧，让他们把资本、劳动、技术组织起来，为中国的繁荣发展、大国的崛起做出贡献。**

其实对于企业家也好，企业家精神也好，我觉得社会还是需要对成败多一些包容之心，我们"成王败寇"的心态太强了。你看硅谷每年死掉多少企业又重生多少企业，这保证了它的活力，但我们动不动就是人成功了就带光环，失败了就好像一无是处。所以我觉得我们对工作过的企业、交往过的企业，无论是大企业还是小企业，还是要有点包容之心，多一些祝福，多一些鼓励，少一些负能量。

**俞敏洪：**我们确实需要有对成败的包容性。我是这样认为的，如果这是一个很正直的，或者是正常的企业失败，大部分人还是比较容易包容的，甚至是同情的。其实老百姓很多时候不包容的是那些投机的、占了便宜的，或是官商之间有问题的企业，他们并不是真正的企业家。一个真正拥有企业家精神的企业，是有着正直市场能力的、是拼命打拼的、团队奋勇直前的、整个企业的价值观很正又很诚信的，这样的企业如果失败了，我认为老百姓不会"说三道四"。如果老百姓要"说三道四"，一定是对企业有误解。但如果企业本身存在明显的问题，那老百姓的"说三道四"也很正常。**企业家要做的是什么？就是不管外界怎样"说三道四"，你从地上爬起来继续往前走就完了，对企业家来说你别无选择。**小时候我妈老跟我说一句话，打掉了牙往肚子里咽。受再大的委屈，只要你在那个岗位上，那就打掉了牙往肚子里咽，你也得带领大家奋勇前进，我觉得这就叫企业家精神。

我也认为企业家精神对于中国经济的繁荣发展非常重要。民营企业家不管是中小微企业还是大型企业，国家当然要进行管理和规范，但在管理和规范的同时，也要进一步鼓励他们发展。我们知道现在出现了两种动摇"军心"的声音：一种是对民营企业不好的社会言论，也就是所谓的情绪化表达；另一种就是民营企业家本身心里就不踏实，因此无论是他的资本投入也好，还是长期计划也好，必然会受到影响。在面对这两种情况的时候，我们到底应该做些什么？

**任泽平：**我觉得需要政府、企业、学者、意见领袖、媒体人的共同努力。**我们都生活在这片土地上，我们一定要让这片土地变得更好，我们都不是看客，我们都有责任，我们要跟那些负能量做斗争。**

第一，我们要说一些真话，说一些建设性的事。比如，经济学家某种意义上是站在第三者的立场上，是从学者的角度出发，所以我们就是要回归到专业常识，需要始终保持客观理性。

第二，向社会和民众讲清楚，切记不要为了流量或者为了忽悠老百姓的情绪而回归到民粹主义。**大家只要对民粹主义稍微有了解，就会知道这是一个很坏的而且非常危险的情绪，拉美就深受其害。民粹主义最典型的言论就是乍一听特别热血沸腾，但实际上非常误国误民。**举个例子，这个例子在拉美一些国家都有所体现。民粹主义第一个主张是说，企业家就是资本家。但没有企业和企业家哪来的就业？哪来的收入？第二个主张就是动不动就要均贫富。但是钱从哪里来？所以做大蛋糕和分好蛋糕都是需要的。

我觉得从经济学家的角度，要把事说清楚，有的人一张口，我就知道他肯定是民粹主义，但很多人就会热血沸腾。我们肯定不能走民粹主义那条路，那样就掉入了中等收入陷阱，拉美失败的主要原因就是民粹主义的盛行，落入了中等收入陷阱，最终无法带领国家继续往前走。而从企业家的角度，要解决的就是财富问题，怎么挣得财富，又如何将这些财富最终还给社会。我觉得读书人都能想明白，**以前没钱的时候我们都把钱攥在手里，但有钱以后，财富的价值其实取决于对社会的贡献。**

**俞敏洪：**国家也在号召共同富裕，共同富裕实际上是一个特别美好的事情，就是说有余力的人去帮助还需要帮助的人。其实企业家也很愿意做慈善和各种各样的社会公益活动来回馈社会，但这件事情变成口号以后就引起了许多误解，就像你刚才说的均贫富等。从你的角度来说，中国的共同富裕到底应该怎样走才是正确的？

**任泽平：**共同富裕就是三次分配，第一次分配靠市场，第二次分配靠政府，第三次分配靠慈善。第一次分配是通过市场手段来决定谁赚得多，谁赚得少；第二次分配是政府通过收入分配社会保障体系来进行一定调节；第三次分配是靠道义精神，也就是慈善。**第一次、第二次分配现在都在逐渐推动了，而且也确实有一批企业家在慈善领域做得非常好，因为只要你把企业做好，其实就解决了许多就业问题，要知道商业也是最大的慈善之一。**比如，国外的一些大企业、企业家，他们成立了各种基金来推动科技的进步，来关注一些弱势群体，我觉得这也是一种非常重要的第三次分配。

分配最根本的问题实际上就是做大蛋糕和分好蛋糕的问题。做大蛋糕肯定是越有能力的人得到的蛋糕越多。我们知道社会的稳定是一个橄榄形，如果没有分配，它就会形成一个收入分配的极化，就不利于社会的稳定。我觉得**新时代的企业家，可以有情怀，可以有慈善，可以有对社会的价值，但不能为富不仁。**从国家公共政策部门的角度来说，肯定要先保护企业家精神，然后保护知识产权，最后从共同富裕的角度调节收入分配，但调节收入分配更多的是通过激发企业家精神来实现。这是我的一些粗浅看法，俞老师从企业家的角度怎么理解共同富裕？

**俞敏洪：** 从我个人角度来说，**第一，要实实在在把企业做好**。因为企业做好了，就增加了就业，增加了社会财富，创造了社会繁荣。企业家最本分的事情就是在创造社会价值的前提之下，把企业做好。**第二，要有合法的发展路径**，比如税收，这是必需的。除了税收以外，就是要沿着国家方针政策往前走，始终跟国家的发展方向保持一致。**第三，如果企业做得很好，企业家本身很有钱了，我认为确实应该要参与一些社会慈善事业**。

我最看重的其实是第一个，因为我觉得凡是做企业的人，只要把企业做好了，创造了社会的共同财富，增加了就业，饼就做大了。饼做大了以后，分配的余地就大了，那么通过政府调配，能够倾斜到老百姓身上的资源就可能会增加。我特别希望中国企业的发展在跟世界接轨以后能持续下去，因为企业其实是很脆弱的，大量的企业都是微利的，所以只要遇到点问题，企业很可能就倒闭了，这两年中国的中小企业倒闭了不少，当企业都不存在的时候，其他的一切都是没有意义的，所以确保企业的存在和发展，对现代化的中国来说特别重要。政府的"看得见的手"当然也很重要，如果没有"看得见的手"，我们就无法避免经济危机，更无法提前进行产业布局，但同时我也觉得，企业家尤其是民营企业家，本身的活力也是非常重要的。**但当我们面临现在复杂多变的严峻外部环境时，我们应该怎样做？**

**任泽平：** 您提了一个特别重要的问题，我有这么几个判断。第一，这是我们发展到今天必然要面对的问题，躲是躲不过去的，唯一的办法就是发展。当我们的经济体量是他的两到三倍的时候，这事就解决了。只有大家差不多的时候才会有摩擦，如果有一个绝对的老大在那儿站着就不会产生摩擦。第二，从中国的角度来看，最大的改革其实就是开放。**越开放，越自信；越自信，越开放，人是这样，企业也是这样，国家更是这样**。我们就大胆对内开放、对外开放，然后放手让企业家、工程师和产业工人去做，中国有世界上最优秀的企业家、工程师和产业工人，让他们发挥他们的英雄主义，没有什么是干不成的。第三，要建立制度，制度大于技术，通过法治的精神建立制度，让大家都吃定心丸，然后放手去开放。比如市场经济就是最大的制度，开放就是最大的改革。这是我粗浅的看法，包括对改革开放40多年吸取的一些经验教训。

**俞敏洪**：中国整个的改革开放就是和世界达成一种和解，这是中国发展的一个特别重要的步骤。每一个中国人都希望中国可以持续繁荣下去，因为这关系到了国计民生，关系到了老百姓个人的生计，所以我觉得从宏观经济的角度来说，你做这些研究真的特别有意义，比如现在被国家采纳的你关于新基建的建议等，我觉得《新基建》为中国未来宏观经济发展的方向奠定了基础。

**任泽平**：2020年我们遇到了一些经济上的困难，第一季度中国经济增速-6.8%，各方面都在寻找对策，提出问题很重要，但解决问题更重要。我就提出了"是该启动'新'一轮基建了"的建议，这其实就是新基建最早的发源地之一。后来这个建议也流传甚广，应该是全网五六亿的阅读量，大家一下子就都知道了新基建。然后在党中央国务院的英明决策下，新基建被写进了政府工作报告，写进了"十四五"规划。大规模的新基建启动以后带动了投资，带动了就业，带动了供应链。2020年第二季度以后，在世界经济仍然非常低迷的情况下，中国经济快速恢复，我们在2020年、2021年打了一场非常漂亮的翻身仗，这是《新基建》这本书的一个背景。后来就给大家写了新基建的一些内容，比如新能源汽车、人工智能、数字经济，新能源也成为资本市场最近两年最火爆的赛道。

**俞敏洪**：你能稍微用一分钟的时间讲一下新基建跟老基建的区别吗？为什么新基建对于中国的未来那么重要？

**任泽平**：如果说过去20年支撑中国成为世界制造商，促进中国经济繁荣发展的老基建是铁路、公路、道路、桥梁，那么支撑未来20年中国经济繁荣发展的肯定不是过去那些旧基建，而是现在的新基建，**新基建是调动各个方面经济活力的底座，这里酝酿着巨大的机会。** 比如，我们要做新能源汽车，你有车但是没有充电的地方，生活就会变得非常麻烦，所以要有充电桩，充电桩就是新能源汽车的基础设施，这就是新基建。与此同时，再通过社保、户籍相关的制度改革，让企业家吃上定心丸，这些就是支撑未来 20 年中国经济繁荣发展的基础。

## 6. 尾声

**任泽平：**今天时间不早了，最后我也来推荐一下俞老师的书吧。《我曾走在崩溃的边缘》大致讲的是俞老师的成长经历和创业经历，还有遇到的一些困难、挑战，以及他战胜这些困难和挑战后的一些思考。我认真看了这本书，也给大家推荐一下，无论是对我们择业、创业还是就业，都非常有价值，而且特别正能量。我想问俞老师，你在面对人生中一些负能量或者逆境的时候是怎么调节的？

**俞敏洪：**我比较简单，人需要的就是一个身心平衡，你要有意地去平衡身心，慢慢形成习惯，最后才能长远。想要身心健康就一定要运动，而且最好是户外运动，比如打球，不管是打篮球、乒乓球，还是踢足球、打高尔夫，其实都是为了身体健康。但是打高尔夫太耗时间，一场下来四个小时，几个朋友吃个饭又四个小时，实在太浪费时间，所以我不打高尔夫。对我来说，第一，我会选择能让我的身体处于比较平衡状态的运动，不管是游泳还是走路，抑或是短程跑步，都是我喜欢的。第二，我会选择能够让我释放心情的运动，比如冬天就去滑雪，夏天就去骑马。骑马很简单，半个小时就会大汗淋漓，浑身的郁积之气就会被释放出来，所以这是我保持身体健康的一个方法。

保持心灵健康的方法主要有三点：**第一，读书，**尽管我的工作压力比较大，但我每天都会留一到两个小时读书，因为读书能把我带到另一种精神层面，让我暂时忘记工作压力。**第二，旅游，**其实看山、看水、看文化就会释放你精神上的不健康和压力。**第三，对谈，**对我来说，包括今天晚上跟你这样的对谈也是一种保持心灵健康的做法。通过不同的思想碰撞，会带来对很多事情的新看法，提高我多维度看事情的能力。一些事你经常做，就会养成习惯，比如我如果一天不看书，就会很焦虑，每天不走到 15000 步，也会不舒服。所以形成了习惯之后,让它保持平衡,最后就能达到一个身心比较好的状态。

今天由于时间关系,交流得差不多了,泽平再见。

**任泽平:** 俞老师再见。

(对谈于 2022 年 6 月 26 日)

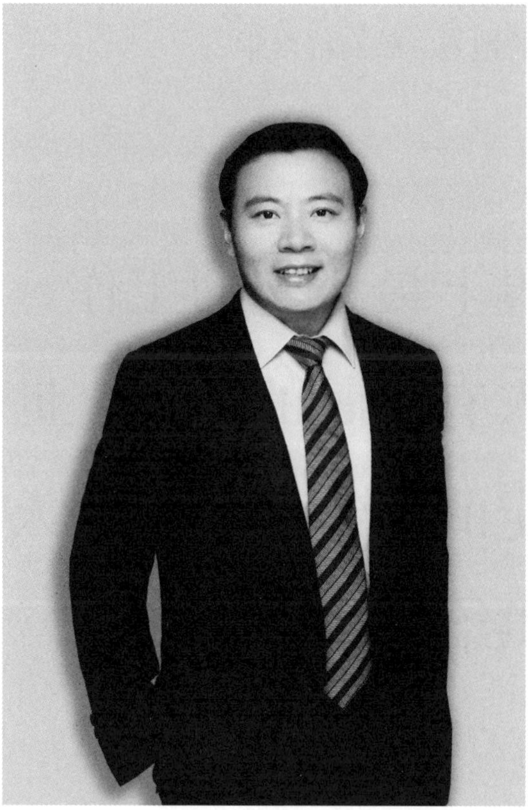

# 对话 薛兆丰

有人的地方，就有经济学

世界上最稳定的工作，是你对别人有贡献的工作；世界上最稳定的供给，是让别人有钱赚的供给。

薛兆丰 /

1968年出生于广东梅州，经济学者、北京大学国家发展研究院研究员。在国内发表过数百篇经济评论和文章，持续影响了读者对市场经济的认识。代表作品有《经济学的争议》《薛兆丰经济学讲义》。2006年被《南方人物周刊》评为"中国十大青年领袖"。

**俞敏洪：** 各位朋友好！今天和我对谈的是薛兆丰老师。很多人都在得到上听过薛兆丰老师的经济学课，这个课程还整理出版成了《薛兆丰经济学讲义》，薛兆丰老师还参加过《奇葩说》和《半熟恋人》，在这两档节目中常常用幽默的故事和口吻去讲人生百态中的经济学道理，对我们的人生观和爱情观都有一定的指导意义。欢迎薛老师！

**薛兆丰：** 大家好！其实俞老师是我的老师，因为2000年出头的时候，为了考试，我上过新东方的课，当时是在妙峰山。

**俞敏洪：** 那时候我好像不亲自教了。

**薛兆丰：** 对，但我学你的课程，听你的录音。

**俞敏洪：** 后来就去美国了？

**薛兆丰：** 是的，头几页的单词还记得特别清楚，"abandon"放弃、"abacus"算盘。

**俞敏洪：** 非常遗憾现在才认识你，我是因为你在得到的"薛兆丰的经济学课"知道你的，毕竟我已经不在北大了，而且也没有学经济学的课，所以尽管你在北大国发院待了差不多七八年，但确实没机会认识你。

坦率地说，我不那么关心经济学以及经济学对日常生活的影响，我只是凭着直觉做新东方，而且我一想到经济学就想到数据模型分析，一想到数据模型分析，就几乎是白痴状态，因为我的数学水平非常差。我唯一翻过的经济学书是我女儿考大学的时候有一本 AP 的经济学课程，翻了一下觉得有点小意思，但觉得跟我也没什么关系。我真正对经济学感兴趣、入迷，完全是因为你的经济学课程。

**薛兆丰：** 我在得到的课程？

**俞敏洪：** 是的，听的第一个故事就是战俘营中的经济学，我心想这个老师居然能把一个深刻的道理讲得如此简单易懂，后来基本上你更新一期，我就听一期，但每次就只更新十几分钟，所以我后来差不多有半年没听，直到你全部更新完，我又一次性重新听了一遍。

**薛兆丰：** 像追剧一样。

**俞敏洪：** 对。我知道你比我年轻，但我内心对你能把一门在大家看来有着比较深刻学问的学科化繁为简，用简单明了、诙谐幽默并且故事化的方式来讲述这门课的能力大为佩服。作为老师，每个人都希望具备这种能力，我觉得我在北大讲课已经算简单易懂了，但听了你的课，觉得我差太远了。

── 对谈环节 ──

## 1. 有人的地方就会有经济学

**俞敏洪：** 大部分人知道你，是因为你参与了《奇葩说》，你在《奇葩说》里用幽默风趣的经济学语言解读了日常生活中的事情，尤其是关于婚姻、爱情方面的解读，吸引了很多人的关注。我有两个问题：第一，你作为一个严肃的学者，怎么会去录制《奇葩说》？因为某种意义上这算是一个娱乐节目。第二，你认为在日常生活中，婚姻、爱情、生活、工作、求学，哪件事和经济学最紧密相关？在这个过程中，人们怎么运用你说的这些经济学常识来指导自己的生活、工作、情感？

**薛兆丰：**经济学一直以来就是关心大家的油米酱醋茶，如果不关心具体的生活，学来是没用的。《薛兆丰的经济学讲义》是在北京三源里菜市场首发的，当时的发布会大家都觉得很有意思，经济学就是要植根于日常生活。我心目中最好的经济学家从来都不只是教书、写论文，他们每天都会涉及日常生活中的经济学，比如 Gary Becker（盖瑞·贝克）和 Milton Friedman（米尔顿·弗里德曼）都会长期为大众媒体写专栏。我曾经问过一个 Milton Friedman 的学生，听说 Milton Friedman 不是一个好老师，经常打压学生，学生有什么想法他都说不对。结果他的学生说，绝对不是这样的，弗里德曼是一位好老师，他每天上课都会用 10 分钟跟大家讲今天新闻里说了一件什么事情，然后问大家怎么看待这件事？或者今天在我身上又发生了什么事情，大家又怎么看？这些都是跟日常生活相关的问题。所以我自己从来没觉得经济学是一个高深的象牙塔，它就是我们日常生活中的东西，它必须要有用武之地。

这个世界上有两种经济学家，一种是为了教书才学经济学的，但他实际上自己不太信经济学，教书的时候是一套，生活中又是另外一套。还有一些经济学家是像我这样的，是真的相信经济学，觉得经济学真的有用才学。所以 Friedman 曾说，**一种经济学家是背熟了很多乐谱，但他从来没听过音乐；而另外一种经济学家，可能天生学的经济学原理不多，公式知道得也不多，方程式知道得更少，但他天生就有经济学头脑**，我觉得俞老师可能就是这样的人。

**俞敏洪：**按照这个说法，人的日常行为和选择，每一个都有经济学原理在背后做支撑？

**薛兆丰：**必然有。

**俞敏洪：**《薛兆丰经济学讲义》是我读过的对经济学原理以及经济社会发展路径解释得最简单明了并且幽默风趣的一本书，我相信有不少人在得到上听过薛兆丰老师的经济学课。我通过这本书学到不少。"成本是放弃的最大代价""边际是新增带来的新增"对我的启发很大，还有价格控制为什么反而会带来社会的经济萧条，真的受益匪浅。一般人一听到经济学，就觉得这是一个专业课，除了经济学的学生或者经济学家去研究以外，跟我们普通老百姓没什么关系,我想问一下薛老师,为什么我们普通人也要读经济学?

**薛兆丰:** 我觉得经济学跟每个人都有关系,有的人觉得经济学是关于GDP的事,是关于银行的事,是关于炒股的事,实际上哪怕这些你都不关心,只要你要做选择,只要你计划你的未来,只要你想跟别人打交道、想依赖别人,跟人家合作又不想被人家陷害或者约束,都应该读经济学的基本原理,而且这些原理学了以后会有时时的更新,会有越来越深的理解,就像俞老师说的那句话,"成本是放弃的最大代价",有时候你会觉得如果我早一点知道就好了。

**俞敏洪:** 我觉得你在传播经济学常识的时候有一种使命感,不管是在《奇葩说》里还是在《半熟恋人》里,你很多时候都在利用经济学常识来分析人日常行为中的一些东西,并且给人带来背后规律的总结。你这种传播经济学常识的使命感是怎么建立的?

**薛兆丰:** 我觉得是因为早年的贫困对我的刺激很深。以前我在广州,我奶奶生活在香港,但我不能去香港,所以她从香港过来的时候都会给我带各种各样的东西,比如毛衣、方便面,当然还有知识,所以我觉得那是一个神奇的世界。后来我到了深圳,发现距离更近了,但为什么贫富差距会这么大,这是我从小就问的问题。经济学给了我一个灵感,我一看到经济学就知道它是一个能够回答我问题的很好的体系。

**俞敏洪:** 我这两天又读了两遍《薛兆丰经济学讲义》,温故而知新,又得到了很多启发。我把它列为想要进步的人或者想要了解世界的人,包括想要了解自我的人不得不读的一本书。大学生不管学什么专业,都应该读一下,我觉得如果思考能力已经到了一定程度,有的高中生和初中生有时间也可以读一读,这里面的经济学知识知道得越早越好。我觉得如果未来中国的一代精英是在经济学常识的指导下建设祖国,推动社会进步,应该可以减少很多犯错的概率,这是我读这本书的感觉。另外,这本书读完以后,对我在新东方做决策也起到了一定的指导作用,新东方管理干部人手一本。

坦率地说,读了这本书以后,**我认为人类运行的根本规律是经济学规律,而不是历史规律、帝王规律或者政治权力规律**,因为任何政治权力规律都有一个前提条件，我怎样才能让这个国家在财政上可持续流通运行下去，当然由于古代皇帝不知道经济学规律，所以实施的很多措施都是跟规律相反的，但即使到现在，人类社会处理一些危机的做法，有时候依然是跟经济学规律背道而驰的。我觉得普通人读了这本书以后，既能从宏观层面去理解这个世界的运营，又能从微观层面了解到我们作为一个经济人，要怎么在遵循经济规律的前提下争取自己的机会，赢得自己的发展以及判断自己的选择是否正确。**你最开始为什么会喜欢经济学？**

**薛兆丰：**跟俞老师喜欢上经济学的过程是一模一样的，就是觉得经济学太有意思了，世界上居然还有这样一门学问，能从这样的角度来看我们日常生活中非常熟悉的现象。就像战俘营里的经济组织，战俘营可以被看成生活中非常极端的环境，那里肯定不是什么标准的市场经济，但在这样的情景下，只要有人，只要他们需求不同，当非常稀缺的物资分配下来时，他们对这些物资的看法就不同。有些人喜欢面包，有些人喜欢香烟，有些人喜欢咖啡，他们之间就会有交换，有交换就有一般等价物，就有货币，然后就有通货膨胀、通货紧缩，也有流言蜚语、价格管制，什么都有了。

**俞敏洪：**所以只要有人的地方，哪怕在原始社会，只要发生了两个人之间物与物的交换或者其他东西的交换，就必然有经济学和经济规律？

**薛兆丰：**必然有经济学和经济规律，**哪怕一个人，他也会面临成本的概念，因为他的资源有限。**比如，他今天是去打鱼，还是织网，抑或是挖井？他挖井的成本是多少？其实就是放弃了打鱼的收入或者做其他事情的收入，他就得核算。他去岸边打鱼只能打到小鱼，但马上就能有收入，如果去织网或者挖井，今天可能就没饭吃，这时候他就面临着一个直接生产和迂回生产的问题，那就要看自己的家底有多厚了。

**俞敏洪：**是不是意味着人在做选择的时候就已经受到经济规律的制约了？

**薛兆丰：**对，你可能不知道，但你必须要遵循。我们经常说物理学是牛顿出现以后才有的，它有几百年的历史，但物理学规律一直都在，它已经存在了上千万年，有没有人意识到它，有没有人把它清楚地刻画出来，那是另外一回事。

**俞敏洪：** 人类对规律的总结好像是天性，因为动物只在意自己的生存习惯，但人比较容易从现象中抽象出概念。比如，你刚才提到的物理学，从亚里士多德时期就开始总结物理学规律了，宇宙到底以哪里为中心？"地心说"尽管是错的，但重要的是他在做总结。从你对经济史和经济学的了解来说，我们是从什么时候开始总结人类活动背后的规律，尤其是经济活动背后的规律？

**薛兆丰：** 我觉得很早，我们通常把亚当·斯密在1776年出版的《国富论》视为现代经济学的标志。但我们看同期很多思想家的作品，包括休谟的作品，还有伯纳德·曼德维尔写的《蜜蜂的寓言》等，亚当·斯密只不过是把他们的思想集大成而已，他所陈述的思想其实是那个年代很多知识分子的一个共识。

**俞敏洪：** 人类经济行为的背后真的有规律吗？那为什么我们无法预料现实世界中发生的很多经济事件呢？

**薛兆丰：** 真的有规律，太有规律了。**一方面是因为经济事件很复杂，另一方面是因为我们的知识分布非常广泛。** 我经常说现代人要学两门课，一门是物理学，一门是经济学。学物理是为了让你了解这个世界的运作方式，我2000年的时候在华盛顿的餐厅里听到旁边两个厨师聊天，一个厨师说，你说地球是圆的，我不相信，地球如果是圆的，下面的人怎么能站着呢？他不是就掉下去了吗？你看，即便是在2000年的华盛顿，还是有一些人一点都不懂物理。我当时就想，物理学到底有什么用？一个人只要生活能够自理，能够活到100岁，地球是平的还是圆的，好像也不要紧。但我的回答是，你好不容易做了现代人，你知道一点关于这个世界的基本知识是乐趣，也就不枉此生了。

经济学也是这样，有很多事情其实懵懵懂懂也过去了，但如果你知道这个世界是怎么运作的，你就会很开心。那种开心的感觉就像我当时学数学，老师觉得数学专业不容易找工作，就配了很多经济管理的学科，有经济学，但我也没去上，因为我是爱逃课的学生。然后有天同学上完经济学课回来，我才起床，那个同学跟我说了一句话我到今天还记得，他说今天老师在课堂上说，人类的三大发明是火、车轮和中央银行。我一下就震动了，我觉得中央银行怎么能跟火和车轮相提并论？于是就去探究，去看书，一看就一发不可收，觉得这个世界非常神奇，这是物理学达不到的世界。

**物理学研究的是没有人的自然规律，经济学研究的是有人的社会规律。**人是什么意思？人也是物体，但人有反应。所以在现代社会中，你看一个人聪不聪明、文不文明、有没有受过基本的教育，第一是看他的物理学，第二是看他的经济学，看他做决策的时候，有没有一根筋，有没有把别人的决策考虑在内。举个例子，路边有一张钞票，没有风，没有地震，也没有车轮碾轧过去，根据物理学原理，这张钞票应该一直在那儿。但经济学原理告诉我们，这是闹市，这背后有人，钱是有价值的，所以我们推测这张钞票很快就会消失。这其实就说明你有经济学的头脑，在决策的时候永远要想到这一点。

## 2. 从北大离开，面向大众

**俞敏洪：**你本科学的数学，后来到美国读的经济学，本科毕业之后你工作了一段时间，那段时间是在做什么工作？你又是什么时候开始自学经济学的？

**薛兆丰：**我是写程序的。工作那会儿已经开始学经济学了，在学校也学了一点，但更多是自学。申请到美国读书的时候我其实已经充分意识到了经济学的意义，我把那些英雄都在心目中建立起来了，去了就要见塔洛克那些经济学家。

**俞敏洪：**你在美国读了五年博士，当时读完是不是就已经决定了要回到国内为中国的经济学发展贡献自己的力量？没有想过直接在美国当经济学教授吗？

**薛兆丰：**当时也考虑过留在美国，在美国也找到了合适的岗位，拿到博士学位后我就去西北大学法学院做了两年博士后研究，但是在法学院里做了两年其实就已经很清楚自己的方向了。我选的专业是反垄断，当时中国刚好有《反垄断法》和《竞争法》，我觉得我要把学到的独特观点传回来，所以那时候就决定要回来了。这是我一直都想做的事情，我在出去读书以前，就已经在写专栏做同样的事情了。

**俞敏洪：** 后来进入北大国发院的契机是什么？

**薛兆丰：** 是他们的一个邀请，当时我在做一个选择，是要留在国外还是回来。

**俞敏洪：** 国发院有一批比较有名的人，比如周其仁，你回来以后跟在国内已经待了挺长时间的中国经济学家们合得来吗？

**薛兆丰：** 太合得来了，太开心了。

**俞敏洪：** 即使是在国发院，大家的想法也完全不一样，甚至有很多对着来的地方，比如张维迎老是反驳林毅夫。

**薛兆丰：** 多了，和而不同，这就是北大的传统。我们彼此都会争论，好朋友是用来干什么的？就是拿来消磨吵架的，我跟你的朋友关系越好，吵起学术来就越狠，因为知道不会伤害对方，只是学术之争，所以国发院里的教授讨论问题非常有意思。

**俞敏洪：** 你现在离开北大后，会不会觉得这些教授离你有点远了，会觉得有点孤单吗？

**薛兆丰：** 我经常回去，而且我还给他们上课，同事之间如果有调研我也会跟着去，只要有机会。

**俞敏洪：** 你从北大出来之后选择自由职业，还录了《奇葩说》，你做这个选择背后的经济学原理是什么？

**薛兆丰：** 我离开北大很重要的一个原因就是，当时得到上的"薛兆丰的经济学课"效果非常好，远远超出了我的想象。如果从经济学的角度来分析，当教授是一个 To B 的工作，面对的是一个机构，是要向这个机构交代，要向一个很小的圈子——教授团体交代，只要他们认可，你就可以继续在这里工作。但我的这门课是面向大众的，是 To C 的，只要大家觉得好，大家检验过了就可以了。这两份工作有很多属性上的不同，To B 是要讨好一小部分人，To C 是要讨好很多人，那是讨好很多人容易，还是讨好很少人容易？所以在机构里，只要教授认可你，只要我考过这个文凭，他们一看这个文凭知道你是做这个专业的，就可以了，这是它的好处。但它不好在哪儿？就是你得受这些人的影响和制约，你要活在这个氛围中，活在他们有形无形、成文不成文的惯例中。

**俞敏洪：** 也就是说，一旦违反惯例就有可能犯众怒？

**薛兆丰：** 倒不是犯众怒，只是会不自在。到今天我们同事间关系都很好，他们出去调研我还凑热闹跟着他们去，我也会回去上课，还是一样。但规则不一样，出来之后你要讨好很多人是不容易的，因为陌生人不认识你，但一旦讨好了，就比较稳，你就容易被大家接受。

**俞敏洪：** 举例来说，比如公司出了一个产品，这个产品是 To B 的，只要能讨好企业的采购人就可以了，但如果这个产品是 To C 的，就得想办法讨好全部消费者，这时候就需要一个真正有价值的产品。

**薛兆丰：** 对，讨好所有人很难。离开北大我觉得是一个分岔口，当时在我脑海中有一个非常清楚的警钟，就是**做人不能什么都要，你得选一个**，我看到了 To C 的机会，所以我觉得这是一个新的尝试。

**俞敏洪：** 我相信你在北大上课的时候已经很受 To C 人群的欢迎了，但你是不是没想到，当这门课放在得到上收费的时候，能够受到这么多人欢迎？

**薛兆丰：** 没有想到，当时罗振宇老师请我去做这个课的时候，我完全没有信心，我也拒绝做这门课。我们都是朋友，我就说不要浪费时间，我不是你要的人，我普通话说得也不好。

**俞敏洪：** 罗振宇缠起人来很厉害的，我知道（哈哈）。

**薛兆丰：** 最后是一个偶然的机会，我们去访谈，他就说你提前一个小时来总可以吧？我们谈一个小时，他说我找人听过你北大的课，我们还录了音，我觉得你可以。他还说，别看你是北大的教授，你要是讲得不好，试听不及格，我们也不会让你上线，所以你只是试一下。

**俞敏洪：** 所以是激将法？

**薛兆丰：** 有可能是激将法，但我就放心了，我觉得咱们都爱惜羽毛，所以我就去试了，果然没有通过，因为我是写稿念的。他手下管产品的老师给我打了一个小时电话，我说我搞不清楚到底要不要写稿，他说写也行不写也行，反正不是念。之后我说我没搞懂到底写还是不写，他说你过来我教你。过去以后，把我稿子一放，他问，你想说什么？我说先把麦克风关掉，我就告诉你我想说什么，我先跟你说一遍。他就说，你不用关掉麦克风，你就这么自然地说就好，他教我怎么说话，我才发现做这门课完全是另外一个逻辑，你对着麦克风的时候就像对着一个人一样，要有对象感，跟他娓娓道来，是发自内心地讲经济学。然后我就试着一句一句地讲出来，讲了1个小时左右，最后剪成10分钟，你都听不出来，那个剪辑简直鬼斧神工。

**俞敏洪：** 当初选择离开北大，是你主动选的还是某种环境压力的结果？

**薛兆丰：** 我觉得都有，但我确实非常主动，因为我想清楚了不能什么都要。我当时在北大的朗润园里每天都很开心，但我隐隐约约地在想，我会这么一直做到退休吗？我仿佛已经看到了我最后退休要搬出办公室，把东西都清出来的那一天，我就觉得好像应该再做点别的事，后来机会来了，我觉得我应该出来尝试一下。

**俞敏洪：** 这个路径跟我当初从北大出来真的差不多。我当初没想着要从北大出来，因为一边在北大教书，一边可以做点自己的事情，很自在，但后来因为我缺钱，就跑到外面讲课，结果上北大培训班的学生就都跟着我跑到外面上课去了，影响了北大的一些经济收入，后来就被北大记了一个处分。处分以后北大也没有说你就不要在北大了，但我跟你的想法有点像，我觉得不能两全其美，你不能又想在北大，又想出去上课赚钱。而且我在外面是典型的 To C，只要学生喜欢我的课程，就会给我交钱上课，所以后来一想，算了，我之后反正要出国读书，在北大也是出国，到外面也是出国，后来就从北大辞职了。

我不知道这有没有经济学上的解释，就是把你所有的资源和面向未来的成本一次性投入到你认为要做成的一件事上，比如我就一次性都投入了新东方，没想到后来就做成了。我在1995年的时候拿到了美国大学的全额奖学金，到国外读书和继续做新东方，哪个更划算？最后就下定决心要把新东方做起来。我原来没有什么成本的概念，什么"成本是放弃的最大代价"我一概不懂，但到今天为止，我觉得当初放弃到国外去读学位挺划算的，我放弃的成本并不是很高。

我当时想，我去国外读书、当教授是为了什么？不就是为了生活更好吗？我觉得你对极致的经济学普及是有激情的，但我对追求学问就不像你那么有激情，所以我一想，既然做新东方就能让我的生活变得更好，那我其实没必要再去拐个弯当大学教授。其实就是你书里写的那句话，"成本是放弃的最大代价"，不过当时我完全没有学过经济学，但我知道，我放弃新东方的代价要大得多。

**薛兆丰**：这是人生的第一箴言，你经历得越多，就越会觉得这句话说得太对了。

## 3. 做选择要有终局思维

**俞敏洪**：人每天都在思考自己应该放弃什么、选择什么，但很多情况下我们无法衡量选择和放弃的价值，你认为一个人怎样选择才能不后悔？

**薛兆丰**："成本是放弃的最大代价"，但为什么很多情况下我们没办法准确地估计成本？是因为有些选项的成本还没有发生，这就导致了你根本不知道自己放弃的是什么。所以**做选择很重要的一点就是想象力**，你能不能想象到你因为相信所以才看见的那些机会，那你的相信又从何而来？其实是靠你自己的见识积累起来的。如果你从来都没有见识，那么在你眼里看到的就只有有形的实物。比如，这儿放了一斤米，你就只看到了一斤米，除了这一斤米，再也想象不到外界任何事情，因为你从来没有见过，这时候你就很可能会做错选择，这是没办法避免的。

其实每个人在做出相对正确的选择之前，都会经历很多错误的选择，但在这个过程中，你增长了见识，知道了原来世界上还有这样那样的机会，虽然前面求学、实习的试错过程特别长，但慢慢地你就会发现你做出的选择越来越正确，而且付出的代价越来越少。我们都应该羡慕今天的年轻人，因为现在出生的人，将来人均寿命一定能够到100岁，而且信息又这么发达，他们有更多的机会可以选择。

**俞敏洪**：我想问两个问题：第一，对年轻人来说，他们在18岁进大学选专业的时候可能不少是父母决定的，这样做会不会产生一个错误的结果？比如有喜欢文学的孩子，一心一意想学文学，父母非让他学计算机，那这对他来说是不是人生放弃的最大代价？第二，当选择这个动作变得太频繁的时候，是不是做选择的人本身就不再是一个选择？比如现在的年轻人工作以后频繁跳槽，有些员工一年跳了三个公司，像这样来回跳槽，对他来说选择成本大吗？

**薛兆丰**：我觉得他们的选择成本挺大的，过分频繁地跳槽，履历就不会好看。将来有人回过头来问你，当初为什么离开这个工作？现在又为什么想回来工作？这些都得回答，有经验的人一看这个履历就知道有很多问题。至于父母给孩子选择专业的时候会不会发生错误这个问题，其实大多数情况下都是错的。你可以统计一下，学成毕业后专业对口且能干一辈子的工作机会有多少？到今天为止比率依然很低。

**俞敏洪**：如果父母的选择是错的，孩子自己选择就会对吗？

**薛兆丰**：都不会对。在这个过程中需要明确一点，**你本来就是在做选择，一定要舍弃一些东西才能获得一些东西，所以最重要的是你的选择标准是什么**。大家很多时候都看不清楚，那份工作只是多一点钱或者离家近一点，他就心动了，他没看准长线。所以我在书里一直强调，**要看准时间的维度，我们所做的选择不是一天的选择，一定要看得长远**。你是想要文凭吗？文凭重要还是你的技能重要？还是你的习惯重要？还是你积累的基本声誉和关系重要？这些知识可能在学校里没有教，因为老师自己就是不愁工作的人。

**俞敏洪**：老师本身不善于指点学生的人生选择，因为某种意义上来说老师已经不需要选择自己的人生了。

**薛兆丰**：我的同事周其仁老师说，**世界上有两种人：一种人是下个月工资在什么地方拿，拿多少钱，都是没变数的，老师就是这种；另外一种人是下个月的工作在哪儿，收入在哪儿，根本就不知道，俞老师就属于这种，你需要去找你的业务**。在找工作的时候就要注意，到底是你的学历重要，还是能力重要，还是习惯重要？这很明显，能力和习惯更重要。学历只在你找工作的前一两个月重要，后面不会再有人说这个人能力很强，因为他是北大毕业的，不会有人这么说。

**俞敏洪：**有一次你把"贫穷"两个字分开来说，你说现在的年轻人是"贫"而不是"穷"，这是什么概念？

**薛兆丰：**"贫"，就是收入低、现金少，但不能说是一无所有；"穷"，中国话里的"穷"其实是"尽"的意思，就是没有指望、没有希望。但是**年轻人都是有希望的，他们有学问、有能力、有青春、有勇气，所以他们不"穷"，他们"贫"的一个重要原因是他们还年轻。**

**俞敏洪：**没有钱不就等于"穷"吗？

**薛兆丰：**现在现金收入少，也不能说一无所有，他有人力资源，有青春，有学习的能力，有敢于尝试的勇气。

**俞敏洪：**所以他们有资本，只是还没有换成钱。

**薛兆丰：**资本是能够带来收入的资源，人力就是很重要的资本，我们统称它为人力资本，每个人都是自己人力的资本家，它需要时间才能折现。我经常说年轻人不要小看自己，你要估计一下自己的资本值多少钱，根据经济学的定义，所有耐用品资源的现值等于你终生的收入以及所有机会折现到今天的总和。

**俞敏洪：**如果一个人没有能力把自己的资本换成钱，或者没有能力争取更好的前途，就会真的变"穷"？

**薛兆丰：**对。**怎样才能把自己的资本变成钱或者变成收入呢？当然收入的含义更广，不仅仅是钱，见识、经历也是非常重要的收入，但你怎么换钱、见识和经历呢？你要出去跟别的资源搭配，不仅要具备学习能力，还要靠谱，同时还要学会选择自己工作的场所、工作的平台、工作的人群。**

**俞敏洪：**我觉得人的资源也符合经济学的稀缺原理，你用到这儿，就不能用到那儿。你说过最好关注人一生的收益，而不是眼前的收益，比如你关注眼前的收益，我现在一天给你 1 万块钱，要求你 24 小时不睡觉，连续工作一个星期你可能就能拿到 7 万块钱，但命就没有了，这没有意义。一个人如何在投入同样资源的情况下获得最大收益呢？

**薛兆丰：**我觉得要有终局思维，就是你从生命的尽头回过头看的时候，你觉得那个结局是怎样的,然后倒推过来。其实就是**一个人对自己一生要过成什么样要有一个指望。**对我个人来说,我想有一个可复制的产品,这个产品做完以后就有了它的生命,能够一次次地复制出去,这样它就可以感动别人。虽然你制作故事的过程是理性的,是非常冷静的,但这个故事能够引起别人的情绪,能够感动别人,我喜欢做这样的事情。比如,我做这个课的时候,就看到了这个终局,罗振宇老师最后打动我的是什么,他说你可以把它当成一部著作,一部有声的著作,所以我们现在更了四百多讲,十分钟一讲,我开始做的第一天就有了一个知识框架,所以我是有终局思维的。

**俞敏洪:** 我觉得你是一个比较理性并且有长远目光的人,但我就不能算是一个有终局思维的人。我的发展过程其实就是走着瞧,我留在北大是为了稳定的生活,后来出来做新东方是为了自己能够有点钱,有了钱以后突然想起来还应该有点情怀,就把新东方往情怀方向带,后来新东方上市了,慢慢就发现自己越来越有社会责任感,也真的慢慢意识到要想得到利益,就必须带给别人利益,必须有益于社会,有益于他人。当然一开始我就是个比较负责任的人,不愿意坑蒙拐骗,希望把最好的、最有价值的课程呈现给学员,但后来慢慢希望自己能为社会的进步、祖国的繁荣做点事情。

现在,我开始有了点终局思维,我觉得一辈子大概要做的事情就是传播知识,提供正能量,不管是通过慈善还是通过其他手段,尽量为社会做点事情,如果我写的一些文字或者未来我做的一些视频能够给大家带来快乐和启发,我会非常愿意继续做下去。这种思维也使我愿意花时间和大家对谈,因为每一次对谈对我来说都是一次知识的长进。所以我一开始不是一个有终局思维的人,你觉得我这种路径和你倒推的路径相比,是不是也并不差?

**薛兆丰:** 也不差,我觉得我们的思维有一点相像,我们都觉得知识很重要。即便是大自然也会出现很多灾害,所以人犯错误其实也很正常,但人思想上的一念之差所导致的错误造成的危害会非常大。所以我觉得推广知识的过程以及如果还能有幸在这个过程中创造一点知识,会是人生中非常有意义的事情。**我越来越知道为什么人要有远大的理想,因为我们的日常生活太枯燥、太无趣、**

太繁复、太辛苦了，我们必须有一个远大的理想把这些事情拢起来，我们做这些事情的时候才不会觉得苦、觉得累。比如，妈妈生小孩的时候就会分泌一种激素，这个时候她就会特别有爱心，要有这个激素的存在才能承受养小孩的辛苦，这就是激素的作用，同样也是远大理想的作用。

## 4. 职场、婚姻里的经济学

**俞敏洪**：从经济学的角度来说，一个人具备哪些能力，他的未来才会变得更加值钱？

**薛兆丰**：学习能力和靠谱，这两件事真的非常重要，但大部分学校都不会教。另外还有钻研，你爱这个专业，就要钻研下去，当一个疯子，这个能力也非常重要。

**俞敏洪**：如果他钻研，当了一个疯子，毕业出来以后，没有和他钻研的领域对口的工作，那他从这个中间还能学到东西吗？

**薛兆丰**：这个时候，学习能力和靠谱的作用就非常大了。职场中大多数人最后能做出来，不是因为他很圆滑、聪明，而是因为他有稳定的输出。经济学里讲到什么是高品质，高品质很重要的一个指标不是高低，而是匀质。

**俞敏洪**：一个人的学习能力体现在哪些方面？一个人的靠谱又体现在哪些方面？

**薛兆丰**：学习能力就看他有没有好奇心，他能不能捡起一个东西去学，他有没有独立思考、独立判断的能力。喜欢阅读也是一个好的指标，但有些人只是一味地阅读，读一个放一个，或者只读文艺类作品，那都是娱乐性阅读，所以还是要看他有没有建立起自己的阅读体系，有没有尝试着融会知识。为什么有些同学早期的时候学习好，到后来就不好？其实是因为他虽然聪明，但他是虚假学习。他能记得老师说过什么，所以他考试能过关，但他对内容本身不是那么有兴趣，他没有钻研，没有感受到那个学问漂亮的地方，就好比背诵了很多乐谱，但基本没听过音乐，当然也有可能是听过音乐，但训练不够。所以在现实生活中会看到，任何工作都有一些人非常了解这个行当，他们有自己的想法，他们喜欢琢磨事情，这其实就是学习能力。

**靠谱，就是他要有稳定的输出，他聪不聪明不重要，他能一直稳定才最重要。**一方面情绪上要稳定，另一方面价值观上也要稳定，甚至他的恋爱都比较稳定。不知道俞老师有没有这种感觉，大学时候谈恋爱谈得特别好的同学，学习也比较好。我高中的时候就已经谈恋爱了，我觉得我学习特别好的阶段，就是谈恋爱谈得好的阶段，因为谈得不好的时候你就要给她道个歉、送个花、安排个活动，但谈得好的时候大家就都很稳定，没什么事做了，那就去自习。

**俞敏洪**：我总结一下，学习能力包括好奇心和钻研，靠谱包括情绪稳定、人品稳定和一些行为特征的稳定，所以看人的时候要抓住这几个点是不是？

**薛兆丰**：我看一个人不会看他对他的好朋友有多好，要看他对陌生人怎么样，比如对服务员的态度怎么样。**看人的时候不要看他的高处，要看他的低处，因为当他生气到极点的时候，他也只不过是这么做而已。**

**俞敏洪**：你在一次演讲中说过，人最重要的三个词是：理性、悦纳、进取，跟你说的靠谱是一回事吗？

**薛兆丰**：也接近。理性、悦纳和进取讲的是，当你学完经济学，尽管把所有的术语都忘了，我希望大家的人品能够进入这种精神状态。为什么？我特别喜欢经济学里讲的"事与愿违"现象，当你理解了"事与愿违"，人就会变得理性。世界上有坏人做坏事，这种事情基本上是公安机关来管；世界上也有好人做好事，这种事情基本上是公益机构去管。但世界上还有很大一部分人不属于这两种，经济学去解释、关注的正是介于这两者中间的那部分人，也就是只关注自己和自己小家庭的人，或者说那些为了眼前的利益，替大众做出了贡献的人。

比如，俞老师想增加一点收入，但你要怎样才能增加收入？你提供一个好的产品、一个好的服务给大众可以增加收入；你去偷东西、抢东西也可以增加收入。这时候你就要想，你要的钱在人家的口袋里，那些人是提防你的，而且你作奸犯科的成本很高，一次两次以后一辈子就没法再做了，这是不可持续的；如果你持续做好服务，最后积累的就是你自己的东西。所以经济学要解释的很一大部分就是这种为了自己眼前利益，然后替大众做出了贡献的人。这其实就是亚当·斯密的那句名言：**商业是一只看不见的手，它能够给大家提供很好的福利，我们餐桌上的面包、酒和肉，不是来自面包师、酿酒师和屠夫的慈善，而是来自他们对自己利益的关心。**

所以一个坏的人到最后其实是蠢，因为他只是看到了眼前的一丁点利益，但他没有想清楚，坑蒙拐骗最终伤害的还是自己的利益。所以我说学经济学最重要的两个概念就是成本和时间，我们要反复学，做时间的朋友，坚持长期主义，因为长期的收入才是你真正的收入，那个福利是很高的，是呈现稳定增长的，哪怕只持续2%的增长，100年的2%就已经很多很多了。

**俞敏洪：**做人做事实际上要让个人的可信度被周边的人和社会所认可，这样人们跟你交易的成本才会变得越来越低，到最后产生利益交易的可能性就会越来越大，他的基本底色就是在争取自己利益的同时也要考虑别人的利益和社会利益。

**薛兆丰：**这就是经济学，这就是亚当·斯密的那句话，他说我们在交易过程中从来不会说我需要什么，而是关心你能给别人什么。英语里有一句俗语"If it pays, it stays"，如果你对别人有贡献，你就能活得久。所以**世界上最稳定的工作，是你对别人有贡献的工作；世界上最稳定的供给，是让别人有钱赚的供给。**

**俞敏洪：**也就是说，当你一心一意为了别人的福利在努力的时候，其实你个人的利益也许就能达到最佳状态，最起码不会差。刚才说到理性，经济学中有一个说法，任何跟自己相关的决策表面上是理性的，实际上背后也会进入非理性状态，这种非理性状态或者感性状态是被什么因素影响的？当人坚持长期主义的时候，怎样防范这种非理性的短期鼠目寸光行为的出现？

**薛兆丰：**就是靠见识。有很多人说我们要做轻松容易的工作，这是很危险的。

**俞敏洪：**你有一句话，"谈容易的恋爱，做难做的工作"，这句话背后是什么含义？

**薛兆丰：**这是《奇葩说》里的一个辩题，当然这内在体现了他们的价值观，在他们看来，觉得要找轻松容易的工作，在工作上要泾渭分明，下了班就不管了，不能被公司占了便宜。爱情呢？爱情是唯一一个不需要计算成本收益的事情，是一个浪漫的事情，那就要知难而上，有多困难？要生要死。但我不这么认为，我觉得应该谈容易的恋爱，做难做的工作。

**俞敏洪：**容易的恋爱指的是什么？一见钟情？还是互相之间没有任何经济条件的诉求？比如我们情投意合，有没有房子、有没有钱都不要紧，我们就是要结婚，这种算容易的恋爱吗？

**薛兆丰：**算是，这种情投意合的恋爱谈起来比你情不投、意不合的恋爱要容易得多。两个人在谈恋爱的过程中，经常讨论规则是不行的。

**俞敏洪：**如果在双方结婚之前要求房子、车子，你觉得这是一个正常的要求吗？

**薛兆丰：**我觉得这是短视的要求，因为房子、车子都可以靠父母的钱来凑，所以要考察的应该是对方的流量而不是存量，也就是对方是否有生产能力以及持续生产的能力。

**俞敏洪：**男女之间的状态是这样的，大部分男生年轻的时候其实一无所有，没有多少女生能够100%确定这个男生未来一定会飞黄腾达，如果这个女生现在嫁给了一无所有的他，万一她判断错了怎么办？所以我觉得婚姻里先给女生一点经济上的保障是合理的，比如房子、车子或者钱。

**薛兆丰：**如果你有，我觉得应该给女方，手上至少一半都应该给女方，甚至给更多。我曾经说过，女方更早期地做出投入，男方后来背叛的概率反而更大，因此要提前给女方一些承诺，这是应该有的，而且所有风俗习惯也都支持这一点。为什么要给一个钻戒？这个钻戒是男生三个月到半年的收入，它不是一个固定的数，是根据你的收入调整的，其实就是一个抵押品，这是人与人之间关系的互信证据，你能拿出来的时候不拿出来，是不对的。这就是我们讲的存量的分配，存量是多是少每个人都不一样，但你在做一个婚姻决定的时候，永远都要看长期，就看他的流量，你说能不能准确判断？不能100%判断，但能不能判断？当然可以判断。因为这个人靠不靠谱你是能看出来的，比如他平时在操心什么事情，他时间都花在哪儿。

**俞敏洪：**女生要看男生的未来，对未来的判断标准就是他的学习能力、靠谱，还有他正在做的事情。

**薛兆丰：**还可以看他身边都是什么样的人。倒过来男生看女生也是一样，也看她身边的人，也看她会计较哪些东西，不计较哪些东西。**经济学家说，婚姻，既有浪漫的一面，也有商业的一面。**为什么？因为它是一个合作，不是一次性的交换，如果是一次性交换就成了买卖，价高者得了，但再穷的人嫁女儿的时候都不会这样，他都要考察对方。**为什么要看人家的彩礼？其实就是看男方的生产能力。**他能不能打猎？他们家有多少人？因为这是存量决定不了的，而一辈子又很长，所以就要看双方加在一起的时候配不配。婚姻就是一个企业，企业一定会有投入和产出，投入的是什么？是你的容颜、互相的关照、给予的时间，当然还有一些金钱，这是投入。输出的是什么？爱心、安全感、服务、家务事，当然还有生育，因为孩子也是你的产出。所以你就要看在这个生产过程中，这些生产要素是互补的还是互斥的，以及你们在消费问题上是不是有共同的观点，等等。比如一个喜欢主内，一个喜欢主外，这就是一个很好的配合；如果两个人同时都喜欢小孩，这就是很好的搭配。

**俞敏洪：**如果两个人成家以后，过了一段时间发现对方并不是自己想要的那个人，但彼此又付出了很多努力，甚至已经付出了现有的存量财产，那我是毅然决然地重新选择我的生活，还是因为有这样的沉没成本，干脆就得过且过坚持下去？

**薛兆丰：**这要看你是什么时候发现问题的，当然我相信很早就能发现，因为两个人在一起，三个月、半年就知道能不能、成不成，在一起生活很快就会知道有没有问题，越早知道，转换的成本就越低。但我同时也有一个观念，那就是，**在结婚前要更挑剔一点，因为你放弃的最大代价，随着时间点的推移，成本的计算是不一样的**。最早的时候，你要把事情都考虑在内，标准提高一点，防范意识强一点；而**一旦结了婚**，要再换成本是很高的，这时候你就要思考是不是能容忍，是不是能继续过日子。很多事情就在一念之间，过去就过去了。

## 5. 尊重他人想法，尊重市场规律

**俞敏洪：** 亚当·斯密的经济学理论比如看不见的手、自由贸易以及市场经济，对后来的经济学甚至对一个国家、地区的经济运营都产生了非常大的影响。讲到这几章的时候，你说了很多金句，比如"美好的愿望不一定带来美好的结果""通往地狱的道路常常是用善良铺成的"，这两句话在经济学上的概念是什么？我好心好意为别人做事，怎么最后就变成了坏事？

**薛兆丰：** 经济学中经常强调，**在决策的时候要把别人的想法考虑在内**，好心办坏事这种情况的发生其实就是没有预料到这一点，结果就发生了事与愿违的现象。比如一个刚刚毕业的年轻人，出来工作需要各种各样的支出，那是不是就要把你的工资提高一点？是不是就要保证你所谓的最低收入？但一旦做了这个保证，提高了工资预期，你找工作的难度其实就更大了。

**俞敏洪：** 所以如果某个政策说必须保障年轻人的最低收入，低于最低保障收入不能雇用，反而会导致年轻人没有工作机会？

**薛兆丰：** 对，因为没有把雇主和雇主背后的用户考虑在内，雇主最后要向他的客户负责，他的产品要卖出去，如果没有把他们考虑在内，这个工作就溜走了。

**俞敏洪：** 是不是可以这样说，父母好心好意为孩子做早餐、整理好书包，床铺也不用他自己铺，回来以后只用写作业，只求成绩好，但不锻炼孩子的独立能力，这种父母的好意是不是也为孩子未来没出息做了铺垫？当你带着好意或者善意想要做一些事情的时候，要考虑这种好意或者善意是不是能真正带来一个好的结果，如果不能带来真正好的结果，你的好意或者善意可能就会变成一个坏的事情？

**薛兆丰：** 对的，**年轻人的第一份工作非常重要**，但这份工作能挣多少钱并不重要，重要的是他学会了怎样工作，怎样与人相处，怎样靠谱，最后他得到了成就感，也挣到了第一个月的工资，他就能一步一步走上去。如果你缺乏了这一步，把这个梯子抽掉了，他就永远都不知道该怎么做，他就没有独立成长的能力了。

**俞敏洪：** 现在社会上有种现象，因为资源短缺，所以相关部门就会进行价格限制，但经过限制以后，往往造成进一步短缺。我小时候经历过，当时有布票、粮票、各种票，但就是买不到东西，而且政府把价格限制得还很低，几分钱、一毛钱，但货架上什么都没有。稀缺是一个正常的经济学概念，它永远都存在，因为人的需求和欲望是不断增加的，但短缺常常是人为产生的。所以我想问，当一个社会想要正常运营，尽可能减少短缺的时候，价格限制这件事是否能够起作用？

**薛兆丰：** 刚才我们一再强调，做任何事情都要把别人考虑在内，所以当一种东西短缺的时候它有两种分法：一种是按照价格去分，谁有钱就给谁；另外一种就是把价格压低。但要知道，把价格压低以后，那个需求还在，这时候他们就不用钱去抢，而是用别的办法去抢，他们会利用自己的地位、权力、关系去抢。**本来价格管制是帮穷人的，因为他们穷，但要知道多数穷人或者普通老百姓缺的不仅仅是钱，更缺关系、更缺背后的力量、更缺其他资源，如果你要他拼这些，其实更困难，很多人没意识到这是价格管制的必然结果。**

**俞敏洪：** 我记得当初我妈想买半斤猪肉，必须要转半圈找一位认识的叔叔，这位叔叔掌握一定资源，要跑到肉店后门把那半斤肉给拿出来，这是不是就是你说的"其他手段"？

**薛兆丰：** 对，除了钱还得有关系。但对很多穷人来说，他不仅缺钱，更缺的是社会关系，甚至社会地位，或者他的户籍、他的出身、他的学历。

**俞敏洪：** 所以不到万不得已，最好不要用价格管制？

**薛兆丰：** 我们要看到它的后果，要权衡。

**俞敏洪：** 亚当·斯密有句话特别出名——"商业是最大的慈善"。有一次马云在一个演讲里引用了一下，结果被很多老百姓误解了，把他骂了个半死。我想问亚当·斯密说的这句话，"商业是最大的慈善"，他指的是什么样的场景？

**薛兆丰：** 现在环顾我们四周，就看身边这些能够改善我们福利的东西，比如衣服、眼镜等，我们算一个百分比，这当中有多少是爱你的人或者认识你的人，出于对你的爱或者出于对你的仁慈而生产给你使用的？又有多少是那些根本就不认识你的陌生人，为了他们自己的梦想和目标生产出来给你用的？

**俞敏洪：** 生产本身的目标是为了自己获利，但实际上生产出来的东西是造福社会的。但老百姓也会问，那东西是我出钱买回来的啊？

**薛兆丰：** 你的钱哪儿来的？

**俞敏洪：** 我自己挣的。

**薛兆丰：** 怎么挣的？

**俞敏洪：** 我去工作。

**薛兆丰：** 所以也是出于对你自己的爱以及对你家人的爱而去工作挣回来的，那这是不是同样的逻辑？跟提供产品的那些陌生人是一模一样的，这不就是亚当·斯密说的话吗，**每个人在追求自己利益的时候，有一只看不见的手不知不觉地推动了公共的利益。**

## 6. 商业推动了社会发展

**俞敏洪：** 古代的时候也有人做生意，在近两三百年内，无论是人们的收入还是经济总量都翻了很多倍。我演讲的时候常常说我们要有一颗感恩的心，因为在100多年前，你回家以后要想点个灯都不一定能点着，要想喝一口干净的水也不一定有。但现在大部分老百姓回家一按开关灯就亮了，一开煤气灶就点燃了，一拧水龙头干净的水就出来了。我们现在享受到的一些环境和福利，是几代人一起努力奋斗的结果，尽管这个社会中依旧存在着一些瑕疵，但我觉得我们应该以相对宽容的心态来共同改善这些问题。

到今天为止，整个社会的繁荣程度也不断提高了，这个繁荣程度你觉得是通过哪些路径达到的？工业革命、科技发展、商业贸易、全球合作等？你觉得普通老百姓应该怎样看待这些事情，普通老百姓在这些过程中得到了什么，我们又能为这个社会继续做什么？

**薛兆丰：** 俞老师你知道吗，我经常和你说一样的话。生活在今天，我一直都非常感恩，我还清楚地记得，小时候为了洗澡用蜂窝煤煮水，但如果那天要同时洗澡和洗头，第二锅的热水就煮不及了，因为还得折算时间，所以每天拧开水龙头的时候我都非常感恩，因为不仅有水，还有热水。甚至现在的空调都可以调加湿或者减湿，这种在我小时候都觉得是不可能的事，当时会想一个人为什么要这么挑剔，连湿度都要讲究，但今天讲究湿度已经是常规操作了，所以我非常感恩今天的社会，特别是我们的国家，因为从来没有过这么好的日子。我经常会问一个问题，同学们如果要重新投胎，会选择哪一个时代？

**俞敏洪：**有些人问为什么不投在宋朝。

**薛兆丰：**你想想看，宋朝有抽水马桶吗？有蚊帐吗？有微波炉吗？有自来水吗？人的寿命极大提高的重要因素就是自来水系统，我们再也不用喝那些来历不明的水了，我们矿泉水拧开"嘭"的一声，就是品质检验，这代表了它从工厂到你手上没有经过任何污染，现在喝自来水已经成为我们生活的常态。所以怀着这样的心态，每天是很开心的。今天这样的生活是怎么来的？两个主要的路径：**一个是交易；一个是重新组合资源**。交易是把我有的，跟你有的，咱们换一下就行，最好的例子就是谈恋爱，两个人实际上没有增加任何东西，但就产生了巨大的幸福。比如战俘营里只要有交换就能换出幸福。

**俞敏洪：**即使是普通人之间的交易也能换出幸福吗？比如我想吃只鸡、你想吃块羊肉，我给你羊，你给我鸡，两人的幸福就增加了？

**薛兆丰：**对，卖面包的人为什么要卖面包？因为他觉得手上的面包价值不够高，他认为你手上的钱比较重要，倒过来是互补的观点，这样我们不就都幸福了吗？今天的社会就是用各种各样的方法促成交易，让各种交易成为可能，我们的幸福就会增加，所以交易是一个来源。

第二个很重要的来源就是资源的重新组合、重新搭配。最简单的例子就是芯片，今天的幸福生活少不了芯片，芯片是哪儿来的？芯片可以说是人类文明的结晶，从科学到技术再到工艺，最后做成一个这么廉价的芯片，你想象不出来的，这背后有那么多次运算，在这个过程里既有科学又有工程，**科学是发现那些本来就有的规律，工程是创造那些本来没有的东西。**

芯片是怎么来的？如果能解释芯片是怎么来的，就能解释幸福是怎么来的。生产芯片的过程要有科学，要有资本，还要落地，把科学变成民用，这个转化非常重要，但我们并没重视转化。我印象最深的是，在麻省理工学院参观他们的科技转化办公室，是专门用来替教授把他们的发明创造转化为能够销售的民用产品的地方，这种转化的能力主要来自企业家和商人。当时他们讲的一个数字让我非常惊讶，他们说**1块钱的科技投入，要搭进去99块钱的商业资本，才能把那个想法变成产品。**意思就是，你有一个发表在论文上的发明创造，拿了诺贝尔奖，于是一个商人跑过来说，俞老师我跟你合作，我把你的想法变成商品，咱们1:1分成，但实际上这事做不成，因为钱不够，根本到不了量产那一步。如果要把它做成一个产品，就要让每个人都买得起，这时候你就要大规模量产，在这当中你要投入资金研发，所以我投1份你投1份不行，投2份也不行，所以其实是1:99的比例，只有投入99份的时候才能推动产品的落地，最后的产品卖100块钱，俞老师拿1%，1块钱。

**俞敏洪：**以手提电脑为例，1982年、1983年的时候，北大计算机系总共拥有两台电脑，一个大房子里面一台，可能计算能力还没有现在手机的万分之一，但是那已经是一栋房子了，现在任何一部手机、任何一台手提电脑的计算能力都是那个机器的上万倍，这就是你说的商业转换？

**薛兆丰：**对，当年你看到一栋房子那么大的机器，但工程师已经预测了，我们可以做得越来越小，将来的电脑可以小于一吨。

**俞敏洪：**这是想象力的预测？

**薛兆丰：**想象力的边界了，小于一吨。我想问，俞老师你只拿1%，会觉得亏吗？你可能觉得亏，觉得这个商人很坏，因为研究是你的，但实际上如果没有这99，你就是100%的零，最后还是零。所以有些人说喜欢工业革命是因为当时有许多发明创造，但我的看法不是这样，我同意一小撮经济学家的看法。**发明创造和这种发明创造的积极性其实一直都有，但工业革命时期为什么不同？**是因为有承接，因为那时候的商业发达，那时候的商业机构和商法保护发明创造，保护转化的产权。

**俞敏洪：** 我总结一下，就是后面的商业利益推动了科学研究的不断发展。在中国历史上，也出现过一些因为商业繁荣带动整个社会繁荣的局面，比如唐朝的东市和西市就推动了唐朝国际贸易的繁荣，北宋的时候也跟周边地区有很多贸易往来。为什么明明这种繁荣清晰可见，但古代的皇帝或者当时的官僚、制度却屡屡说要抑制商人，不让商业发展呢？尤其到了明朝早期，朱元璋干脆把商人锁在土地上不让动，当然明朝后期制度松动，才有了所谓的资本主义萌芽，商业又得到了发展，但为什么到了清朝又开始抑制商人？是因为这些皇帝不懂得商业对社会的运营原则，还是有其他理由？如果汉武帝、朱元璋、乾隆或者雍正看了你的经济学讲义，你觉得他们会改变自己的想法吗？

**薛兆丰：** 我不知道，我们不了解他们的约束条件和选项以及他们的最终目标。经济学很像医学，你需要告诉一个糖尿病人，如果你再吃糖会有什么后果，但吃不吃糖是他自己决定的，经济学家只是告诉你一个因果关系和规律。我想到今天为止，在社会上轻视商人的倾向还是存在的。

**俞敏洪：** 因为有些商人有奸猾的一面，他们可能会通过坑蒙拐骗的手段为自己争取利益，但是不是可以这样说，商人群体对推动社会的繁荣和进步是起到了比较大的作用？

**薛兆丰：** 如果只看个别案例，永远不乏坑蒙拐骗，任何社会中都有，甚至我们亲戚朋友中都有。但作为一个整体，作为社会的一个角色、一种职业，商人对社会的贡献之所以被轻视，就是因为我们对"知识"这两个字的理解有一个很重要的缺失。经济学家哈耶克有一篇非常重要的文献，讲的是知识在社会中的运用，文章中说的知识不是我们在图书馆中能查到的知识，或者一个方程式，或者一个物理定律，他说的知识是关于什么地方、什么人，愿意出什么样的价格购买什么样的产品，要求什么样的质量，需要多少，这样的信息，这是非常重要的知识。但很多人轻视这种知识的重要性，他们觉得这东西就是一个东西，把这个东西搬去满足这个地方需求的人算不了什么，他不就是低买高卖吗？他不就是从中牟利吗？但他们没看到商人、企业家的作用，大而广之来说，他们就是要运用他们脑海中的知识去满足这个需求，而且是要在有限的条件下去满足，不能随意扩张。

这当中的知识是我们一般人不知道的。最近我7岁的儿子在吃早餐的时候问了我一个问题，他说我经常想一个问题，怎么样能够不用钱就挣钱？我说什么叫不用钱挣钱？他说我5块钱买一件东西，7块钱卖出去，就能挣2块钱；然后7块钱再买进来，9块钱再卖出去，就能挣很多钱。我说你什么时候开始想这个问题的？他说我3岁的时候就开始想这个问题，但不好意思问你。我说咱们小区里只有一个小卖部，他就做这个事，买进来卖给我们，你说为什么整个小区这么大，只有他们一家这么做？他说因为他们缺钱。我说这不对，我们每个人都缺钱，如果能这么做就都做了。

我觉得我儿子这个7岁小朋友都会问的问题，是今天很多人到30岁、60岁都没有好好回答过的问题，他认为商人就是这么挣钱的，你5块钱买的就能够7块钱卖出去。我觉得这是一个很重要的课程，我还没有好好教他，我要慢慢教他这个答案。其实并不是这么挣钱的，你试过就知道，你买了以后卖不出去怎么办？别人从别的地方买了怎么办？你需要问那个小卖部，这个进多少，那个进多少？这就是知识，所以整个小区就只有他们做了这么多年还能留下来，这个钱咱们能挣到吗？挣不到。**我们对他们的知识缺乏尊重。**

**俞敏洪：**现在国家在呼吁企业家精神，你认为什么是企业家精神？以及怎样弘扬企业家精神？

**薛兆丰：**我觉得对他们工作的阐述和尊重是最重要的。我们通常看不到企业家真正的工作是怎样的，大家认为企业是一个黑盒子，只要把资源和人塞进去，东西自然就会出来，他们没有明白企业家在当中起的关键作用。他的远见，他的决策，他怎么去揣摩消费者的需求，怎么去压低成本，怎么去应付各种问题，这不是天然有一个公式或者直接有一个机器就可以做的，大众对这件事情了解得不够多。但这也不能怪大众，因为它不是一个具体的知识，不可以像公式那样写出来展示，要怪就怪经济学家没有把这个过程很好地展示出来，以至于我7岁的儿子问他3岁的时候就想的问题，他认为钱就可以生钱，为什么会有这样的问题普遍存在？就是因为我们的解释不够。至于怎么解释，我现在还在学习，怎么告诉我的孩子这个小卖部是怎么做起来的，因为我也缺乏这个知识，我理论上知道做一个小卖部不容易，但是我说得不生动，我得去小卖部工作半个月，可能才会知道得多一点。

**俞敏洪：** 我最近做东方甄选就觉得很不容易了，因为原来新东方没有出现过这么多的物流、供应链、产品控制、商家合作，而且还要防范各种各样的虚假和坑蒙拐骗，真的挺不容易的。我还是刚才的问题，因为普通民众对于企业家还是有一些误解，当然企业家也有做得不到位的事情，但整体来说，我认为企业家群体或者创业者群体对中国社会的繁荣是必不可少的，你认为中国的企业家应该展现一种什么样的企业家精神？他们怎样才能和普通民众达到一种更加互相理解的状态？

**薛兆丰：** 我觉得要让大家知道他们的工作是什么，做好普及教育，他们的产品未来要更贴近大众，我觉得这是很重要的。今天的互联网，今天的产业结构，给了我们很大机会，像东方甄选做的各种农产品，我觉得是一个广阔的市场，是以前我们知识分子或者在北上广深的大企业根本就看不到的领域，它其实非常大，大到比我们看到的大的行业还要大，就是所谓的长尾理论。

**俞敏洪：** 我觉得现在互联网的发展有一个最大的好处就是，老百姓的需求和声音被看到了，信息半径被缩短了，从产品上市到产品获取不用转十八道弯了，相对来说信任度也增加了，这是给现代企业和商业带来的比较大的优势。

**薛兆丰：** 今天的氛围要比以前好很多，因为今天创业的人多了，只有真正创过业的才知道其中的辛苦，所以关于企业家到底是干什么的这方面的知识传播有了，就比较容易扫盲了。

**俞敏洪：** 我觉得中国有很多已经创过业的人，包括做个体户或者在抖音平台上直播带货都是一种创业体验，他们都面临着资源全部投入以后，是血本无归还是持续经营的问题，包括你从北大出来也是一种创业。你有没有想过你投入了那么多人力资本和智力资本来做这门课，如果这门课没有人买就血本无归了？

**薛兆丰：** 那就是另外一个故事了。

**俞敏洪：**但是现在有人买，你就可以持续实现自己把经济学常识普及给中国老百姓的人生使命了。由于时间关系，今天我跟薛兆丰老师的直播就到此结束，谢谢薛老师，谢谢大家。

**薛兆丰：**谢谢俞老师，谢谢大家！

（对谈于 2022 年 8 月 14 日）

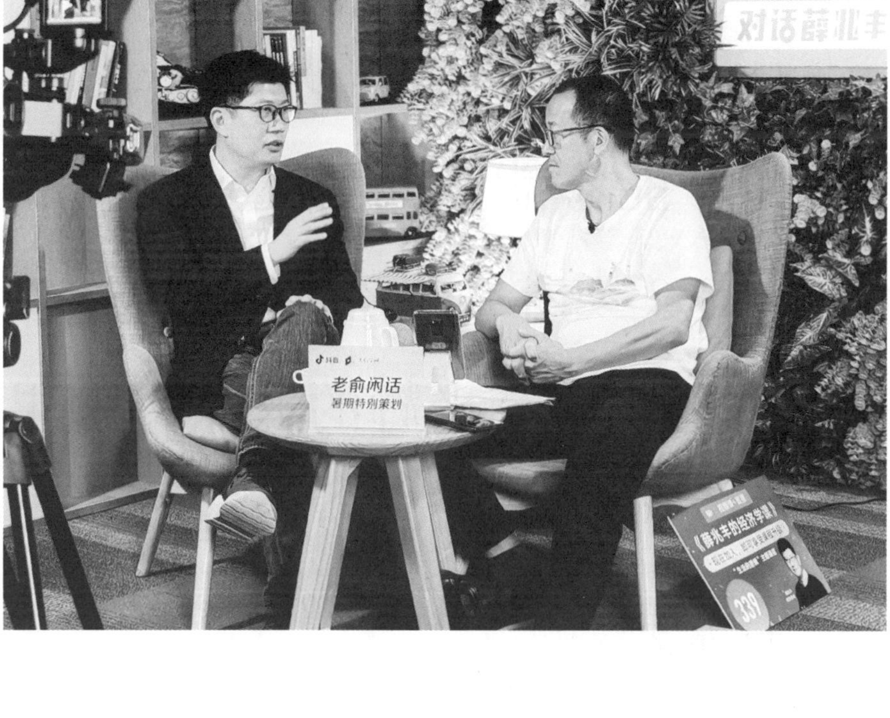
老俞闲话
暑期特别策划
《薛兆丰的经济学课》
339

## 对话 王志纲

且话改革开放 40 年

衡量中国的未来只有一个标准：能不能让民营企业家继续雄起？如果民营企业家能雄起，中国绝对有光辉的未来；如果民营企业家躺平，中国绝对没有未来。

王志纲 /

1955 年出生于贵州，著名战略咨询专家。1994 年创办中国第一个民间智库"王志纲工作室"（现更名为智纲智库），20 多年来，从企业到政府，为上千个客户提供了战略咨询。出版作品有《找魂》《大国大民——王志纲话说中国人》《王志纲论战略》等。

**俞敏洪：**大家好，坐在我旁边的是王志纲老师，王志纲老师参与了中国改革开放的全程，并且部分意义上还是影响了很多重要领域的一位专家、老师，今天我将和王志纲老师进行一次对谈，谈一谈中国的发展，谈一谈发展过程中我们所遇到的问题及解决方法。

**王志纲：**大家好！第一次参加这种直播活动，以前我参加过很多中央台的活动，但没想到现在直播形式转换得这么快。

**俞敏洪：**哈哈，现在年轻人喜欢这种模式。王老师可以给大家简单介绍一下自己。

**王志纲：**关于我本身，多的就不说了，就一句话，我叫自己"不明飞行物"，既不是火箭，也不是飞机，也不是所谓的航天器，但一直在飞行，是啥我说不清，所以只能用这句话来概括，我是"不明飞行物"。这几十年走过来，横看成岭侧成峰，从各个角度来诠释王某人其实都不对，今天有这个机会坐在这里，给大家带来两本书，一本《王志纲论战略》，一本《大国大民》，这两本书充分说明了我是谁。

**俞敏洪：**我能理解那种感觉，不明飞行物又神秘，又变幻莫测，也许有自己的目的地，但别人并不知道。不过你应该不是不明目的地的飞行物吧？

**王志纲：**问得非常到位，由于人们只能用现有的、已知的工具来界定王某人，就出现了一个说不清楚的东西，所以只好用"不明飞行物"来说明自己，但我自己很清楚我从哪里来，要到哪里去，而且还能够掌握自己的航程和航速。

**俞敏洪：** 但外面的人不一定马上就能看懂。

**王志纲：** 对。

## ——对谈环节——

### 1. 贵州岁月：大局意识的培养

**俞敏洪：** 你比我大8岁，你是23岁参加高考，23岁前的那段岁月你在贵州的农村还是城里？高考前的23年，你大概是一个什么样的生活状态？为什么1978年一下就考上了中国的名牌大学？

**王志纲：** 问得很有意义。我虽然和你只差了8岁，但我可能比你多感受了一个时代。在23岁以前，我生活在一个绝望的时代，那时你再怎么努力，都没有出路。第一，不能考大学；第二，不能当兵；第三，没有就业。我出身于一个知识分子家庭，是不能当兵的，被叫作"臭老九"。我出生的地方，是贵州的一个小县城水西，尽管县城的人们到现在都津津乐道地说"一部贵州史，半部在水西"，水西算是贵州一个文明昌盛的地方，但毕竟只是一个小县城。此外，我在23岁以前经受了很多苦难，我真正的文化程度是小学四年级。

**俞敏洪：** 你23岁之前只上到了小学四年级？

**王志纲：** 没有学校，停课了，所以我真实的文化程度是小学四年级。由于没有受过正规教育，我到今天为止也不会拼音，也说不好普通话。现在人们也会嘲笑我，说我说的是"贵普"（贵州普通话），和贵州老乡任正非一样；有人告诉我，说我的普通话比任正非、龙永图的好一些，我感到非常欣慰。

**俞敏洪：** 这两位都是贵州大山里走出来的非常人物，龙永图为中国改革开放走向世界、加入WTO做出了重大贡献，任正非则创造了中国企业史上的奇迹，而你在中国改革开放的几个内容板块中起到了重大作用。我想问一下，为什么从贵州大山里走出来的人会有这样一股劲，有如此大的战略格局？

**王志纲：** 其实我写了一篇关于贵州的文章，叫《"日鼓鼓"的贵州人》，"日鼓鼓"在贵州话里就是倔强、认死理、看准了方向绝不动摇的意思。任正非、龙永图身上就充分体现了这一点，看准了目标就一定砥砺前行。龙部长给我讲过很多 WTO 谈判的内容，为什么黑发人谈成白发人，如果没有这种砥砺前行的精神是做不到的。

不过我想补充一下，我后来当了新华社记者，到你们江浙一带采访的比较多。每次去，他们都会恭维我说，哎呀，你们贵州出人才啊！我说这纯粹恭维话，贵州怎么能跟江浙比？你们江浙地区，小小的一个绍兴出的进士、状元、名人是贵州的几十倍、一百倍，蔡元培、鲁迅、秋瑾……一抓一大把。

**俞敏洪：** 那是因为物产丰富，人口密集。

**王志纲：** 不光是这个原因，我后来专门研究过这个问题。江浙一带相当于一片茂密的森林，人才济济，贵州山高沟深，土地贫瘠，很少出人才，但一旦出来就是苍松古柏，就是怪才、鬼才。任正非、龙永图的确是人才，但为什么你们印象这么深刻？就是因为他们是不世之才，他们不是培养出来的。

**俞敏洪：** 王阳明都是到了贵州龙场才悟道的。

**王志纲：** 那就回到一个问题上来，你问到我 23 岁以前干什么？我虽然文化不高，小学四年级，但家学很厚。我父亲是个中学校长，而且他把这个学校打造成了一个重点中学，我从 6 岁开始，父亲就给我讲王阳明。龙场离我家 10 公里，从最早王阳明进入贵州的乌烟瘴气，还有《传习录》讲起，到王阳明的《象祠记》，即他在贵州唯一给当地土祠留下的一篇散文，再到他的阳明心学，等等，虽然似懂非懂，但在我七八岁时就已经种下了种子，这个过程很重要。

**俞敏洪：** 实际上由于你父亲对这方面的理解，你小时候尽管处在恶劣的环境下，但有意无意还是受到了浸染。你从小学四年级开始就没有上学，但到了 1978 年，一口气就考上了大学，为什么那段时间你会坚持读书？是你父亲认为读书有用，还是你自己就喜欢读书？

**王志纲：** 恰恰相反，我非常讨厌学校，我认为学校是万恶之源，为什么？我的父亲因为当了校长，所以被打成牛鬼蛇神，我认为这是知识给我们全家带来的最大灾难。但我并不反对知识，那时候我成了一个野孩子，成天带着孩子们到处乱窜，学校的图书馆当时已经被封了，突然有一天我们就钻进去，发现了很多被封存的书籍。小学四年级识文断字还是可以的，所以我读了《三侠五义》《火烧红莲寺》等很多书，我的近视眼也是这样读出来的。这是第一个问题，关于读书。

第二，对我一辈子影响比较大的就是高尔基的人生三部曲：《童年》《我的大学》《在人间》，为什么能打动我？因为高尔基的经历跟我的经历很相似，最后直接影响了一个少年。我一直说我的大学不在学校，而在社会。所以，第三个问题就来了，我要求我的父亲不要让我再上学了，我要到社会大学，让我去当工人，但小县城哪有工人？小县城有一些泥瓦工，三线建设缺人，他们要去参与建设，我就当他们的徒弟跟着去了。我去干了两年泥瓦工，两次差点死掉，这个经历使我对社会有了更多的认知，我知道了什么叫剥削。

**俞敏洪：** 我们还挺相似的，我小时候跟我父亲学过木工。

**王志纲：** 但还有一点，当我的知识到一定程度的时候，我非常感激我的父亲，除了家学以外，我父亲复职后，每天放学回来，必然会带回来三份报纸：《参考消息》《贵州日报》和《文汇报》，这些报纸我读了将近十年。

**俞敏洪：** 所以你养成了从大局着眼去看中国和世界问题的习惯。

**王志纲：** 这个很重要。我17岁当泥瓦工的时候，在三线企业，有天我正在五楼挑灰浆，这时候心情很压抑，觉得没有出路，突然就听到广播里在播一个新闻，说美国总统尼克松要访问中国，那时候是1972年，这时候脚手架上的泥瓦工们浑然不知道世道要变了，我却知道世道要变了。

**俞敏洪：** 那时候你才17岁。

**王志纲：** 对，当时我一不小心就脚下踩空，直接从脚手架上掉下来了。我直到现在印象都还很深刻，当时我估计我要死了，我现在对死的感受也仍然非常深刻，我认为有一些电影描述的死亡感觉是对的——我觉得我要死了，天是蓝蓝的，有一个大系统要把我吸进去，我浑身是软的，我要死了。后来掉到倒数第一层的时候，人在死之前要挣扎一下，我就使劲捞了一下，居然捞到一根没拆掉的脚手架，缓冲了 60%，掉下来以后，浑身皮开肉绽，但居然没死。

**俞敏洪**：这叫大难不死，必有后福。

**王志纲**：后来到了邓小平第一次复出、整顿的时候，我爹说你应该回来读书了，只要小平出来，中国就有希望了，我这时候才回去读书的。那时候是 1973 年，从高一到高二，读两年，但这两年我也没有好好读书，因为不让我们考大学，读书没用。我听说只要有特长就可以特招去当兵——文艺兵、体育兵。我便拼命练文艺和体育，没想到后来成了当地很有名的篮球运动员，我当时打篮球打成了地区代表队的主力队员，后来考大学，兰州大学在上万学生中选运动员参加大学生运动会，我被选上了，说明我水平还是不差的。另外，我当时练了手风琴，我是文工团的独奏演员，独奏得很好。所以当时就成天学这些没有用的，搞文艺、体育。

## 2. 入行记者：见证改革开放 40 年

**俞敏洪**：为什么后来选择了兰州大学？

**王志纲**：1978 年改革开放可以高考了，但 1977 年不让我考，为什么晚半年？因为我当时是女篮教练，才 21、22 岁就当教练，我培养了两三年女篮，把她们都培养成了很优秀的人，所以 23 岁才让我考大学。其实学习的方法论非常重要，我们家四兄妹同时考，有两个前一年考了，但初选都没考上，第二年我能考的时候，就把他们组织起来，用了一种比较好的、科学的学习方法，最后我们四个都考上了，三个重点。

**俞敏洪**：你家总共四个兄弟姐妹？

**王志纲**：六个，但当时老大已经出去了，老么还够不着，但他们俩后来也上了大学。

**俞敏洪**：全家六个兄弟姐妹最后都上了大学？

**王志纲：**对，都上了大学。

**俞敏洪：**在那时候可真是了不起，那时候大学的录取率，每100个考生只有3到4个能被录取。

**王志纲：**当时我爹就开玩笑，说我们家从"匠门之家"变成了"五子登科"。为啥是匠门呢？我爹是钟匠，敲钟的，我大哥是石匠，我二哥是木匠，我是泥瓦匠，所以叫"匠门之家"。最后到五子登科，我们四兄妹全部考上大学，我父亲恢复了校长，当时成为一个佳话和传奇。

**俞敏洪：**据说当初你差点进了北大，是吗？

**王志纲：**是这样的。考完大学以后，我的成绩是可以上北大的，我第一志愿就毫不犹豫填了北大新闻系，这就带来一个很大的故事——去年罗胖专门找我，他在年终讲演的时候专门用了我这个观点，叫"够得着"。很多人就问我，你一个贵州山里的小孩，怎么敢填北大？我说在此之前，我参加全省运动会的时候，当时叫体育革命，就是不准讲比赛，只能讲锦标、只能讲友谊，后来大家就不比赛了，成天手牵手，然后打扫场地，我愤怒之下，写了一篇文章，叫"如此体育革命"。"四人帮"刚一倒，我就直接寄到国家体委的《中国体育报》，没想到当时没有消息，一年后《体育报》复刊，这篇文章变成了头版头条，叫本报特约评论员"如此体育革命"，一个字没改。我看了这个一下就有了信心，觉得我够得着了，我是一个当记者的料，所以我必须上北大新闻系。

**俞敏洪：**你上大学之前，就已经明确要做新闻了？

**王志纲：**对，我认为我当时是一个当记者的好料。但传递过来的信息说，北大新闻系77级有，78级就转到人大了，而人大刚复校，校舍不够，更多招走读生，所以就没去成。后来人们问我后不后悔？我说一点不后悔，幸好没上你们北大（哈哈）。

**俞敏洪：**（哈哈）你上了北大，有可能会变成钱理群教授所说的"精致的利己主义者"。

**王志纲：**不过当时兰州大学很有影响力，取分跟北大一样。

**俞敏洪：**兰大部分意义上是北大帮着筹建的。

**王志纲：**对，兰大的校长都是北大过去的，包括我们去的时候，校长是清华大学的校长。当时我很埋怨兰大，因为大西北，苦寒之地，但我又很感谢兰大，正是这种苦寒的地方，使我能够埋头认认真真读书。

**俞敏洪：**在大西北这几年的学习，给你本人的气质和对中国的看法带来了什么影响？

**王志纲：**至少有三个东西，最重要的一个是，我用了几年时间认认真真啃了《资本论》，很多人听说我啃了五遍《资本论》，都觉得不可思议。后来我告诉他们，《资本论》不是一般人能看的，不读五遍你根本不知道其中之奥妙。学校古板有古板的好处，每个星期有两次要花半天读原著，剩下还有一个半天是答辩，老师亲自帮助你。

**俞敏洪：**这是你们的必修课？

**王志纲：**对，必修课，学两年半。第一遍读完以后就骂马克思，说这完全是天书，学的什么玩意儿？根本读不懂，全部用典，什么伊索寓言、希腊神话，跟我们完全不是一回事。你要读这一本书，就必须旁观十本参考书。读第二遍的时候，就开始觉得不可思议，这个人怎么知识这么渊博？到了第三遍、第四遍、第五遍，终于知道了什么叫马克思主义。马克思主义的精华就是方法论，辩证唯物主义和历史唯物主义，而且这个东西，作为一种方法论，作为一种庖丁解牛的工具，对我一辈子起到了很大的作用。今天很多人说他们懂马列，其实他们根本不懂，都是皮毛。

**俞敏洪：**我现在明白为什么你的理论功底如此深厚了，原来在大学时期真的认真读了这么深厚的著作。

**王志纲：**基础很重要，就像盖房子，打地基非常重要。今天很多学者为什么飘？因为没有地基。

**俞敏洪：**你大学毕业后到新华社工作，在这个过程中，你实际上参与了两件大事，一个是广东地区包括深圳特区的改革开放的跟踪报道，还有一个是邓公"南巡讲话"，你好像全程跟踪了邓公"南巡讲话"的前后过程。你能稍微评价一下，在那个时代，比如广东的开放，对中国起到了什么样的作用？

**王志纲：** 我非常感激这个时代，从23岁一直到63岁，我完整经历了中国改革开放40年，而且是在主战场上，这叫幸运。我1984年到新华社，1985年新华社就把我调到了广东，那时广东是改革开放的前沿、窗口，按照当时我们新华社社长说的，广东的报道要同广东的地位相称，必须派精兵强将，所以我就被派到广东去了，一待就是十年。这十年收获之大，第一，我经历了中国从计划经济向有计划的市场经济，再到最后小平推开这扇大门，走向完全的市场经济的历程；第二，我亲身经历了广东人从冒着生命危险也要投奔所谓的资本主义，社会主义再好，人家也要往资本主义走，到最后广东人终于热爱自己的本土，开始繁荣富强，整个广东、珠三角变身世界工厂；第三，在整个过程中，我直接参与了很多重大探讨，包括给中央选内参，1992年小平南巡的时候，我也正好跟新华社社长穆青在珠三角调研，跟小平的考察过程同步进行。结束之后，我跟穆青同志一起，我来执笔写了当时比较重要的一篇报道《风帆起珠江》，后来这篇报道成为国家文献。这个过程为什么写得出来？因为我们有真情实感，亲自经历了这个过程，我记得特别清楚，我在结尾写了这么一段话："大江挪日月，风帆起珠江，当我们站在中国改革开放的前沿，放眼五洲四海，回眸浩浩神州，我们不禁在想，当中国改革开放的风帆已从珠江启航，那百舸争流、万船竞渡的时代还会远吗？"

**俞敏洪：** 从改革开放到今天，大部分中国人民过上的美好生活，都是从当时广东的改革开放开始的，你觉得有哪几种力量促使了中国的发展？

**王志纲：** 中国改革开放40周年的时候，2018年，很多地方请我去讲演，其中我还做了100期《王志纲口述改革开放40年》的语音节目，当时反响很强烈。讲完这100期以后，我把这40年概括为四句话。

**第一句话：** 逼出来的改革。人是有惰性的，没有"逼"，是不可能改革的。我们都经历过这样的过程，饥饿、没有出路，最后从上到下形成一种共识，而后以一种非常优秀、卓越的老一辈无产阶级革命家的带动性，顺应民意，往前走。

**第二句话：** 放出来的活力。市场不是管出来的，是放出来的。成千上万的农民为了改变命运，从四川、贵州、云南的大山奔向了长三角、珠三角打工，今天有人可能会说他们好像不人道，没有老婆孩子，但你有没有想过，他在家里面朝黄土背朝天，干了一年农活还养不活自己，而出来打工一个月至少有七八百块钱，这在当时是很高的，回家可以盖房子了。这么一种大的、放出来的活力，使中国西部成千上万的农民工奔赴沿海，帮助沿海实现了中国的工业化，这就是一种人性的释放，这才是规律，放出来的规律。

**第三句话：摸出来的市场。** 我们一直不准讲市场经济，把它当成洪水猛兽，把它跟资本主义等同，最后小平同志怎么说？资本主义有计划，社会主义有市场，市场经济不是资本主义的专属，而是社会和历史发展最有效率的方式。

**第四句话：挡不住的国运。** 我经历了这个过程，很多次我们都要走不下去了，包括苏东剧变，以及美国"9·11"之前准备全面打压中国，等等，很多时候我们都过不下去了，甚至想走回头路，最后柳暗花明又一村，这是挡不住的国运，所以冥冥当中，真是有一种力量在天佑中华。但千万记住这句话，不是神仙和皇帝在帮我们，冥冥当中**只要我们尊重常识、敬畏规律、尊重人性，最后把整个中国的力量释放出来，谁都挡不住中国的复兴和繁荣，中国只要不犯颠覆式错误，美国打压不了中国。**

所以就这四句话：逼出来的改革、放出来的活力、摸出来的市场、挡不住的国运。

**俞敏洪：** 中国发展到今天，再往后走，我们应该采取哪些措施或者应该用一种什么样的态度去推进中国继续繁荣发展？

**王志纲：** 改革开放40周年的时候我写了一篇文章《邓公的遗产》，通过我的经历、我们这代人的经历，对中国的改革开放做了一次总结。邓公给我们留下了什么遗产？**第一，尊重常识。** 世界上没有什么高大上的东西，就是个常识问题，肚子饿了要吃饭，穷了就要给别人出路。**第二，顺应规律。** 全世界这些国家怎么发达起来的？比如市场经济就是必经之路，我们就必须走这条道路，如果封闭起来只是搞闭关锁国、计划经济，对标朝鲜，那就完了。**第三，尊重人性。** 人都是俗人，饮食男女，不是圣人，如果要求每个人都成为圣人，只能产生口是心非的两面人；如果承认都是俗人，他可能就会做一些扬名立万、对社会和国家有好处的事情。很多商人到临死的时候，就会思考一个问题，财富生不带来死不带走，怎么才能留得名声在民间？全世界概莫能外，我到美国看到了很多碑，很多大亨大富在世的时候是罪恶的资本家代表，走的时候就成了人民怀念的对象。这就是人性，不能要求他去当圣人，要承认他是俗人，俗人有可能反而有圣人的情结。

**俞敏洪：** 一个俗人难得高尚一下是可以的，但一个人老觉得自己特别高尚，那这个人可能是两面人。

**王志纲：** 肯定是两面人。

**俞敏洪：** 您觉得自己高尚吗？

**王志纲：** 我不高尚，我是俗人，但我有高尚的追求。

**俞敏洪：** 高尚的追求人人有。

**王志纲：** "仓廪实而知礼节，衣食足而知荣辱"，管子早在2000多年前就说过了。

**俞敏洪：** 是，甚至衣食不足，人也能产生高尚的情结。最近有几个报道，完全无关的人看到河里有人快被淹死了，自己就跳进去把人救起来，你说他们俩也没什么关系，救起来的人都不一定能给他什么钱，但这就是人性中孟子所说的"恻隐之心，人皆有之"。所以我觉得人首先要把自己定位成一个普通人、正常人、有七情六欲的人、俗人，但你难得高尚一下，做点好事，这是大部分人可以做到的。如果你把自己定位成所谓的圣人、特别道德高尚的人，凡是遇到这样的人，我转头就走，因为我不认为我能和这样的人打好交道。

**王志纲：** 是的，总之就是记住三点：尊重常识、顺应规律、尊重人性。

**俞敏洪：** 任何一个企业、个人也是这三句话，做一件事情没有常识怎么能做得好呢？不顺应规律你也做不好，不尊重人性也做不好，所以这三点总结得特别棒。

## 3. 从"出走新华社"到"智纲智库"

### （a）寻找第三种生存方式

**俞敏洪**：大概 1994 年，你从新华社出来，后来开了"王志纲工作室"，再后来改成了"智纲智库"，当时从新华社出来，是对新华社失望了吗？为什么出来以后要开自己的咨询工作室？

**王志纲**：这个问得很有意义。其实我从大学毕业那天起就给了自己一个很清晰的人生定位：第一，不当官、不走仕途；第二，不经商。那第三种生存是什么呢？当时没有体制外，没有海，只能在体制内选择，所以当记者肯定是最好的选择，特别是新华社记者。

**俞敏洪**：像你这样的人如果从政，是不是也还不错？

**王志纲**：那就不是我了，你看到的是部级干部老王，那是另一个形象了，就不会跟你谈笑风生了。后来走到 1994 年，就面临了很大的挑战：第一，我是往 40 走的人了，如果继续当记者，就属于跟年轻人在一起。第二，总社很欣赏我，天天找我谈话让我当官，觉得不当官对不起你，但这违背了我对自己的要求，我怎么能当官呢？我根本不愿意当官，我跟穆青同志专门讲过，我说如果要给我更大的重视，那就给我自由，让我当机动记者，让我可以选择任何选题，不要让我往官道上走，我不是当官的人。第三，当时整个中国的格局发生了深刻的变化，80 年代我们可以铁肩担道义，去做文章，可以采访几乎所有挑战性很大的难题，我曾经有一次采访过十个省委书记，上海市委书记、广东省委书记，我都能采访，而且涉及的话题都非常尖锐，比如中央和地方的矛盾、东部和西部的差别、改革和开放的失衡，后来由此我写了一组很重要的内参报道，到了中央，轰动了最高层，最后的结果是让我去中南海，给最高领导汇报。后来到了 1994 年，就没有这种空间了，我就离开了。

**俞敏洪**：和 1992 年的下海潮有关吗？

**王志纲**：没有，我跟"92 派"不是一回事。1994 年，有广东的报纸采访我，问我为什么离开体制，我就讲了一个故事。我说一所幼儿园里有很多孩子，我长得又胖又大，最后阿姨不仅不表扬我长得健壮，还说我费衣服、费布，一会儿裤子破了，一会儿衫子破了，还被批评，后来我没办法，体制内已经没有这种条件了，只能在体制外找更大的裤子。

**俞敏洪：** 觉得才华发挥的余地受到了限制？

**王志纲：** 重复自我了，而且我觉得我浑身有劲，还想干很多事。

**俞敏洪：** 1994 年你才 38 岁，正是年轻力壮想干事的时候。

**王志纲：** 就选择了铤而走险，到体制外去找机会。但我当时不愿意经商，又不愿意当官，所以为什么我叫"不明飞行物"，就是后来找了一条路，第三种生存方式，既不是官也不是商。当时很多人都开玩笑。没想到这三四十年下来，走通了，所以我们跟商人、官员同流而不合污，和光而不同尘。

**俞敏洪：** 当时你之所以做工作室，是不是已经意识到自己对市场的敏感度，以及战略思维的能力很强，你对自己这方面非常自信？我一直觉得你是一个超级大战略思维的人。

**王志纲：** 非常有自信，我当时下海在广东成了轰动事件，后来别人就问我，你下海会不会饿死？我说了这么一句话：中国要走向市场经济，就必须唤起人才千百万，我是人才中比较优秀的一员，如果连我下海都淹死了，那就说明这个市场是假的，既然是假的，那我也认了，这就是我算账的方式。后来发现是真的，我就活了。

**俞敏洪：** 到现在为止都没被淹死过？

**王志纲：** 没有，而且我们现在不仅帮企业做战略，也帮政府做战略。

### (b) 房地产时代：为社会开模具

**俞敏洪：** 我知道后来很多城市的政府都在你的战略指引下，做出了很多城市的特色。你出来做战略咨询后，进入的第一个行业是房地产，为什么当初会选择房地产？是预判到了后来 20 年中国房地产的巨大发展吗？

**王志纲：** 是的，1993 年、1994 年，房地产全面崩盘，所有老板都不知所措，现在只是资金断了，那时候是全死掉了。

**俞敏洪：** 当时不只是资金断流？

**王志纲：** 全都死掉了，银行抽贷、抓人。在这种情况下，当时碧桂园的老板不想死，就来找我。当时他对我的认知就是一个很有名的记者，他就叫我写篇大文章，我说给死人化妆，水平再高，也叫入殓师，不是化妆师。但没想到杨国强很厉害，我的经济学根底，我对整个中国政治、社会的了解，还有对市场经济的领略，他听得懂，我知道可以怎么做，就希望帮忙。

**俞敏洪：** 他挺厉害的，他的文化水平也不是很高。

**王志纲：** 今天很多年轻人为什么走不出来？因为太计较当下。我当时傻到什么程度？不谈价钱，我和他共同把这个"孩子"生下来，最后你看着办。这对他来说太容易了，因为我需要一场战争来解答一个知行合一的问题，他需要一个智库来帮他脱难，结果我帮了他三年。这三年基本用我的理论，从找市场、跟市场到创造市场，从做产品到做生态，从做生态再到做生活。

**俞敏洪：** 产品到生态是个什么概念？

**王志纲：** 举个例子，很多人都盯着要找学校，这时候他哪有市场？而且他资金流又断了，我知道中国鼓励改革开放的探索，当时产生了一种新的贵族学校，可以收教育储备金，所以就帮他办了一所贵族学校，一个孩子36万教育储备金，3000个孩子得多少钱？一下把资金解决了。但我警告他，事物是会变的，你必须在三年内完成闭环，把最终的产品卖出去，这点他做到了。

**俞敏洪：** 所以实际上今天碧桂园下面的教育公司，也跟你有关，你整体上给他设计了一个战略链条？

**王志纲：** 是的。有了学校，父母亲周末就要去看孩子，这个市场就在家门口，这时候我就跟杨国强讲要打造生活，要做到什么程度？在广州吃顿饭3000块钱才能吃海鲜，但咱就倒贴式地让大家500块就能吃顿好的，让所有家长过来，带着亲戚朋友过来，有面子、有里子、还能看孩子。最后一招，买房子，只差最后一步了，这时候杨国强是有大本事的，能够低成本、大面积地给你一个五星级的家，一下子市场就做开了。

**俞敏洪：** 所以，"给你五星级的家"是你提出来的？

**王志纲：**广告是我给他定的，包括碧桂园的 Logo、战略，最后形成一种独特的生态，一片绿洲就这么产生出来了。后来一不小心就把我变成了所谓的房地产大师，房地产项目就不少了。后来也做了很多，龙湖、万达等，但过了十年，2001 年的时候，我告诉社会，不做房地产了。

**俞敏洪：**当今中国的房地产产业，你认为未来还有机会吗？

**王志纲：**没有机会了，一个时代结束了，以产品为王的时代结束了。房地产下一步以内容为王，就像我们早期买 PC 机，我们根本不在意所谓的芯片，因为没有到智能化的时代，但现在，包括联想搞 PC 机，人家就说那不是高科技，现在的高科技是芯片。房地产也是这个道理，PC 机是没有用的，PC 机的价值在于芯片。

**俞敏洪：**做一个房子壳没有用了是吧？

**王志纲：**对，没有用，关键在于内容，从卖产品到卖内容，从卖平台到卖生活，这是一个必然逻辑。所以，就看谁能给这个载体植入新的内容，包括养老、文旅、康养，甚至包括下一步中国新能源的崛起。通过光伏新能源的植入能够产生很多深刻的变化，包括万物互联、物联网的形成。下一步的中国会出现三个新的需求：新基建、新能源、新生活。

**俞敏洪：**意味着未来的房地产产业要跟高科技相关了？

**王志纲：**它必须往这方面转型，把内容变成生活，形成芯片植入这个载体，房地产还有下半场，但不叫房地产了。

**俞敏洪：**已经不是原来意义上的房地产了。

**王志纲：**对，不是那种意义了，所以今天这些老板如果还想侥幸，那就等死去吧。

### (C) 城市化时代：从 0 到 1

**俞敏洪：**2001 年的时候，房地产还是很赚钱的，但你突然就转向了新的领域。我记得你做的比较大的一个事情是 1999 年云南世博会，后来武夷山、黄山、丽江等一系列的风景名胜城市文旅发展设计，你都有参与，而且都做得非常成功。为什么后来转向这个领域？也是因为看到了当时文旅发展的大方向，还是你觉得必须得参与祖国的文旅事业？

**王志纲：** 这是一个战略认知问题，回到一个原点——我是谁？我们自身的定位是什么？如果继续做房地产，我们驾轻就熟，赚钱太容易了，但这不是我之所愿。我给智纲智库的定位是，别人不熟不做，我们熟者不做，别人做不大不做，我们做大才不做，我们非新勿扰，而且一定要帮助社会开模具，唤起工农千百万，别人都学会以后，我们的任务就完成了。就像卫星发射，我们就是火箭，任务是把卫星送上太空，送完以后就自动脱落了，哪有火箭跟卫星绑在一起共享荣光的？我帮完所有老板以后，就坚决地走了，不来往了。

**俞敏洪：** 实际上你助推了一个行业，推上轨道以后，就走了。

**王志纲：** 此外，我们是智库，应当是价值最大化，而不是效益最大化。

**俞敏洪：** 什么叫价值最大化？

**王志纲：** 就是我们这群知识分子的价值，我们的知识、思想、智慧的影响最大化，对社会推动最大化。

**俞敏洪：** 对社会的推动、对某个行业的推动最大化。

**王志纲：** 这不是一个生意问题，是一个事业问题。包括我的团队，如果你认同你就跟着走，如果不认同你就别在这里，挣大钱是没有的，但我们可以有体面的生活，被人尊重。太阳每天都是新的，这极具挑战性。

2001年，中国开始西部大开发、城市化，但怎么城市化？不懂，只是从西方学了一些"规划规划，墙上挂挂"，在这种情况下，有很多有识之士，包括地方负责人，就会找到我们，这其中包括成都的、重庆的、西安的负责人，因为之前我在新华社待过，这些人当科长、处长的时候一直读我的文章，其中有一个领导跟我说过一句话：当年为了读南方的内容，我们专门订了《南风窗》杂志，因为你经常在上面发表文章。

**俞敏洪：** 实际上到今天为止，你也是凭自己的思想、文字、战略眼光，引领着一些行业的发展，甚至某种意义上参与了整个中国改革变迁的很多大事，比如城市化。你对城市化的理解，跟你当初对中国很多城市的咨询是否有比较密切的关系?

**王志纲:** 不仅有密切的关系,而且我们给中国城市化植入了一个西方没有的"芯片"。我 2003 年去的成都,今天成都的发展可圈可点,但回过头来看,成都首先是一个找芯片、找魂的问题。怎么找魂? 当时成都整个官场正好想调整成都人民闲散、打麻将的状态,我就告诉成都的领导官员,成都就相当于一个火锅,这个老汤非同一般的价值,包括打麻将、休闲、舒畅、安逸、巴适、闲适,这是第一个概念。其次,下一步中国要继续发展,必须往高质量发展,全中国人民都想享受成都人民这种生活,萝卜、白菜、海鲜都想跳到这个火锅里来,你为什么要把这个汤倒掉呢?

**俞敏洪:** 很多城市的改革最后都把汤倒了。

**王志纲:** 对,所以,成都——西部之星,面向全世界的时候,你要成为中国西部的生活中心、时尚中心、金融中心、设计中心、物流中心、会展中心。

**俞敏洪:** 现在基本都实现了?

**王志纲:** 全部兑现了,而且当时成都才 300 多万人口,当时领导问我,未来能到多少? 我说 1000 万以上。

**俞敏洪:** 现在好像加上外地人口有 1500 万以上了。

**王志纲:** 后来政府就一直按照这个方式走,最后成都的生活成为一张王牌,连老外都拼命往那儿跑,包括宽窄巷子,当时他们准备把它拍卖了搞房地产,我说不行,后来我亲自帮助把宽窄巷子打造成今天这个样子。

我们这个行道,不仅要有理论、前瞻性,而且要有案例,你一定要选一个天时地利人和最具备的地方,开一个模具,实现 0 到 1 的突破。这个 1 一旦形成,唤起工农千百万,同心干,后面加 0 就可以了,所以智纲智库的价值不在于挣多少钱,而在于通过一次次迭代,在这个时代做出 1.0 来,这样价值就出来了。

### (d) 使命和责任:实现价值最大化

**俞敏洪:** 你从 20 年前就开始做城市咨询,真的参与了很多城市、区域的发展，后来还做到了边疆地区，你为中国各个地方的发展做了太多事情，现在你还着重为中国哪些地区或者城市做这样的战略规划和发展咨询？

**王志纲：** 我们现在有一百来号人，北、上、广、深、成都，有五个中心和一个书院，他们已经成长得非常好了，这帮人跟我最长的有二三十年，原来都是名牌大学的学生，完全是我一手把他们带出来的，从战争中学习战争。

**俞敏洪：** 你的团队中有像你这样具备高远战略眼光的人吗？

**王志纲：** 应该有，但只有我死了人们才承认他，我不死，人家还是盯着我。

**俞敏洪：** 就像陈佩斯的演出，只要陈佩斯在台上，大家就是为了他而去的。现在智纲智库主要做的城市咨询、政府咨询、区域咨询，还是企业咨询？

**王志纲：** 都有。

**俞敏洪：** 智纲智库的使命和责任，你认为是什么？

**王志纲：** 它的使命，往小了说，是给中国的知识分子找出第三条生存道路。

**俞敏洪：** 为什么是给知识分子找第三条生存道路？

**王志纲：我认为要成为真正的知识分子，一个最简单的前提就是不能依附，一旦有依附，这个人就不是知识分子了。**

**俞敏洪：** 我觉得这是你的第三条路，但对其他知识分子来说不一定。

**王志纲：** 但我要帮我带的这个团队，让他们走出第三条路，财富自由、思想自由、时间自由，他们能去干自己想干的事情。至于他能带动其他周边多少人，我不管，但至少让人们知道有这么一种活法。

**俞敏洪：** 你觉得智纲智库从过去到现在、到未来，它存在下去的社会价值是什么？

**王志纲：** 第一，我这个人一辈子只问耕耘不问收获，因为社会是无常的，我们都决定不了它的一切。第二，我经常讲王阳明临终前那句话——"此心光明，亦复何言"，我们不能选择时代，整个中国治乱传承，你遇到顺世怎么办？遇到乱世又怎么办？我只能尽我的努力和良心，把该做的事情做完。第三，以后等我乘鹤西去，如果我们的团队有好的接班人，他可以把智纲智库作为一个王家店继承下去，成为王老吉，成为所谓的百年老店，那是一种荣幸；如果继承不下去，也无所谓。可能就有很多人关注它留下的这些东西，这些东西如果经过提炼和升华能对后世有帮助，那也算间接为中华文化做了点贡献。人生不就这么简单吗？

**俞敏洪**：当时为什么要做《王志纲口述改革开放40年》，是不是就想为改革开放40年留点东西？

**王志纲**：致敬，这也是种责任。当时最高领导专门说过，要好好庆祝40周年，很多新闻单位就来找我，他们知道我经历了全过程，我也摩拳擦掌想好好做一做，后来到了年底，我看还没动静，这时候就觉得我作为一个过来人，必须用我的所见所闻和亲身经历，为当下、为后代留下第一手资料，就这么简单。

**俞敏洪**：太棒了，这个节目实际已经变成珍贵的历史史料了。

## 4. 民营经济：衡量中国未来的唯一标准

### （a）民营经济的重要性

**俞敏洪**：这两年全世界的经济都不太好，中国的经济也受到了一定的考验，面向现在世界和中国的经济状况，中国的民营企业家，不管是小的、中的、大的，他们的机会在哪里？他们在这个时代应该用什么样的态度对待后续的发展？

**王志纲**：第一，我非常尊重企业家，包括优秀的民营企业家，是他们改变了市场，他们像火车头一样，火车跑得快，全靠车头带，是他们带着市场往前走，这是我感同身受的。

第二，今天的中国经济尽管遇到了很多困难，但**我认为衡量未来只有一个标准，能不能让民营企业家继续雄起？**如果民营企业家能雄起，我们的经济绝对有光辉的未来；如果民营企业家躺平，我们的经济绝对没有未来，这是很简单的常识。

第三，我38年前在新华社当记者的时候，当时"苏南模式"很火，我专门到江苏去总结，总结完苏南那些冠冕堂皇的模式以后，我说了这么几句话，当时不敢登出来，我说，乡镇企业是经济怪胎，现在乡镇企业都垮了，不改制肯定不行，为什么会有乡镇企业？老大不争气，国企不行，民企又不让干，所以才有戴红帽子的乡镇企业。农民都能把国企打掉，说明国企有问题，包括华西村、牛家村……太多了，他们背后的东西我全了解，现在都出现了很大的问题。乡镇企业是经济怪胎，国有企业是史前恐龙，如果国有企业不市场化，继续官僚化，很麻烦的。后来抓大放小、改制怎么来的？因为没有效率。民营经济当时还很小，先天不足、后天可畏，这时候的任正非还在深圳，作为一个被离婚、被开除掉的男人，40来岁，还在铁皮房子里艰难挣扎，转眼30年过去，任正非是擎天一柱，成为中国的骄傲。这些人原来都是"废材"，但他们现在都成了整个中国经济的顶梁柱，这就是市场经济的伟力。所以民营经济是在这种考核中走出来的，它不是故步自封的。所以我认为下一步，**我们要想对抗美国的打压，就应该给民营经济一片天地。**

这里给大家补充一个小小的知识，最近新能源很火爆，而且中国的新能源已经走到全球第一了。两个翅膀：一个是以宁德时代为左边的翅膀，做新能源电池；另一个是以隆基绿能为右边的翅膀，做光伏，它俩都是全球第一。正好隆基绿能一再请我去当顾问，我刚开始嫌麻烦，后来了解情况后又去了，去了以后很感慨，真的很了不起，怎么做成世界第一的！

**俞敏洪：** 对，中国有些领域在异军突起。

**王志纲：** 你想都想象不到，这不是计划经济出来的，一棵小草很快成为参天大树，带动一个新的产业。最后给我一个信心，我就告诉天下很多人，我说下一步的中国就是三新：新基建、新能源、新生活。包括任正非开始做新基建，基于万物互联和大数据以及智慧经济，对整个中国的基础设施建设提速、升华、升级，包括无人矿山、全自动港口、码头……很多东西我们有很大的空间，靠的什么力量？就是民营经济，最极具创造力的就是民营经济，这点我充满信心，下一步**如果真的能让民营经济雄起，我们绝对有辉煌的未来，如果躺平，就是另外一回事了。**

**俞敏洪：** 民营经济是中国经济的主要力量之一，为中国几十年的发展起到了比较重大的作用，当然他们在发展过程中也有各种不完善的问题，但整体来说，民营经济是中国经济发展不可疏忽的力量。各级部门也反复强调，支持民营经济、民营企业家。但现在社会上对企业家、民营企业家或者商人的负面评价也比较多，这些负面评价是怎么产生的？民营企业家在未来应该做一些什么事情，才能让社会更加理解企业家？我感觉民营企业家和中国的发展既息息相关，也跟老百姓的生活状态息息相关，毕竟60%、70%的人都在民营企业工作，但怎么样才能让民营企业和他们的团队、员工以及社会能够更好地融合到一起，让大家互相宽容也好，互相理解也好，互相支持、共同进步也好？

**王志纲：** 民营企业面临的困境是多种原因造成的。第一，经济发展到这个阶段以后，我们自己怎么升级？第二，今天的中国民营经济正好到了换代的时候，很多人都没意识到这个问题，你还算年轻的，创业三四十年到现在60多岁，所谓望六望七之人，不可能不考虑接班的问题。第三，当社会出现一些不太有利的风向和情绪时，他们非常敏感，而且放大了这种敏感，以为要打土豪分田地，所以落袋为安，不像刚开始创业的时候，特别是你拿着糨糊桶刷墙的时候，哪会想到这些，那时候是给点阳光就灿烂，但现在阶段不一样了，这时候就放大了这么一种东西。但从规律、本质来讲，中国要想未来在世界上具有强大的竞争力，就一定要尊重规律、尊重常识、尊重人性，而且三个东西得统一起来。市场经济的载体、主体和供给力量的主力军团就是民营经济，今天的中国不是商人1.0时代，而是到了4.0、5.0时代，有很多国际性企业家，只要我们保护好这群人，给他们应有的荣誉和支持，火车跑得快，全靠车头带，我对未来还是谨慎乐观的。

### (b) 民营企业的传承

**俞敏洪：** 你认为民营企业的传承主要存在哪些问题？

**王志纲：** 第一个根本问题，在当下，社会层面还没有给民营企业"有恒产者有恒心"法律上的承诺。这是必须要回答的，这是一个很重要的问题，不然对国家的未来很麻烦。

第二个问题是，中国这些企业家里，我把他们归结为三三制：三分之一的人挣到钱以后没有安全感，就逃到国外享受晚年，落袋为安；三分之一的人开始躺平，享受生活；还有三分之一的人在继续砥砺前行。怎么能把这三个三分之一变成同一个"一"，这是一个很值得国家层面好好思考的问题。

第三个问题就是父与子的问题，这是一个大学问、大考题。我儿子也是一个二代，他正在写一本书《传承百问》，他采访了上百个二代，当我们的二代没有经历过什么痛苦的时候，他发现99.9%的人都很痛苦。这就很有趣了，很痛苦的直接表现就是不愿接班。

**俞敏洪：** 我就干脆不做这个打算，我一点都没有要让二代来接班的打算。

**王志纲：** 我跟你一样，从来不希望我的孩子接班。我跟很多二代的父亲讲过一句话，我说你们记住，二代跟我们不一样，到了他们这一代，衡量他们的只有一个标准，做自己感兴趣的事，做自己有感觉的事，并且持之以恒。成功了，那是顺带的结果；不成功，也问心无愧。这就是我们当父母的对后代的一种心情。他们跟我们不一样，我们为了改变命运，要去干很多不愿意干、不擅长的事，二代如果按照这个思路就很好办了。有一个很富有的老板，他孩子就在英国开了一个把中国的饺子和西方的点心结合在一起的餐厅，在英国很受欢迎，他很幸福，他老爹很支持。所以要做自己感兴趣、有感觉的事，你去释放它，你就幸福了。

**俞敏洪：** 千万不要把孩子按在我们原来的事情上。

**王志纲：** 对，这是一个很大的问题。

### (c) 企业家精神

**俞敏洪：** 现在大家都在强调企业家精神，不少领导也在讲中国要发挥企业家精神，有关企业家精神的书也出了不少，包括国外引进的，从杰克·韦尔奇到前段时间刚刚去世的稻盛和夫，再到中国人自己写的《褚时健传》《任正非内部讲话》等。我想问，到底什么是企业家精神？企业家精神最重要体现在哪些方面？

**王志纲：** 我觉得应该从三个层面来回答：第一，是人性层面，不甘寂寞，要改变命运,这是企业家的原始动力,没有这个动力谈不上企业家。第二,企业家的能力。老板不是培养出来的,很多人觉得傻傻读书就能读出老板来,但老板是草原上的头狼,他是战争中打出来的,是自然竞争中淘选出来的。

**俞敏洪:** 不少人都在打,为什么有的人打出来了,有的人打不出来?

**王志纲:** 这个淘选率很高,举个例子,他作为一个人到一群人中的时候,就得开始看他的学习能力,他的责任、担当,如果没有责任、担当,顶多是一个投机倒把的个体户,有责任、有担当的人就可以出将入相、带兵打仗。我给很多当商会会长的人讲,我说你们当会长一定要记住,出钱出力又出人,你们又想要名誉,又不出钱不出力不出人,非把这个商会搞垮不可,企业更是这样。只想占利,又不想付出,怎么可能?

第三,企业家绝对是敢于创造性破坏的,绝对不满于现实。任正非就是典型的例子,谁能想到中国逆袭上去?美国人都没想到,把5G做起来以后,美国人一下就发现被抄了后路,就举全国之力非打死他不可。

**俞敏洪:** 在这点上美国也很恶劣。

**王志纲:** 任正非身上充分体现了企业家精神,我很赞赏这点,但这要付出很大代价。但得强调一下,前些年关于企业家的论调其实走偏了,包括每年所谓的富人榜,媒体一股脑起哄、跟踪,全中国开始围着他们转,不问英雄出处,也没人关心是不是投机倒把上来的,只关心他是不是首富。

**俞敏洪:** 这个方向是不对的。

**王志纲:** 这个方向绝对不对,把它拧过来是对的。我认为企业家一定要有标杆,不是劣币驱逐良币,而是良币驱逐劣币,特别是高科技制造业的企业家,一定要大书特书,他们才是中国的脊梁。

**俞敏洪:** 我们还是应该树一些优秀企业家的标杆,让大家看看什么是真正的企业家精神,以及什么叫企业家真正的社会责任与担当。

**王志纲:** 对。

**俞敏洪:** 在现有你认识的中国企业家中,有谁能差不多担当企业家形象大使?比如从社会责任与担当,任正非是不是应该算是一个?

**王志纲：** 他肯定是首屈一指的第一个。另外，王传福也不错，他做得也很好。第三个人是曹德旺，曹德旺也是一个传奇人物，但他最近话太多，打开手机就是曹德旺，这个不好。曹德旺是个很了不起的人物，一个农民出身的人能干成这么一个事，能够让美国人把他当成老师。

### (d) 资本、市场与人性

**俞敏洪：** 最近舆论对资本和所谓资本家的评论比较多，从客观的角度来评价，在改革开放 40 年间，资本在中国起到的正面和负面作用，以及资本的力量，到底哪些坏的东西应该规避，哪些好的东西应该保留？

**王志纲：** 资本肯定是市场经济的血液，非同一般。马克思早在《共产党宣言》和《资本论》里批判资本的时候，同时也指出，资本奔走在世界各地，创造和释放的生产力超过了在此之前人类社会所有的总和，这肯定是它的积极作用。我们要做市场经济，资本就太重要了。我在广东待了很多年，广东当初什么都不缺，就缺钱，所以能把资本吸引进来，从那一步开始，基本是血汗工厂一路走过来的，到了今天我们强大的制造业出来，才能站稳脚跟，所以资本很重要。

此外，人们对资本负面的评价，跟这十来年资本的鲜衣怒马、高调生存、不劳而获、巧取豪夺有很大的关系，特别是很多上市公司，我见到一个老板动不动就想上市，一问他想上市干吗？就想骗钱，要么就骗钱，要么就甩摊子，这种在中国占了一大半以上，这个很可怕，他不是围了钱以后给这个社会再做更大的贡献。当然这也跟原来上市公司犯罪成本太低有很大的关系。

总的来说，我认为资本对于市场经济发展的作用非同一般，不可小觑，作为资本的人格化，投资者也要得到高度的尊重，但投资者们一定要好好总结前面 10 年，把那种带有更大的投机倒把性的，或者带有更多炫耀性的方式转换过来，真正去做好的高科技、实业，不要去追求短平快，今天很多追求短平快的都垮了，这是一个常识问题。**人性有三大特点：贪婪、侥幸、虚荣，人人皆有，你我也有。**

**俞敏洪：** 问题是怎么样能够避免呢？

**王志纲：** 对喽，一般人常常会被这三个东西所驾驭和控制。第一是贪婪，我们经常讲人找钱，钱找人，钱找钱，商业把它们分成三个阶段：一是人找钱，就是打工、上班，都觉得这个钱挣得不多，所以要做第二个档次——钱找人。做好了，银行都愿意给你贷款、给你投资。当他们认为这些都还不够，接下来就是钱找钱，躺在家里，一按按钮，钱就来了，这就是资本运营。这是人性的特点，贪婪。第二是侥幸，在这个过程中，打了十场战争，可能输了七八场，但赢了两场，就把偶然当必然，这在商业里太多了。第三是虚荣，我给你讲个小故事，原来广东有一个大佬，每年都有一个很大的活动，每年请我去，每年去，所有的名人都在里面，那天我开了个玩笑，我说在这儿扔个手榴弹，可以炸掉2万亿，都是名人。后来很多人在敬酒，其中一个小子跑过来，他已经身家200亿了，两个上市公司的主席，我说你坐在哪里，我咋没见到你？他说了一句话，很深刻，他说他在五排以外。为什么五排以外？因为有规矩，这一桌都是5000亿以上的，200亿的只能在五桌以外。我说你下一步目标是什么？他说他一定要挤进这个圈子。这就是今天几乎所有长江商学院里那些读书的老板的基本思维。后来我就开玩笑说，你们连主席都不够，还想当主席团主席。有一次，我一帮朋友到茅台去，我问茅台老板茅台怎么会出来？他说我们带了十个上市公司主席。我就开玩笑，原来你是主席团主席。这就是虚荣、侥幸、贪婪，社会到了这个阶段以后，特别是资本市场，会把人性的恶释放出来，所以今天垮的基本都是这样的。为什么我们推崇任正非？他对贪婪、侥幸和虚荣高度警惕，面子是给狗吃的，如果不是为了救华为，他根本不愿意出场接受采访。

### (e) 如何看待中美关系

**俞敏洪：** 我再问一个比较大的问题。中美关系一直磕磕绊绊，但我觉得中美互相之间是离不开的，世界经济毕竟很大意义上是互相交叉、融为一体的。你认为中美关系在未来应该怎么相处？中国的企业家群体，面向中美关系的时候，到底能做一些什么事情？

**王志纲：** 中美之间短兵相接，未来十年肯定是高风险、高矛盾、高冲突时期，决定它的因素是有一对逃不掉的矛盾，一个是修昔底德陷阱（指一个新崛起的大国必然要挑战现存大国，而现存大国也必然来回应这种威胁，这样战争变得不可避免），一个是中等收入陷阱。从美国和西方所接受的世界观来看，整个西方几千年的历史，从古希腊开始，他们看到的历史教训就是，守成大国和挑战大国之间，最后必须以一种血与火的方式来分个雌雄，从这点来讲，美国是一定不能让中国超过的，这是第一个问题。

**俞敏洪：** 拼命也得按着你。

**王志纲：** 但第二个问题出来了，叫中等收入陷阱。中国现在只是中等收入国家的初步状态，人均 GDP 1 万多美元，中国要想真正走向富裕、繁荣，必须要跨越中等收入陷阱，要怎么走？就必须搞高科技。所以这是不可调和的矛盾。特朗普在的时候就逼着中国，你不准搞高科技，但这不可能，如果不搞高科技，我就陷入中等国家陷阱；如果我要继续发展，美国人就是修昔底德陷阱，这个矛盾很难调和。所以这需要智慧，领导的智慧、全民的智慧，我们在彼此的竞争中，说白了到最后只有美国人认为它整个算下来打不死你的时候，才有和平的可能，才会跟你谈生意。但是它认为能打死你的时候，它绝不松手，非打死你不可。这是未来 5 年、10 年躲不掉的。

**俞敏洪：** 我们要取胜，其实经济力量非常重要。

**王志纲：** 对，所以 GDP 先到 1 万美元，小道理服从大道理，这个道理就是整个中国能不能继续稳健地发展，至少保证每年 5%、6% 高质量地发展，如果按照这个大道理，把握住以后，其他东西都可以让步。如果这些问题不让步，小道理占据了大道理，我们在大的方面就输了，这是美国最想要的。这是我对中美关系的看法。

## 5. 荐书环节

**俞敏洪：** 我今天真是收获匪浅，让我一下子扩大了眼界，甚至有了更多的耐心来等待中国发展。现在时间差不多了，我们来推荐一下你的《大国大民》和《王志纲论战略》。这两本书我都读过，特别不错，大半年前我就已经在我的平台上推荐过《大国大民》了。

**王志纲：** 非常感谢，我们当时素昧平生，你能主动推荐，真是太感谢了。

**俞敏洪：** 我推荐书不认人，只认书，我读了觉得这本书好，我就推荐。你当时为什么会起心动念写《大国大民》？你想通过这本书传达一种什么样的内涵？为什么要对每一个地方、每一个省不同的民风、文化、习俗、气质进行分析，并且分析得妙趣横生？

**王志纲：** 其实这两本书反映了王志纲的两张面孔：一张是我的职业，是战略；另一张是我个人的爱好。这几十年来，可能在中国像我这样生活的人并不多，我原来一年要坐100趟飞机，要接触三五百个项目。出差是个很痛苦的事情，但我跟别人不一样，我把痛苦变成乐趣，别人出去水土不服，我就恰恰相反，比如我到了你们老家，我就开始幻想，哇，那边的刀鱼好，清明前柔软。

**俞敏洪：** 现在吃不着了，现在长江里不让打刀鱼了。

**王志纲：** 比如，我前两天去西安，我就惦记那个水盆羊肉，特别是渭南的水盆羊肉，每天早上别人还没起床，我必到穷街陋巷去了解。这种经历积累了三四十年，最后就构成了肚子里的老汤。

**俞敏洪：** 对全国的风土民情了然于心。

**王志纲：** 烟火人生。后来一次偶然的契机，很多人知道我是一个美食家、生活家，就希望用我的眼光来解读一下中国，正好我有这个愿望，就开始动笔了，没想到在正和岛发出来，每次上百万的阅读量。

**俞敏洪：** 我认为这是你人间烟火气最浓的一本书，每个人读到自己家乡的时候，都会去对照你写得对不对。目录也写得非常好——"一碗老汤话陕西""发现山西——山西真是一个值得发现的地方""山东到底错过了什么？""什么是河南？""寂寞安徽""上帝为什么钟爱浙江？""江西的格局""百年风流话湖南""湖北——中国的丹田""阴阳巴蜀""日鼓鼓的贵州""东北往事""潮汕往何处去""前世今生大湾区"……但你为什么不写江苏？弄得我看完以后很生气。

**王志纲：**两个原因，第一，江苏其实无所谓人家写不写她。第二，当时出版社催得很急，后来我想，关于中国的四梁八柱搭起来了，以后再慢慢来，下一步再版的时候，再续写几个地方。

**俞敏洪：**写个《大国大民2》，把我们江苏也写进去，北京也没写，北京人民也表示不满。

**王志纲：**北京、上海我肯定会写，最难写的我会写出来，用我独特的眼光，（哈哈）开个玩笑。书好卖了才写，不好卖就不写了。

**俞敏洪：**不是挺好卖的吗？现在我这儿已经卖了3000本了，之前我看完了以后录了个短视频，一下就卖了好几万本，所以我帮你卖，你好好写。

**王志纲：**好的，大家能识货，我肯定好好写。

**俞敏洪：**《王志纲论战略》我也认真读过。新东方有一句话，没有战略是新东方最大的战略，所有新东方人都认为我是一个特别没有战略的人，所以我就拼命读你这本《王志纲论战略》，结果读完以后，我到今天也没定出新东方的战略。

**王志纲：**你代表了中国第一代企业家，摸着石头过河，凭直觉。

**俞敏洪：**对，我到现在还在摸着石头过河。

**王志纲：**这种人存活率比较低，但存活以后就是传世之臣。但千万不要把传世之臣当成必然规律，以后其实你应该做一件事，当你哪天船到码头、车到站的时候，你再回过头来看新东方摸着石头过河背后的规律是什么，这就是战略。

**俞敏洪：**这个需要你跟我一起来总结，我自己没有总结归纳的能力。我这个人确实比较凭直觉，当然背后也有一些分析，比如这次东方甄选，我分析的就是，农业是国家一直要支持的行业，而且老百姓的衣食住行都是必需品。

**王志纲：**但你没意识到一个问题，首先，你的误打误撞背后有一个很深层的东西，是很多商人都不晓得的，就是你建立的口碑，如果你没有这几十年的口碑，这个红海里根本容不下你。其次，你完全是用一种清流的方式进入这片红海,第一不要坑位费;第二不搞坑蒙拐骗;第三,不搞谷贱伤农,这都是违背所谓当下世俗红海规律的,那你为什么能成?就说明人间自有真情在,人间自有公道在。这个社会太需要这种东西了,所以傻瓜哲学,讲的就是你这样的人。

**俞敏洪:** 也许是另一种精明,想透了有些事情你不该做,就不去做。说回这本书,你觉得为什么大家应该读《王志纲论战略》?

**王志纲:** 这本书是被出版社逼出来的,在这里我要感谢他们。我们写东西的人不逼是不行的,逼了我三年,最后写出来了。后来一年的时间内再版了8次,他们都觉得出乎意料,我也觉得出乎意料,因为这种书是很难读的,但我想可能有这么几条原因:第一,中国摸着石头过河的时代已经结束了,下一步怎么寻找必然、寻找规律,是一个大问题。在早期之前,我们很多草莽英雄,升起来就是太阳,贵在大胆,今天多少人折戟沉船,所以你要走到未来,就必须回过头来看我是谁、我从哪里来、我向哪里去,这为这本书的出笼创造了一个很重要的前提条件:**寻找规律、寻找必然、寻找底层逻辑。**

第二,在此之前,中国人都是拿来主义,西方的东西拿出来奉为圭臬,包括一些管理学、经济学。我从来不排斥西方,西方的著作我也看了不少,但我深信,有一天,当整个中国跟美国并驾齐驱,当你不能再跟着别人的尾巴走、摸着石头过河的时候,就要回到本地上来,我们的可持续能力、核心竞争力在哪里?这是一个必须回答的问题,从企业家到官员甚至是一个即将毕业的大学生,都必须回到这个问题上来:我是谁、我从哪里来、我向哪里去。

第三,在这时候就需要一个中国本土的、有中国的理论、有中国丰富的实践,还有中国40年丰富的历程,而且绝不排斥西方知识的东西,而这本书基本就是按照这种方式写出来的。

很多人追着我问,**什么是战略?战略就是当你面临重大选择的时候,如何正确地做事、做正确的事。**今天很多企业家、老板,特别是房地产老板,以前身家千亿,现在一夜回到解放前,为什么会打回原形?因为他们把偶然当必然,他们追求高杠杆、高周转、高回报,但那是昨天的故事、最后的疯狂,他努力了30年,但打回原形要不了10分钟。那为什么到今天还没有一个人去思考这个问题？

**俞敏洪：**谢谢王老师，王老师的两本书，《大国大民》适合所有人看，甚至可以买给孩子看，因为这是一本介绍中国各个地域风俗民情文化的一本书，文笔非常活泼。另一本是王老师写给企业家或者做企业、创业的人看的，《王志纲论战略》，通过寻找企业发展的规律、贸易经商的规律来制定我们的战略，把大道理搞清楚、大方向搞对，最后再做我们自己的事情。

今天由于时间关系，我们的对谈就到这里了，再次感谢王老师，大家晚安！

**王志纲：**谢谢大家，再见！

（对谈于 2022 年 9 月 14 日）

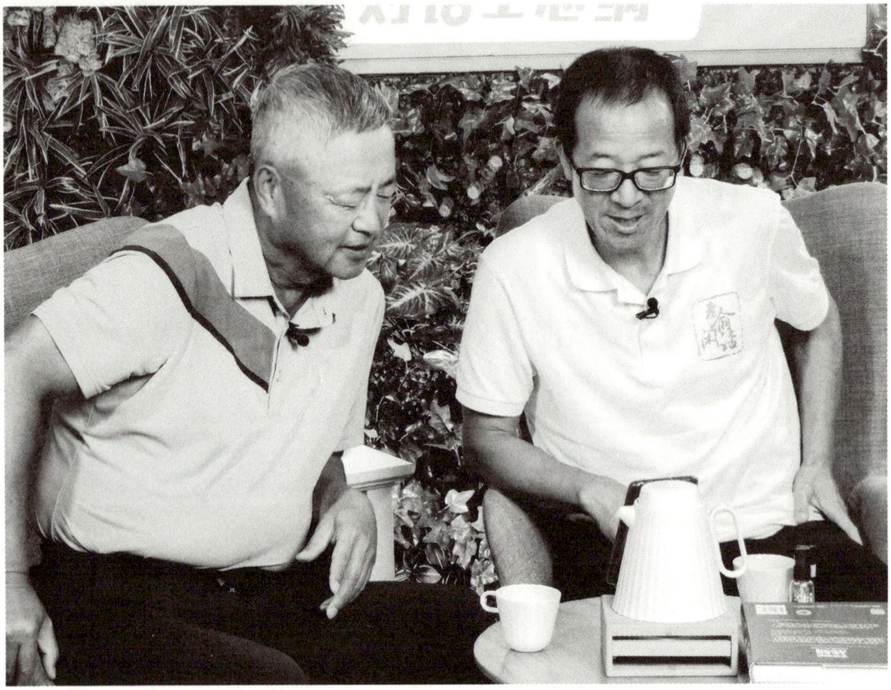

# 后 记

"阿月，我有一些对话文字稿，我自己实在没时间一点点去顺，你是否可以帮我顺一下，让整个文字更加流畅？如果你帮我顺完，我就可以节约一些时间了。"

2022 年的 4 月，我收到了俞老师发来的这条微信。

作为新东方的员工，从未与俞老师有过太多交流的我，内心诚惶诚恐，但也从那时候起，我跟着俞老师的脚印，开始了一场浩瀚的文字之旅，而现在，这套加起来百万字的图书终于出版，也算为这趟旅行做了一个阶段性的沉淀。

俞老师的身份，是复杂的。

他是上市企业的创始人，是曾经的政协委员，是大众眼中的 KOL（关键意见领袖），是教了三十多年书的老师，而现在，他用近两年的时间、近百场直播对谈，给自己新添了一个身份——一名对话者。

2021 年年底，"老俞闲话"上发布了一篇对谈，标题是《精神的力量——与刘大铭对谈》，那应该是俞老师第一次将自己与他人的对话转变成文字发布在自己的个人账号上。然后，在整个世界都被疫情所笼罩的 2022 年，俞老师在他的直播平台上开启了一场又一场酣畅淋漓的直播对谈。

近百位学者、诗人、作家、企业家纷至沓来，他们在俞老师的直播平台上分享自己的人生历程、真知灼见，探讨的话题从教育到成长、从人生到哲学、从历史到人文、从科学到真理。

整理这些对谈的过程，让我收获颇丰。这不仅来自俞老师所带来的不同领域的人们的万千姿态与卓绝视野，也来自我对俞老师本人更多的理解——作为新东方的文字工作者，这一点非常有利于新东方的内容创作。

如果细心去感受，会发现，俞老师在对谈的时候，不论嘉宾来自什么领域，他都会问到四个问题：

"你对现在的父母有什么样的建议？"

"对于现在的年轻人，你有什么样的建议？"

"你从什么时候开始读书的？"

"你从什么时候发现自己喜欢这件事的？"

从这四个问题，其实能看出来俞老师所关心的事情。第一个问题不言而喻，自然是他所关心的教育。作为一个在教育领域闯荡了三十余年的人，他热切地希望孩子们能拥有快乐的童年，能够在开放、自由、尊重的环境中成长为他们自己，所以他总在每一次对谈中问及这个话题，希望唤起家长们的重视。

第二个问题，也是现在社会普遍关注的问题。他希望通过自己的不断追问以及不同对话者的经验，能够给年轻人提供一些可参考的信息和答案。未来是年轻人的，如果年轻人有需要，他便会站出来提供他所能提供的关切。

第三个问题，熟悉俞老师的人都知道，他有多热爱阅读。阅读是最对得起自己付出的一件事，也正是因为阅读，他开启了他的直播对谈。毫不夸张地说，整个 2022 年，也正是他与他所带领的东方甄选，在整个社会刮起了不同以往的阅读之风，越来越多的人，在他的影响下，放下了手机，拿起了书籍，从方寸屏幕走向了万千书海。

而最后一个问题所探讨的话题，则是全体新东方人最为熟悉的话题——热爱。

热爱，这是早已刻进新东方基因里的一个东西。在新东方内部讲话的时候，俞老师总会引用他北大前辈樊锦诗的那句话："热爱可抵岁月漫长。"之所以不断提起这句话，是因为，他不希望新东方人是在工作流水线上被异化的人，他希望我们能做着自己热爱的事业。他真切地知道，当一个人能够做自己热爱的事情时，才能真正感知到人生的意义。也恰好因为新东方是这样一个鼓励追求热爱的企业，才会有那么多人因为热爱而聚集在一起。

　　不仅对新东方人是如此，俞老师在新东方外部做的每一场演讲，无论是面向大众的分享，还是面向学生的梦想之旅，其实都是想激励大家能够找到自己的人生热爱，这样，一个人在未来的海海岁月之中，才能心有所向，不负此生。

　　所以，每当整理到关于"热爱"的话题时，我总会想起刚加入新东方时，我和当时的公益负责人聊天，她和我说了这么一个细节。那是在2006年前后，俞老师带着一众集团演讲师奔走东北各地的县城中学做演讲。每到一所学校，俞老师和演讲师们都会拿出百分之两百的心力抛洒热血，对着台下几千上万的学子，分享那些关于励志、梦想、热爱的故事。在舟车劳顿十几天之后，行程终于要告一段落，其中一个人就问了俞老师一个问题：俞老师，大家这么累，这些演讲真的有用吗？俞老师想也没想地回答他：不一定都有用，但只要那几千几万个学生里能有一个人听进去了，进而改变了他的人生，那就足够了。

　　当然，这样的访谈也不只会对外产生影响，我作为一个旁观者，也会隐隐约约感觉到，近些年的经历以及他与众多嘉宾的对谈，对他本人也产生了一些影响。

　　比如，在今年新东方的财年大会上，俞老师长达一小时的讲话即将结束之时，他放下了手中那叠厚厚的手卡，沉寂几秒钟后，讲了下面这段话：

　　"各位新东方人，这片土地，这片故土，就是我们唯一的家乡。这片土地养育了我们，而这土地上的人们，都是我们的亲人、朋友、家长、孩子和我们的粉丝。他们都是我们的恩人，所以我们有责任，用我们的汗水让这片土地和土地上的人们变得更好、更幸福,同时也让我们自己变得更好、更幸福。"

末了,他用艾青最广为流传的那句诗结束了他的讲话——"为什么我的眼里常含泪水?因为我对这土地爱得深沉"。

那个时刻,虽然摄像机直播的画面并不太清晰,但每个人都知道,他的眼里有热泪,他的声音里有哽咽。

在我的记忆里,俞老师似乎从未如此直白地表达过对家国、故土的热爱。所以我斗胆将这归因于过去两三年的经历,以及那些有着家国情怀的老师对他所产生的影响。比如92岁高龄的许倬云老先生在教师节前夕与他对谈时所表露的对于这个世界和年轻人的关切,又如施一公老师在访谈中展现出的对于中国学术、科学发展的不遗余力,再如梁建章老师谈及中国未来发展之时的不能自已……我相信,每一次这样的时刻,俞老师内心深处的汪洋都会掀起沉寂的大浪。

或许正因如此,他才会不顾周遭的反对,在教育领域之外,选择进入大家都不看好的农产品直播带货以及中老年文旅,因为在他看来,这些事情才是能"让这片土地上的人们变得更好、更幸福"的事情。

过去几年,在众人眼中,俞老师其实经历了一场又一场的跌宕起伏,从疫情后新东方业务的萎缩,到"双减"时不得已而为之的大量裁员,再到东方甄选的艰难起步与爆火……一路走来,似乎众人都将视线放在了他所有的成就之上。他们敬俞老师是条汉子,夸赞俞老师独具慧眼、躬身入局,而很多人都忽略了,在面临种种境况之时,仍要做出决定的俞老师,是如何独自一人面对命运的安排与一切未知的未来的。

这很正常,旁人总会关注结果,而忽略过程。但从俞老师的访谈中,我渐渐能感知到那个"过程"。因为每每谈起人生艰难的时刻,他总是用一种积极的态度去应对一切,如同加缪笔下的西西弗斯,他很清楚人的生命终有一天会走到终结,而在那些巨石一再落下的时候,他并不选择躺在大地上等待命运的到来，而是选择一而再再而三地将它推起。

他永远直面着人生经历里的每一次波澜，而后又用自己的双手造就每一次壮阔。不论是早期新东方内部的分崩离析，还是2003年"非典"的席卷，或是强势而来的浑水，再到后来众所周知"双减"之后的红色卡车、东方甄选，以及即将开启的中老年文旅，他总能在众人沉溺于消极与绝望的自说自话之时，头也不回地朝前跑去，然后做出自己能做出的最大改变，仿佛那些阵痛从未到来过。

于是，在某日完成某篇对谈之后，我给俞老师发了一条微信，我说："俞老师，您觉得您算是西西弗斯吗？"过了大概两分钟，他回复我："哈哈，我只是一个成熟的人罢了。"

"成熟"，两个字，就这样简单概括了他的60年。但只有新东方人知道，正是因为这份"成熟"，新东方这艘大船才能一而再再而三地驶离无望的大海，迈向新的航向。

我们未必知道这份"成熟"到底要如何习来，也很难去拥有俞老师这样同等跌宕的人生，但在未来的路上，希望我们这群年轻人都能在困境来临的时候，拿出西西弗斯对抗命运时的勇气，在那不可捉摸的人生路中，走出自己的一往无前。

以上。

2023年7月1日
吴月

特 别 鸣 谢 吴 月 整 理

图书在版编目（CIP）数据

星河辽阔 / 俞敏洪著.—北京：北京联合出版公司，2024.3（2024.5重印）
ISBN 978-7-5596-7442-5

Ⅰ.①星… Ⅱ.①俞… Ⅲ.①人物－访问记－中国－现代 Ⅳ.① K820.7

中国国家版本馆 CIP 数据核字（2024）第 046401 号

### 星河辽阔

作　　者：俞敏洪
出 品 人：赵红仕
责任编辑：龚　将

---

北京联合出版公司出版
（北京市西城区德外大街 83 号楼 9 层　100088）
河北鹏润印刷有限公司印刷　新华书店经销
字数 413 千字　700 毫米 ×980 毫米　1/16　印张 28.125
2024 年 3 月第 1 版　2024 年 5 月第 2 次印刷
ISBN 978-7-5596-7442-5
定价：68.00 元

---

版权所有，侵权必究
未经书面许可，不得以任何方式转载、复制、翻印本书部分或全部内容
本书若有质量问题，请与本公司图书销售中心联系调换。电话：010-82069336